Centralbahnhof
(ab 1884)

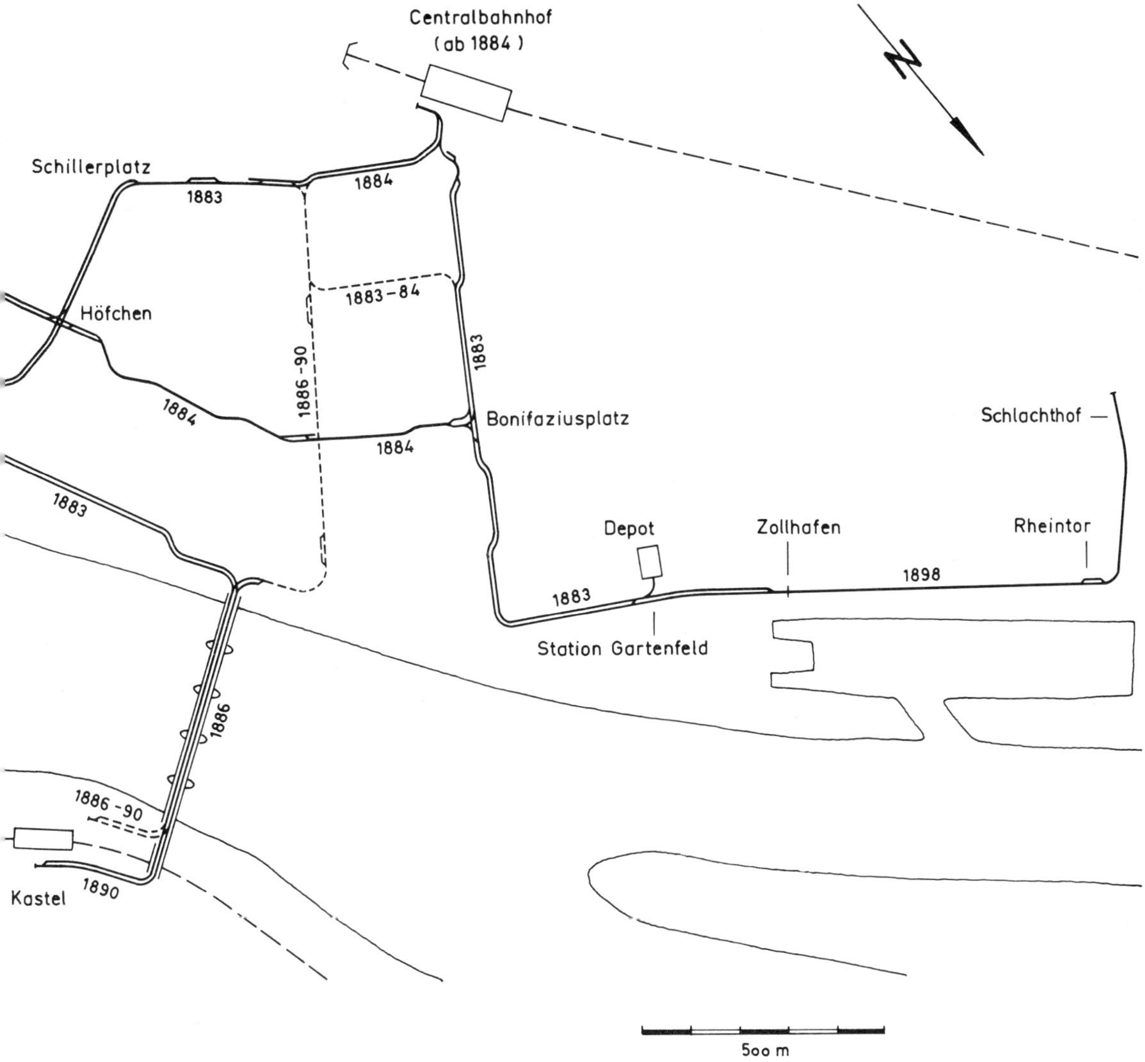

Schillerplatz

1883   1884

1883 – 84

Höfchen

1884

1886 – 90

1883

Bonifaziusplatz

1884

Schlachthof —

1883

Depot   Zollhafen   Rheintor

1883   1898

Station Gartenfeld

1886

1886 – 90

Kastel   1890

N

500 m

kohlhammer edition eisenbahn
herausgegeben von Wolfgang Fiegenbaum

1 Der erste Wagen der Städtischen Straßenbahn Mainz: Triebwagen 1 am noch unbebauten Bismarckplatz im Sommer 1904. Im Hintergrund die Gebäude der Alice-Kaserne.

Harald Neise

Mainz und seine Straßenbahn 1883–1983

Verlag W. Kohlhammer
Stuttgart Berlin Köln Mainz

CIP-Kurztitelaufnahme der Deutschen Bibliothek

Neise, Harald:
Mainz und seine Straßenbahn 1883–1983 /
Harald Neise. –
Stuttgart ; Berlin ; Köln ; Mainz : Kohlhammer, 1983.
  (Kohlhammer-Edition Eisenbahn)
  ISBN 3-17-008067-9

Titelbild: Triebwagen 69 mit Beiwagen 161 am Hauptbahnhof (Dezember 1962).

Vorderer Vorsatz: Die Gleisanlagen des Pferdebahnnetzes im Endzustand der Jahre 1898–1904.

Hinterer Vorsatz: Das Straßenbahnnetz in seiner größten Ausdehnung (11. 5.–2. 9. 1927).

Grußwort

Viele Tausende benutzen heute täglich die orange-creme-farbenen Straßenbahnen in Mainz. Kaum einer von ihnen denkt daran, daß es vor hundert Jahren erst möglich wurde, innerhalb der Stadt auf andere Weise als auf Schusters Rappen billig voranzukommen. Dieses Verdienst gebührt der Pferdebahn, die in diesen Wochen hundert Jahre alt geworden wäre. Ergänzt durch die bald folgenden Dampfbahnlinien bestand um die Jahrhundertwende ein durchaus vorzeigbares Verkehrsnetz. „Modern" wurde das neue Verkehrssystem allerdings erst durch die Einführung der elektrischen Straßenbahn, die 1904 als „Städtische Straßenbahn Mainz" ihren Betrieb aufnahm. Vorausschauend hatten die Stadtväter das dahinsiechende und kaum lebensfähige Institut der Pferdebahn erworben und es in kürzester Zeit zu einem soliden Unternehmen ausgebaut. Die elektrische Straßenbahn wirkte als „Motor" der gutnachbarlichen Beziehungen zu den noch selbständigen Gemeinden der Umgebung, und manche Eingemeindung wurde durch sie vorangetrieben.

In den fünfziger und sechziger Jahren schrumpfte sich die Mainzer Straßenbahn kräftig gesund. Heute präsentiert sie sich in modernem Gewande als leistungsfähiges Nahverkehrssystem. Neue Fahrzeuge werden in allernächster Zeit dafür sorgen, daß die Zukunft der Straßenbahn im Zusammenwirken mit dem Omnibus gesichert ist.

Harald Neise – auch beruflich eng mit der Straßenbahn verbunden – hat es übernommen, die Geschichte der alten und neuen Mainzer Verkehrsmittel in Wort und Bild darzustellen. Seine Dokumentation stellt nicht nur für den Straßenbahnfreund, sondern auch für den stadtgeschichtlich interessierten Leser eine wertvolle Materialsammlung dar, die von den Mainzern – und nicht nur von ihnen – sicher mit Freude aufgenommen werden wird.

Jockel Fuchs
Oberbürgermeister

Geleitwort

Wenn in diesem Jahr die Stadtwerke Mainz AG auf 100 Jahre *Öffentlicher Nahverkehr in Mainz* zurückblicken können, so tun sie dies mit Achtung vor den hier in der Vergangenheit vollbrachten Leistungen und im Bewußtsein um die Notwendigkeit des Öffentlichen Nahverkehrs als einem wichtigen Faktor der kommunalen und regionalen Wirtschaft.

Das Fehlen städtischer Nahverkehrsmittel im vorigen Jahrhundert führte im Rahmen der damaligen stürmischen industriellen Entwicklung zu äußerst unsozialen Ballungen von Bevölkerungsmengen auf engstem Raum. Mit der Einführung und allmählichen Steigerung der Leistungsfähigkeit des innerstädtischen Verkehrs begann die Ausweitung der Städte. Der öffentliche Verkehr bekam seinen regulierenden Einfluß auf die Wirtschafts-, Siedlungs-, Kultur- und Sozialpolitik. Er sichert heute einen gesunden Blutkreislauf der Städte. Er ist auf Grund seiner Leistungsfähigkeit, seiner rationellen Nutzung des Verkehrsraums zu einem unverzichtbaren Faktor geworden.

Insbesondere die Schienenverkehrsmittel, die als erste mit der Dampftechnik den Massenverkehr übernahmen, haben in unserem Gemeinwesen über die Jahrzehnte ihre Beförderungsaufgabe mit Regelmäßigkeit, Pünktlichkeit, Sicherheit, Wirtschaftlichkeit und – nicht zuletzt – Umweltfreundlichkeit erfüllt. Die Verantwortlichen sehen es daher heute an dieser Stelle als eine Verpflichtung an, den Mitarbeitern, die an dieser Entwicklung mitgearbeitet haben, die in Vergangenheit und Gegenwart dafür gesorgt haben, daß die angebotenen Leistungen den steigenden Erfordernissen – auch unter allen Erschwernissen – jeweils gerecht wurden, den gebührenden Dank auszusprechen. Ein besonderer Dank gilt dem Verfasser der vorliegenden Dokumentation und seinen Helfern, die es uns – mit Zielstrebigkeit über viele Jahre – ermöglichten, einen umfassenden Einblick in diese Leistungen zu nehmen und diesen auch für die Zukunft zu sichern.

Dem Öffentlichen Nahverkehr in Mainz wünschen wir weiterhin allzeit

„Gute Fahrt"

Vorstand und Betriebsleitung
der Stadtwerke Mainz AG
Karl Thorwirth   *Wilfred Wegener*

Vorwort

Die 100. Wiederkehr des Eröffnungstages der ersten Pferdebahn – des 26. September 1983 – hatte ich mir schon lange zum Ziel gesetzt, um nicht nur ihre Geschichte, sondern auch die der ihr folgenden Dampfbahn in die Erinnerung zurückzurufen. Dabei sollte es aber nicht bleiben, denn fast 80 Jahre elektrische Straßenbahn in Mainz boten Anlaß genug, auch deren Entwicklung seit 1904 noch einmal Revue passieren zu lassen. Nicht zu vernachlässigen waren aber auch der ihr „verwandte" und schon wieder verschwundene Obus wie auch der inzwischen mehr als 50 Jahre alte und heute übermächtige Konkurrent „Omnibus".

Nicht ungünstig für die Straßenbahn sind die Aussichten für das nun beginnende zweite Jahrhundert öffentlichen Nahverkehrs in Mainz: weitgehend gut ausgebaut und auf eigenem Bahnkörper liegend, hat sie sich – wenn auch in beträchtlich kleinerer Ausgabe – in ein modernes Verkehrsmittel gewandelt. In diesen Wochen sind nach langer Pause erstmals wieder neue Straßenbahnwagen „auf Kiel gelegt" worden. Wenn auch nicht rechtzeitig zum Jubiläum, so werden sie doch in einigen Monaten das Stadtbild beleben und dokumentieren, daß es in Mainz – wenn auch langsam – mit der Straßenbahn wieder bergauf geht.

Das Zusammentragen alter Unterlagen und Daten blieb durch die Tatsache, daß fast alle Akten der Verkehrsbetriebe 1945 verlorengingen, sehr erschwert. Hilfreich waren dagegen die Bestände des Mainzer Stadtarchivs, die – wenn auch überwiegend nur für die Zeit bis 1929 vorhanden – wertvolle Stütze boten. Mein Dank für Auskünfte und Hilfen gilt daher früheren und jetzigen Mitarbeitern der Verkehrsbetriebe und des Stadtarchivs, schließt aber die vielen Freunde ein, die Fotos zur Verfügung stellten und so zum Gelingen dieses Buches beitrugen. Besonders verpflichtet bin ich Kurt Bormann, der mit viel Liebe und Ausdauer alle Strecken- und fast alle Wagenzeichnungen anfertigte. Letztere sind im Maßstab 1 : 100 wiedergegeben, ausgenommen die der Dampfbahnwagen (1 : 87, Abb. 26/27), die des Westwaggon-Gelenkwagens (1 : 120, Abb. 143) und die des unten abgebildeten neuen Stadtbahnwagens (1 : 220).

Mainz, im Juli 1983   *Harald Neise*

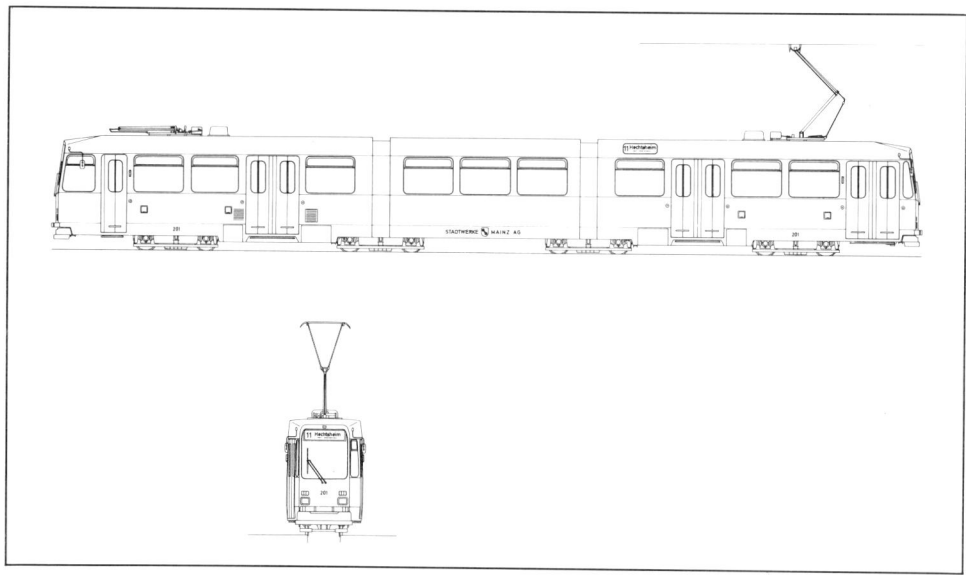

2 Eine neue Fahrzeug-Generation im 101. Jahr der Mainzer Straßenbahn: Zeichnung der in diesen Wochen aufgelegten sechs Stadtbahnwagen der Type M8C (achtachsige Zweirichtungswagen) der Firmengemeinschaft DUEWAG/AEG. Im Frühjahr 1984 sollen die ersten Fahrzeuge dieser Art auf Mainzer Gleisen rollen.

Inhalt

Chronologische Übersicht des öffentlichen Nahverkehrs in Mainz 1883–1983

8. 5. 1883:	Beschluß der Stadtverordneten, eine Pferdebahn durch die Berliner Firma Marcks & Balke anlegen zu lassen
26. 9. 1883:	Feierliche Eröffnung der ersten Strecke (Station Gartenfeld–Neutor)
20. 3. 1884:	Umwandlung des Unternehmens in die „Mainzer Straßenbahn-AG"
11. 5. 1889:	Vertrag mit dem Eisenbahn-Konsortium Bank für Handel und Industrie in Darmstadt und Herrmann Bachstein in Berlin über Anlage dampfbetriebener Vorortbahnen nach Finthen und Hechtsheim und über Abtretung der Pferdebahn an das Konsortium
19. 4. 1890:	Erteilung der Dampfbahn-Konzession auf 50 Jahre
12. 8. 1891:	Eröffnung der ersten Dampfbahnlinie nach Hechtsheim
17. 8. 1892:	Eröffnung der zweiten Dampfbahnlinie nach Gonsenheim–Finthen
11. 2. 1895:	Gründung der Süddeutschen Eisenbahn-Gesellschaft (SEG) in Darmstadt und Übergang der Mainzer Vorortbahnen und der Mainzer Straßenbahn-AG auf diese
22. 11. 1899:	Beschluß der Stadtverordneten, die Pferdebahn 1904 zu übernehmen und zu elektrifizieren
29. 7. 1903:	Vertrag zwischen Stadt und SEG wegen Übernahme der Pferdebahn zum 11. 5. 1904
30. 3. 1904:	Die erste elektrische Straßenbahn (SEG-Linie von Biebrich) erreicht Mainz
1. 4. 1904:	Tatsächlicher Übergang der Pferdebahn an die Stadt
4. 5. 1904:	Erteilung der Straßenbahn-Konzession auf 50 Jahre
15. 7. 1904:	Feierliche Eröffnung der Städtischen Straßenbahn Mainz (erste elektrifizierte Strecke vom Höfchen über Hbf–Kaiserstr.–Boppstr. nach Mombach)
1. 9. 1904:	Eröffnung der Ringbahn
20. 10. 1904:	Eröffnung der Linie Bismarckplatz–Rheinallee–Bauhofstr.–Höfchen
1. 12. 1904:	Eröffnung des Abschnitts Höfchen–Neutor
21. 12. 1904:	Weisenau von der „Elektrischen" erreicht
31. 12. 1904:	Letzter Einsatztag der Pferdebahn (nach Kastel)
1. 1. 1905:	Ausbau des Grundnetzes mit Eröffnung der Linie nach Kastel/Bahnhof abgeschlossen
31. 5. 1906:	Eröffnung der direkten Wiesbadener Linie (über Biebrich Ost) nach Mainz/Brückenplatz durch die SEG
1. 7. 1906:	Eröffnung der Linie Straßenbahnamt–Ingelheimer Aue
15. 6. 1907:	Eröffnung der Gonsenheimer Linie
26. 7. 1907:	Verlängerung der Kasteler Linie bis Kostheim
6. 1908:	Erste Lichtsignalanlage zur Sicherung einer eingleisigen Strecke (Kastel–Kostheim)
11. 1911:	Erste elektrische Weiche am Brückenkopf Mainz
1. 4. 1912:	Aufhebung des Brückengeldes für die Rheinbrücke zwischen Mainz und Kastel
14. 7. 1913:	Einführung billiger Arbeiterwochenkarten
13. 9. 1914:	Eröffnung des provisorischen Omnibusbetriebes zum Städtischen Krankenhaus
8. 1915:	Einsatz der ersten Schaffnerinnen
2. 9. 1915:	Beschluß der Stadtverordneten, die Dampfbahn nach Kriegsende zu übernehmen und zu elektrifizieren
6. 2. 1916:	Eröffnung des elektrischen Betriebs auf der Großen Bleiche
29. 3. 1918:	Erste Tariferhöhung seit 1904 (billigste Fahrt nun 15 Pfg.)
1919:	Einführung von Liniennummern
28. 9. 1919:	Übergang der Dampfbahn an die Stadt
1. 8. 1921:	Einführung von Netzbildfahrscheinen und Fahrscheinbündeln
15. 2. 1922:	(Wieder-)Eröffnung der Armierungsbahn Finthen–Wackernheim (reichseigene Linie)
30. 4. 1922:	Eröffnung des elektrischen Betriebes Gonsenheim–Finthen
4. 2. 1923:	Eröffnung des elektrischen Betriebes Münsterplatz–Bretzenheim
9. 6. 1923:	Eröffnung des elektrischen Betriebes Schillerplatz–Hechtsheim
27. 11. 1923:	Höhepunkt der Inflation: die billigste Straßenbahnfahrt 200 Milliarden Mark!
18. 4. 1924:	Eröffnung der Straßenbahnlinie zum Städt. Krankenhaus
1924:	Einführung von Scherenstromabnehmern
1. 3. 1927:	Eröffnung der ersten Omnibuslinie (nach Nieder-Olm)
16. 4. 1927:	Eröffnung der Straßenbahnlinie nach Kostheim/Siedlung; damit größte Ausdehnung des Netzes (Streckenlänge 34,8 km)
11. 5. 1927:	Neuer Fahrplan mit größter Verkehrsdichte zwischen beiden Weltkriegen und (einschließlich „6" und „9") 13 Straßenbahnlinien

17. 6. 1927:	Eröffnung der ersten innerstädtischen Omnibuslinie (Münsterplatz – Städt. Krankenhaus)
13. 7. 1927:	Letzter Einsatztag der Straßenbahnlinie 12 zum Städt. Krankenhaus
12. 1928:	Einsatzwagen jetzt mit Signal „E"
3. 1930:	Höchster Fahrzeugbestand mit 78 Trieb- und 61 Beiwagen
17. 10. 1931:	Letztmals Straßenbahnen in der (seit 10. 7. 1921 nur noch stadtauswärts befahrenen) Neubrunnen- und Boppstraße
5. 1933:	„Straßenbahnamt" als „Verkehrsabteilung" in neu gebildete „Städtische Betriebe" einge-bracht
21. 11. 1933:	Anfänge des Gemeinschaftstarifs mit der SEG durch Anerkennung Stadt Mainzer Fahraus-weise auf den Linien 6 und 9 bis Kastel/Wiesbadener Str.
8. 7. 1935:	Abschied von den farbigen Richtungsschildern und Einführung weißer Schilder mit schwar-zer Schrift und separater runder Nummernscheibe
1936:	Allmähliche Einführung einer Zweifarbenlackierung (dunkelrot/elfenbein)
1. 1. 1939:	Gründung der Stadtwerke Mainz; Verkehrsabteilung als „Verkehrsbetriebe" eingegliedert
11. 1939:	Erneuter Einsatz von Schaffnerinnen
15. 8. 1940:	Erste erhebliche Fahrplan-Einschränkung seit Kriegsbeginn
9. 1941:	Erster Einsatz von Omnibusanhängern
1. 1942:	Bau von Obusstrecken (Fischtorplatz – Weisenau und Münsterplatz – Ritterstraße) geneh-migt
1942:	Allmähliche Wiedereinführung der früheren Einfarbenlackierung (elfenbein)
12. 8. 1942:	Erster schwerer Luftangriff bringt Straßenbahnverkehr zwischen Schillerplatz und Fischtor sowie Höfchen und Hindenburgplatz für Wochen zum Erliegen
12. 1942:	Aufnahme des Omnibusbetriebes mit Niederdruckgas (unverdichtetes Stadtgas)
1. 4. 1943:	Rückzug der SEG und Übernahme der Strecken und Fahrzeuge durch die Stadtwerke in Mainz und Wiesbaden; Aufnahme des Gemeinschaftsverkehrs auf den Linien 6 und 9
11. 4. 1943:	Erste Fahrzeugschäden durch Luftangriffe
5. 1943:	Einsatz der ersten Straßenbahnfahrerinnen
27. 2. 1945:	Letztmaliger Einsatz vor Kriegsende
29. 7. 1945:	Wiederaufnahme des Straßenbahnbetriebes (vom Bismarckplatz nach Finthen)
24. 2. 1946:	Wiederaufnahme des (Gas-)Omnibusbetriebes (vom Hauptbahnhof nach Kostheim)
16. 5. 1946:	Eröffnung der Straßenbahnlinie zur Universität
17. 7. 1946:	Linksrheinisches Straßenbahnnetz bis auf zwei (endgültig stillgelegte) Strecken wieder komplett
19. 12. 1946:	Eröffnung der ersten Obuslinie (Münsterplatz – Ritterstraße)
30. 11. 1947:	Wiederaufnahme des Straßenbahnbetriebes von Kastel nach Kostheim (Inselbetrieb)
10. 1948:	Erste fabrikneue Nachkriegsomnibusse in Dienst gestellt
7. 1949:	Inbetriebnahme des ersten neuen Dreiachstriebwagens
10. 1949:	Beendigung des Betriebes mit Niederdruckgas
16. 4. 1950:	Eröffnung der Rheinbrücke und Wiederaufnahme des durchgehenden Straßenbahnverkehrs nach Kostheim, Wiesbaden und Schierstein
7. 1951:	Wiederherstellung der im Krieg beschädigten Fahrzeuge abgeschlossen
11. 1952:	Inbetriebnahme des ersten dreiachsigen Großraumtriebwagens
12. 4. 1953:	Eröffnung der (zweiten) Obuslinie nach Gonsenheim
10. 1954:	50jähriges Jubiläum der Städtischen Straßenbahn mit Wagenkorso gefeiert
30. 4. 1955:	letztmals Straßenbahnen nach Wiesbaden und Schierstein; Ersatz ab 1. 5. 1955 durch erste Gelenkomnibusse
1. 9. 1955:	Eröffnung des Obusbetriebes Rosengarten – Weisenau
15. 6. 1956 bis 11. 5. 1957:	Umbau der Bahnhofsbrücke mit dauernder Stillegung der Strecke zur Universität und vor-übergehender Einstellung der Bretzenheimer Straßenbahnlinie
10. 1956:	Großraumtriebwagen verkehren kurzzeitig mit Beiwagen
31. 8. 1958:	letztmals Straßenbahnen über die Rheinbrücke nach Kostheim, damit Aufgabe aller rechts-rheinischen Strecken
8. 12. 1958:	Letzte eingleisige Strecke mit Lichtsignalen gesichert
14. 12. 1958:	Erster Einsatz von Straßenbahn-Gelenktriebwagen
7. 1961:	Generelle Aufnahme der Außenflächen-Rumpfwerbung
12. 1962:	letztmals Omnibusanhänger im Einsatz
27. 10. 1963:	letztmals Straßenbahnen nach Mombach, Weisenau, auf der Kaiserstraße und zwischen Schillerplatz und Liebfrauenplatz/Brückenplatz sowie Obusse nach Weisenau und Gonsen-heim
1. 11. 1963:	Tarifreform (billigste Fahrt nun 40 Pfg.) mit Einführung der Wochensichtkarte
10. 5. 1964:	Neue Gleisanlage vor dem Hauptbahnhof in Betrieb

29. 1. 1965:	Einführung halbautomatischer Kupplungen und Wiederaufnahme des (seit November 1961 eingestellten) Beiwagenverkehrs über die Gaugasse
14. 7. 1965:	Letztmals Drei-Wagen-Züge
8. 1965:	Erstmals Sonder-Omnibuslinien A und B zum neuen Weinmarktgelände am Volkspark
18. 10. 1965:	Letzter Einsatz von Vorkriegs-Straßenbahnwagen
1. 11. 1965:	Tarifreform („Einfachtarif" zu 50 und 60 Pfg., Fahrscheinentwertung durch Stempel statt Lochzange, Wegfall des Netzbildfahrscheines, Aufgabe des Nachtzuschlags, Wochensichtkarten berechtigen zur Fahrt von Anfang bis Ende einer, ggf. zweier oder dreier Linien, Wegfall besonderer Fahrscheine für „6" und „9"); Straßenbahnnetz mit Stillegung der Strecke Liebfrauenplatz–Straßenbahnamt „gesundgeschrumpft"; verstärkter Einmannbetrieb auf den Omnibuslinien
8. 2. 1966:	Letztmals Straßenbahnzug mit alter Trompetenkupplung
1. 2. 1967:	60-Pfg.-Einheitstarif eingeführt
12. 2. 1967:	Letztmals verkehren Obusse
22. 5. 1968:	Aufnahme des Funkbetriebes auf Straßenbahn und Omnibus
5. 8. 1968:	Aufnahme des Einmannbetriebes auf der Straßenbahnlinie 8 sowie auf den Gelenkomnibussen; Einführung von Fahrschein-Entwertern („Eiserne Schaffner")
7. 11. 1968:	Indienststellung des ersten Standardlinienbusses
4. 8. 1969:	Bahnbusse erkennen (nach Marienborn zunächst) Stadt Mainzer Fahrausweise an
7. 10. 1970:	Einweihung des neuen Omnibus-Betriebshofes
15. 8. 1971:	Letztmals Schaffner im Omnibusbetrieb
19. 8. 1971:	Erstmals tragbare Funksprechgeräte zur Verkehrsüberwachung
1. 11. 1971:	Mainz und Wiesbaden erkennen gegenseitig Einzel- und Sammelfahrscheine auf den Stadtlinien an
17. 5. 1972:	Erster Einsatz von Einrichtungs-Gelenktriebwagen
31. 7. 1972:	Letztmals Einsatz von Zügen mit Beiwagen auf der Gaugasse
1. 8. 1972:	Erste Busspuren (Alicenstraße, K.-Wilhelm- und Barbarossaring)
1. 11. 1972:	Wochensichtkarte (liniengebunden) zur Netzkarte aufgewertet und durch Wiesbaden (bzw. umgekehrt) anerkannt
13. 11. 1973:	Erster Einsatz von vierachsigen Großraumtriebwagen mit Einführung neuer Zweifarbenlackierung (orange/elfenbein)
25. 11. 1973:	Erstes allgemeines Sonntagsfahrverbot (Ölkrise) bringt verstärkten Andrang für öffentliche Verkehrsmittel (Einsatz der Linie 10 an den folgenden drei Sonntagen)
28. 1. 1974:	Erstmalige Verwendung von Haltestellen-Ansagegeräten
30. 1. 1974:	Gründung der „Versorgungs- und Verkehrsverbund Mainz-Wiesbaden GmbH"
6. 3. 1974:	Erste Nachkriegs-Straßenbahnfahrerin im Einsatz
22. 3. 1974:	Letztmals Betrieb mit Beiwagen
29. 9. 1974:	Erstmals gemeinsamer Fahrplan Mainz–Wiesbaden
7. 3. 1975:	Letztmals Einsatz von dreiachsigen Großraumtriebwagen; damit vollständiger Einmannbetrieb
14. 5. 1975:	Erste, durch Induktionsschleife zu beeinflussende Verkehrssignalanlage im Omnibusbetrieb
1976:	Beginnender Einbau von Weichenheizungen
3. 10. 1976:	Neue Straßenbahn-Abstellhalle in Betrieb
1. 7. 1977:	Nach 31 Jahren erstmals wieder Straßenbahn-Neubaustrecke (nach Finthen/Römerquelle)
21. 7. 1977:	Erstmalige Einführung eines Sommerferienfahrplanes
27. 7. 1979:	Vollständige Inbetriebnahme des neuen Straßenbahn-Betriebshofes
14. 11. 1980:	Besuch von Papst Johannes Paul II. mit (bisher einmaligem) Spitzenfahrplan-Angebot
7. 10. 1981:	Beginn des Einsatzes dreier aus Essen angemieteter Gelenktriebwagen

3 Ludwigsstraße Anno dazumal: Beschaulicher Betrieb – dazu noch auf dem linken Gleis.   ▶

I. Teil: Die Pferdebahn (1883–1904)

1. Zur Vorgeschichte und zur Entwicklung des Netzes

Die Ausdehnung der Stadt durch die beginnende Bebauung der „Gartenfront" (der heutigen Neustadt) ließ ab 1875 den Wunsch nach einem öffentlichen Verkehrsmittel aufkommen, um so mehr, als in der Nachbarstadt Wiesbaden im gleichen Jahr eine Pferdebahn eröffnet worden war. Wohl bestand schon 1874 eine Pferdeomnibusverbindung ins Gartenfeld; sie ging aber 1875 wieder ein. Zwei weitere Linien dienten 1876 den Besuchern des Schützenfestes auf dem Gelände des heutigen Stadtparks und denen der im Gartenfeld gelegenen Restauration „Raimundigarten", beide übrigens von der „Frankfurter Omnibus-Gesellschaft" bedient. Einer Pferdebahn war man damit keineswegs näher gekommen.

In der Stadtverordneten-Versammlung vom 27. 7. 1877 kam es erstmals zu einer konkreten Anfrage über den Stand etwaiger Vorbereitungen. Nach kurzer Debatte lehnte man dabei ein Eingehen auf eine Reihe vorliegender Angebote kurzerhand ab mit dem Hinweis auf einen Bericht des einflußreichen Stadtbaumeisters Kreyßig. Dieser hatte nämlich am 5. 12. 1876 „im Hinblick auf die großen Schwierig-keiten und Bedenken, welche der alsbaldigen Anlage einer Pferdeeisenbahn in hiesiger Stadt zur Zeit noch entgegenstehen", abgeraten, weil er ein Bedürfnis hierfür nicht erkennen mochte. Damit hatte in dieser Frage zunächst Ruhe einzukehren. Wie wenig so mancher Bürger mit dieser Entscheidung – auch nach Jahren – einverstanden war, verdeutlichte eine „Mitteilung aus dem Publikum" im „Mainzer Anzeiger" vom 5. 11. 1880:

„Es ist ein öffentliches Geheimnis, welches die Spatzen von den Dächern pfeifen, daß in Mainz die öffentlichen Angelegenheiten, sobald sie auch nur einigermaßen in das Gebiet des Bauwesens einschlagen, nicht mehr von dem allgemein geäußerten Willen der Bevölkerung, auch nicht von den gewählten Repräsentanten der Bürgerschaft, den Herrn Stadtverordneten und dem Herrn Bürgermeister bestimmt werden, sondern einzig und allein durch den Willen des Herrn Stadtbaumeisters Kreyßig. Der Herr Bürgermeister *will* die Pferdebahn, aber der Herr Stadtbaumeister will sie *nicht;* darum werden die guten Mainzer noch recht lange zu warten haben, bis sie sich der Wohltat dieses so bequemen und billigen Beförderungsmittels erfreuen dürfen ..."

Gruss aus Mainz. Gutenberg Denkmal und Ludwigsstrasse

Dennoch hatten 1879 hinter den städtischen „Kulissen" Vorarbeiten begonnen, so daß im Juni 1882 endlich ein Pflichtenheft „Vereinbarungen und Anordnungen wegen Anlage von Straßenbahnen in der Stadt Mainz" an die Interessenten versandt werden konnte. Es sah vier Linien in *Normal*spur (1435 mm) und eine Konzessionsdauer von 35 Jahren vor.

War man innerhalb der Stadt somit noch ohne öffentliches Verkehrsmittel, so traf dies für die Verbindung der umliegenden Gemeinden mit ihr nicht mehr zu: Weisenau und Finthen besaßen schon vor 1875 Pferdeomnibusse nach Mainz; Gonsenheim hatte seit 1873, Mombach gar seit 1859 billigen Eisenbahnanschluß. Hechtsheim und Bretzenheim erhielten im Zuge der Einrichtung von Postagenturen ebenfalls regelmäßigen Verkehr: ab Februar 1881 zwischen Bretzenheim und Schillerplatz, ab 15. 3. 1881 zwischen Hechtsheim und Graben mit vier bzw. zwei täglichen Fahrtenpaaren. Die Hechtsheimer Verbindung kam mit 50 Pfg. für die einfache und 85 Pfg. für Hin- und Rückfahrt allerdings außerordentlich teuer zu stehen.

Die Eröffnung der auf das Pflichtenheft eingegangenen Offerten erfolgte am 1. 7. 1882, brachte aber kein zufriedenstellendes Ergebnis, so daß die Konditionen überarbeitet wurden, eine neue Ausschreibung für eine jetzt *meter*spurige Bahn erging und auch neue Interessenten erschienen.

Entgegen anderslautenden Spekulationen entschieden sich die Stadtverordneten am 8. 5. 1883 für die bis dahin hier unbekannte Firma Marcks & Balke aus Berlin. Sie befaßte sich mit der Projektierung und Ausführung von Straßen- und Meliorationsbauten sowie verwandten Arbeiten und hatte auch die Pferdebahnen in Erfurt und Kassel errichtet.

Wiederum waren vier Linien vorgesehen, wobei diejenigen nach Zahlbach und vom Centralbahnhof über Mombacher Straße–Wallstraße (Rheingauwall) zum Rheintor erst später gebaut werden konnten. Bei der Einfachheit der Verhältnisse waren die Planungen schnell erledigt und die Gleisverlegung konnte Mitte August 1883 beginnen. Die Konzessionäre erwirkten für die erste Linie sofort einige Änderungen: statt vom Graben über Holz- und Rheinstraße zum Höfchen erreichten sie die günstigere und kürzere Trasse durch die – allerdings enge – Augustinerstraße. Auch die Führung vom Münsterplatz über die spätere Bahnhofstraße, den künftigen Bahnhofsplatz, die spätere Schottstraße und die Strecke durch Gartenfeld- und Schulstraße blieb Theorie. Statt dessen baute man vom Münsterplatz über Große Bleiche–Neubrunnenstraße–Boulevard (Kaiserstraße)–Rheinallee bis zum Endpunkt „Station Gartenfeld", dem zweiten Bahnhof der Hessischen Ludwigsbahn im Stadtgebiet (beim heutigen Feldbergplatz).

Die Gleisbauarbeiten gediehen rasch, und auch das Depot nahe dem Endpunkt in der Rheinallee 35 war mit seinen hölzernen Bauten schnell errichtet. Acht der bestellten zwölf Wagen konnten ebenfalls bis Ende September 1883 geliefert werden, so daß der Eröffnung nichts im Wege stand.

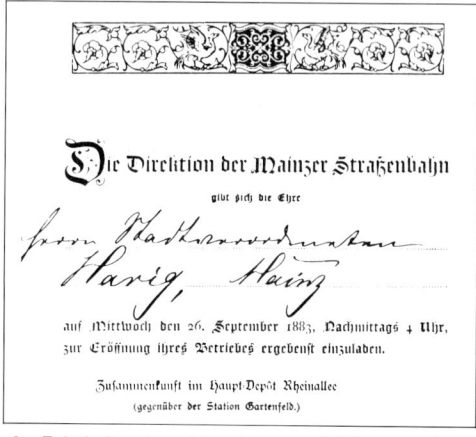

4 Faksimile einer Einladung zur Eröffnung, adressiert an den Stadtverordneten Harig.

Nach einigen Probefahrten fand die feierliche Inbetriebnahme am 26. 9. 1883, nachmittags vier Uhr, statt. Zahlreiche Vertreter des öffentlichen Lebens hatten zunächst Depot, Wagen und Pferde besichtigt und dann in den acht neuen und mit hessischen und deutschen Fahnen sowie Eichenlaub festlich geschmückten Wagen Platz genommen. Voran im neunten (offenen) Wagen begleitete ein Musikkorps den Wagenzug bis zum Neutor. Eine große Menschenmenge eskortierte die mit je zwei Pferden bespannten Wagen, und die Anwohner hatten durch Schmücken ihrer Häuser das ihre zu dem festlichen Ereignis beigetragen. Am nächsten Tag, dem 27. 9. 1883, begann schließlich der planmäßige Betrieb der Linie Neutor–Höfchen–Münsterplatz–Große Bleiche – Neubrunnenstraße – Boulevard – Station Gartenfeld.

Sofort daran anschließend betrieb die Gesellschaft den Bau der zweiten Strecke. Sie begann am Höfchen und führte über Fischtor- und Rheinstraße zum „Ludwigsbahnhof" in der Rheinstraße/Höhe Templergäßchen. Ihre Inbetriebnahme fand schon am 27. 10. 1883 statt. Die neue Linie führte zunächst bis Boulevard/Ecke Gartenfeldstraße, ab 3. 11. 1883 jedoch nur noch bis Münsterplatz.

Zum 13. 4. 1884 konnte auch die Verlängerung vom Neutor bis zur Gemarkungsgrenze Weisenau (1,25 km) eröffnet werden. Den Festungsgraben vor dem Neutor überwand die Bahn dabei auf einer Zugbrücke mit besonders konstruierten Schienen. Oft geschlossene Bahnschranken (die Strecke Mainz–Darmstadt/Frankfurt war niveaugleich zu kreuzen) und die Oktroiabfertigung (städtischer Einfuhrzoll auf Lebensmittel) ließen einen durchgehenden Betrieb der Weisenauer Wagen nicht geraten erscheinen, so daß sie zunächst nur bis Höfchen verkehrten. Ebenfalls am 13. 4. 1884 war in der Rheinstraße eine kurze Stichstrecke von etwa 0,3 km Länge zwischen Fischtor und Brückenplatz in Betrieb genommen und der Endpunkt mit „Schiffbrücke" bezeichnet worden, da von hier aus eine bewegliche Brücke nach Kastel führte. Sie wurde von einer kaum einen

. :†: **Bretzenheim**, 14. Febr. Unser Ort befand sich vor einigen Tagen in freudiger Aufregung; bekanntlich ist die Pferdebahnunternehmung nur verpflichtet, die Straßenbahnlinie bis nach Zahlbach und zwar bis an die dortige Kirche zu legen, während der Wunsch sowohl des Ortsvorstandes als auch der Bewohner von Bretzenheim dahin geht, daß auch unsere Gemeinde in das Straßenbahnnetz gezogen werde. Am Montag Nachmittag nun traf hier eine Anzahl Herren ein, welche in einer Droschke vor dem besten Wirthshause anhielten und eine Reihe von Vermessungs- und Nivellirungsapparaten abluden. Dem Wirthe machten sie die Mittheilung, daß sie Angestellte der Straßenbahn seien, welche gekommen wären, um die Vermessungen für die zu legenden Linien vorzunehmen. Der Wirth war darüber voller Freude und erbot sich sogar, wenn vor seinem Hause eine Haltestelle errichtet würde, wolle er der Direktion Stallung und Remise unentgeltlich zur Verfügung stellen. Die Herren begaben sich alsbald in die Hauptstraße des Ortes und nahmen dort ihre Vermessungen vor und in weniger als einer halben Stunde war der ganze Ort auf den Beinen, um dem Treiben der Herren „Ingenieure" zuzusehen und mit Befriedigung wahrzunehmen, daß ihr Wunsch in Erfüllung ginge. Leider müssen wir diese Freude zerstören, denn die Herren „Ingenieure" waren weiter Niemand als die Mitglieder einer hiesigen kleinen Carnevalsgesellschaft gewesen, die sich mit den Bretzenheimern diesen Spaß erlaubten.

5 Kräftig „auf den Leim" gingen im Februar 1884 die Bretzenheimer nach dieser Meldung des „Mainzer Anzeiger" vom 15. 2. 1884 in Erwartung der ersehnten Pferdebahn.

Kilometer langen Linie Ludwigsbahnhof–Schiffbrücke befahren und sollte vor allem Übergangsreisenden zum Kasteler Bahnhof dienen.
Noch während der Aufbauphase hatten die Eigentümer ihr bisher als „Mainzer Straßenbahn" firmierendes Unternehmen am 20. 3. 1884 in die „Mainzer Straßenbahn AG" umgewandelt und formell mit einem Aktienkapital von 500 000 Mk. ausgestattet. Die zunächst solide erscheinende Basis verschlechterte sich in den folgenden Monaten zusehends, da die Eigentümer als Inhaber der Pferdebahnen in Erfurt und Kassel aufgrund dortiger ungünstiger Konditionen in Schwierigkeiten gerieten, um Moratorien bitten und schließlich ihre gesamten Aktien und Rechte an den Privatier Siegfried Aschrott in Kassel als Hauptgläubiger übertragen mußten. Die unklare Lage bewog die Stadt, der Gesellschaft zunächst die Anerkennung zu versagen. Nach Beseitigung der Anstände gaben die Stadtverordneten am 18. 3. 1885 ihre Zustimmung und nahmen diese zum Anlaß, mit Vertrag vom 20. 3. 1885 eine Reihe konzessioneller Fragen neu oder definitiv zu regeln.
In der zweiten Hälfte des Jahres 1884 hatte sich das Netz erneut gewandelt. Als erstes war die Verbindung vom Höfchen zum Flachsmarkt am 6. 7. und ab 27. 7. der Weiterbau zum Boulevard/Ecke Bonifaziusplatz eröffnet worden. In der unübersichtlichen Doppelkurve Schöffer-/Alte Universitäts-/Schusterstraße sorgten dabei – wie schon in der Augustinerstraße – Bahnwärter für die Regelung des Verkehrs. Die zweite Änderung betraf die Anbindung des am 15. 10. 1884 eröffneten Centralbahnofes (heutiger Hauptbahnhof) vom Münsterplatz über die Bahnhofstraße, eine Strecke, die erstmals sofort zweigleisig ausgebaut wurde. Auch aus Richtung Boulevard war der Centralbahnhof über die heutige Schottstraße anzuschließen; eine Verbindungskurve Schottstraße–Bahnhofstraße gab es hingegen nicht.
Durch diese Neubauten ergab sich der Verzicht auf die 1883 eröffneten Strecken Münsterplatz–Große Bleiche–Neubrunnenstraße–Boulevard und Fischtor–Ludwigsbahnhof. Während die Gleise in der Großen Bleiche für die künftige Kasteler Linie liegenblieben, kam es bald zur Beseitigung der Gleise in Neubrunnen- und Rheinstraße.
Als nächstes hatte die Gesellschaft die Kasteler Linie in Angriff zu nehmen. Das Legen der Doppelgleise auf der neuen Rheinbrücke war zwar schon im Januar 1885 beendet, allein der Zeitpunkt der Eröff-

6 Die Straßenbrücke um die Jahrhundertwende mit den charakteristischen Brückenhäusern und den auf die Pfeiler gesetzten Pylonen. Der doppeltbespannte Pferdebahnwagen fährt in Richtung Fischtor.

nung der Pferdebahn lag noch in weiter Ferne. Ursache waren weniger technische Gründe, vielmehr ging es um die Höhe des Brückengeldes. So wurde die Brücke am 30. 5. 1885 dem Verkehr übergeben und das Feld zunächst dem Pferdeomnibus der Hessischen Ludwigseisenbahn überlassen, der für Übergangsreisende zwischen Centralbahnhof und Bahnhof Kastel verkehrte. Nach zähen Verhandlungen gab sich der hessische Staat schließlich mit einem Aufschlag von einem Pfennig auf das für Fußgänger gültige Brückengeld von vier Pfennig, zusammen also fünf Pfennig, zufrieden. Die Abrechnung sollte monatlich nach den Angaben in den Zählzetteln erfolgen, die, die Schaffner vor jedem Passieren der Brücke dem Brückengeld-Pächter abzuliefern hatten. Nach dieser Übereinkunft verlegte man im November 1885 zunächst die restlichen Gleise in der Großen Bleiche, im April 1886 auf der unterstromseitigen linken Brückenrampe, und bis Anfang Mai waren auch die Arbeiten in Kastel erledigt. Hier hatten beide Gleise allerdings zunächst auf einer provisorischen Rampe zwischen Rhein und Eisenbahn verlegt werden müssen. Die erste Probefahrt erfolgte am 14. 5. 1886, doch erst am 25. 8. 1886 fand die feierliche Eröffnung der Linie Centralbahnhof—Große Bleiche—Kastel mit vier festlich geschmückten Wagen statt.

Schon am 11. 8. 1886 hatten die Stadtverordneten dem Antrag stattgegeben, eine zweite Verbindung mit Kastel als Verlängerung der Linie Centralbahnhof—Höfchen—Brückenplatz einzurichten. Die Gleisbauarbeiten vom Brückenplatz bis zum Brückenkopf gediehen verhältnismäßig rasch (ungeachtet dessen, daß die Schienen zweimal verlegt werden mußten, weil die zuerst eingebauten nicht dem vereinbarten Profil entsprachen), so daß die Linie am 6. 12. 1886 erstmals verkehrte. Auch hier war zwischen Brückenplatz und Kastel (wie bei der ersten Linie ab Schloßtor) zweispänniger Betrieb nötig, wobei bestimmt war, daß die Vorspannpferde jeweils rechts zu laufen hatten.

Eine Reihe von Vorkommnissen bewirkte, daß das Polizeiamt als direkte Aufsichtsbehörde stets ein wachsames Auge auf das Verkehrsinstitut warf. So entging es ihm auch nicht, daß die Gesellschaft 1886/87 auf der Endstrecke nach Weisenau ab Ausweiche Klosterkaserne – gelegentlich auch zwischen Bonifaziusplatz und Centralbahnhof – unzulässigerweise Einmannbetrieb einführte. Die Schaffner verließen dabei ihren Wagen und übernahmen den stadteinwärts fahrenden Kurs, wodurch sich jeweils ein Schaffner sparen ließ. Nach einer Anzeige gegen den Direktor der Bahn kehrte man sehr schnell zum Zweimannbetrieb zurück.

Bereits ab 12. 4. 1885 hatte man die Weisenauer Wagen durch die Flachsmarktstraße zum Bonifaziusplatz und – auf einer neuen Verbindungskurve – über Boulevard zum Centralbahnhof führen können, da durch Wegfall der niveaugleichen Kreuzung beim Neutor die Aufenthalte vor geschlossenen Schranken der Vergangenheit angehörten und der Betrieb pünktlicher wurde.

Die Eröffnung des Zollhafens an der Rheinallee bedingte die Verlängerung der seither am Depot endenden Strecke um etwa 0,35 km bis Ecke Neckar-/Mainstraße. Sie fand am 4. 3. 1888 statt. Schon am 7. 6. 1887 hatte die Gesellschaft den Betrieb einmal aufgenommen, mußte ihn aber sofort wieder einstellen, weil die städtische Genehmigung zum Tarif zunächst versagt blieb.

Anfang 1888 verdichteten sich die Gerüchte, daß ein auswärtiges Konsortium Hechtsheim, Bretzenheim, Gonsenheim und Finthen durch Dampfbahnen mit der Stadt verbinden wolle. Das Haupthemmnis für das an sich erwünschte Projekt bestand darin, daß die Stadt in der von ihr selbst erteilten Konzession festgelegt hatte, daß sie an andere Interessenten keine weiteren Konzessionen vergeben würde. Aus dieser Schwierigkeit entließ sie der Alleinaktionär Aschrott, indem er seine Anteile an das Eisenbahn-Konsortium Bank für Handel und Industrie in Darmstadt und Herrmann Bachstein in Berlin übertrug und dieses der Stadt gegenüber als neuer Vertragspartner auftrat. Der zwischen Stadt und Konsortium am 11. 5. 1889 abgeschlossene Vertrag sah wegen der Pferdebahn vor:

1. Die Linien Weisenau—Höfchen—Bonifaziusplatz—Centralbahnhof, Centralbahnhof—Höfchen—Kastel und Bonifaziusplatz—Zollhafen werden festgeschrieben.

2. Die Linie über die Große Bleiche wird anläßlich des Umbaus der Gleise für die Dampfbahn für dauernd eingestellt.

3. Die projektierte Linie nach Zahlbach geht in der Hechtsheimer Dampfbahnstrecke auf; die Linie über die Mombacher Straße ist nur bis Güterbahnhof vorzusehen und kann als Pferde- oder Dampfbahn betrieben werden.

4. Die Dauer der Konzession beläuft sich auf 35 Jahre, gerechnet vom Abschluß des neuen Vertrages. Nach Ablauf von 15 Jahren – frühestens am 11. 5. 1904 – kann die Stadt die Pferdebahn in Eigentum übernehmen.

Mit Beginn der Umbauarbeiten für die Dampfbahn in der Großen Bleiche kam es daher (wahrscheinlich ab 12. 9. 1890) zur Einstellung der Linie Centralbahnhof—Große Bleiche—Kastel und zum entsprechend dichteren Betrieb auf der verbleibenden Kasteler Linie über Höfchen. Als die Dampfbahn am 12. 8. 1891 schließlich eröffnet wurde, hatte sich die Pferdebahn die nun zweigleisige Strecke in der Rheinstraße vom Fischtor zum Brückenplatz mit ihr zu teilen.

Seit langem bemühte man sich in Weisenau um eine Verlängerung der Strecke bis in den Ort selbst. 1890 kam es endlich zu einem Vertrag zwischen Gemeinde und Konsortium. Weisenau gab hiernach einen verlorenen Zuschuß von 10 000,– Mk., während sich das Konsortium verpflichtete, durchschnittlich drei Wagen je Stunde verkehren zu lassen und für die Verlängerung nur 5 Pfg. zu berechnen. An Ostern 1891 (vermutlich am 13. 4.) erreichte die Pferdebahn die neue Endstelle in der Rheinstraße/Höhe Sterngasse. Die Strecke maß 0,66 km und besaß in der Mitte und am Ende eine Ausweiche. Neben dieser Verlängerung bauten die Eigentümer eine Reihe von Streckenabschnitten verkehrsgerechter aus, und zwar:

1889: zweites Gleis vom Höfchen zum Liebfrauenplatz bei erstmaliger Verwendung von Holzpflaster zwischen den Schienen
1890: zweigleisige definitive Rampe vom Brückenkopf zum Bahnhof in Kastel (Ersatz für provisorische Rampe)
1891: zweites Gleis in der Ludwigsstraße
1892: zweites Gleis in Schiller- und Flachsmarktstraße (teilweise)
1893: Boulevard (jetzt Kaiserstraße) und damit gesamte Strecke Centralbahnhof–Zollhafen jetzt zweigleisig
1894: zweigleisiger Ausbau der Neutorstraße bis zur Bahnüberführung (nach Abbruch des alten Neutors)

Gemäß Vertrag vom 11. 5. 1889 hatte das Konsortium auch eine Linie zum neuen, am 13. 10. 1898 schließlich eröffneten Schlachthof an der Kreyßigstraße einzurichten. Dies geschah durch eine Verlängerung der Zollhafen-Linie in zwei Etappen:

13. 10. 1898: von Rheinallee/Ecke Neckarstraße bis „Rheintor" (d. h. bis Ecke Kaiser-Karl-Ring)
15. 12. 1898: von „Rheintor" durch den Kaiser-Karl-Ring bis Ecke Kreyßigstraße

Mit dieser Erweiterung erreichte das Netz seine größte Ausdehnung, denn die vertraglich ebenfalls zu bauende Verbindung Brückenplatz–Rheinstraße–Kaisertor kam nicht mehr zur Ausführung.
1895 war übrigens ein neues Kapitel bei Pferde- und Dampfbahn aufgeschlagen worden: das Konsortium Bank für Handel und Industrie in Darmstadt und Herrmann Bachstein in Berlin als Eigentümer dieser beiden und zahlreicher anderer Straßen- und Nebenbahnen faßte alle Unternehmen in einer neuen Firma, der Süddeutschen Eisenbahn-Gesellschaft (SEG) mit Sitz in Darmstadt durch Gründungsakt vom 11. 2. 1895 zusammen. Die gemeinsame Verwaltung von Pferde- und Dampfbahn („Betriebsverwaltung der Mainzer Vorort- und Straßenbahnen" oder „Mainzer Lokal- und Straßenbahnen") blieb dadurch zwar bestehen, die Entscheidungen traf jedoch fortan in der Regel der neue Vorstand in Darmstadt.
Schon bald nach Abschluß des 1889er Vertrages hatte sich bewahrheitet, daß die Gegner des Vertra-

7 Gleich zwei Pferdebahnwagen (vorn Nr. 19) warten gemeinsam mit Pferdeomnibussen und Droschken vor dem Empfangsgebäude der Taunusbahn in Kastel auf Fahrgäste. Doppelte Bespannung ist für die Straßenbrücke und deren Rampen vonnöten. Beide Wagen tragen – offenbar nur kurz verwendet – Seitenrichtungsschilder an den Dachkanten.

8 Blick vom Schillerplatz in die zweigleisig ausgebaute Ludwigsstraße (1899).

9 In Weisenaus Rheinstraße (vor Haus 44) entstand diese Aufnahme. Man beachte den Zustand des „Pflasters" auf der dem hessischen Staat gehörenden Hauptverbindungsstraße Mainz – Worms. ▶

ges, die vor einem erneuten 35 bzw. (bei der Dampfbahn) 50 Jahre währenden Monopol über städtische
Straßen gewarnt hatten, recht behalten sollten. Die
Zusammenarbeit mit der SEG gestaltete sich – meist
wegen des leidigen Dampfbahnbetriebes in der Großen Bleiche – unersprießlich, und so wurde zur Gewißheit, daß die Stadt von ihrem Recht Gebrauch
machen und das Pferdebahn-Unternehmen im Jahre 1904 erwerben würde. Am 22. 11. 1899 faßten die
Stadtverordneten den richtungweisenden Beschluß, der zudem eine Elektrifizierung und Einrichtung neuer Strecken vorsah. Ein als alternativ verab-
redeter Nachvertragsentwurf mit der SEG, in dem
dieser die Elektrifizierung der Pferde- und Dampfbahn zugestanden werden sollte, kam folgerichtig
zur Ablehnung.
Äußerst schwierig gestaltete sich die Wertermittlung
des Unternehmens und der sich daraus ergebende
Kaufpreis. Der von der Stadt bestellte Sachverstän-
dige (Regierungs- und Baurat a. D. Otto Riese aus
Frankfurt) kam zu dem Ergebnis, „daß eine Entschädigung in Höhe von 1,2 Mill. Mk. im Jahre 1904 die
richtigste und 1,5 Mill. Mk. die oberste, jedoch von
ihm nicht mehr vertretbare Grenze sei". Auch die
SEG hatte sich nach einem Gutachter umgesehen
und ihn in dem Straßenbahn-Direktor i. R. Behringer/
Frankfurt gefunden. Er bezifferte den Wert zum
11. 5. 1904 auf 1 233 660 Mk., doch sollten Depot,
Gebäude und alle Fonds gesondert berechnet
werden.
Nach Vorlage beider Gutachten benannte die Stadt
im Juni 1902 den Stadtverordneten und Rechtsan-
walt Dr. Schmitt als ihren Experten, dem alle Bücher
und Urkunden vorzulegen waren und der sich mit
dem Gutachter der Gegenseite verständigen sollte.
Nach langwierigen Verhandlungen kamen die Parteien im Juli 1903 endlich zu greifbaren Ergebnissen. Zunächst hatte die SEG den Wert des Unternehmens bis zum Ablauf der Konzession (1924) auf
2 093 575 Mk. beziffert, die Stadt dagegen nur
785 165 Mk. geboten. Schließlich kam man überein,
den 20fachen Betrag der Rendite der letzten drei
Jahre (d. h. 1 409 426 Mk.) als Übernahmekosten anzunehmen, korrigierte den Betrag aber dann auf die
glatte Summe von 1 411 000 Mk.
Am 29. 7. 1903 schlossen Oberbürgermeister Dr.
Gaßner und Direktor Rötelmann den Vertrag ab, der
von den Stadtverordneten noch am gleichen Tag
gebilligt wurde. Damit hatte die Stadt den stolzen
Preis von 1,4 Mill. Mk. aufwenden müssen, um ein
abgewirtschaftetes Unternehmen einzig zum Zweck
der Elektrifizierung übernehmen zu können. Die
Zweifler von 1889 hatten damit leider recht behalten!
Schwierigkeiten gab es zunächst bei der SEG, deren
Aktionäre weitere Zugeständnisse der Stadt durch-
gesetzt wissen wollten. Erst in einer erneut einberu-
fenen Generalversammlung bequemten sie sich am
15. 12. 1903, dem Vertrag – wenn auch mit Auflagen,
auf die die Stadt nicht einging – ihre Zustimmung zu
erteilen. Die tatsächliche Übernahme erfolgte dann
nicht zum 11. 5., sondern schon zum 1. 4. 1904.
Dies entsprach einem Wunsch der Stadt, die die

Umbauarbeiten unverzüglich mit Eintritt milder Witterung beginnen wollte. Daß sie der SEG für diesen
vorfristigen Übergang eine weitere Verzinsung des
Kaufpreises zugestehen mußte, sei nur am Rande
erwähnt.
Gemäß Vertrag vom 29. 7. 1903 fand am 1. 3. 1904
eine Inventaraufnahme statt. Sie erbrachte 34 Wagen und 100 Pferde. Weitere vier Wagen (drei geschlossene und ein offener) waren am Abend vorher
unter eigenartigen Umständen in den Betriebshof
Kirchhöfe der Dampfbahn überstellt worden, und es
wurden betrügerische Absichten vermutet. Ehe die
Stadt einen formellen Protest einlegen konnte, hatte
man zwei dieser Wagen kurzerhand zerlegt, bezeichnete diese und die beiden restlichen als schon
früher überzählig und untauglich und daher nicht zur
Inventarmasse gehörig.
Wie verworren die Verhältnisse gewesen sein mußten, ergaben die Recherchen der Stadt am Sitz der
Gesellschaft. Danach hatten nach dem Erneue-
rungskonto nur 32 Wagen an die Stadt überzugehen. Über das Mehr von zwei Wagen konnte selbst
SEG-Direktor Rötelmann keine Auskunft geben,
ganz zu schweigen von den vier abtransportierten
Wagen.
Die 34 übernommenen Wagen setzten sich wie folgt
zusammen:

    6 geschlossene
      mit 14 Sitz- und 14 Stehplätzen
    9 geschlossene
      mit 12 Sitz- und 12 Stehplätzen
    9 geschlossene
      mit 10 Sitz- und 12 Stehplätzen
    2 offene mit 40 Plätzen
    2 offene mit 38 Plätzen
    4 offene mit 32 Plätzen
    2 offene mit 24 Plätzen

Das größere Fassungsvermögen der offenen (Som-
mer-)Wagen erklärt sich durch die Anordnung von
Quersitzreihen ohne Mittelgang. Die geschlossenen
Wagen besaßen dagegen zwei Längsbänke mit dem
üblichen Mittelgang.
In den Dienst der Stadt trat auch das Personal der
Bahn über, sofern es nicht – was vereinzelt vorkam –
bei der SEG verbleiben wollte. Es waren dies 74
Personen, und zwar im wesentlichen:

    26 Schaffner
     9 Stalleute
     3 Streckenwärter
     1 Kassenschaffner
     1 Agent
     1 Kassierer
    22 Kutscher
     4 Pferdeführer
     1 Futtermeister
     1 Nachtwächter
     1 Bürodiätar

Unter den Immobilien befanden sich neben dem
Depot in der Rheinallee 35 (das bald anderen Zwek-
ken zugeführt wurde) auch die Gleisanlagen, die mit

einigen Ausnahmen sämtlich der Verschrottung anheimfielen. Verwendbar waren nur 1898–1902 verlegte Teilstücke in der Weisenauer Straße, der Rheinallee und auf der Rheinbrücke.

Bei einer Streckenlänge von 9,8 km soll die Gleislänge laut Angabe der SEG 1903 15,384 km (hierin etwa 65 Weichen) ergeben haben, ein Wert, der später noch Ursache eines langen Rechtsstreits werden sollte. Die SEG sah nämlich die beiden Gleise in der Rheinstraße als einzig zur Dampfbahn gehörig an, während die Stadt beim Kauf im guten Glauben ein Gleis als zur Pferdebahn zählend angesehen hatte. Erst 1915 verglich man sich, ohne daß eine der beiden Parteien recht behalten hätte.

Die im Februar 1904 in der Innenstadt verstärkt beginnenden Elektrifizierungsarbeiten brachten für die Pferdebahn natürlich zahlreiche Provisorien mit sich. Wegen Umbau der Strecke Centralbahnhof–Höfchen–Brückenkopf leitete man die Kasteler Linie zum Beispiel über die Kaiserstraße und ließ sie inzwischen fertiggestellte Gleise zwischen Kaisertor und Brückenrampe benutzen, mithin eine Strecke, die sie früher nie befahren hatte. Im Juni/Juli 1904 lief die Schlachthof-Linie gar ab Ecke Kaiserstraße/Boppstraße über die Gleise der künftigen Mombacher Strecke zum Bismarckplatz, weil die Gleise in der Rheinallee umgebaut wurden. Auch in früheren Jahren war die Pferdebahn regelmäßig von ihren „Pfaden" abgewichen, denn von 1898 bis 1903 ließ die SEG wegen des Allerheiligenfestes vom 30. 10. bis 2. 11. Pferdebahnwagen als Verstärkungskurse auf der Dampfbahnstrecke Fischtor–Große Bleiche–Kirchhöfe laufen.

Entsprechend dem Fortgang der Elektrifizierung wurde der Pferdebahnbetrieb auf den einzelnen Abschnitten endgültig eingestellt ab:

16. 7. 1904: Centralbahnhof–Schillerplatz–Höfchen
1. 9. 1904: Höfchen–Brückenkopf und Centralbahnhof–Kaisertor–Brückenkopf
20. 10. 1904: Schlachthof–Rheinallee–Kaisertor und Bonifaziusplatz–Höfchen
1. 12. 1904: Höfchen–Neutor
21. 12. 1904: Neutor–Weisenau
1. 1. 1905: Brückenkopf–Kastel

Im Gegensatz zur prunkvollen Eröffnungszeremonie des Jahres 1883 ging der Abschied sang- und klanglos vonstatten und wurde selbst in der Presse, die sich in der Vergangenheit dieses Verkehrsmittels immer dankbar angenommen hatte, nur ganz beiläufig erwähnt.

2. Die Pferde

Die Geschichte der Pferdebahn ist auch eine Geschichte ihrer Pferde. Während die Fahrzeuge in den Geschäftsberichten der Gesellschaft kaum Erwähnung finden, wird über die Pferde recht ausführlich berichtet, stellten sie doch alljährlich den größten Einzelposten der Bilanz dar. Ihnen wurde erheblich mehr Fürsorge zuteil als dem Personal. Entsprechend streng waren auch die Vorschriften: eine schnellere Gangart als gemäßigter Trab durfte nicht

10 Auch auf dem Leichhof fuhr man mal links, mal rechts: Pferdebahnwagen 17, entgegen der Vorschrift einseitig auf dem Hinterperron belastet, strebt gen Weisenau.

gefahren werden; an Engstellen war Schrittfahren angeordnet. Gewissenhaft notierten die Schutzleute Zuwiderhandlungen, und mancher Kutscher kam zur Anzeige, wenn er die Pferde im Galopp die Ludwigsstraße hinuntertrieb. In der Dienstordnung hieß es im § 6 entsprechend:

> „Der Kutscher hat während der Fahrt und an den Endstationen seine Pferde sorgsamst zu behandeln und ist eine grobe Behandlung der Pferde auf das Strengste untersagt. Mißhandlungen der Pferde werden mit Geldstrafen oder sofortiger Entlassung bestraft. Die Direktion behält sich das Recht vor, für durch grobe Behandlung oder Mißhandlung der Pferde angerichteten Schaden den Kutscher zum Ersatz anzuhalten."

Trotzdem gehörte natürlich eine Peitsche zum Handwerkszeug, die in Gemäßheit des § 4 besagter Dienstordnung von der Gesellschaft zu erwerben war. Ganz nebenbei sei erwähnt, daß der Kutscher auch im Besitze eines Paares weißer Handschuhe zu sein hatte, die so oft anzuziehen waren, wie die Gesellschaft es verlangte, vor allem bei festlichen Gelegenheiten. Inwieweit hiervon tatsächlich Gebrauch gemacht wurde, ließ sich nicht mehr feststellen.

Im ersten Betriebsjahr bediente sich die Bahn auch nicht eigener Pferde, sondern hatte die Pferdehaltung an den Rittergutsbesitzer und Landrat Carl Boldt in Koszanowo bei Pinne (Provinz Posen) verpachtet. Diese Art des Betriebes – mit Abrechnung auf Kilometerbasis – gestaltete sich jedoch zu teuer, so daß man durch Erwerb des inzwischen auf 70 Tiere angewachsenen Bestands von Mietpferden ab 21. 12. 1884 eine eigene Pferdehaltung einführte.

Die Wahl der für Pferdebahnen geeignetsten Pferderassen scheint eine Wissenschaft für sich gewesen zu sein. Begonnen hatte es 1883 mit 30 Dänen, „große, prächtige Tiere", wie der „Mainzer Anzeiger" zu berichten wußte. Schon einige Wochen später stellte man Ardenner ein, die sich jedoch als zu schwer erwiesen. Den nächsten Versuch unternahm man mit ostpreußischen Pferden, die besonders geeignet sein sollten. Ihnen folgte eine Kreuzung zwischen ostpreußischen und litauischen Pferden, „kleine, starkknochige und ausdauernde Tiere", die aber offenbar dann auch nicht recht befriedigten. Mitte 1886 schien sich das Urteil über die Ardenner gewandelt zu haben, denn solche Pferde wurden nun in großer Zahl beschafft. Hierbei war der Wunsch bestimmend, von den gemischten Rassen abzugehen und eine einheitliche Bespannung zu erreichen.

Nach Eröffnung der Kasteler Linie, wo wegen der Rampen und den Neigungsverhältnissen auf der Brücke selbst mit „Vorspann"-Pferden (die tatsächlich aber nicht vorweg, sondern rechts liefen) gearbeitet werden mußte, ergab sich erneut ein ungünstiges Abschneiden der Ardenner. 1887/88 kaufte man daher ausschließlich wieder Dänen, und 1890 dienten erstmals Luxemburger.

Für die folgenden Jahre fehlen Angaben über die beschafften Rassen, und erst für 1898 und 1899 hieß es, daß amerikanische Pferde beschafft worden seien. 1900 gelangte der größte Teil der Pferde der eingestellten Wiesbadener Pferdebahn nach Mainz, doch schwiegen sich die Berichterstatter über Rassen und genaue Zahlen aus.

Die mittlere Laufleistung lag je Pferd und Tag bei etwa 23 Kilometern, wobei die „dienstfreien" und kranken Pferde (Krankenquote etwa 3,8%) nicht eingerechnet sind. Neue Pferde erhielten besondere „Schontage", bis sie vollständig eingefahren waren. In der Regel liefen die Tiere je zwei Umläufe am Vor- und Nachmittag. Zu den Ablösepunkten (für die Kasteler Linie am Brückenplatz) wurden die Tiere im Schritt durch Pferdejungen gebracht und abgeholt. Stadt, Polizei und Bürgerschaft achteten in all den Jahren sorgsam auf den Zustand der Tiere, und auch in der Presse fehlte es nicht selten an entsprechenden Hinweisen. Nachdem innerhalb kurzer Zeit mehrere Pferde auf der Strecke zusammenbrachen, beschäftigten sich Anfang 1902 gar die Stadtverordneten damit und erreichten eine Untersuchung durch das Kreisveterinäramt. Hierbei ergab sich, daß auf Grund einer Infektion von 98 untersuchten Pferden 21 in mittelmäßigem, 61 in magerem und 16 in sehr magerem Ernährungszustand waren. Von den letzteren litten zwei Drittel außerdem an Blutarmut, so daß der Bestand kurzfristig durch Zukäufe auf 106 Pferde – die höchste Zahl während des Bestehens der Bahn überhaupt – gebracht werden mußte.

In den Ställen hielt man die Pferde getrennt nach Rassen. Es gab Schimmel, Rot- und Grauschimmel, Braune, Füchse usw. Auf je 12 Pferde kam ein Stallknecht, der dem Futtermeister unterstand. Die einzelnen Pferde trugen Namen und Nummern; letztere wurde mit einer Marke am Geschirr gezeigt. Die einzelnen Jahrgänge waren wiederum mit Buchstaben bezeichnet, so z.B. Jahrgang 1898 mit „A", Jahrgang 1899 mit „B" usw.

Analog zur Umstellung auf elektrischen Betrieb trennte man sich von fast allen der 100 übernommenen Pferde. Die Verkäufe fanden gegen Gebot vom 14. 7. 1904 bis 27. 1. 1905 statt, wobei je Pferd im Durchschnitt 455,55 Mk. erlöst wurden. Die meisten Pferde traten in den Dienst von Landwirten ein, die diese Zweite-Hand-Tiere schon früher sehr schätzten. Neun Pferde übernahm das Reinigungsamt, während ein Pferd für die Bespannung des Montagewagens (Turmwagen) zurückgehalten wurde.

3. Der Pferdebahn-Wagenpark

Wie erwähnt, fanden sich in den Geschäftsberichten (und anderen Quellen) nur wenige, teils auch sich widersprechende Hinweise über die Zusammensetzung des Wagenparks und seine Numerierung. Mit entsprechendem Vorbehalt müssen daher auch die folgenden Angaben gesehen werden.

Von Herbrand in Ehrenfeld bei Köln – eine der damals renommiertesten Waggonfabriken – erhielt die Gesellschaft die Erstausstattung von 12 einspännigen, geschlossenen Wagen (numeriert mit 1–12). Ein zum Einfahren der Pferde und des Personals im September 1883 verwendeter, wahrscheinlich offener Wagen war gebraucht von einem anderen Betrieb (Wiesbaden?) übernommen und sicher wieder zurückgegeben worden. Für den Winterdienst lieferte Herbrand gleichzeitig einen offenen Salzstreuwagen mit Trichter. Er dürfte das Ende der Bahn miterlebt haben.

Anfang 1884 bezog das Unternehmen zwei offene Sommerwagen und im Frühjahr weitere sechs geschlossene Wagen; letztere (vermutliche Nummern 13–18) schien Heinrich Heinemann in Preetz/Holstein gefertigt zu haben. Der Erbauer der Sommerwagen blieb unbekannt. Bis Mitte 1884 war die Zahl der Fahrzeuge wahrscheinlich konstant, denn am 5. 6. 1884 konnte der „Mainzer Anzeiger" melden, daß an Pfingsten „sämtliche 20 Wagen in Betrieb

gewesen seien". Die Unterteilung in Sommer- und Winterwagen entsprach den damaligen Gepflogenheiten; keine Bahn, die etwas auf sich hielt, konnte es sich bei der Zusammensetzung des fahrenden Publikums leisten, nur geschlossene Wagen vorzuhalten.

Im Geschäftsbericht 1885/86 konnte die Gesellschaft melden, daß von dem früheren Eigentümer Marcks & Balke vertragsgemäß für die Kasteler Linie noch zwei offene und vier geschlossene Wagen geliefert worden seien. Letztere besäßen versuchsweise längere Plattformen zur Aufnahme größerer Gepäckstücke (Übergangsreisende zwischen Centralbahnhof und Bahnhof Kastel!). Die geschlossenen Wagen schien wiederum Herbrand geliefert zu haben, denn der „Mainzer Anzeiger" bemerkte (allerdings schon am 20. 9. 1885), „daß gestern, von Ehrenfeld bei Köln kommend, vier neue elegante Wagen eingetroffen sind".

Im Mai 1886 überraschte die Gesellschaft mit der Mitteilung, daß man die Werkstätte vergrößern wolle,

11 So sahen die ersten Mainzer Pferdebahnwagen nach einer Werkskizze (vermutlich Waggonfabrik Herbrand) aus.

12 Pferdebahnwagen 2 am Schlachthof. Neben der Aufschrift MAINZER STRASSENBAHN trägt der Wagen unterhalb der Scheuerleiste den Namenszug SÜDDEUTSCHE EISENBAHN-GESELLSCHAFT (um 1898–1904).

um möglicherweise dann Wagen selbst bauen zu können. Mit Sicherheit kam es aber weder zum einen noch zum andern. Überhaupt fiel auf, daß man zur Unterhaltung der Wagen keinerlei zusätzliches Personal zu benötigen schien, denn außer einem (Huf-)Schmied gab es keine Beschäftigte, die auf Grund ihrer Ausbildung besonders zu Reparatur und Wartung geeignet gewesen wären. Die tägliche Reinigung der Wagen oblag laut Dienstordnung dagegen den Kutschern, die sich hierzu eine Stunde vor Ausfahrt einzufinden hatten.

Für das Betriebsjahr 1886/87 meldete der Geschäftsbericht den Zugang je zweier offener und geschlossener Wagen, für 1887/88 erneut eine „Vermehrung um zwei Wagen". Der Bestand an Sommerwagen soll sich nach Angabe in einer am 8. 6. 1888 gebrachten Meldung des „Mainzer Anzeiger" auf jetzt acht Stück belaufen haben, wobei die Bahn „zwei Wagen in diesen Tagen erhalten hätte". Offenbar handelte es sich um die für 1887/88 erwähnten beiden Wagen, so daß die Summe von acht Sommerwagen richtig wäre.

Für die nächsten zehn Jahre liegen Meldungen über Zu- und Abgänge nicht vor, sieht man von dem Hinweis des Bücherrevisors Kreyes in seinem Bericht vom 25. 10. 1899 einmal ab. Kreyes gibt an, daß der „Wagenpark seit 1891 unverändert" geblieben sei. Erst Ende Dezember 1900 beschäftigt sich eine Notiz im „Wiesbadener General-Anzeiger" mit der Mainzer Pferdebahn und dem Vorschlag, die Wagen des in Wiesbaden inzwischen eingestellten Betriebes zur Verbesserung der Verkehrsverhältnisse nach Mainz abzugeben. Der Wunsch des unbekannten Glossenschreibers ging – wenn auch etwas später – in Erfüllung, denn am 22. 10. 1902 berichtete der „Mainzer Anzeiger" aus Kastel:

> „Seit mehreren Tagen treffen auf dem hiesigen Güterbahnhofe Pferdebahnwagen ein, die für die Mainzer Straßenbahn bestimmt sind und seither in anderen Städten in Gebrauch waren. Sie sind bedeutend kleiner als die Wagen, die man in Mainz hat. Täglich treffen hier 2–3 solcher Wagen ein."

Unabhängig hiervon erfolgte zur gleichen Zeit die Lieferung neuer Wagen, über die die gleiche Zeitung am 29. 10. 1902 informierte:

> „Gestern ist der erste neue Straßenbahnwagen für den Verkehr in der Stadt eingetroffen; er wird morgen in Betrieb gesetzt werden. Dieser neue Wagen hat ein Gewicht von 46 Centnern gegenüber den seitherigen Wagen von nur 36 Centnern. Auf den Plattformen können je zwei Personen mehr als bei den alten Wagen Platz nehmen. Die Wagen sind elegant ausgestattet, im Ganzen treffen sechs Stück hier ein; sie können aber, ihres großen Gewichtes wegen, nur auf der Fahrstrecke Mainz–Weisenau einspännig gefahren werden. Außer diesen neuen Wagen werden noch eine Anzahl ehemaliger Wiesbadener Straßenbahnwagen restauriert hier in Dienst gestellt."

Aufschlußreicher ist der Bericht für das Betriebsjahr 1902/03: Laut „Rechnung des Erneuerungs- und Abschreibungsfonds" wurden 15 geschlossene und zwei offene Wagen erworben und gleichzeitig eine unbekannte Anzahl älterer Wagen demontiert. Im Widerspruch hierzu und den Zeitungsmeldungen vom 22. und 29. 10. 1902 steht allerdings eine Zeitungsnotiz vom 9. 8. 1902. Danach sollten mit Beginn der Wintersaison 13 vollständig neue, geschlossene Wagen eintreffen. Nicht einzuordnen nach Hersteller und Numerierung waren auch vier geschlossene und zwei offene Wagen, die laut Bericht im Geschäftsjahr 1901/02 hinzugekommen sein sollen.

In Anbetracht des bevorstehenden Verkaufs der Bahn dürfte sich der Bestand bis Frühjahr 1904 nicht mehr verändert haben, so daß – wie schon erwähnt – 24 geschlossene und 10 offene Wagen übergingen. Die geschlossenen Wagen trugen Nummern zwischen 1 und 28. Schriftlich oder durch Fotos belegt sind die Wagen 1–15, 17–19, 21–23, 27 und 28. Die Sommerwagen faßte die Gesellschaft anscheinend in der Gruppe 31–40 zusammen. Bestätigt sind die (angeblich 1886 beschafften) Wagen 30, 31 und Wagen 37.

Über konstruktive Einzelheiten ist wenig überliefert. Eine Vorstellung von der leichten Bauweise läßt ein Bericht aus 1909 erkennen. Danach bestand die Außenverkleidung aus lackierter Pappe, um den Pferden die tote Last zu erleichtern. Das geringe Gewicht trug oft zu Entgleisungen (vor allem an Weichen) bei, obwohl die Pferde scharf abgelenkt wurden.

Nicht viel ist auch über die Farbe des Außenanstrichs bekanntgeworden. Im Oktober 1889 wurde zwar gemeldet, daß ein Wagen probeweise einen helleren Anstrich als bisher, nämlich jetzt ein helleres Blau und Orangegelb erhalten habe, doch wie die ursprüngliche Lackierung aussah, blieb unerwähnt. Im April 1893 nahm die Gesellschaft eine Umlackierung der „seither in blauer Grundfarbe" angestrichenen Wagen in Grün vor, so daß sie der Farbe der Dampfbahnwagen entsprechen würden. 1905 trennte sich die Stadt von den nun entbehrlichen Wagen, die ohne Fahrgestelle und Achsen zum Verkauf angeboten wurden und meist als Gartenlauben Verwendung fanden. Die sechs 1902 neu beschafften geschlossenen Wagen ließ man dagegen für den elektrischen Betrieb umbauen und benutzte sie bis Ende der zwanziger Jahre. Einen der zehn offenen Wagen schien man ebenfalls weiterverwenden zu wollen, war aber dann doch ungeeignet. 1911 kam er daher zum Verkauf an die Straßenbahn Heidelberg, ohne daß er formell vorher in den Mainzer Wagenpark eingegliedert worden wäre.

4. Fahrplan und Tarif

Sehr viel später als heute – zwischen 6 und 7 Uhr – nahm die Pferdebahn allmorgendlich ihre Fahrten auf, und zwischen 10 und 11 Uhr abends beendete

Sommer-Fahrplan

der

Mainzer Strassenbahn.

Gültig vom 1. Juni 1888.

Mainz.

Joh. Wirth'sche Hof-Buchdruckerei.

1888.

Zollhafen und Centralbahnhof nach Weisenau.

Vormittags

Zoll-ha-fen. (Abfahrt)	De-pot-Gar-ten-feld. (Abfahrt)	Cent-ral-bhf. (Abfahrt)	Boni-fac.-Str.	Hüf-chen-ben.	Gra-ben-ben.	Wel-se-nau. (Ank.)
—	5 57	—	6 01	6 07	6 11	6 23
—	6 10	—	14	22	26	38
—	35	—	39	46	50	7 02
—	58	6 58	7 03	7 09	7 13	25
7 19	7 21	—	26	34	38	50
36	38	—	43	51	57	8 09
—	56	—	51	57	8 03	15
8 01	8 04	—	08	16	20	32
—	13	—	17	24	29	41
—	21	—	25	33	38	50
8 27	30	8 30	34	42	47	59
—	39	—	43	51	56	9 08
45	48	—	52	9 00	9 05	17
54	57	8 57	9 01	09	14	26
9 03	9 06	—	09	18	23	35
12	15	9 06	19	27	32	44
21	24	—	28	37	41	53
30	33	—	37	46	51	10 04
39	42	—	47	55	10 00	13
49	52	—	56	10 05	10	23
58	10 01	10 01	10 15	14	19	32
10 08	11	—	25	29	38	42
17	20	—	34	38	48	11 01
27	30	—	44	47	57	07
36	39	—	53	56	11 —	20
46	49	—	11 03	11 16	16	29
55	58	—	12	24	26	39
11 05	11 08	11 08	22	31	35	47
14	17	—	31	40	44	56
24	27	—	40	48	53	12 05
33	36	—	49	57	12 02	12 05
42	45	—	57	12 06	11	23
51	54	—	12 06	15	20	32
12 —	12 03	12 03	16	25	29	41
09	12	—	25	33	38	50
18	21	—	34	42	47	59
27	30	—	43	51	56	1 05
36	39	—	48	56	1 00	17
45	48	—	52	1 01	06	26
54	57	—	1 03	10	14	35
1 03	1 06	1 06	19	19	23	44
12	15	—	28	28	32	53
21	24	—	37	37	41	2 02
30	35	—	46	45	50	07
39	42	—	55	54	59	19
48	51	—	2 04	2 03	2 07	28
57	2 00	2 00	11	11	16	48
2 05	05	—	18	20	24	86

Nachmittags

Zoll-ha-fen. (Abfahrt)	De-pot-Gar-ten-feld. (Abfahrt)	Cent-ral-bhf. (Abfahrt)	Boni-fac.-Str.	Hüf-chen-ben.	Gra-ben-ben.	Wel-se-nau. (Ank.)
2 14	—	2 17	2 21	2 29	2 33	2 45
22	—	25	30	37	41	53
31	—	34	38	46	50	3 02
39	—	42	47	54	58	10
48	—	51	55	3 03	3 07	19
56	—	59	3 04	11	15	27
3 05	—	3 08	12	21	24	36
13	—	16	21	29	35	44
22	—	25	29	40	41	53
31	—	33	38	48	50	4 02
39	—	42	46	57	59	11
48	—	51	55	4 03	4 08	20
56	4 00	—	4 04	13	12	29
4 06	09	—	13	22	26	38
15	18	4 09	22	31	35	47
24	27	—	31	40	44	56
33	36	—	40	49	53	5 05
42	45	—	49	58	5 02	14
51	54	—	57	5 07	11	23
5 00	58	5 03	5 06	15	20	32
09	6 05	—	16	24	29	41
18	—	—	25	34	38	50
27	—	—	34	43	48	6 00
36	—	—	44	53	57	09
46	—	—	53	6 02	6 07	19
55	6 05	6 03	6 03	12	16	28
6 05	—	12	12	21	26	38
14	—	22	22	31	35	47
24	—	31	31	40	45	57
33	—	41	41	50	54	7 06
43	—	50	50	59	7 04	16
52	7 05	7 00	7 00	7 09	13	25
7 02	—	09	09	18	23	35
11	—	19	19	28	32	44
21	—	28	28	37	42	54
30	—	38	38	46	51	8 03
40	—	47	47	55	8 00	12
49	—	56	56	8 04	09	21
58	8 07	8 01	8 05	14	18	30
8 07	—	10	14	23	27	39
16	—	19	23	32	36	48
25	—	28	32	41	45	57
34	—	37	41	50	54	9 06
46	9 10	46	50	58	9 03	—
9 10	—	9 13	59	9 07	12	24
28	—	31	9 17	25	80	42
46	—	49	35	43	48	10 00
—	—	—	58	10 01	07	22

Am Centralbahnhof stehen die Weisenauer Wagen an der Mainzer Actienbierhalle.

---

13 Im handlichen Faltformat gab die Straßenbahn-Verwaltung bald Fahrplanhefte heraus; daneben konnten große Plakate erworben werden. Neben dem Tarif und den Haltestellen fanden sich auch einzelne Polizeibestimmungen, so: „Um Entgleisungen zu verhüten und die Pferde zu schonen, wird das Publikum gebeten, möglichst den Vorderperron des Wagens zu belasten."

sie ihren Dienst. Da ein Arbeiter-Berufsverkehr nicht bestand, genügte dieser späte Beginn vollauf; die heute üblichen Verdichtungen zu den Hauptverkehrszeiten waren gänzlich unbekannt. Folgerichtig unterschied sich der Fahrplan an Sonntagen auch kaum von dem an Werktagen; nur der Abendverkehr gestaltete sich etwas dichter und währte mit Rücksicht auf die Ausflügler etwas länger. – Alljährlich gab man zwei Fahrpläne – einen Sommer- und einen Winterfahrplan (meist zum 1. 5. und 1. 11.) – heraus, wobei der letztere morgens etwa ½ Stunde später begann und abends etwa ½ Stunde früher endete.

Die zunächst weitgehend eingleisige Anlage war durch die Anordnung der Ausweichen auf einen 9-Minuten-Betrieb ausgelegt. Anfängliche Versuche mit 6- und 8-Minuten-Verkehr mußten – weil nicht praktikabel – bald aufgegeben werden. Lediglich die Kasteler Linie lief eine Zeitlang alle 15 Minuten, ehe sie – der Anschlüsse am Höfchen wegen – in das 9-Minuten-Schema eingepaßt wurde. Für die weniger stark frequentierten Außenstrecken Neutor–Weisenau und Zollhafen–Schlachthof genügte ein 18-Minuten-Abstand; nur an Sonntagnachmittagen und am frühen Abend fuhren die Neutor-Wagen bis Weisenau durch. Zur Beförderung der Theaterbesucher stellte die Gesellschaft allabendlich Sonderwagen zur Verfügung, die vom Höfchen zum Neutor, nach Kastel und über Schusterstraße zur Rheinallee fuhren. Daneben gab es – meist ebenfalls ab Höfchen – im Sommer Sonderkurse zur Anlage (dem heutigen Stadtpark), wo man ein besonderes Abstellgleis angelegt hatte.

Wenn auch die Unpünktlichkeit der Bahn oftmals gerügt wurde (über die Große Bleiche fuhr man 1890 einmal alle 13, dann alle 35, 47, 23 und 32 Minuten), gab sie zumindest auf dem Papier den Anschein des Gegenteils und führte z. B. im Sommerfahrplan 1900 Abfahrtszeiten mit halben Minuten auf.

Neben den farbigen Signallaternen jeder Linie sollten abends die jeweils letzten Wagen ein zusätzliches weißes Licht zeigen. Fuhren zwei Wagen auf der gleichen Linie hintereinander, so hatte der erste ein rot-weißes Fähnchen aufzustecken. Beides vermißten die Polizeibeamten nur allzu häufig. Die Vorschrift, den Pferden bei unsichtigem Wetter und Schneefall Glöckchen beizugeben, blieb nicht nur unbeachtet, die Direktion mußte vielmehr offenbaren, daß man solcherlei Inventar überhaupt nicht besitze.

Entgegen der Übung in manch anderen Städten gab es in Mainz zahlreiche feste Haltestellen; andererseits war das Auf- und Absteigen während der Fahrt auch außerhalb derselben – auf eigene Gefahr und nur für die hintere Plattform – zugelassen.

Sehr aufschlußreich waren auch die Fahrzeiten, die vom Centralbahnhof über Schusterstraße nach Weisenau 32 und vom Centralbahnhof über Höfchen nach Kastel 20 Minuten betrugen. Für die längste Strecke vom Schlachthof nach Weisenau benötigten die Wagen 40 Minuten. Für die Innenstadtabschnitte bleibt festzustellen, daß die damaligen Fahrzeiten denen von heute nur wenig nachstehen, für kürzere

Distanzen gar ebenbürtig sind. So benötigte die Pferdebahn vom Centralbahnhof zum Höfchen 7, zum Brückenplatz 11 Minuten, während die Omnibusse heute 6 und 10 Minuten fahren.

Hinsichtlich der Ausgestaltung der Tarife hatte sich die Stadt vertraglich ein gewichtiges Recht gesichert, indem ihr letztlich die Festsetzung der Fahrpreise – damals Fahrtaxen genannt – oblag. Damit wollte sie auf maßvolle Fahrpreise Einfluß nehmen, die wiederum eine verstärkte Benutzung der Bahn erhoffen und damit auch den Gewinn für die Gesellschaft steigen ließen. Dessen Höhe konnte der Stadt nicht einerlei sein, erhielt sie doch alljährlich ihren Anteil an der Bruttobetriebseinnahme (anfangs 1½%, dann 2½%) als Abgabe.

Im ersten „Personengeldtarif" setzte man die Fahrpreise nach Entfernungen auf 10, 15 und 20 Pfg. (Kinder 5, 8 und 10 Pfg.) fest. Von Station Gartenfeld waren damit bis Bonifaziusplatz 10 Pfg., bis Münsterplatz 15 Pfg. und bis Neutor 20 Pfg. zu zahlen. Daneben gab die Bahn auch Abonnementkarten mit 50% Rabatt für Erwachsene und 80% Rabatt für Schüler und Lehrlinge bis 18 Jahre aus, die in der Regel für 100 10-Pfg.-Fahrten galten.

Mit der Einführung der zweiten Linie verabfolgte man auch „Correspondenzbilletts" als Umsteigefahrscheine auf die jeweils andere Linie. Ab 6. 7. 1884 entfiel der 15-Pfg.-Tarif, wodurch sich eine Reihe von 15-Pfg.-Strecken auf 10 Pfg. verbilligten, andere – sehr zum Unmut der Betroffenen natürlich – auf 20 Pfg. verteuerten. Begründet wurde diese Maßnahme mit dem Wunsch nach Vereinfachung, „ähnlich wie in allen anderen Städten Deutschlands".

Die Anerkennung der Gesellschaft als AG durch die Stadt im März 1885 zog auch einige tarifliche Änderungen nach sich. Neu eingeführt wurde dabei eine 12-Fahrten-Karte („Dutzendkarte") für die 10-Pfg.-Strecke zu einer Mark. Als die Kasteler Linie über Große Bleiche ab 25. 8. 1886 eröffnet wurde, kam erstmals auch ein „Brückengeld" von 5 Pfg. hinzu, so daß die Fahrt ab Centralbahnhof insgesamt 25 Pfg. kostete. Der Grundsatz „Keine Regel ohne Ausnahme!" galt jedoch auch hier, denn die Bürgermeisterei ließ verlautbaren, daß „bis zur Eröffnung der Strecke Höfchen–Fischtor–Kastel Nichtabonnenten auf der bestehenden Strecke nur 10 Pfg. zu zahlen brauchten".

Eine recht bedeutsame Neuerung kam ab 1. 6. 1887 zum Tragen. Nun erschienen persönliche Abonnements für 3, 6 und 12 Monate zu 25,–, 40,– und 75,– Mk., mit denen sich als Netzkarte beliebig viele Fahrten auf allen Strecken ausführen ließen.

Im Vertrag vom 11. 5. 1889 mit dem Eisenbahn-Konsortium war bestimmt, daß für 1 km 10 Pfg., für 2 km 15 Pfg. und für jeden weiteren km 5 Pfg. mehr berechnet werden konnten. Innerhalb der bestehenden Umwallung durften jedoch nicht mehr als 20 Pfg. verlangt werden. Damit war auch wieder der 15-Pfg.-Tarif eingeführt, während andererseits der 25-Pfg.-Preis nur für die außerhalb der Umwallung endende Weisenauer Strecke galt. Kinder von 3–10 Jahren zahlten für die 10-Pfg.-Strecke weiterhin 5, sonst 10

Rückseite.

Mainzer Strassenbahn-Actien-Gesellschaft

Centralbh.-gr. Bleiche-Castel	№ 025826	Gart...eld-gr...che-...tel
Centralbh.-Boulevard-gr. Bleiche-Castel	**FAHRSCHEIN**	Gartenfeld-Flachsmkrt.-Weisenau
Centralbh.-Höfchen-Castel	zu **10** Pfg.,	Gartenfeld-Schiffbrücke
Höfchen-Castel	nur für die **gelochte Strecke** und für die Person gültig, für welche er gelöst; derselbe ist **während d. Fahrt aufzube-**	Schiffbrücke-Weisenau
Centralbh.-Weisenau	**wahren** u. den **Controleuren** auf Verlangen **vorzuzeigen.**	Weisenau-gr. Bleiche-Castel
Schillerplatz-gr. Bleiche-Castel	Als Correspon...billet nur für einmal. unmi...aren Wagen-wechsel gültig.	Weisenau-gr. Bleiche-Castel

Nur gültig für Kinder unter 10 Jahren.

14 Kinderfahrschein aus den Jahren 1886–1890 (cremefarben, schwarzer Druck).

Pfg. Neu hinzu kam für Erwachsene eine Monats-abonnementskarte für zehn Mark; die Preise der übrigen Monatskarten blieben unverändert. Zusätz-liche Karten innerhalb einer Familie kosteten jedoch nur die Hälfte der ersten Karte. „Aufgeräumt" wurde mit den ruinösen Vergünstigungen des Schüler- und Lehrlingsabonnements. Es galt jetzt nur noch werk-tags und war auf das 16. (bisher 18.) Lebensjahr begrenzt. 80 statt seither 100 Abschnitte für eine 10-Pfg.-Strecke kosteten weiterhin zwei Mark.
Auszugsweise einige Fahrpreis-Beispiele:

10-Pfg.-Strecken:	Centralbahnhof–Zollhafen
	Bonifaziusstraße–Graben
	Höfchen–Kastel*
	Neutor–Weisenau
15-Pfg.-Strecken:	Neutor–Zollhafen
	Neutor–Centralbahnhof
	Weisenau–Höfchen
	Schillerplatz–Kastel*
20-Pfg.-Strecken:	Zollhafen–Anlage
	Centralbahnhof–Anlage
	Schillerplatz–Weisenau
	Centralbahnhof–Kastel*
25-Pfg.-Strecken:	Zollhafen–Weisenau
(komplett)	Centralbahnhof–Weisenau
	Kastel–Weisenau*

* zuzüglich Brückengeld

Sieht man von der (unklaren) tariflichen Einordnung der 1898 verlängerten Zollhafenlinie bis Rheintor/Schlachthof ab, scheint es bei diesen Preisen bis 1904 geblieben zu sein. Fahrten nach 10 Uhr abends belegte man übrigens mit 1½fachen Fahrpreisen und bezeichnete sie als „Extrawagen", während man die Benutzung der Wagen zur Anlage (wo bei schöner Witterung Nachmittags-Konzerte stattfan-den) durch ermäßigte „Concert(fahr)karten" er-leichterte.

5. Personelles

Ähnlich wie bei vielen anderen Verkehrsunterneh-men der damaligen Zeit leiteten auch in Mainz die Konzessionsinhaber ihren Betrieb nicht selbst; sie bedienten sich vielmehr besonderer Betriebs-In-spektoren oder -Direktoren.
Marcks & Balke hatten hierzu den Ingenieur Max Wolf aus Frankfurt/Oder engagiert, der allerdings

15 Pferdebahnwagen 27 vor dem Theater und vis-à-vis dem Gutenberg-Denkmal.

schon nach knapp einem Jahr und nur 30jährig am 19. 9. 1884 starb. Ihn ersetzte man durch den vorherigen Betriebs-Inspektor Karl Scholl, der aber bereits im Mai 1886 wieder ausschied, um schon im November 1886 die Leitung ein zweites Mal zu übernehmen. In der Zwischenzeit hatte Betriebs-Inspektor August Hippmann aus Achern/Baden verantwortlich gezeichnet.

Schon im Februar 1887 bahnte sich ein neuer Wechsel an, als der Kaufmann Louis Adolf Solling aus Kassel zum Vorstand bestellt wurde. In technischer Hinsicht übernahm ab Mai 1887 Direktor Andreas Altenfeld aus Köln das Unternehmen. Letzterer führte bis Mai 1892 den Betrieb und starb kurz darauf.

Bis zur Bestellung eines Nachfolgers in Gestalt des Betriebsdirektors van Henen aus Elberfeld im Juli 1892 übernahm der Direktor der Wiesbadener Pferdebahn die Aufsicht über das Unternehmen.

Van Henens Amtszeit währte offenbar nur bis 1893. Jetzt führte Betriebs-Inspektor Max Sorge die Bahn, um bald zum Direktor zu avancieren. Sorge leitete bis April 1900, wurde dann zu den SEG-eigenen Essener Straßenbahnen versetzt und kehrte im Februar 1902 wieder zurück, um der Bahn bis zum Übergang an die Stadt im Jahre 1904 vorzustehen. In der Zwischenzeit hatte die Gesellschaft Carl Sternsdorff zum Betriebs-Direktor berufen.

6. Betriebsstatistik der Pferdebahn

Betriebsjahr	Beförderte Personen	Pferde-km	Pferde-km tägl.	Wagen-km	Pferde	Überschuß Verlust	Dividende
27. 9. 1883–30. 9. 1884	802 594[g]	?	?	426 538	70[a]	?	4,0%
1. 10. 1884–30. 9. 1885	1 437 240	?	?	?	?	+12 848,36	–
1. 10. 1885–30. 9. 1886	1 700 000	511 200	24,35[b]	503 865	83	+22 882,57	1,5%
1. 10. 1886–30. 9. 1887	1 835 195	749 536	23,80[b]	?	97	− 8 151,82	–
1. 10. 1887–30. 9. 1888	1 842 980	730 178	24,02[b]	?	?	+16 613,03	1,0%
1. 10. 1888–30. 9. 1889	1 915 363	723 102	24,53[b]	618 952	89	+ 8 054,76	–
1. 10. 1889–30. 9. 1890	?	714 022	23,50[b]	605 483	89	+ 8 043,73	–
1. 10. 1890–30. 9. 1891	1 511 929	577 071[c]	22,80[b]	484 825[c]	71[c]	+17 971,86	1,5%
1. 10. 1891–31. 3. 1892[d]	?	?	?	236 291[e]	74	?	?
1. 4. 1892–31. 3. 1893[d]	1 618 466	575 645	23,66[b]	486 798	80	+ 9 393,40	0,8%
1. 4. 1893–31. 3. 1894	1 728 778	603 405	23,93[b]	509 730	70	+20 065,—	1,8%
1. 4. 1894–31. 3. 1895	1 838 981	617 387	23,00[b]	539 881	73	+32 007,99	2,9%
1. 4. 1895–31. 3. 1896	1 815 709	635 377	23,35[b]	544 166	70	+33 669,98	3,0%
1. 4. 1896–31. 3. 1897	1 849 697	681 933	24,79[b]	598 843	75	+31 683,05	2,8%
1. 4. 1897–31. 3. 1898	2 111 286	645 598	23,23[b]	647 389[f]	78	+37 644,29	3,3%
1. 4. 1898–31. 3. 1899	2 174 801	662 695	23,36[b]	582 911	84	+52 970,34	4,4%
1. 4. 1899–31. 3. 1900	2 413 329	690 472	22,15[b]	619 484	89	+67 608,86	5,5%
1. 4. 1900–31. 3. 1901	2 769 767	815 198	22,94[b]	680 867[h]	101	+82 689,49	6,6%
1. 4. 1901–31. 3. 1902	2 767 300	798 082	22,15[b]	678 708	106	+83 379,66	6,0%[i]
1. 4. 1902–31. 3. 1903	2 696 848	782 438	21,17[b]	667 413	102	+81 813,22	6,0%
1. 4. 1903–31. 3. 1904	?	?	?	656 129[k]	100	+?	?
1. 4. 1904–31. 12. 1904	?	?	?	365 194	–	+ 2 057,13	–

a) Pferde angemietet bis 20. 12. 1884
b) je Dienstpferd (d. h. ohne kranke)
c) Einstellung der Gr.-Bleiche-Linie
d) Umstellung des Geschäftsjahres
e) Gesamt-Wagen-km 1. 10. 1891–31. 3. 1893: 723 089
f) an anderer Stelle: 562 434
Pferdebestand jeweils am Ende des Berichtszeitraumes

g) keine Statistik bis 1. 5. 1884 geführt
h) AG am 30. 6. und 12. 9. 1901: 696 644 Wagen-km
i) Aktienkapital von 1,0 auf 1,18 Mill. Mk. aufgestockt
k) AG am 21. 7. 1904; lt. Bericht für 1903 aber 667 522 km

II. Teil: Die Dampfbahn (1891–1923)

1. Vorgeschichte, Bau und Entwicklung der Strecken

Seit Bestehen der Pferdebahn interessierten sich natürlich auch die großen, vor der Stadt gelegenen Gemeinden Bretzenheim, Hechtsheim und Finthen für eine leistungsfähige Verkehrsverbindung, die ihren vielen in Mainz beschäftigten Einwohnern nützen sollte. Es bleibt das Verdienst eines unbekannten Lokalpatrioten, am 8. 4. 1888 im „Mainzer Anzeiger" erstmals auf diese „Marktlücke" aufmerksam gemacht und einer dampfbetriebenen „Waldbahn" von Mainz über Gonsenheim und Finthen in Richtung Ober-Olm das Wort geredet zu haben. Schon drei Tage später vernahm der aufmerksame Leser – Zufall oder nicht? –, daß ein Unternehmer wegen „Erbauung verschiedener Sekundairbahnen, Waldbahnen etc." der Stadt ein Angebot unterbreitet habe; am 21. 4. 1888 kannte die Öffentlichkeit bereits das Eisenbahn-Konsortium Bank für Handel und Industrie in Darmstadt und den Generalunternehmer für Sekundärbahnen, Herrmann Bachstein in Berlin, als potentielle Interessenten.

Verhältnismäßig schnell gelang es dem Konsortium, die Pferdebahn zu übernehmen und mit der Stadt durch Vertrag vom 11. 5. 1889 Vereinbarungen über zu bauende Dampfbahnstrecken zu treffen. Danach waren zwei Linien vom Fischtor aus nach Zahlbach –Bretzenheim–Hechtsheim und Gonsenheim –Finthen vorgesehen. Ferner hatte das Konsortium eine Linie vom Fischtor über Rheinstraße und Rheinallee zum Rheintor und „eventuell" weiter bis Mombach einzurichten, die mit Pferden oder Dampf betrieben werden konnte.

Da Dampfstraßenbahnen unter den Begriff „Nebenbahnen" fielen, stand die Genehmigung dem Hessischen Staat zu. Dieser erteilte die Konzession am 19. 4. 1890 für die Dauer von 50 Jahren, gerechnet vom Tag der Betriebseröffnung.

Innerhalb der Stadt sollte die zunächst gemeinsame Strecke völlig zweigleisig ausgeführt werden und vom Fischtor über Rheinstraße, Große Bleiche und Binger Straße durch das Binger Tor in die Finther Straße (Saarstraße) laufen. Kurz vor der Gabelung der beiden Strecken endete das zweite Gleis. Die Hechtsheimer Linie schwenkte hier nach Süden, verlief entlang dem Friedhof und dem Wildgraben (einem heute kanalisierten Bach) bis nach Zahlbach. Kurz hinter diesem bereits eingemeindeten Ort legte man an der Lindenmühle ein Gleisdreieck an. Von hier verlief die Strecke nach Süden durch freies Feld bis Hechtsheim. Nach Westen ging eine Stichstrecke von 0,74 km bis Bretzenheim ab. Ausweichen fanden sich beim Betriebsbahnhof Kirchhöfe und in Bretzenheim. Zwischen Fischtor und Brückenplatz

16 Massiv machten in früheren Zeiten die Zeitungsberichterstatter Front gegen die ihrer Ansicht nach verfehlte städtische Politik („Mainzer Anzeiger" vom 9. 5. 1889).

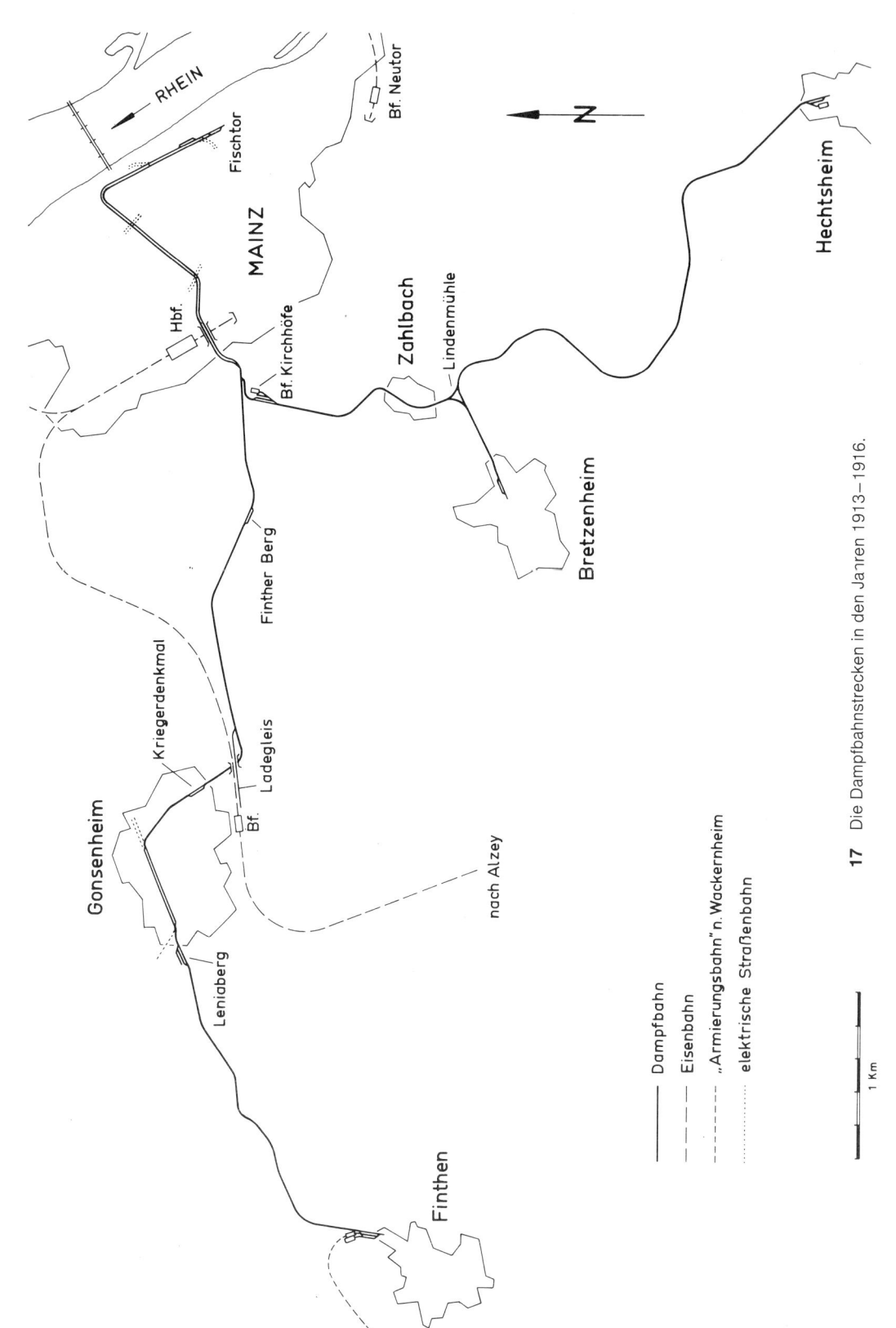

RHEIN

Bf. Neutor

Fischtor

MAINZ

Hbf.

Bf. Kirchhöfe

Zahlbach

Lindenmühle

N

Hechtsheim

Bretzenheim

Finther Berg

Kriegerdenkmal

Gonsenheim

Bf. Ladegleis

Leniaberg

nach Alzey

Finthen

—————— Dampfbahn
— — — — Eisenbahn
— · — · — „Armierungsbahn" n. Wackernheim
················ elektrische Straßenbahn

17 Die Dampfbahnstrecken in den Jahren 1913–1916.

1 Km

mußten auf etwa 0,35 km Länge Pferde- und Dampfbahn beide Gleise gemeinschaftlich benutzen.
Die Bauarbeiten begannen im August 1890 zuerst
innerhalb der Stadt, dann zwischen Zahlbach und
Hechtsheim, später auch auf der Bretzenheimer
Stichstrecke. Hechtsheim und Bretzenheim hatten
durch Zurverfügungstellen des Geländes den Bau
bedeutend begünstigt und dabei zeitraubende Enteignungsverfahren durchzustehen, so daß der einmal vorgesehene Eröffnungstermin 1. 11. 1890 nicht
einzuhalten war. Ab 4. 8. 1891 war es doch so weit,
daß die ersten Probefahrten – mit Fahrgästen – absolviert werden konnten. Zur Abnahme am 8. 8.
1891 erwartete eine große Menschenmenge den
Zug in Hechtsheim. Dessen Bürgermeister Kerz
dankte in bewegten Worten den Vertretern der Be-
hörden und des Konsortiums und lud die Honoratio-
ren zu einem Umtrunk ein. Anschließend besichtig-
ten die Gäste die dortigen Bahnhofsanlagen.
Mit dem 12. 8. 1891 begann der planmäßige Betrieb.
Dreimal täglich verkehrende „Schaffnerposten",
d. h. durch Postbeamte begleitete Sendungen, lösten das bisherige Postfuhrwerk gleichzeitig ab.
Noch im August 1891 gerieten auch die wegen verschiedener Differenzen stagnierenden Arbeiten an
der Stichstrecke in Bewegung, so daß ihre – allerdings sang- und klanglose – Eröffnung am 21. 9.
1891 stattfinden konnte. Der größte Teil der bisher
direkt von und nach Hechtsheim geführten Züge
hatte nun den achtminütigen „Umweg" über Bretzenheim zu absolvieren, was die Benutzung durch
die Hechtsheimer Fahrgäste weniger attraktiv
machte.
Anfang Oktober 1891 begann endlich auch der Bau
der Finther Linie. Diese verlief die ansteigende Fin-

18   Rheinstraße/Ecke Fischtor: ein Dampfbahnzug
kurz vor Erreichen der Endstation; im Hintergrund
folgt die Pferdebahn.

19   Recht selten sind die Bahnpoststempel der
Dampfbahn: Hier ein Exemplar vom 9. 9. 1911, aus-
gefertigt auf der Strecke Mainz–Finthen. Zug 65 fuhr
dabei nachmittags von Finthen nach Mainz.

ther Straße hinauf, wandte sich auf der „Gonsenheimer Höhe" (hier legte man eine Ausweiche ein)
nach Nordwesten über die heutige Straße An der
Allee, dann durch freies Feld, um in km 4,860 die
Eisenbahnstrecke Mainz–Alzey durch einen kurzen
(heute noch vorhandenen) Tunnel zu unterqueren.
Nahebei am Gonsenheimer Kriegerdenkmal fand
sich eine zweite Ausweiche. Entlang Gemüsefel-
dern erreichte die Strecke den damals nördlichen
Rand von Gonsenheim und benutzte die Kaiserstraße bis zur Ecke Kapellenstraße, um zum Endpunkt
nach Finthen zu gelangen. Außer einer dritten Aus-

weiche „Leniaberg" nahe der Kapellenstraße hatte man in km 4,660 sogleich ein Anschlußgleis zum Staatsbahnhof Gonsenheim verlegt, so daß man dort Dienstkohle, Schotter, Fahrzeuge usw. verladen konnte. In Finthen hielt ein Teil der Bürgerschaft die geplante (und auch verwirklichte) Endstelle für zu weit abseits der Ortsmitte. Wie hoch darüber die Wogen schlugen, mag ein Satz aus einem Bericht verdeutlichen, der nach einer Bürgerversammlung verfaßt wurde:

> „Die Zeit wird kommen, in der man mit solchen Männern, die in völliger Verkennung der ihnen als Gemeinderatsmitglieder obliegenden Pflichten einen den Gemeindeinteressen und den Wünschen der Bürgerschaft geradezu hohnsprechenden Beschluß gefaßt haben, Abrechnung hält!"

Witterungsbedingt zogen sich die Arbeiten an der Finther Strecke arg in die Länge, waren dann aber im August 1892 beendet, so daß die Eröffnung am 17. 8. 1892 erfolgen konnte. Zahlreiche Enteignungsverfahren hatte das Konsortium zuvor durchstehen müssen und sich unter den Gonsenheimer Landwirten wenig Freunde gemacht. Daß es auf besondere Eröffnungsfeierlichkeiten deshalb gern verzichtete, war verständlich.

Die Hechtsheimer Strecke maß ab Fischtor 9,562 km (6,101 km auf eigenem Bahnkörper), diejenige nach Finthen ab Abzweigung Finther Straße 6,699 km (6,195 km auf eigenem Bahnkörper), die gesamte Streckenlänge mithin 16,261 km und die Gleislänge 20,650 km. 1917 erhielt die kurz vor Finthen gelegene Konservenfabrik Seidel ein 0,35 km langes Anschlußgleis mit einer Ausweiche auf deren Betriebsgelände. Der hier während und kurz nach dem Ersten Weltkrieg abgewickelte Güterverkehr blieb allerdings bescheiden. Ansonsten änderte sich

20 Stadtseitige Ansicht des Binger Tores („Binger Schlag") im Zuge der Binger Straße mit den beiden Dampfbahngleisen.

21 1903 gelangte das Verhältnis Fahrgäste/SEG wieder einmal auf dem Tiefpunkt an. Ahnungsvoll der Hinweis, „... sich auch mit den Maschinen etwas näher zu beschäftigen" („Mainzer Anzeiger" vom 11. 2. 1903).

> **Mittheilungen aus dem Publikum.**
>
> Mainzer Vorortbahnen.
>
> Wieder ein neuer Beitrag zur Beleuchtung der Zustände auf unserer herrlichen Vorortbahn! „Beleuchtung" ist eigentlich nicht das richtige Wort, denn es ging alles in Dämmerung und halber Finsterniß zu. Gestern Abend herrschte im letzten Wagen 7 Uhr 28 ab Neuer Brunnen nach Gonsenheim eine solche Dunkelheit, daß thatsächlich Niemand seinen Nachbar erkennen konnte, und als ein Abonnent, um einige Briefschaften zu lesen, sich ein mitgebrachtes Kerzchen anzündete, wurde ihm dies vom Schaffner sofort untersagt. Die Verwaltung sollte froh sein, wenn die Fahrgäste wenigstens selbst Licht mitbringen, was bei diesen skandalösen Zuständen geradezu eine zwingende Nothwendigkeit wird; bisher ist aber, wie verlautet, die Leitung dieses Verkehrsinstituts noch der Ansicht, das „Geschmier" der Presse einfach zu ignoriren und werde schon aufhören, wenn man sehe, daß es zwecklos sei. Die Einrichtung, die jedem Beamten genau bekannt u. Abonnenten den ganzen Monat hindurch jeden Tag hin und her von Neuem zu kontrolliren, hat aber eine derartige Erbitterung erzeugt, daß es sich schon zeigen wird, wer den Kürzeren zieht, zumal wenn sachkundige Abonnenten sich auch mit den Maschinen etwas näher beschäftigen. P. C. W.

die Gesamtgleislänge während der 33jährigen Betriebszeit der Bahn nur unwesentlich.

Bereits vor der Betriebseröffnung waren Stimmen gegen die Führung der Bahn über die Große Bleiche laut geworden. Sie nahmen nach der Inbetriebnahme zu und artikulierten sich in zahlreichen, meist unsachlichen und übertriebenen Protesten. Neben der als lästig empfundenen Rauchentwicklung störten die langen Züge angeblich den Verkehrsfluß, ließen die Häuser „erzittern" und bildeten „Gefah-

22 Ein Fünf-Wagen-Zug in der Großen Bleiche vor der „Liedertafel" auf dem Weg zum Fischtor (vor 1903).

ren für Leib und Leben der Anwohner". Hinzu kamen betriebliche Schwierigkeiten in der ansteigenden Binger Straße, wo die Züge gelegentlich „hängenblieben" und sich Vorspann- oder Schiebeloks bedienen mußten. Die Forderungen der Dampfbahngegner gipfelten daher schon bald in der Rücknahme aus der Innenstadt bis zur Brücke am Bahnhof oder gar vor das Binger Tor. Dies wiederum konnte den Eigentümern nicht recht sein, da es sowohl den Interessen der Landbewohner als auch denen der Altstadt widersprochen hätte. In der Praxis zeigte sich aber bald, daß die Züge auf der Innenstadtstrecke allenfalls bis Neubrunnenplatz ausgelastet waren und auf der Endstrecke bis Fischtor – von Markttagen abgesehen – ziemlich leer fuhren. Das Konsortium beantragte daher noch 1892 den Einbau von Weichen in der Großen Bleiche, so daß ein Teil der Züge zwischen Umbach und Neubrunnenplatz hätte beginnen und enden können. Die Angst, hier einen Rangierbahnhof zu bekommen, ließ die Stadt jedoch den Antrag ablehnen, so daß es fast 25 Jahre beim durchgehenden Betrieb blieb.

Parallel zur Absicht der Stadt, die Pferdebahn zu erwerben und in eine elektrische Straßenbahn umzuwandeln, bestanden auch bei der SEG entsprechende Überlegungen für ihre Vorortbahnen. 1903 hieß es, man wolle „elektrisieren" (so der damalige Ausdruck), die stark besetzten Arbeiterzüge aber weiterhin mit Dampfloks befördern. Ernsthafter wurde es im Januar 1906, als die „Süddeutsche" (wie die Gesellschaft etwas abwertend genannt wurde)

beim Ministerium wegen Genehmigung der Elektrifizierung nachsuchte. Im Frühjahr 1907 begannen gar Verhandlungen zwischen ihr und der Stadt. Neben der Elektrifizierung wünschte die SEG die Verlängerung ihrer Wiesbadener und Biebrich-Schiersteiner Linie über die Große Bleiche und eventuell die Verknüpfung mit den Vorortbahnen. Im Gegenzug wollte sie der Stadt die Benutzung der Gleise in der Großen Bleiche gestatten oder die Eigentumsrechte sogar abtreten. Die Verhandlungen liefen nicht ungünstig, so daß der Oberbürgermeister am Jahresende 1907 eine Einigung in Aussicht stellen konnte. Im Februar 1908 stand endlich der Vertragsentwurf, den eine außerordentliche Generalversammlung der SEG Anfang März guthieß. Nun waren es einmal die Stadtverordneten, die nicht zustimmen mochten, weil ihnen (und auch der Öffentlichkeit) die Vorteile gar zu einseitig auf die SEG verteilt schienen. Sie erklärten am 15. 1. 1909 zwar ihre grundsätzliche Bereitschaft, einem Vertrag zuzustimmen, stellten aber zusätzliche Bedingungen an die SEG, wodurch die Verhandlungen beinahe wieder am Ausgangspunkt angelangt waren. In den folgenden Jahren rührte sich wenig, obwohl Darmstädter Regierungsstellen und der Provinzialdirektor für Rheinhessen vermittelten. Mitten im Ersten Weltkrieg hieß es jedoch plötzlich, daß eine Einigung nicht ausgeschlossen erscheine. Das Gerücht wurde bald zur Gewißheit, und am 2. 9. 1915 akzeptierten die Stadtverordneten grundsätzlich den Vertragsentwurf. Er sah nun nicht mehr die Elektrifizierung der Dampfbahn unter der Regie der SEG vor, sondern ging vom Kauf der Bahn durch die Stadt aus, der „drei Monate nach Friedensschluß mit den Kontinentalmächten" erfolgen solle. Maßgebend für den Beginn der Frist sollte das Datum des zuletzt abgeschlossenen Friedensvertrages sein. Es verstand sich von selbst, daß die Stadt dann unverzüglich an die Elektrifizierung gehen würde. Als Gegenleistung sollte der SEG die Verlängerung ihrer Wiesbadener und Schiersteiner Linie zum Hauptbahnhof gestattet werden.

Am 3. 11. 1915 befanden die Stadtverordneten schließlich über die endgültige Vorlage und stimmten ihr zu. Dabei akzeptierten sie eine Zwischenvereinbarung, nach der einerseits die SEG schon vor der Übergabe ihre Wiesbadener Linie verlängern und die Stadt andererseits die Große Bleiche und die anschließende Binger Straße bis zum Friedhof elektrifizieren und mit ihren Wagen befahren konnte. Als Nebenprodukt gelang ein Vergleich in dem seit 1904 anhängigen Rechtsstreit wegen der Eigentumsverhältnisse der Gleise in der Rheinstraße. Der Kaufvertrag selbst kam am 18. 12. 1915 zur Unterzeichnung und sah einen Preis von 1 Million Mark vor. Davon waren 400 000,- Mk. bei Übernahme, 300 000,- Mk. nach drei und 300 000,- Mk. nach weiteren sechs Jahren zu zahlen.

Ab 19. 6. 1916 verkürzte die SEG ihre beiden Linien um etwa 0,55 km bis zum Zeughaus in der Rheinstraße (unterhalb des Brückenkopfes), wo kurz zuvor eine Weichenanlage eingebaut worden war. Ab 4. 12. 1916 nahm sie eine weitere Verkürzung bis auf

23 Großes Aufgebot an Lokomotiven und Feldeisenbahnern im „Maschinenamt Kirchhöfe" im Spätsommer 1914, als die Dampfbahn ausschließlich militärischen Zwecken diente.

die Brücke am Hauptbahnhof vor. 1914 verlegte Gleiswechsel gestatteten dort das Umsetzen der Züge. Beide Maßnahmen begründete sie mit Personalmangel. Damit hatte nicht nur der erst am 6. 2. 1916 begonnene Gemeinschaftsbetrieb mit der elektrischen Straßenbahn in der Großen Bleiche sein Ende gefunden, die „schwarze Linie" hatte sich auch endgültig und sang- und klanglos von dieser viel geschmähten Strecke zurückgezogen. In den folgenden drei Jahren machte sie wenig Schlagzeilen, wußte man doch, daß ihre Tage gezählt waren. Die Übernahme durch die Stadt erfolgte vereinbarungsgemäß zum 28. 9. 1919 und bescherte dieser ein durch die Kriegsjahre herabgewirtschaftetes Unternehmen, das den Kaufpreis eigentlich nicht wert war. Zu der mangelhaften Verfassung der Lokomotiven kam eine verschlissene Gleisanlage, denn die Bahn hatte zahlreiche Militärtransporte durch Feldeisenbahntruppen ertragen müssen. In den ersten Kriegswochen mußten die Hechtsheimer Strecke vom 8. 8.–27. 10., die Finther Strecke vom 28. 8.–27. 10. 1914 gar völlig für den zivilen Verkehr gesperrt werden.

Erhofften sich die Landbewohner durch die Übernahme eine Besserung der Verhältnisse, so sollten sie einer Täuschung unterliegen: Die beginnende Geldentwertung führte bald zu Einnahme-Defiziten und verlangte eine kräftige Fahrpreiserhöhung ab 1. 2. 1920. Proteste der Gemeinden und Hinweise auf Anhörungsrechte halfen nicht. Die Fahrgäste boykottierten die Bahn vielmehr nach Kräften. Durch die allgemeine Finanzlage war die Stadt obendrein gezwungen, schon am 17. 5. 1920 eine weitere Erhöhung folgen zu lassen, ab 1. 6. 1920 den Betrieb vom Hauptbahnhof bis Gonsenheim/Kapellenstraße ganz einzustellen und auf der Hechtsheimer Linie sowie zwischen Gonsenheim und Finthen den Betrieb auf die Hauptverkehrszeiten zu beschränken. Einmalig in einer amtlichen Bekanntmachung war die Warnung, auch den beschränkten Betrieb nicht aufrechterhalten zu können, wenn die Bahnen wie bisher gemieden würden.

Entsprechend der fortschreitenden Geldentwertung geriet der Betrieb in den folgenden Monaten immer weiter in die roten Zahlen. Verhandlungen mit Hechtsheim und Bretzenheim wegen Beteiligung an den Betriebskosten blieben erfolglos, wobei besonders Bretzenheim wenig Entgegenkommen zeigte. Finthen, dem die baldige Elektrifizierung in Aussicht gestellt wurde, zeigte sich aufgeschlossener. So kam es, wie es kommen mußte: Bretzenheim und Hechtsheim waren ab 3. 10. 1921 ohne Dampfbahn, während Finthen weiterbedient wurde.

Bretzenheim behalf sich ab gleichem Tag mit einem – wenn auch unzureichenden – Autoomnibusverkehr bis Alicenplatz, den der Mainzer Unternehmer Lorenz Eismayer durchführte. Auch Hechtsheim erhielt von ihm eine Verbindung, und zwar zunächst ebenfalls bis Alicenplatz, dann aber ab Gautor. Die mangelnde Kapazität der wenigen Omnibusse bewog Hechtsheim zum Einlenken und zur Übernahme eines Teiles der Betriebskosten, so daß es ab

2. 12. 1921 wieder Dampfbahnverkehr erhielt. Bretzenheim blieb weiter hartnäckig, so daß die Züge nicht über diesen Ort geführt wurden und auch nicht an der nahen Haltestelle Lindenmühle hielten.

Ab 2. 12. 1921 kam es auch zur Wiedereröffnung des Abschnitts Binger Schlag – Gonsenheim. Jetzt fuhren – allerdings nur sonntags – einzelne Züge von Finthen zum Hauptbahnhof durch, um anschließend auf der Hechtsheimer Strecke verwendet zu werden. Überführungsfahrten und Kohlentransporte hatten ohnehin stattgefunden.

Bretzenheims private Omnibus-Verbindung hatte bereits ab 13. 11. 1921 den Betrieb wieder eingestellt, so daß die Gemeinde ganz ohne Verkehrsmittel war. Jetzt zeigte die Stadt Entgegenkommen und gewährte der Gemeinde ein zinsloses Darlehen von 250 000,– Mk. für die Beschaffung zweier Omnibusse. Bretzenheim stellte andererseits Gelände am Bruchweg zur Verfügung. Der erste Omnibus war schnell beschafft, so daß ab 20. 12. 1921 der Betrieb ein zweites Mal eröffnet werden konnte. Mit einem zweiten Wagen konnten ab Anfang Januar 1922 täglich 20 Fahrten je Richtung ausgeführt werden. Auf Wunsch der Stadt dehnte die Gemeinde ab 19. 3. 1922 den Betrieb derart aus, daß zu Besuchszeiten des Städtischen Krankenhauses ein Teil der Fahrten über Linsenberg – Obere Zahlbacher Straße erfolgte und zwischen Hauptbahnhof und Krankenhaus sogar ein 20-Minuten-Abstand bestand.

Auch jetzt zeichnete sich für Bretzenheim wieder ein Defizit ab, so daß die Gemeinde erneut am Bahnbetrieb interessiert schien. Der Stadt kam dies nicht ungelegen, wollte doch Bretzenheim jetzt endlich seinen Teil zu den Betriebskosten beisteuern. Die Einigung erfolgte rasch und hatte für Hechtsheim den angenehmen Effekt, daß sich dessen Anteil ermäßigte. Mit dem 30. 4. 1922 verkehrten daher letztmals Omnibusse, und am 1. 5. 1922 nahm die Dampfbahn auch den Betrieb mit Bretzenheim wieder auf. Der Gemeinde gelang es nebenbei, beide Omnibusse noch im Mai ohne Verlust abzustoßen.

Die Aussicht, durch Elektrifizierung der Strecke Gonsenheim/Kapellenstraße – Finthen außer einem Baukostenzuschuß keine laufenden Betriebskostenzuschüsse mehr zahlen zu müssen, bewog Finthen, einer baldigen Umstellung zuzustimmen. Nach entsprechenden Umbauarbeiten stellte die Dampfbahn daher ab 30. 4. 1922 ihren Betrieb nach Finthen endgültig ein. Finthens Beispiel verhalf bald auch in Bretzenheim und Hechtsheim zur Erkenntnis, schnellstens eine Elektrifizierung erreichen zu wollen, so daß die Strecke von der Bahnhofsbrücke nach Bretzenheim am 3. 2. 1923 letztmals von Dampfzügen befahren wurde. Ab 4. 2. 1923 pendelten diese nur noch werktags zwischen Lindenmühle und Hechtsheim, ehe sie auch auf dieser Linie ab 9. 6. 1923 der elektrischen Straßenbahn Platz machten. Damit war das Kapitel „Dampfbahn" eigentlich zu Ende. Die nicht elektrifizierten Abschnitte Lindenmühle – Jägerhaus sowie Binger Schlag – Gonsenheim einschließlich des Anschlußgleises zum Staatsbahnhof Gonsenheim und der Gleise des Be-

24 Unmittelbar vor dem Abriß des Binger Tores passiert Lokomotive 100 in Richtung Hechtsheim. Unter dem hessischen Staatswappen zwei Verkehrsschilder: „Rechts fahren!" und „Schritt".

triebsbahnhofes Kirchhöfe wurden noch 1923 abgebaut, diejenigen in der Rheinstraße nach und nach – bis in die dreißiger Jahre – entfernt. Die Bahnkörper fanden eine willkommene Verwendung als Feldwege und sind heute noch an manchen Stellen erkennbar. Derjenige der Gonsenheimer Linie blieb zudem weiter in städtischem Besitz. Von Zeit zu Zeit (sogar im Kriegsjahr 1941) tauchten Pläne auf, diese ehemalige Strecke für elektrischen Betrieb herzurichten und damit eine zweite, wesentlich kürzere und schnellere Verbindung mit Gonsenheim zu erhalten.

2. Lokomotiv- und Wagenpark

Auch bei der Rekonstruktion des Lokomotiv- und Wagenparks der Dampfbahn müssen viele Fragen offen bleiben. Es erschwerte die Recherchen, daß die SEG die Betriebsmittel ihrer verschiedenen Bahnen nur teilweise durchnumerierte und auch von Fall zu Fall von einer zur anderen Bahn versetzte. So waren mit Sicherheit die meterspurigen Lokomotiven in einer einzigen Reihe 51-104 zusammengefaßt. Gleiche Vermutungen für den Mainzer Wagenpark fanden in den Quellen keine Bestätigung.

Zunächst beschaffte das Konsortium für beide Strecken 1890/91 sieben zweiachsige „Trambahn"-Lokomotiven mit der Achsfolge Bt, während die SEG diesen Bestand später auf neun, dann auf zehn, schließlich auf elf Maschinen erhöhte. Alle Loks waren von Henschel & Sohn in Kassel gebaut worden.

Ihre wesentlichen Daten faßte man 1925 für ein Verkaufsangebot zusammen:

Länge 5,80 m, Breite 2,40 m, Höhe mit Schornstein 3,50 m, Radstand 1,60 m, Leergewicht 13–14 t, Kesselleistung 80–100 PS bei 14 atm. konzessioniertem Druck, Kolbenhub 350 mm, Zylinderdurchmesser 260 mm, Heizfläche 28,6 qm, Geschwindigkeit 30 km/h, Leistung: 16 beladene Achsen bei 3½% Steigung, Handbremse und Luftsaugbremse System Körting, Mittelpuffer, der auch als Kupplung dient.

Über die Identität der anfangs vorhandenen Maschinen ist nichts überliefert. Gegen 1912 fanden sich folgende elf Loks im Bestand:

69, 70, 85, 86, 87, 88, 96, 97, 98, 99 und 100

Ihre Baujahre, Lieferserien und Fabriknummern lauteten:

```
    69: aus Serie 64– 69 (1889) Fabriknr. 2839
    70: aus Serie 70– 72 (1889) Fabriknr. 2881
85– 88: aus Serie 85– 88 (1890)
        Fabriknr. 3152–3155
96–100: aus Serie 96–100 (1891)
        Fabriknr. 3473–3477
```

Die Loks 69 und 70 übernahm die Bahn 1900 nach Stillegung der Wiesbadener Dampfstraßenbahn; 1913/14 gab sie die Lok 69 an die SEG-Bahn Zell-Todtnau weiter, so daß fortan mit zehn Maschinen auszukommen war.

Anläßlich des Feldeisenbahnbetriebes zu Beginn des Ersten Weltkrieges kamen wenigstens vier Loks fremder Unternehmen zum Einsatz:

- 2 Loks der Oberrh. Eisenbahn-Ges. (OEG), Mannheim
- 1 Lok der Biebertalbahn, Gießen—Heuchelheim
- 1 Lok (Nr. 4) der Kleinbahn Eltville—Schlangenbad

Als im Herbst 1919 die Stadt die Dampfbahn übernahm, fand sie von den vorhandenen zehn Maschinen zwei als vollständig unbrauchbar vor; bis Ende August 1921 mußte sie zwei weitere endgültig außer Betrieb setzen.

Nach Rückkehr stabiler Währungsverhältnisse verkaufte man im Frühjahr 1924 zwei Maschinen an die Dortmunder Firma Alfred Schönberg. Ende 1925 kam die noch bis Mai 1925 auf der Linie nach Wackernheim verwendete Lok 87 an die Firma Emil Baer in Oberlahnstein, während als letzte die Lok 88 im Oktober 1926 an die Rohprodukten-Firma Adler in Frankfurt/Main veräußert wurde. Über den Verbleib der übrigen Maschinen ist nichts bekannt.

Ebenso wie die Loks waren auch die ersten Personenwagen schon im Herbst 1890 fertiggestellt und „standen in den Fabriken bereit". Im Januar 1891 trafen dann auch die ersten Wagen in Mainz ein und wurden zunächst im Pferdebahndepot abgestellt. Nach Vollendung des Bahnhofs Kirchhöfe kamen die Wagen Ende Juli 1891 nach dort. Hierzu zog man die Fahrzeuge des Nachts mit sechs Pferden bis zum Kaisertor, gleiste sie dort aus und zog sie über das Pflaster der Rheinallee bis zur Ecke Große Bleiche, um sie hier wieder in das Dampfbahngleis einzugleisen. Diese Prozedur schien doch wohl etwas

25 Sie blieb von allen Maschinen am längsten im Dienst: Lokomotive 88 im Bahnhof Kirchhöfe (1900).

26 Etwas mehr als 11 Meter über Puffer maßen die geschlossenen Personenwagen der Dampfbahn und faßten 48 Sitzplätze.

27 Keine Belüftungsprobleme ergaben sich bei diesen vierachsigen Sommerwagen der Dampfbahn. Ihre Sitze ließen sich jeweils in Fahrtrichtung umlegen.

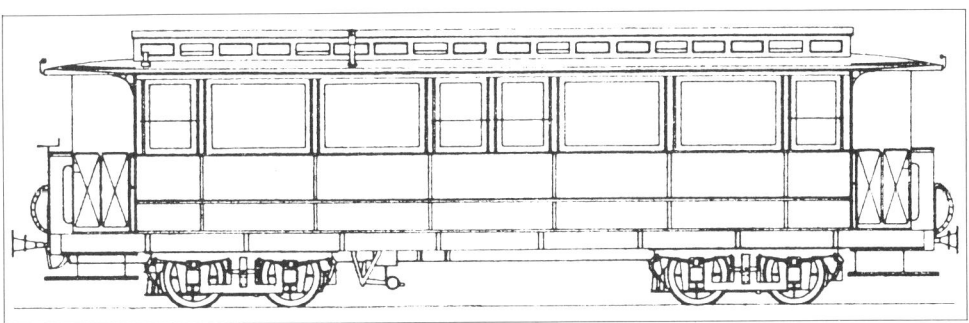

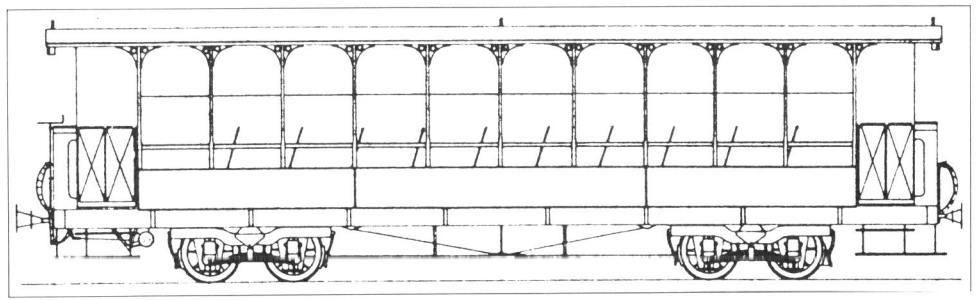

umständlich und vor allem für das Pflaster ruinös, so daß die restlichen Fahrzeuge den Weg über die Pferdebahngleise in Kaiser- und Bahnhofsstraße nahmen, um an der Gleiskreuzung am Münsterplatz relativ einfach umgesetzt werden zu können.

Die Erstausstattung des Wagenparks – ganz oder doch überwiegend von der Waggonfabrik Herbrand in Ehrenfeld bei Köln geliefert – bestand aus:

16 vierachsigen Personenwagen 3. Klasse, geschlossen
2 vierachsigen Personenwagen 3. Klasse, offen
2 vierachsigen Marktwagen
2 zweiachsigen Marktwagen
1 zweiachsigen (kombinierten) Post-/Personenwagen
2 zweiachsigen Güterwagen, offen

In den geschlossenen, 11 m langen und 2,30 m breiten vierachsigen Wagen fanden in zwei durch Trennwand abgeteilten Räumen je 24 Fahrgäste auf Doppelquersitzbänken Platz, während je offener Plattform noch 8 stehende Fahrgäste zugelassen waren, so daß das Angebot 64 Plätze betrug. Es verminderte sich im Winter etwas, wenn zur Heizung Öfen eingebaut wurden. In der Praxis wurde das Fassungsvermögen meist dadurch überschritten, daß auch im Mittelgang des Wageninneren noch stehende Fahrgäste Platz fanden.

Die Vermehrung des Wagenparks nach Bauarten blieb in der Folge undurchsichtig. Ein Brand in der Hechtsheimer Wagenhalle am Abend des 9. 10. 1900 zerstörte fünf Wagen (drei offene und zwei geschlossene, darunter angeblich die Wagen 58 und 74), für die jedoch Ersatz geliefert wurde. 1909 gab man zwei 1903/04 von Herbrand erbaute vierachsige, geschlossene Wagen nach Mannheim-Heidelberg ab (dortige Nummern 187, 188).

Am 31. 8. 1921 nannte die Stadt folgenden Bestand:

19 vierachsige Personenwagen, geschlossen
2 vierachsige Personenwagen, offen
1 zweiachsiger Personenwagen, ½ Post
4 vierachsige Güterwagen, offen
2 zweiachsige Güterwagen, offen
1 zweiachsiger Gerätewagen
1 zweiachsiger Bahnmeisterwagen

Bei den offenen vierachsigen Güterwagen handelte es sich um ehemalige, im Ersten Weltkrieg zu Behelfsgüterwagen umgebaute Sommerwagen, vorzugsweise für den Güterverkehr der Firma Seidel verwendet. Der Gerätewagen ging wahrscheinlich aus dem 1920 umgebauten früheren Milchwagen hervor.

An Wagennummern sind überliefert:

4x-Personenwagen, geschlossen:
51, 53–55, 61, 63, 65, 72, 73
4x-Personenwagen, offen: 80, 81
2x-Milchwagen: 70
„kleiner Marktwagen": 69
2x-Güterwagen, offen: 93, 94, 95

1921 überholte die Stadt zunächst zwei geschlossene 4x-Personenwagen und brachte statt der bisherigen dunkelgrünen die städtische Elfenbein-Lackierung auf. Diese Wagen kamen unter „361" und „364" wieder in Dienst. Mit einiger Sicherheit kann angenommen werden, daß es sich um die früheren Wagen 61 und 64 handelte. Etwas später kam noch ein gleicher Wagen 363 (ex 63?) hinzu. Diese Fahrzeuge blieben nach der Stillegung bis 1926/27 im Bestand und waren ab 1922 für die Linie nach Wackernheim vermietet. 1928 kamen sie durch Verkauf an die SEG-Bahn Zell-Todtnau (Schwarzwald).

Zwei, vielleicht auch drei bis vier weitere geschlossene 4x-Personenwagen übernahm 1924/25 die Firma Schönberg und veräußerte wenigstens zwei von

28 Anläßlich des Abbruchs des Binger Tores benutzt ein zur Stadt fahrender Zug das nördlich verlegte Umgehungsgleis. Hinter der Lokomotive ein offener zweiachsiger „Marktwagen", dann ein vierachsiger offener „Sommerwagen" (Nr. 81). Frühjahr 1913.

ihnen an eine bayerische Kleinbahn (vermutlich Ruhpolding). Der Rest – vor allem die offenen Wagen – scheinen alle oder zum überwiegenden Teil der Verschrottung anheimgefallen zu sein, während zwei 2x-Güterwagen in den Bestand der Straßenbahn kamen und dort noch lange im Einsatz standen.

3. Betrieb und Fahrplan

Die „Mainzer Vorortbahnen", wie die Dampfbahnen offiziell hießen, besaßen den Status von Nebenbahnen untergeordneter Bedeutung. Zwischen der Eigentümerin SEG und dem zuständigen Großherzoglichen Ministerium der Finanzen, Abt. Eisenbahnwesen, in Darmstadt stand als staatliche Anlaufstelle ein „Regierungs-Commissär für die Hessischen Nebenbahnen im Privatbetrieb" als unmittelbare Kleinbahnaufsicht, der seinen Sitz ebenfalls in Darmstadt nahm.
Entsprechend der Bedeutung der Bahn gestalteten sich auch die Betriebsverhältnisse relativ einfach: Der Lauf der Züge richtete sich nach einem Kreuzungsplan, der dem Personal die Kreuzungen mit anderen in den verschiedenen Ausweichstellen vorschrieb. Als Hilfsmittel dienten von Anfang an Streckentelefone, mit denen die Stationen Hechtsheim, Finthen und Kirchhöfe, ferner die Haltestellen Fischtor und Leniaberg und das Büro der Bahnverwaltung untereinander verbunden waren.

Für die gemeinschaftlich mit der städtischen Straßenbahn ab 1904 in der Rheinstraße und ab 1908 in Gonsenheims Kaiserstraße benutzten Gleise bestanden ministerielle Fahrordnungen, die im allgemeinen den schwerfälligeren Dampfbahnzügen das Vorrecht einräumten und das Vor- und Zurückstellen von Weichen der Straßenbahn überließen.
Wegen der lästigen Rauchentwicklung hatte das Unternehmen angeordnet, innerhalb der Stadt (ab 1906 auch in der Gonsenheimer Kaiserstraße) mit Koks und durchgebranntem Feuer zu fahren und das Schüren zu unterlassen. Nicht immer scheint dies befolgt worden zu sein, sei es aus Nachlässigkeit oder betrieblicher Notwendigkeit. Daß in der Stadt mit „Kondensation" – also Dampfrückgewinnung – gefahren werden sollte, blieb ebenfalls meist ein frommer Wunsch, obwohl die Lokomotiven hierzu hergerichtet waren. Besonders rüdes Verhalten fand seinen Niederschlag postwendend meist in bissigen „Eingesandt"-Meldungen in der Presse, so auch einmal die, daß an einem Sonntagnachmittag am Binger Tor „in voller Fahrt der Schlammhahn geöffnet und die Kleidung der dort lustwandelnden Spaziergänger völlig ruiniert worden" sei.
Für das Befahren von Ausweichen war bestimmt, daß der zweite Zug erst dann einfahren durfte, wenn der erste in ihr zum Stillstand gekommen war, während am Fischtor niemals zwei Züge gleichzeitig in Bewegung gesetzt werden sollten. Ein Beinahe-Unfall auf der abschüssigen Finther Straße gab Gelegenheit, die Gesellschaft daran zu erinnern, daß die

29 Fünf-Wagen-Zug in Gonsenheims Kaiserstraße (heute Breite Straße), bestehend aus geschlossenen und offenen Wagen (1903).

Mittheilungen aus dem Publikum.
Mainzer Vorortbahnen.

Diese Bahnen wachsen sich mehr und mehr zu Schmerzenskindern unserer, in dieser Hinsicht wirklich bedauernswerthen Vorortbewohner aus. Es vergeht fast keine Woche, ohne daß in irgend einer Zeitung Klagen angebracht werden über den Betrieb selbst, über die sprichwörtlich gewordene Sauberkeit!! der Wagen und die lebensgefährliche häufige Ueberlastung derselben, über die total ungenügende Heizung derselben, über das fast tagtägliche Hängenbleiben und wieder Rückwärtsrollen ganzer Züge der Strecke Gonsenheim-Finthen an der Haltestelle „Crematorium" u. A. m. (Der müden Lokomotive und den Wagen könnte man es schließlich ja auch nicht verdenken, wenn sie gar ganz in das Crematorium hineinfahren wollten, um dort ihr jammervolles Dasein zu beenden.) Aber was helfen alle Klagen der Bahnverwaltung gegenüber? Nichts!! Es ist gerade so, als wenn man dem Ochsen ins Horn petzt. Warum aber kümmert sich die Aufsichtsbehörde, in diesem Falle das Kreisamt, nicht um diesen Betrieb, hinter welchem die schönsten Vicinalbahn-Schilderungen der „Fliegenden" und „Meggendorfer" noch um ein Bedeutendes zurückbleiben. Doch um der Wahrheit die Ehre zu geben, muß man sagen, daß die Bahnverwaltung sich schließlich doch gerührt und als Antwort auf die Klagen folgende Maßregel ergriffen hat, resp. ergreifen will: Erstens will sie die Monatskarten verbilligen, indem sie verfügt, daß vom 1. April ab nur noch Monatskarten nach Schule und Kriegerdenkmal zu 4,50 Mk. per Monat ausgegeben werden, d. h. um 50 Pfg. billiger als seither. Thatsächlich maskirt diese angebliche Preisermäßigung aber eine Preiserhöhung, denn es heißt ausdrücklich daß „nur noch Monatskarten" ausgegeben werden und das bedingt das Wegfallen der seither ausgegebenen Halbjahrskarten und auferlegt den Abonnenten eine Preiserhöhung von rund 25 Prozent!! Da habt ihr etwas für Euer ewiges Klagen, ihr Raderts! Des Weiteren hat die löbliche Bahnverwaltung schon jetzt verschärfte Kontroll-Maßregeln angeordnet, obwohl hierzu nicht die geringste Veranlassung vorliegt. Die **Schaffner müssen nämlich bei jedem Zuge von den Abonnenten sich die Karten vorzeigen lassen. Das macht** viermal täglich und wenn, was zumeist der Fall ist, der Herr Kontrolleur auch zu jedem Zuge kommt, achtmal täglich. Angesichts dessen, daß sowohl den Schaffnern als auch den Kontrolleur die Abonnenten ausnahmslos der Persönlichkeit nach bekannt sind, bedeutet diese Maßregel nichts anders als eine ganz gemeine Chikane. So antwortet die Direktion der Süddeutschen Eisenbahn-Gesellschaft auf berechtigte Klagen. F.

Schaffner das Kassiergeschäft bei der Talfahrt zu unterlassen und an den Bremsen zu stehen hätten. Eine besondere „Spezialität" – oft beanstandet, aber toleriert – waren Linksfahrten zwischen Binger Schlag und Neubrunnenplatz. Wegen der nicht genehmigten Weichen auf der Großen Bleiche durfte die Gesellschaft einige Züge statt bis Fischtor nur bis und ab Neubrunnenplatz fahren. Je nach Fahrplanlage benutzte man hierzu stadtein- oder stadtauswärts das falsche Gleis und übernahm die Wagen durch eine nachfolgende Leerlok.

In der Zusammensetzung der Züge besaß die Bahn freie Hand. Die Regel schienen Züge mit 3–4 Wagen zu sein, für die eine Lokomotive ausreichte. 5-, vor allem aber 6-Wagen-Züge beförderte man mit zwei Lokomotiven. Fallweise mußten Schiebeloks zwischen Münster- und Alicenplatz sowie auf der Finther Straße aushelfen.

Neben der von Anfang an für Hechtsheim und ab 1. 1. 1893 für Finthen übernommenen Postbeförderung kam ab 1. 10. 1903 auch die für Gonsenheim (zuvor durch die Staatsbahn besorgt) hinzu. Die Beförderung der Bretzenheimer Post dürfte ebenfalls per Bahn erfolgt sein. Auf beiden Strecken tat ein einziger kombinierter Post-/Personenwagen Dienst. Außer der Post spielte auch die Beförderung von Milchkannen eine nicht unwichtige Rolle. Für diesen Zweck hielt die Bahn ebenfalls einen kombinierten Wagen vor. Der offerierte Expreßgutverkehr mit teilweiser Zustellung schien nicht allzu bedeutend gewesen zu sein, während reiner Wagenladungsverkehr für Dritte – abgesehen von dem für die Konservenfabrik Seidel – wohl kaum vorkam. Zeitweise

30 Recht plastisch schildert ein Korrespondent die damaligen Zustände auf der Dampfbahn („Mainzer Anzeiger" vom 7. 2. 1903).

31 Drei-Wagen-Zug als normale Zuggarnitur außerhalb der Berufsverkehrszeiten im Bahnhof Hechtsheim. Hinter der Lokomotive der kombinierte Post-/Personenwagen (etwa 1917).

Bestrebungen der Gemeinde Finthen nach einem normalspurigen Güter-Anschlußgleis zum Staatsbahnhof Gonsenheim blieben erfolglos, und auch der von der SEG ersatzweise ins Spiel gebrachte Rollbockverkehr kam über das Diskussionsstadium nicht hinaus.

Entsprechend den überwiegend dem Arbeiterstand angehörenden Fahrgästen mußte auch der Fahrplan auf deren Belange abgestimmt werden. Die Wünsche der Fahrlustigen auf der einen, die wirtschaftlichen Erwartungen eines ja auf Gewinn ausgerichteten Unternehmens und die sich aus der überwiegenden Eingleisigkeit der Strecken ergebenden Zwänge auf der anderen Seite ließen vor jedem Fahrplanwechsel die Gegensätze aufeinanderprallen. Alle vier an der Strecke liegenden Gemeinden hatten Verkehrskommissionen gebildet, die die Fahrplanentwürfe vorberieten und gemeinsam mit dem Kreisamt dann mit der Bahn verhandelten. Nicht selten mußte auch das Ministerium bemüht werden, wenn eine Einigung gar nicht zustandekommen wollte.

Das Auf und Ab der jährlich zweimal – meist zum 1. 5. und 1. 11. – wechselnden Fahrpläne sah für die Bretzenheim–Hechtsheimer Linie an Werktagen morgens drei, mittags ein und abends vier Zugpaare vor. Bis Sommer 1909 stieg die Zahl der Werktags-Zugpaare auf 15 (zuzüglich einem bis und ab Bretzenheim), doch mußte teilweise an den Kirchhöfen von bzw. in die Finther Züge umgestiegen werden. Sonntags liefen anfangs sieben, im Sommer später meist neun Paare. Zu den von den Mainzern gern besuchten Kirchweihen in Bretzenheim und Hechtsheim sowie zu sonstigen besonderen Anlässen wurden an Sonntagen jeweils noch Sonderzüge gefahren. Die Möglichkeit, unter Ausnutzung des Gleisdreiecks Lindenmühle Hechtsheim direkt zu bedienen, nutzte die Bahn nur in den ersten Monaten, legte später sogar die Verbindungskurve still und baute die Weichen aus. Erst ab 1. 6. 1920 kam es zu einer Wiederaufnahme des direkten Verkehrs.

Die Fahrzeiten Fischtor–Hechtsheim beliefen sich je nach Aufenthalten in den Ausweichen zwischen 43 und 47 Minuten, ab Sommer 1908 auf 40 und 42 Minuten, d. h. 13–14 km/h.

Die Gonsenheim–Finther Linie erkannte das Konsortium sofort als die ertragreichere und verbesserte den Fahrplan teils auf Kosten der ersten Strecke. Werktags liefen ab 1892 meist 12 Zugpaare zuzüglich einem Marktzug dienstags und freitags. Ab 1897 kamen noch 1–2 Züge bis und ab Kriegerdenkmal für die Soldaten der neuen Gonsenheimer Kaserne hinzu.

Die bevorstehende Eröffnung der städtischen elektrischen Straßenbahn bewog die SEG, ab April 1906 den Verkehr zwischen Fischtor und Leniaberg praktisch auf einen 30-Minuten-Abstand zu verdichten. Werktags fuhren jetzt mit maximal vier Zuggarnituren 30 Zugpaare, 21 davon bis und ab Finthen, der Rest bis und ab Leniaberg. Gleichzeitig senkte man auch die Fahrzeit auf einheitlich 40 Minuten, d. h. 13 km/h. Bereits im Winter 1907/08 mußte in Anbetracht der städtischen Konkurrenz dieses Angebot wieder auf 19 Zugpaare reduziert werden. Abends blieb in

32 Lokomotive 100 in der Großen Bleiche vor einem Zug nach Hechtsheim. Links der „Neue Brunnen", 1726–28 unter Kurfürst Lothar Franz von Schönborn erbaut.

Mainz a. Rh. Partie von der Gr. Bleiche.

VI. Blatt Süddeutsche Eisenbahn-Gesellschaft. Entwurf Sommer 1908.

Mainzer Vorortbahnen. Fahrplan vom 1. Mai 1908 ab bis auf Weiteres.

Ia. Finthen—Gonsenheim—Mainz.

Entfernung in Kilometern.	Stationen.		W 35	W 37	39	41	43	47	49	51	53	57	61	65	S 105	69	73	77	79	81	83	S 107	85	F 87
0,00	Finthen	Abf.	5^{00}	5^{35}	6^{08}	7^{16}	7^{50}	9^{16}	10^{18}	11^{18}	12^{18}	1^{18}	2^{18}	3^{18}	3^{48}	4^{18}	5^{18}	6^{18}	6^{48}	7^{18}	7^{48}	8^{18}	8^{32}	9^{58}
2,42	Gonsenheim Leniaberg	„	5^{07}	5^{42}	6^{15}	7^{23}	7^{57}	9^{23}	10^{25}	11^{25}	12^{25}	1^{25}	2^{25}	3^{25}	3^{55}	4^{25}	5^{25}	6^{25}	6^{55}	7^{25}	7^{55}	8^{25}	8^{39}	10^{05}
2,81	GonsenheimPost (Schule)	„	5^{09}	5^{44}	6^{17}	7^{25}	7^{59}	9^{25}	10^{27}	11^{27}	12^{27}	1^{27}	2^{27}	3^{27}	3^{57}	4^{27}	5^{27}	6^{27}	6^{57}	7^{27}	7^{57}	8^{27}	9^{01}	10^{07}
3,74	Gonsenheim Kriegerdk.	„	5^{14}	5^{49}	6^{22}	7^{30}	8^{03}	9^{29}	10^{31}	11^{31}	12^{31}	1^{31}	2^{31}	3^{31}	4^{01}	4^{31}	5^{31}	6^{31}	7^{01}	7^{31}	8^{01}	8^{31}	9^{05}	10^{11}
6,75	Kirchhöfe (Bürgerschlag)	„	5^{24}	5^{59}	6^{32}	7^{40}	8^{12}	9^{39} u.	10^{40}	11^{40}	12^{40}	1^{40}	2^{40}	3^{40}	4^{10}	4^{40}	5^{40}	6^{40}	7^{10}	7^{40}	8^{10}	8^{40}	9^{14}	10^{21}
7,47	Münsterplatz	„	5^{30}	6^{03}	6^{38}	7^{46}	8^{18}	9^{44}	10^{46}	11^{46}	12^{46}	1^{46}	2^{46}	3^{46}	4^{16}	4^{46}	5^{46}	6^{46}	7^{16}	7^{46}	8^{16}	8^{46}	9^{20}	10^{26}
9,25	Fischtor	Ank.	5^{42}	6^{15}	6^{50}	7^{58}	8^{30}	9^{57}	10^{58}	11^{58}	12^{58}	1^{58}	2^{48}	3^{48}	4^{28}	4^{58}	5^{58}	6^{58}	7^{28}	7^{58}	8^{28}	8^{58}	9^{32}	10^{38}

(Station column bracket label: zu Mainz)

b. Mainz—Gonsenheim—Finthen.

Entfernung in Kilometern.	Stationen.		W 38	40	42	44	48	50	52	54	58	S 102	62	S 104	66	S 106	70	74	W 76	78	80	84	86	F 88
0,00	Fischtor	Abf.	6^{20}	6^{52}	8^{00}	8^{32}	10^{00}	11^{00}	12^{00}	1^{00}	2^{00}	2^{30}	3^{00}	3^{30}	4^{00}	4^{30}	5^{00}	6^{00}	6^{30}	7^{00}	7^{30}	8^{30}	9^{40}	10^{42}
1,78	Münsterplatz	„	6^{32}	7^{04}	8^{12}	8^{44}	10^{12}	11^{12}	12^{12}	1^{12}	2^{12}	2^{42}	3^{12}	3^{42}	4^{12}	4^{42}	5^{12}	6^{12}	6^{42}	7^{12}	7^{42}	8^{42}	9^{52}	10^{54}
2,50	Kirchhöfe (Bürgerschlag)	„	6^{38}	7^{10}	8^{18}	8^{50}	10^{18} u.	11^{18} u.	12^{18}	1^{18}	2^{18}	2^{48}	3^{18}	3^{48}	4^{18}	4^{48}	5^{18}	6^{18}	6^{48}	7^{18}	7^{48}	8^{48}	9^{58}	11^{00}
5,51	Gonsenheim Kriegerdk.	„	6^{47}	7^{20}	8^{27}	8^{59}	10^{28}	11^{27}	12^{27}	1^{27}	2^{27}	2^{57}	3^{27}	3^{57}	4^{27}	4^{57}	5^{27}	6^{27}	6^{57}	7^{27}	7^{57}	8^{57}	10^{07}	11^{09}
6,44	Gonsenheim Post (Schule)	„	6^{51}	7^{25}	8^{32}	9^{03}	10^{33}	11^{31}	12^{31}	1^{31}	2^{31}	3^{01}	3^{31}	4^{01}	4^{31}	5^{01}	5^{31}	6^{31}	7^{01}	7^{31}	8^{01}	9^{01}	10^{11}	11^{13}
6,83	Gonsenheim Leniaberg	„	6^{53}	7^{27}	8^{35}	9^{06}	10^{35}	11^{33}	12^{33}	1^{33}	2^{33}	3^{03}	3^{33}	4^{03}	4^{33}	5^{03}	5^{33}	6^{33}	7^{03}	7^{33}	8^{03}	9^{03}	10^{13}	11^{15}
9,25	Finthen	Ank.	7^{00}	7^{34}	8^{42}	9^{12}	10^{42}	11^{40}	12^{40}	1^{40}	2^{40}	3^{10}	3^{40}	4^{10}	4^{40}	5^{10}	5^{40}	6^{40}	7^{10}	7^{40}	8^{10}	9^{10}	10^{20}	11^{22}

(Station column bracket label: zu Mainz)

Ausserdem wird an folgenden Punkten regelmässig gehalten, in Mainz: Holländischer Hof, Bauhofstrasse, Neuer Brunnen, Zentralbahnhof und in Gonsenheim am Waldschlösschen; ferner nach Bedarf bei Königsborn.

IIa. Hechtsheim—Bretzenheim—Mainz.

Entfernung in Kilometern	Stationen.		W 1	3	5	7	9	11	13	15	17	19	21	23	25	27	29
0,00	Hechtsheim	Abf.	5⁰⁵	6⁰⁵	7¹⁰	7⁵⁰	9¹³	11²⁰	11⁵⁰	—	1²⁰	2¹⁸	3²⁰	5²⁰	6²²	7²²	9²⁵
4,50	Bretzenheim	Ank.	5¹⁷	6¹⁸	7²²	8⁰²	9²⁵	11³²	12⁰²	—	1³²	2³⁰	3³²	5³²	6³⁴	7³⁴	9³⁷
	Bretzenheim	Abf.	5¹⁹	6²⁰	7²⁴	8⁰⁴	9²⁷	11³⁴	12⁰⁴	1⁰³	1³⁴	2³²	3³⁴	5³⁴	6³⁶	7³⁶	9³⁹
6,44	Kirchhöfe		5²⁷	6²⁸	7³³	8¹¹	9³⁷	11⁴³	12¹³	1¹²	1⁴³	2³⁹	3⁴³	5⁴³	6⁴⁴	7⁴⁵	9⁴⁹
7,51	Münsterplatz		5³³	6³⁴	7³⁹	8¹⁸	9⁴⁴	11⁴⁹	12²⁰	1¹⁹	1⁴⁹	2⁴⁶	3⁵⁰	5⁵⁰	6⁵¹	7⁵²	9⁵⁶
9,29	Fischtor	Ank.	5⁴⁵	6⁴⁸	7⁵³	8³⁰	9⁵⁷	12⁰²	12³²	1³¹	2⁰²	2⁵⁸	4⁰²	6⁰²	7⁰³	8⁰⁵	10⁰⁸

(Spalten Münsterplatz/Fischtor „zu M. Mainz")

b. Mainz—Bretzenheim—Hechtsheim.

Entfernung in Kilometern	Stationen.		W 2	4	6	8	10	12	14	14a	16	18	20	22	24	26	28	30
0,00	Fischtor	Abf.	5⁴⁸	6³⁰	7⁵⁸	10⁰⁰	11⁰⁰	12⁰⁴	1³²	2⁰⁴		4⁰⁴	5⁰⁴	6⁰⁴	7¹⁴	8¹⁵	10¹⁵
1,78	Münsterplatz		6⁰⁰	7⁰²	8¹⁰	10¹²	11¹²	12¹⁶	1⁴⁴	2¹⁶		4¹⁶	5¹⁶	6¹⁶	7¹⁶	8²⁷	10²⁷
2,85	Kirchhöfe		6⁰⁸	7¹²	8¹⁸	10²¹	11²²	12²³	1⁵²	2²⁵		4²⁵	5²³	6²⁵	7²⁵	8³⁷	10³⁹
	Bretzenheim	Ank.	6¹⁶	7²⁰	8²⁶	10²⁹	11³⁰	12³⁰	1⁵⁹	2³²		4³²	5³⁰	6³²	7³²	8⁴⁴	10⁴⁶
4,9?	Bretzenheim	Abf.	6¹⁸	7²²	8²⁸	10³¹	11³²	12³²	—	2⁰¹	2³⁴	4³⁴	5³²	6³⁴	7³⁴	8⁴⁶	10⁴⁸
9,59	Hechtsheim	Ank.	6³⁰	7³⁴	8⁴⁰	10⁴³	11⁴⁴	12⁴⁴	—	2¹³	2⁴⁶	4⁴⁶	5⁴⁴	6⁴⁶	7⁴⁶	8⁵⁸	11⁰⁰

Ausserdem wird an folgenden Punkten regelmässig gehalten, in Mainz: Holländischer Hof, Bauhofstrasse, Neuer Brunnen, Zentralbahnhof, Zahlbacher Weg und in Zahlbach, sowie an Sonntagen bei den Zügen 20, 24 und 27 an der Lindenmühle in Zahlbach.

Anmerkung: Es verkehren: die mit W bezeichneten Züge nur an Werktagen, die mit F bezeichneten Züge nur an Sonn- und Feiertagen, die mit S bezeichneten nur an Sonn- und Feiertagen bei gutem Wetter. u. bedeutet: Umsteigen.

Als Feiertage gelten: Neujahrstag, Karfreitag, Ostermontag, Himmelfahrtstag, Fronleichnamstag, Pfingstmontag, Mariä Himmelfahrt, Allerheiligen, erster und zweiter Weihnachtsfeiertag.

Die Zeiten von 6⁰⁰ Abends bis 5⁵⁹ früh sind durch Unterstreichung der Minutenzahlen bezeichnet.

(Streckenkarte mit Ortsnamen u. a.: HANAU, FRANKFURT, OFFENBACH, DARMSTADT, Arheilgen, Reinheim, MAINZ, WIESBADEN, Biebrich, Hetzbach, Beerfelden, Reichelsheim, Eberstadt, WORMS, MANNHEIM, HEIDELBERG, SPEYER, Neustadt)

33 Aushangplakat der Dampfbahn. Die 24-Stunden-Zählung führte man allgemein erst in der zweiten Hälfte der zwanziger Jahre ein. Fahrzeiten vor 6 Uhr früh und nach 6 Uhr abends wurden daher durch Unterstreichen der Minutenzahlen gekennzeichnet. In der Streckenkarte sind die SEG-Bahnen durch fette Linien hervorgehoben.

der Relation Fischtor–Leniaberg mit sieben Zugpaaren dennoch fast ein 30-Minuten-Betrieb erhalten.
Die Tatsache, daß die Strecke hart am Gonsenheimer Wald vorbeilief, bescherte der Bahn an Sonntagen zahlreiche Fahrgäste. Während des Sommerfahrplans liefen zu den bis 25 planmäßigen Zugpaaren meist drei weitere (Fischtor–Leniaberg). Für die Monate Oktober, März und April galt an schönen Sonntagen der gleiche Einsatz, so daß vier Zuggarnituren dann kursierten.
Mit Beginn des Ersten Weltkrieges trugen die Fahrpläne naturgemäß Behelfscharakter und waren von Personal-, später von Kohlenmangel bestimmt. 1917 hatte die Hechtsheimer Linie mit werktags 16 und sonntags 11 Zugpaaren der Finther Strecke mit 11 bzw. 9 Paaren den Rang abgelaufen. Beide Linien benötigten ab Bahnhofsbrücke jetzt 26 Minuten Fahrzeit, so daß die Reisegeschwindigkeit bei 16,6 km/h lag. Mit dem 1. 6. 1920 setzten unter dem Druck der Inflation Notfahrpläne ein, die ihren Tiefpunkt im Dezember 1921 mit werktags fünf (samstags sechs) und sonntags gar nur zwei Zugpaaren auf der Hechtsheimer Strecke fanden. Ab 1. 5. 1922 ruhte zugunsten des Wiederanschlusses von Bretzenheim der Sonntagsverkehr völlig. Besser kam die Finther Strecke davon, auf der mit einer Zuggarnitur vom 1. 6. 1920 bis zur Einstellung 13–16 Werktags- und 7–9 Sonntagszugpaare ab Gonsenheim gefahren werden konnten.
Dem Winterfahrplan 1909/10 lagen folgende Höchstgeschwindigkeiten zugrunde:

Fischtor–Abzw. Finthen	10 km/h
Abzw. Finthen–Kirchhöfe	12 km/h
Kirchhöfe–Zahlbach	25 km/h
Zahlbach–Lindenmühle	12 km/h
Lindenmühle–Bretzenheim	25 km/h
Lindenmühle–Hechtsheim	25 km/h
Binger Schlag–Gonsenh. Str.	12 km/h
Gonsenh. Str.–Kriegerdenkmal	22 km/h
Kriegerdenkmal–Post	10 km/h
Post–Leniaberg	22 km/h
Leniaberg–Finthen	25 km/h

4. Die Betriebsbahnhöfe

Gleich zur Eröffnung hatte sich das Unternehmen mit drei Betriebsbahnhöfen versehen: Kirchhöfe, Hechtsheim und Finthen. Die beiden letzteren waren mit den Endpunkten der Strecken identisch. Damit fielen wenig Leerfahrten an, zumal abends die letzten Züge dort endeten und die ersten morgens begannen – eine auch für das Personal praktische Regelung, da es überwiegend in beiden Orten seinen Wohnsitz besaß.
Sowohl in Hechtsheim als auch in Finthen befanden sich zweiständige Lokschuppen für die üblicherweise dort beheimateten beiden Maschinen, dazu die Kohlenbansen und Wasserstationen. Wasser konnte außerdem im Bahnhof Kirchhöfe und – in Notfällen – am Fischtor gefaßt werden. Neben den Lokschuppen gab es in Hechtsheim und Finthen noch hölzerne Wagenschuppen und Stationsgebäude mit

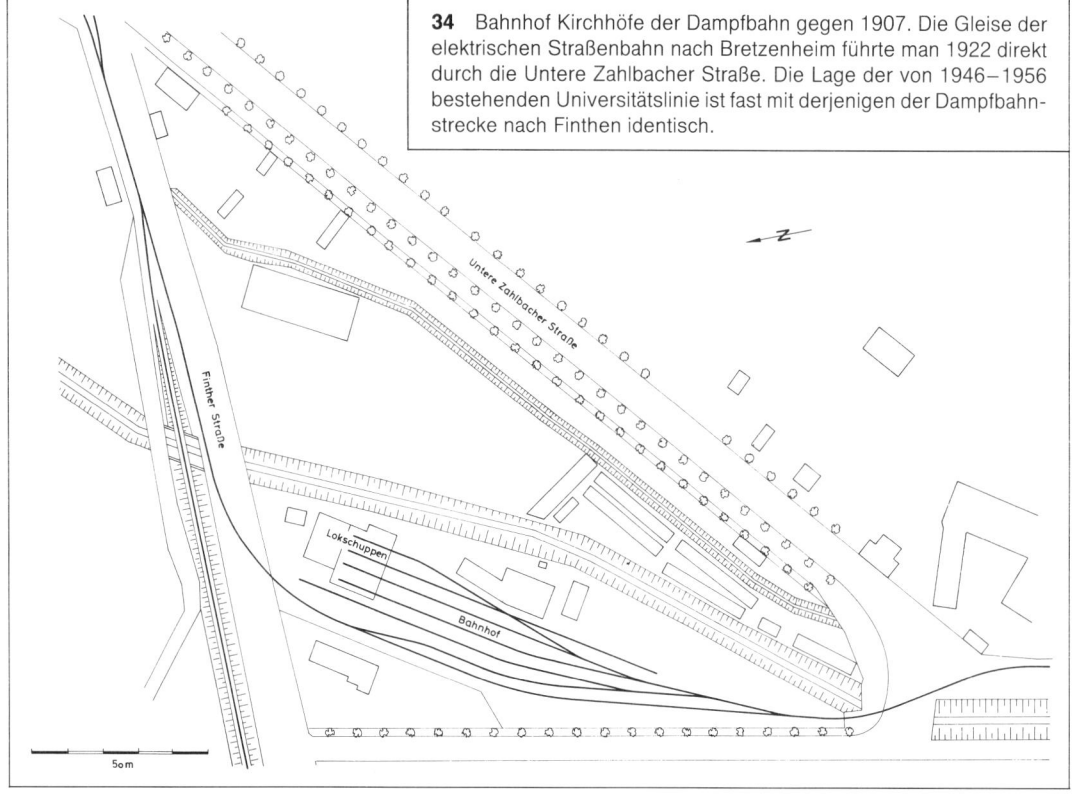

34 Bahnhof Kirchhöfe der Dampfbahn gegen 1907. Die Gleise der elektrischen Straßenbahn nach Bretzenheim führte man 1922 direkt durch die Untere Zahlbacher Straße. Die Lage der von 1946–1956 bestehenden Universitätslinie ist fast mit derjenigen der Dampfbahnstrecke nach Finthen identisch.

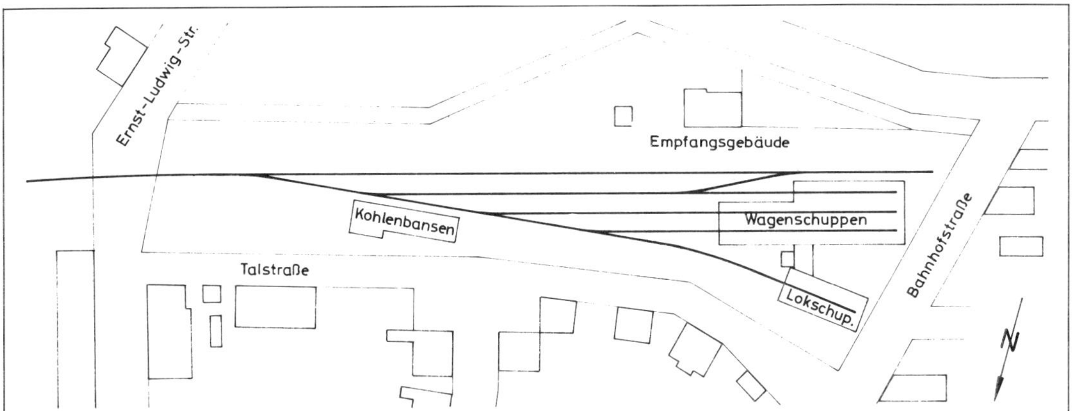

35 So sah der Bahnhof Hechtsheim zur Dampfbahnzeit aus (oberer Abbildungsteil).
Unverändert seit Einführung des elektrischen Betriebes in 1923 blieb die Schleifenanlage mit Gleisstutzen. Ab November 1976 wurde lediglich die Fahrtrichtung umgedreht, so daß heute im Uhrzeigersinn gefahren wird (unterer Abbildungsteil).

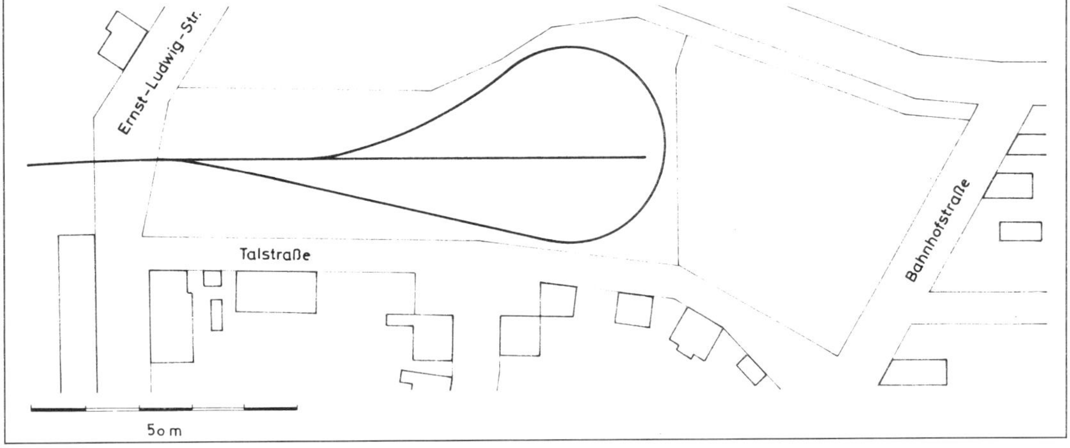

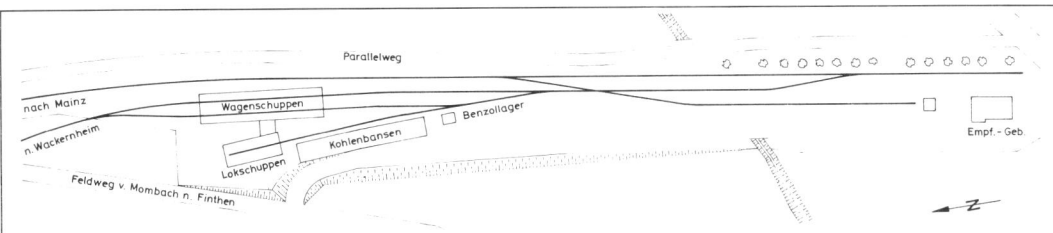

36 In Finthen erfolgte die einzige Erweiterung des Bahnhofs der Dampfbahn um 1911 mit dem Anschluß der Wackernheimer Armierungsbahn, die durch die Wagenhalle geführt wurde (oberer Abbildungsteil).
Unterer Abbildungsteil: die 1922 erbaute Schleifenanlage mit Gleisstutzen (äußerer um 1931, innerer nach 1970 entfernt). 1982 trennte man schließlich den Anschluß zu den früheren Fahrzeugschuppen ab. Die Schleife wird seit 1922 im Uhrzeigersinn befahren.

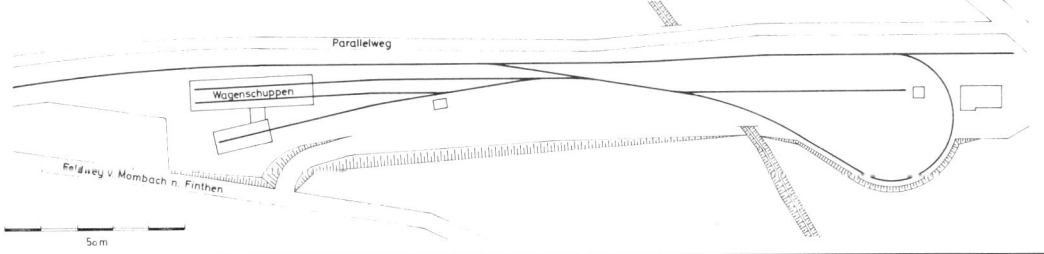

Dienst- und Warteräumen, in Hechtsheim zusätzlich noch eine Halle zum Lackieren der Wagen. Bahnhof Kirchhöfe besaß keine Wagenhalle, hatte jedoch die Funktion einer Hauptwerkstatt mit Magazin und Werkmeisterbüro und verfügte daher über mehr Loks und Reparaturstände. 1906/07 war seine Kapazität überdies durch einen Anbau um zwei Lokstände erhöht worden.

All die Jahre blieben diese Anlagen weitgehend unverändert. Nach der Stillegung wurden die Gebäude des Bahnhofs Kirchhöfe 1936 als erste abgebrochen, diejenigen in Hechtsheim zunächst vermietet und erst in den fünfziger Jahren beseitigt. Am längsten konnten sich die Finther Baulichkeiten halten: der Wagenschuppen bis Anfang 1964, Stationsgebäude und Wasserturm bis etwa 1970, der Lokschuppen gar bis heute. Während des Zweiten Weltkrieges und danach dienten Halle und Lokschuppen zum Abstellen beschädigter oder ausgemusterter Wagen, später auch für die Arbeitswagen. 1959 richtete man im Lokschuppen noch eine, allerdings 1964 schon ins Depot verlegte Bandagenschleiferei ein. Unmittelbar vor dem beschlossenen Abriß kam er Ende 1981 nochmals „zu Ehren", als eine Anzahl römischer Schiffsfunde dort zur voraussichtlich jahrelangen Konservierung eingelagert wurde und sein Abbruch damit vorerst hinausgeschoben ist.

5. Tarife, Abfertigung, Beförderungsleistungen

Grundlage für die Fahrpreisberechnung bildete der „Local-Tarif für die Beförderung von Personen, Reisegepäck und Expreßgütern" von 1891 mit seiner Ergänzung von 1892. Mit Gültigkeit vom 1. 5. 1896 wurde er neu gefaßt und durch Nachträge in den Jahren 1898, 1903 und 1909 berichtigt. Die Höhe des Fahrpreises blieb bis zu den Inflationsjahren von 1920–23 konstant, lediglich 1896 erfolgte durch die Verschiebung der Zahlgrenze „Münsterplatz" zum Neubrunnen eine kleine, für die Fahrgäste allerdings günstigere Korrektur.

Bei der Bemessung der einzelnen Fahrpreise wurde ein Entfernungssatz nach einem „Kilometeranzeiger" zugrunde gelegt, so daß man von einer Art Teilstreckentarif ausgehen konnte. Einen Übergang von der einen zur anderen Strecke mit gleichem Fahrausweis sah der Tarif nicht vor; offenbar bestand hierzu auch kein Bedürfnis. Das angespannte Verhältnis zwischen Stadt und SEG ließ ebenfalls keine Übergangstarife von und zur städtischen Straßenbahn zu. Eine solch denkbare Regelung hatte übrigens auch mit der Pferdebahn nie bestanden. Lediglich in der Zeit nach dem Ersten Weltkrieg – als die Bahn schon in städtischer Hand war – ließ sich

37 Dampfbahnzug zwischen Binger Tor und Eisenbahn-Überführung gegen 1910.

die Stadt dazu her, angesichts der durch Kohlenmangel verursachten Stromausfälle und dadurch hervorgerufenen Störungen des elektrischen Straßenbahnbetriebes, Zeitkarteninhabern aus Gonsenheim im Störungsfall mit Straßenbahnfahrausweisen die Dampfbahn-Benutzung zu gestatten.

Neben den Barfahrscheinen für Fahrgäste über 10 Jahre zu 10, 15, 20, 25 und 30 Pfg. wurden für Kinder von 4–10 Jahren sowie für Militärpersonen Einheitsfahrscheine zu 10 Pfg. ausgegeben. Haupteinnahmequelle war aber nicht der Barzahler, sondern die „Stammkundschaft", die Wochen- oder Ein- und Mehrmonatskarten benutzte. Hier gab es 6- und 7-

Tage-Wochenkarten für Arbeiter mit täglich einer Hin- und Rückfahrt (anfangs auch 4- und 5-Tage-Karten für Wochen mit Feiertagen), 6-Tage-Schülerwochenkarten mit täglich zwei Hin- und Rückfahrten, Monatskarten mit beliebig vielen täglichen Fahrten für 1, 3, 6, 9 und 12 Monate bei steigendem Rabatt, Milchkannenwochenkarten für 15-Liter-Kannen bei täglich einer Hin- und Rückfahrt zum Preis von 35 Pfg. und nur gültig mit einer anderen Karte, z.B. einer 7-Tage-Wochenkarte für „Milchkannenbegleiter", endlich noch Marktkarten mit je 6 Hin- und Rückfahrten. Nachstehend einige Preisbeispiele für die gängigsten Verbindungen:

	a)	b)	c)	d)	e)
Finthen–Fischtor	–,30	1,40	8,50	86,40	2,40 Mk.
Finthen–Neubrunnen	–,25	1,20	8,—	72,—	1,80 Mk.
Gonsenheim–Fischtor	–,20	1,—	5,50	57,60	1,50 Mk.
Gonsenheim–Neubrunnen	–,20	–,80	5,—	43,20	1,20 Mk.
Hechtsheim–Fischtor	–,25	1,20	7,50	72,—	2,— Mk.
Hechtsheim–Neubrunnen	–,20	1,—	7,—	57,60	1,60 Mk.
Bretzenheim–Fischtor	–,15	–,80	4,50	43,20	1,20 Mk.
Bretzenheim–Neubrunnen	–,10	–,60	4,—	28,80	–,80 Mk.
Zahlbach–Fischtor	–,15	–,80	4,50	43,20	1,20 Mk.

a) Barfahrschein; b) Schüler- oder Arbeiter-Wochenkarte für 6 Tage; c) Ein-Monatskarte; d) Zwölf-Monatskarte; e) Marktkarte – Die Preise für Gonsenheim verstanden sich ab Schule.

Die Regelbesetzung an Begleitpersonal betrug zur SEG-Zeit auch bei 4- oder 5-Wagen-Zügen nur zwei Bedienstete (ab 1917 auch Einsatz von Frauen), d.h. einen Zugführer und einen Schaffner. Nach Über

gang der Bahn an die Stadt gab diese – entsprechend der Praxis bei ihren Straßenbahnen – jedem Wagen einen Schaffner bei.

Die Beförderungsleistungen der Mainzer Vorortbah-

38 Vom Münsterplatz kommend fährt Lokomotive 88 in den Alicenplatz ein. Auf diesem etwas ansteigenden Abschnitt ging den Maschinen nicht selten die „Puste" aus.

nen blieben all die Jahre vergleichsweise bescheiden. Im Betriebsjahr 1. 4. 1899–31. 3. 1900 beförderte man 965 925 Personen. Die Zahlen stiegen dann kontinuierlich auf 2 067 993 Personen in 1905/06, fielen dann aber durch die Konkurrenz der elektrischen Straßenbahn nach Gonsenheim in 1908/09 auf 1 874 153 Personen und erholten sich nur langsam. Im letzten Friedensjahr 1913/14 benutzten 2 294 301 Personen die Bahn. Kriegsbedingt sank die Zahl der Fahrgäste dann auf 1 884 013 in 1915/16. Die höchste Beförderungsleistung erzielte das Unternehmen schließlich im letzten vollen SEG-Betriebsjahr 1918/19 mit 2 865 681 beförderten Personen.

6. Reichseigene Linie Finthen– Wackernheim (1922–1927)

Etwa 1908 hatte das Gouvernement der Festung Mainz mit der Anlage militärischer Förderbahnen (Festungsbahnen) begonnen, die die weit vor der Stadt liegenden Außenforts im Kriegsfall versorgen sollten. So existierten Strecken in 600-mm-Spur von Weisenau über Hechtsheim und Ebersheim nach Zornheim, von Marienborn zum „Umladebahnhof" Wackernheim und von dort zum „Rabenkopf" bei Heidesheim, weiter einige Stichstrecken bei Ebersheim. Eine 1000-mm-Strecke bestand seit 1913 auf etwa 6,2 km Länge zwischen Bf Finthen der SEG-Dampfbahn und dem Umladebahnhof Wackernheim. Sie war eingleisig mit (vermutlich nur) einer Ausweiche am Ortsrand von Finthen und vollständig auf eigenem Bahnkörper angelegt. Zu ihr gehörte – obwohl weit entfernt – ein Umladebahnhof an der Kaiserbrücke, wo hauptsächlich Sand aus Schiffen geladen und über die Gonsenheimer Straßenbahn- sowie die anschließende Dampfbahnstrecke mittels 50 Loren nach Wackernheim transportiert wurde.

Als nach Kriegsende die „Entfestigung" begann, kamen die 600-mm-Strecken nach und nach zum Abbau, nicht aber die 1000-mm-Linie nach Wackernheim. Hier hatte für die französische Besatzung ein Feldflugplatz hergerichtet werden müssen, für den die in Mainz ansässige „Interalliierte Kommission" eine Bahnverbindung verlangte.

Für die besetzten rheinischen Gebiete hatte die Reichsregierung eine „Reichsvermögensverwaltung" (RVV) in Koblenz und – so in Mainz – „Reichsvermögensämter" (RVA) als untergeordnete Instanzen gebildet, die für Stationierungsfragen und -kosten zuständig waren. Da nun die RVV über keine Betriebsmittel verfügte und die Interalliierte Kommission eine Eröffnung zum 1. 10. 1921 befahl, erklärte sich die Stadt bereit, überzählige Loks, Wagen und Personal zur Verfügung zu stellen. Zur Betriebsaufnahme sollte es aber erst am 7. 2. 1922 kommen, da sich die Ankunft des 33. Fliegerregiments verzögerte. Vorerst fuhren die Züge ab Gonsenheim/Waldschlößchen, mit Einführung des elektrischen

Straßenbahnbetriebes zwischen Gonsenheim und Finthen ab 1. 5. 1922 jedoch nur noch bis und ab Finthen im direkten Anschlußverkehr.

Die heruntergewirtschafteten Betriebsmittel veranlaßten die RVV schon Mitte 1922 über Ersatz nachzudenken. Omnibusse wurden ebenso verworfen wie ein Betrieb mit elektrischen Lokomotiven oder Triebwagen. Im Frühjahr 1923 entschied sich die RVV schließlich für den Kauf zweier Benzoltriebwagen des Typs IV der Deutschen Werke AG (DWK) in Kiel. Sie sollten die beiden Dampfloks 87 und 88 ersetzen. 1922/23 hatten die DWK im norddeutschen und dänischen Raum gut zwei Dutzend solcher Fahrzeuge verkauft, so daß zu erwarten war, daß sie sich auch hier bewähren würden. An der serienmäßigen Ausrüstung mußten im Werk bereits einige Änderungen vorgenommen werden, damit die ehemaligen Dampfbahn-Personenwagen gekuppelt und vor allem gebremst werden konnten. Hierzu gehörten Einbau von Mittelpuffern sowie Körting-Vakuumbremse zur vorhandenen elektrischen Wirbelstrombremse und Handbremse. Dies verzögerte die Ablieferung allerdings erheblich. Wegen überschrittener Kesselfrist hatte im Mai 1924 Lok 87 endgültig stillgelegt werden müssen, so daß nur noch Lok 88 zur Verfügung stand. Auf Drängen der Stadt mietete man aus dem noch vorhandenen Bestand der SEG in Darmstadt Lok 64. Sie traf nach Überwindung besatzungsbedingter Hemmnisse in der zweiten Maihälfte 1924 ein, ebenso endlich auch die beiden Triebwagen.

Nach dem Zusammenbau der Triebwagen in Finthen, den nötigen Probefahrten und Schulung einiger Wagenführer nahm die Reichsbahndirektion Köln in Vertretung der nach Darmstadt ausgewichenen RBD Mainz die Abnahme vor. Mitte August 1924 kamen beide Triebwagen als Nr. 1 und 2 (DWK-Fabriknummern wahrscheinlich 27 und 29) schließlich in Verkehr. Anfang November konnte mit Genehmigung der RBD Köln Einmannbetrieb aufgenommen werden. Jetzt sandte man auch die SEG-Lok zurück, hielt aber die eigene Lok 88 zur Reserve sowie drei Personenwagen für Stoßbetrieb bis Ende Januar 1926 noch vor.

Schon nach kurzer Zeit ergaben sich durch die komplizierte Konstruktion (vor allem des Getriebes) ständige Reparaturen und Stillager. Die schwierige Ersatzteilbeschaffung führte oft zum Teile-Ausbau aus dem einen und Einbau in den anderen Wagen. Im November 1925 ruhte der Verkehr tageweise ganz, weil neben beiden Triebwagen auch die Dampflok betriebsunfähig war. Erneut griff das Straßenbahnamt die Frage der Elektrifizierung auf und erarbeitete sogar einen Kostenvoranschlag. Im Februar 1926 entschied jedoch der Reichsminister für die besetzten Gebiete, „daß im Hinblick auf die geringe Bedeutung und spätere Verwertbarkeit der elektrifizierten Linie die Bereitstellung der Geldmittel abgelehnt werden müsse".

Die Betriebsbereitschaft beider Triebwagen gestaltete sich indessen immer schwieriger. Nicht nur die Wirbelstrombremsen „neigen stets zu Störungen,

39 Werkfoto beider Benzoltriebwagen aus 1924. Die Aufschriften „Deutsches Reich" scheinen in Mainz – sicher auf Anordnung der Besatzung – bald entfernt worden zu sein.

die u. U. ihre zweimalige, aufeinanderfolgende Benutzung unmöglich macht", sondern auch die Vakuumbremsen versagten, so daß lediglich noch die Handbremsen betriebsfähig blieben. Immer häufiger kam es ab Ende 1926 zu mehrtägigen Betriebsunterbrechungen. Anfang 1927 mußte Triebwagen 1 wegen Bruch der Steuerwelle endgültig außer Betrieb gesetzt werden. Als schließlich Triebwagen 2 am 13. 7. 1927 einen Achsbruch erlitt, war das Ende der Bahn gekommen. Der Betrieb ruhte daher ab 14. 7. 1927; jetzt behalf sich die Besatzung mit Lkws und Omnibussen selbst.

Zunächst bemühte man sich noch um die Wiederherstellung wenigstens eines Wagens. Unabhängig hiervon hatte die RBD Mainz als Hessische Kleinbahnaufsicht am 27. 7. 1927 aber wissen lassen, daß sie die Genehmigung zur Wiederinbetriebnahme von betriebssicheren Bremsen abhängig mache. Inzwischen war auch die Besatzungsmacht nicht mehr gewillt, Gelder zu investieren. Mit Entschließung vom 28. 9. 1927 teilte der Kommandierende General der Rheinarmee daher mit, „daß die Rheinarmee endgültig auf die Benutzung der Bahnlinie verzichtet". Die RVV kündigte deshalb am 1. 10. 1927 den mit der Stadt Mainz am 15. 10. 1925 abgeschlossenen Betriebsführungsvertrag mit sofortiger Wirkung. Sowohl an Gleisanlagen als an Triebwagen hatte das Straßenbahnamt verständlicherweise kein Interesse, so daß sich die RVV nach einem Käufer für die Fahrzeuge umsah (die Strecke brach eine Privatfirma bald ab). Sie fand ihn in der SEG, die beide Wagen im Januar 1928 für ihre badische Schmalspurbahn Zell–Todtnau kaufte. Schon 1930 veräußerte sie den von ihr als „T 7" (ex 1?) bezeichneten

39a Einer der beiden Benzoltriebwagen vor dem ehemaligen Lokschuppen in Finthen (um 1926).

einen Triebwagen an die „AG der Wollmarer Zufuhrbahnen" in Riga/Lettland, die im Gebiet Wollmar (Valmiera) einige meterspurige Strecken betrieb. Das zweite Fahrzeug – T 8 – (ex 2?) ging 1934 an die Mindener Kreisbahnen, erhielt dort die Nr. T 2 und wurde im August 1958 als Beiwagen an die Kreisbahn Emden-Pewsum-Greetsiel verkauft. Hier stand das Fahrzeug als VB 565 noch einige Jahre im Einsatz.

Die über Puffer 14 000 mm langen und vermutlich 2650 mm breiten vierachsigen Triebwagen (Radstand 1450 mm, Drehzapfenabstand 7650 mm) wogen leer 16,5 Tonnen und verfügten über 36 Sitz- und 44 Stehplätze. Im Fahrgastraum waren links und rechts des Ganges Quersitze (Einzel- und Dreierabteile) angeordnet. An den Enden fanden sich auf den durch Trennwände abgegrenzten Plattformen je zwei Zweierbänke. Die dunkelgrünen Fahrzeuge trugen anfangs die Aufschrift „Deutsches Reich", die offenbar – wie die Wagennummern – bald entfernt werden mußte. Mit den Benz-Flugzeugmotoren (180 PS Leistung auf 260 PS verbessert) mit obenliegender Nockenwelle, Kopfsteuerung und angeflanschtem Viergang-Bootswendegetriebe ließ sich auf ebener Strecke 70 km/h erreichen.

Zur Unterbringung der Triebwagen diente der ehemalige, nun vergrößerte Lokschuppen. Die Personenwagen blieben auf einem der beiden Gleise der angrenzenden Wagenhalle abgestellt. Deren Gleise hatte man wohl bereits 1913 zu Durchfahrgleisen umgebaut, so daß die Züge von oder nach Wackernheim stets durch die Wagenhalle zu fahren hatten. Abfahrtsstelle in Finthen war ein in der Straßenbahn-Wendeschleife liegendes Stumpfgleis. Die Wendeschleife ließ sich wegen des zu engen Radius dagegen nicht befahren. In Wackernheim endete die Linie südlich des Ortes in einem kleinen zweigleisigen

Kopfbahnhof mit hölzernem Empfangsgebäude.

Grundsätze für die Verkehrsbedienung hatte die „Unterkommission der Feldeisenbahnen" (CFC) in Mainz in einer „Verordnung für den Militärverkehr auf der Linie Mainz – Wackernheim" aufgestellt. Sofern die Reisenden nicht über Transportbefehle oder Fahrkarten verfügten, galt ein Teilstreckentarif in für Mannschaften und Offiziere unterschiedlicher Höhe. Polizeidienst und Personalkontrolle oblag dem 33. Fliegerregiment. Eine neue Verordnung vom 15. 2. 1922 löste die erste ab und ließ jetzt die Beförderung deutscher Zivilpersonen – sofern Platz vorhanden – zu. Soldaten und Zivilisten hatten allerdings getrennt Platz zu nehmen. Nach Rückkehr stabiler Währungsverhältnisse kosteten 1925 Einzelfahrscheine für Militär 10 und für deutsche Zivilisten 25 Pfg.; daneben kamen Zivilwochenkarten für 2,– Mk. zur Ausgabe. Truppentransporte rechnete man über Transportscheine ab.

Die Versorgung der Besatzung mit Gütern, vor allem mit Kohle und Flugbenzin (in Fässern) erfolgte durch den „Flugpark" und das Provintamt, beide in der Rheinallee ansässig. Die Beladung erfolgte daher im nahen Depot, dann wurden die Güterwagen in der Regel am Bismarckplatz an Kurszüge in Richtung Finthen angehängt und dort übernommen. Umfangreich gestaltete sich der Güterverkehr bei einem mittleren monatlichen Frachtaufkommen von 35 Tonnen allerdings nicht.

Noch in den siebziger Jahren konnte man in der Finther Gemarkung Einschnitt- und Dammstrecke (größte Neigung 2,5%) stellenweise erkennen. Heute erinnert außer einer Halle des ehemaligen Umladebahnhofes in Wackernheim nichts mehr an die im Volksmund „Armierungsbahn" genannte Linie.

40 Zweiter, ab 15. 2. 1922 gültiger Fahrplan der Wackernheimer Linie. Die Abfahrts- und Ankunftszeiten für „Mayence" betreffen die Anschluß-Straßenbahnlinie 5.

III. Teil: Die städtische elektrische Straßenbahn (ab 1904)

1. Vorbereitungsphase und Umstellungsjahr 1904

Im Herbst 1896 nahm bei der Stadt der Wunsch nach Umstellung der Pferdebahn auf elektrischen Betrieb erstmals konkretere Form an, doch war es später – um es vorwegzunehmen – die SEG, die die erste elektrische Straßenbahn in – oder besser „nach" Mainz eröffnen sollte. Diese hatte kurz nach Eröffnung der von ihr gebauten elektrischen Straßenbahn in Wiesbaden am 16. 5. 1896 ihre planerischen Aktivitäten in Richtung Mainz ausgedehnt und erwarb neben dem 1883 als Erbauer der Pferdebahn in Erscheinung getretenen Unternehmer Philipp Balke aus Berlin die Genehmigung zu Vorarbeiten für den Bau der Strecken Wiesbaden–Mainz (direkt) und Eltville–Schierstein–Biebrich–Mainz.

Allen schlechten Erfahrungen zum Trotz ging man städtischerseits noch Anfang 1897 davon aus, daß es die SEG sein werde, die auch eine elektrifizierte Straßenbahn in Mainz zu betreiben hätte. Zaghafte Hinweise, im Hinblick auf das projektierte städtische Elektrizitätswerk auch die Straßenbahn in städtische Regie zu übernehmen, wurden als „zur Zeit untunlich" verworfen.

Um die Erfahrungen anderer Städte mit elektrischen Straßenbahnen kennenzulernen, reisten im Februar 1897 der zuständige Beigeordnete, Baurat Kuhn, und der Stadtverordnete Dr. Rautert nach Berlin und Hannover. Sie verbreiteten ihre dort gewonnenen Erkenntnisse in einem gedruckten Bericht und empfahlen – wie in Hannover praktiziert – einen Mischbetrieb mit Akkumulatoren im Stadtinneren und Oberleitung auf den Außenstrecken. Wie sehr beide in ihrer Einschätzung einem Irrtum unterlagen, verdeutlicht folgender Satz aus ihrem Bericht:

> „Von allen Systemen wird das sogenannte Hannoversche oder gemischte System die Oberhand gewinnen und wir stehen nicht an, dasselbe auch für Mainz zu empfehlen."

Schon im Juli 1897 machte sich die Straßenbahn-Kommission diese Empfehlung zu eigen und schlug Akkumulatorenbetrieb für die Teilstrecken Neutor–Höfchen–Schusterstraße–Kaiserstraße / Ecke Bonifaziusplatz und Münsterplatz–Schillerplatz–Höfchen–Fischtor vor. Die SEG-Vertreter begeisterte ein solcher Mischbetrieb aus Kosten- und technischen Gründen wenig. Sie verwiesen auf die „Verträglichkeit" ihrer in anderen Städten bestehenden, vollständig nach dem Oberleitungssystem ausgeführten Linien und erreichten, daß die Kommission im September 1897 nur noch die Strecke Neutor–Kaiserstraße/Ecke Bonifaziusplatz für Akkumulatorenbetrieb empfahl.

Nach zahlreichen weiteren Beratungen legte die SEG im November 1898 ein geändertes Umstellungsprojekt mit fünf Linien vor. Hiernach war neben der erwähnten Akkumulatorenstrecke die Verlängerung der Linie Centralbahnhof–Kastel bis Wiesbaden sowie eine vollständig neue Linie nach Mombach vorgesehen. Beide Parteien einigten sich bis Frühjahr 1899 weitgehend über die Einzelheiten und hatten auch einen Vertragsentwurf ausgearbeitet. Kurz darauf schlugen die mit der Elektrifizierungsfrage befaßten Ausschüsse den Stadtverordneten jedoch vor, das Unternehmen 1904 in eigene Regie zu übernehmen. In der schon erwähnten denkwürdigen Sitzung vom 22. 11. 1899 nahmen die Stadtverordneten nicht nur diese Vorschläge an, sondern beschlossen darüber hinaus prüfen zu lassen, welche zusätzlichen Linien in die links- und rechtsrheinischen Vororte eingerichtet werden könnten und auf welche Weise der Dampfbetrieb auf der Großen Bleiche sich beseitigen ließe. Mit diesen Fragen waren die städtischen Ämter zunächst einmal beschäftigt.

Im Oktober 1900 hatten sich die Spitzen der Stadt zu dem für das Verkehrswesen zuständigen Finanzminister in Darmstadt begeben und sich seiner Unterstützung bei dem bevorstehenden Konzessionierungsverfahren versichert. Hiernach sollte künftig den Kommunen im allgemeinen und der Stadt Mainz aus aktuellem Anlaß im besonderen gegenüber Privatunternehmen – hier war vor allem die SEG gemeint – das Vorrecht eingeräumt werden. Bei Gelegenheit dieses Besuches besichtigte man auch die dort seit 1897 verkehrende städtische elektrische Straßenbahn, die – ähnlich den künftigen Mainzer Verhältnissen – neben den SEG-eigenen Dampfbahnen bestand, und konnte sich von dem reibungslosen Oberleitungsbetrieb überzeugen.

Noch 1900 betraute man das Tiefbauamt mit allen nötigen Vorarbeiten. Unter Federführung des rührigen Bauinspektors Willenz wurde bis Anfang 1901 ein generelles Vorprojekt erarbeitet und hierauf aufbauend die Detailplanung betrieben. Im September 1901 konnte das Amt seinen „Bericht über die Umgestaltung der Straßenbahn in Mainz" vorlegen. Zur Wahl der Art der Stromzuführung (ober- oder unterirdisch, Akkumulatoren- oder gemischter Betrieb) führte es aus:

> „Ein Vergleich in technischer und wirtschaftlicher Beziehung spricht für die oberirdische Stromzuführung, die in Bau und Betrieb am billigsten, einfachsten und sichersten ist. In der Tat sind die allermeisten der bis jetzt ausgeführten Bahnen mit Oberleitung ausgestattet und dürfte daher auch für unsere Verhältnisse nur dieser Betrieb in Frage kommen. Die von vielen

49

Seiten erhobenen Bedenken, daß durch die Oberleitung eine Verunzierung des Straßenbildes zu befürchten ist, muß als übertrieben bezeichnet werden. Tatsächlich sind solche Klagen ... in Städten mit Oberleitung bald verstummt und niemand beachtet oder beanstandet die Drähte ..."

Zur Frage der Spurweite hieß es weiter:
„Als Spurweite soll das jetzige Maß von 1,00 m mit Rücksicht auf die engen Straßen in der Altstadt sowie insbesondere in Anpassung an die bestehenden Vorortbahnen beibehalten werden."

Nach eingehender Diskussion über die zweckmäßigste Führung der Linien faßten die Stadtverordneten am 30. 7. 1902 Beschluß über deren Führung, damit der Konzessionsantrag gestellt werden konnte. Danach waren zu bauen:

I. Linie („Blaue" Linie)
Centralbahnhof – Schillerplatz – Höfchen – Brückenkopf–Kaiserstr.–Centralbahnhof mit Abzweigung vom Brückenkopf über die Straßenbrücke zum Bahnhof in Kastel

II. Linie („Rote" Linie)
Bismarckplatz – Rheinallee – Kaiserstr. – Bauhofstr. – Höfchen – Augustinerstr. – Neutorstr.–Weisenau. (Die wegen der engen Augustinerstraße konzessionierte Einbahnstrecke in Richtung Weisenau über Kirschgarten–Schönbornstraße–Holzhof- und Dagobertstraße wurde nicht gebaut, sondern – begünstigt durch den Abbruch einiger eigens hierzu angekaufter Häuser in der Augustinerstraße – in beiden Richtungen durch diese gefahren.)

III. Linie („Grüne" Linie)
Mombach – Bismarckplatz – Kaiser-Wilhelm-Ring – Boppstr. – Neubrunnenplatz – Große Bleiche–Rheinstr.–Dagobert-/Ecke Neutorstr. (Der Abschnitt Neubrunnenplatz–Dagobert-/Ecke Neutorstr. wurde konzessioniert, jedoch nicht gebaut.)

Der Wunsch, ein vom baulich-technischen Stand solides Unternehmen zu errichten, setzte die Beratung durch angesehene Fachleute voraus. Sie wurden in Geheimrat Prof. Dr. Kittler aus Darmstadt für den elektrischen Teil (Wagen, Stromzuführung, Umformerstation) und dem Direktor der Frankfurter Straßenbahn, Geyl (für Gleisanlage und mechanischen Teil der Wagen), gewonnen.

Nach vielen Detailberatungen über die Ausgestaltung der Gleisanlagen bestätigten die Stadtverordneten am 11. 3. 1903 die Linienführung definitiv, so daß die AG Phönix in Laar bei (Duisburg-)Ruhrort mit der Lieferung der „Phönix"-Rillenschienen und -weichen beauftragt werden konnte. Die ursprüngliche Absicht, das Haarmannsche Wechselsteg-Verblattschienensystem zu verwenden, war damit entfallen.

In einer weiteren wichtigen Sitzung am 20. 5. 1903 beschlossen die Stadtverordneten die Unterbringung der Umformerstation auf dem Grundstück Rheinallee 29, den Bau des Depots Ecke Rheinallee/Kaiser-Karl-Ring, die Vergabe der gesamten elektrischen Ausrüstung an die Siemens-Schuckert-Werke (SSW) und bewilligten einen Kredit von 2,360 Mill. Mk. für die gesamte Maßnahme (ausgenommen die Entschädigung von 1,411 Mill. Mk. an die SEG). Nicht mehr zur Diskussion stand die Frage eines Mischbetriebes mit Akkumulatorenwagen – hauptsächlich ein Verdienst des Beraters Prof. Dr. Kittler, der den Stadtverordneten hiervon abriet. Mit der Wahl der SSW als Lieferant der elektrischen Ausrüstung hatte sich mehr oder weniger automatisch auch die Art der eigentlichen Stromabnahme (Stangen- oder Bügelstromabnehmer) zugunsten des letzteren – von den SSW favorisierten – und auch geeigneteren entschieden.

Schon im August 1903 begannen der Bau der Umformerstation, die Verlegung der Speisekabel vom E-Werk auf der Ingelheimer Aue zu dieser und innerhalb der Stadt sowie die Verlegung der Gleise. Ende 1903 waren die Umformerstation in hochbaulicher Hinsicht fast vollendet, alle Speisekabel verlegt und der Betriebshof nach Auffüllung des tiefliegenden Geländes im Bau. Die Fertigstellung des letzteren war für den 1. 7. 1904 vorgesehen, sollte sich aber wegen eines Maurerstreiks verzögern. Die am Neubrunnenplatz begonnenen Gleisbauarbeiten waren bis zur Bahnüberführung in der Hattenbergstraße beendet, ebenso in einem Teil des Kaiser-Karl-Rings. Zwischen Waggonfabrik und Mombach waren die Arbeiten im Gange und nur zwischen ersterer und Bahnüberführung noch nicht aufgenommen. Soweit nicht Wandrosetten montiert werden konnten, war auch ein Teil der Masten gesetzt, und in Neubrunnen- und Boppstraße hatte sogar schon die Verlegung der Fahrdrähte ihren Anfang genommen. Inzwischen war auf der rechten Rheinseite auch die SEG nicht untätig gewesen. Die Ende März 1903 von Biebrich aus begonnenen Gleisverlegungsarbeiten in Richtung Kastel wurden zwar durch zahlreiche Enteignungsverfahren verlangsamt, doch im Februar 1904 hieß es, daß die Gleisverlegung „seit längerer Zeit" beendet und nur noch die Fahrleitungen zu verlegen wären.

Vom Wiesbadener Tor in Kastel bis zum Brückenkopf hatte zunächst ein Damm zur Aufnahme der Gleise und unmittelbar am Brückenkopf eine Wegeunterführung zum Rheinufer hergestellt werden müssen. Die Gleise auf der Brücke hatte man schon im Sommer 1901 erneuert und dabei ein stärkeres Haarmann-Profil gewählt. Da gleichzeitig die Schienenverbinder für die Stromrückleitung montiert wurden, waren auf der Brücke selbst nur noch 15 Mannesmann-Rohrmasten je Seite zu stellen und die Fahrleitungen zu ziehen. Die Masten wurden durch die Union-Elektrizitäts-AG aufgestellt (die auch die sonstigen SEG-Anlagen in Wiesbaden ausführte und in der späteren AEG aufging), die Fahrdrähte verlegten die für Mainz tätigen SSW.

Am vorgesehenen Endpunkt, dem rheinaufwärts gelegenen Brückenplatz, entstand neben den Gleisen der Rampe eine einfache Umsetzanlage, die von der

41 Reges Leben herrschte am Markt um 1910. Rundbahn-Triebwagen 1 kurz vor der Haltestelle „Höfchen". Im Vordergrund teilweise sichtbar: einer der beiden einzigen doppelten Gleiswechsel (1932 entfernt).

41a Wuchtig wirken die beiden Brückenhäuser (Caponieren) auf der Mainzer Seite der Straßenbrücke. Ein
Triebwagen der Linie „Rundbahn-Kastel" schickt sich gerade zur Fahrt über den Rhein an; der zweite
„echte" Rundbahnwagen im Hintergrund fährt in Richtung Höfchen (um 1910).

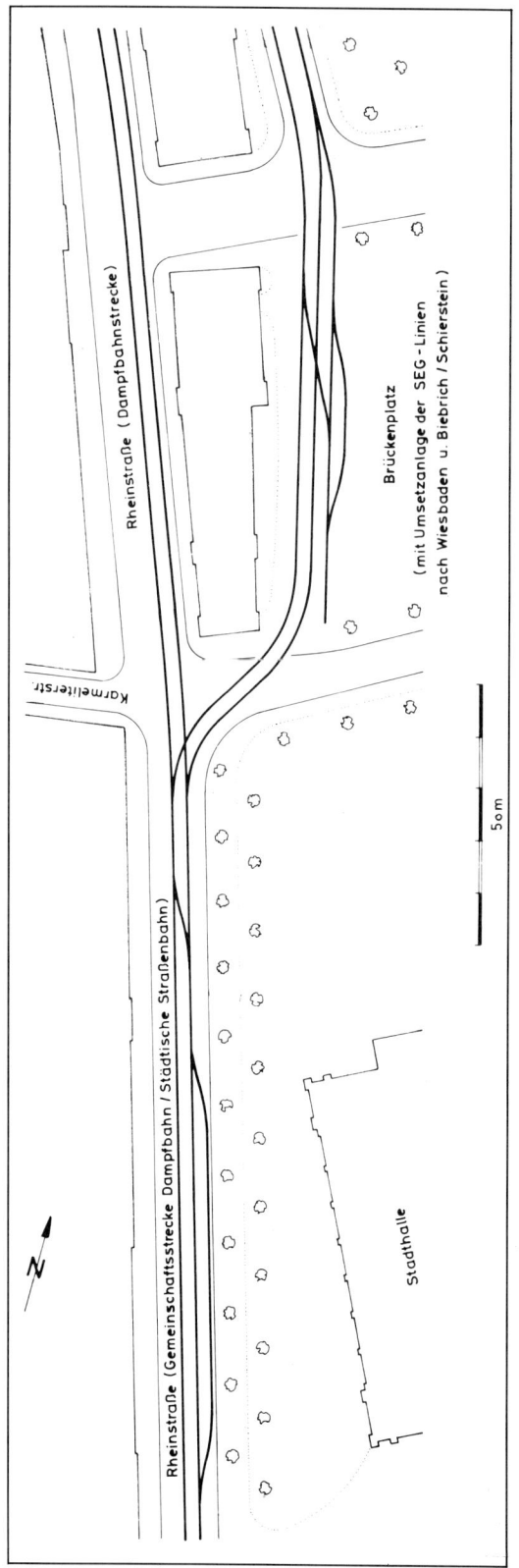

Rheinstraße (Dampfbahnstrecke)

Karmeliterstr.

Brückenplatz
(mit Umsetzanlage der SEG-Linien
nach Wiesbaden u. Biebrich/Schierstein)

Rheinstraße (Gemeinschaftsstrecke Dampfbahn/Städtische Straßenbahn)

Stadthalle

N

5 o m

Stadt erbaut und der SEG gegen Kostenersatz überlassen wurde. Für die Gemeinschaftsstrecke Brückenplatz—Brückenkopf Kastel hatte die SEG der Stadt ein Bahn- und ein Stromgeld zu zahlen, während sie sich für die übrige Strecke (Brückenplatz—Amöneburg/Landesgrenze 5,0 km) aus dem E-Werk Biebrich bediente. Bis zur Inbetriebnahme der städtischen Umformerstation hatte sie für die ganze Strecke den Fahrstrom von dort bezogen. Das Stromgeld wurde halbjährlich nach Meßfahrten festgesetzt. Die hierzu verwendeten Wagen wurden durch Los bestimmt und mit Stromzählern versehen. Die ermittelten Werte wurden mit der Zahl der planmäßigen Fahrten multipliziert, wobei man durch Umrechnung in Tonnenkilometer auf die verschieden schweren Wagen Rücksicht nahm. Beim Bahngeld nahm man Meter-Sätze für die Verzinsung der Anlagekosten und für die Unterhaltung der Strecke an und legte die von Stadt und SEG zurückgelegten Kilometer (Beiwagen zählten halb) entsprechend um.

Mit Rücksicht auf die in Planung begriffene direkte Linie Mainz—Wiesbaden über Bahnhof Curve (später Biebrich Ost, heute Wiesbaden Ost) hatte die SEG von Kastel/Brückenkopf bis zur künftigen Verzweigung beider Linien (an der später mit „Gabelung" bezeichneten Haltestelle – km 3,12 ab Brückenplatz) zwei Gleise, von dort bis Biebrich jedoch ein Gleis (mit einer Ausweiche in Amöneburg) verlegt.

Ab 19. 3. 1904 begannen die ersten Probefahrten – vorerst nur zwischen Biebrich und Kastel/Brückenkopf –, während ab 26. 3. 1904 ein „provisorischer fahrplanmäßiger Verkehr" lief, um das Personal einzuüben und die Durchführbarkeit des aufgestellten Fahrplanes überprüfen zu können. Die landespolizeiliche Abnahme sowohl des hessischen als auch des preußischen Teils fand am 29. 3. 1904 statt. Sie endete mit einem Festessen für die etwa 40 Teilnehmer im Hotel „Bellevue" in Biebrich. Die an der Abnahme beteiligte Mainzer Delegation erhielt pikanterweise keine Einladung hierzu, gingen doch ihre Befugnisse nur bis zur Landesgrenze in Amöneburg; Biebrich jedoch lag auf preußischem Gebiet und war zudem fest in der Hand der SEG ... Ohne besondere Feierlichkeiten begann am 30. 3. 1904 der planmäßige Betrieb. Die Züge verkehrten halbstündlich, und zwar durchgehend von Mainz über Biebrich bis Wiesbaden/Nerotal und umgekehrt.

Bedeutendstes Ereignis für die Stadt Mainz im Jahre 1904 war allerdings nicht die Eröffnung der elektrischen Straßenbahn, sondern die Einweihung der zweiten Eisenbahnbrücke über den Rhein am 1. 5. 1904. Sie ermöglichte endlich direkte Eisenbahn-

42 Gleissituation vor der Stadthalle und am Brückenplatz ab 1909. Nach Führung der SEG-Linie 9 zum Hauptbahnhof ab 1933 kam deren Umsetzanlage sofort zum Ausbau.

Verbindungen nach Wiesbaden und – heiß ersehnt von der Mainzer Kaufmannschaft – ins Rheingau. Daneben brachte die an sie angeschlossene neue „Umgehungsbahn" Mombach–Bischofsheim durch weitgehende Verlegung von Güterzügen eine Entlastung des Mainzer Centralbahnhofs und der anschließenden Tunnelstrecke. Kaiser Wilhelm II. hatte es sich nicht nehmen lassen, zur Eröffnung zu erscheinen. Ihm zu Ehren nannte man den neuen Rheinübergang „Kaiserbrücke". Letztmals wurde auch der Pferdebahn noch eine Höchstleistung abverlangt, indem sie Doppelkurse vom Höfchen und direkte Wagen vom Centralbahnhof sowie vom Bahnhof Kastel zum Rheintor stellte, von wo man leicht zu Fuß zum linksseitigen Kopf der Brücke, dem eigentlichen Platz der Feierlichkeiten, gelangte. Unterm 4. 5. 1904 hatte Großherzog Ernst Ludwig IV. durch „Allerhöchste Entschließung" geruht, der Stadt endlich auch die Konzession zum Bau und Betrieb der Straßenbahn zu erteilen. Danach waren die Strecken bis längstens 1. 10. 1905 zu eröffnen, während der Ablauf der Konzession auf den 1. 6. 1954 festgesetzt wurde.

Begünstigt durch die auf den 1. 4. 1904 vorverlegte Übernahme der Pferdebahn kamen die weiteren Umstellungsarbeiten zügig voran, so daß die ersten Probefahrten am 21. 6. 1904 zwischen Neubrunnenplatz und Kaiser-Karl-Ring/Schlachthof, die Schulung des Personals ab 27. 6. 1904 erfolgen konnten. Nach Fertigstellung der etwas problematischen Hafenbahnkreuzung in der Hattenbergstraße (die Eisenbahn-Direktion hatte eine schiefwinklige Schneidung der Normalspurgleise und Schranken verlangt) dehnte man ab 8. 7. 1904 den Probebetrieb bis Mombach aus. Die so fertiggestellte Strecke Gutenbergplatz – Schillerplatz – Centralbahnhof – Schottstraße – Kaiserstraße – Boppstraße – Kaiser-Wilhelm-Ring – Bismarckplatz – Mombach kam am 12. 7. 1904 ohne besondere Beanstandungen zur Abnahme, so daß am 15. 7. 1904 die feierliche Eröffnung stattfinden konnte.

Mit etwa 100 Ehrengästen setzten sich gegen ½6 Uhr nachmittags vier festlich geschmückte Wagen vom Gutenbergplatz aus in Richtung Mombach in Bewegung. Überall in der Stadt fanden sich zahlreiche Zuschauer, besonders aber in Mombach, das im Fahnenschmuck prangte und eine Anzahl Häuser geschmückt hatte. Nach kurzer Begrüßung durch den Mombacher Bürgermeister Victor nahmen die Fahrtteilnehmer eine Erfrischung zu sich und begaben sich dann mit den Wagen zurück zum Bismarckplatz. Hier fand in der provisorischen Wagenhalle an gedeckter Tafel ein gemütliches Zusammensein statt. Die Angestellten der Bahn wurden währenddessen außerhalb des Schuppens unter einem Zeltdach mit Bier und belegten Broten bewirtet, anschließend Oberbürgermeister Dr. Gaßner vorgestellt, der sich erlaubte, mit ihnen auf das bedeutsame Ereignis anzustoßen.

Aus den vielen Ansprachen, die an diesem Tage gehalten wurden, sei stellvertretend die des Oberbürgermeisters genannt, in der es hieß:

„Die Geschichte, wie wir zur Bahn gelangten ... zu erzählen, werden Sie mir erlassen. Ich müßte sonst mit Aenas sagen, als ihn Karthagos Fürstin nach seinen Schicksalen frug: ‚Infantum regina, jubes, renovare dolorem.' (‚Unsäglichen Schmerz befiehlst Du, o Königin, zu erneuern.')"

und am Ende:

„Rolle Rad! Zum Glück, zum Vorteil, zum Segen von Mainz! Unsere Vaterstadt hoch, hoch, hoch!"

Am folgenden 16. 7. 1904 setzte der planmäßige Betrieb – zunächst mit einem 10-Min.-Verkehr vom Höfchen bis Boppstraße/Ecke Kaiserstraße und einem 20-Min.-Verkehr von hier bis Mombach – ein. Ein dichterer Abstand verbot sich ebenso wie die Inbetriebnahme des kurzen Abschnitts in der Neubrunnenstraße, da die Zahl der betriebsfähigen Triebwagen mit sechs noch zu gering war.

Im August liefen die Gleisbauarbeiten von der Kaiserstraße/Ecke Bauhofstraße aus in Richtung Höfchen an, ebenso innerhalb Weisenaus, sowie auf der Brückenrampe in Kastel; am Markt sowie in Fischtor- und Rheinstraße näherten sie sich ihrem Ende. Inzwischen war auch die Wagenhalle soweit fertiggestellt, daß die nach und nach eintreffenden weiteren Wagen dort untergebracht werden konnten.

Die erste Probefahrt auf dem Abschnitt Höfchen – Brückenkopf – Kaisertor – Kaiserstraße/Ecke Boppstraße sowie in der Rheinallee zwischen Kaisertor und Umformerstation fand am 16. 8. 1904 statt. Die Abnahme vom 24. 8. 1904 schloß auch die Strecken Kaiserstraße/Ecke Boppstraße – Neubrunnenplatz und Kaisertor – Rheinallee – Kaiser-Karl-Ring ein.

Ungeachtet der Differenzen mit der SEG wegen des Eigentums an den Gleisen in der Rheinstraße nahm am 1. 9. 1904 die „blaue" Ringbahn vom Hauptbahnhof (die alte Bezeichnung „Centralbahnhof" war plötzlich abgelegt) ihren Betrieb alle 7½ Minuten in beiden Richtungen auf. Gleichzeitig bekam die „grüne" Mombacher Linie durch Inbetriebnahme der Strecke in der Neubrunnenstraße ihren Anfangspunkt am Neubrunnenplatz. Im Hinblick auf die beabsichtigte, dann doch nicht zustande gekommene Verlängerung über Große Bleiche – Rheinstraße zur Dagobert-/Ecke Neutorstraße waren die Gleisanlagen am Neubrunnenplatz etwas sparsam ausgefallen, so daß bei dem bald einsetzenden Beiwagenbetrieb diese – bis 1921 – von Hand zu rangieren waren.

Zwischen Biebrich und Schierstein hatte die SEG am 10. 9. 1904 ebenfalls den Straßenbahnbetrieb aufgenommen. Damit war – wenn auch mit jedesmaligem Umsteigen in Biebrich – Mainz jetzt mit dem Anfang des Rheingaus verbunden. Der alte Wunsch der Mainzer, einmal per Straßenbahn bis Eltville oder gar bis Rüdesheim fahren zu können, sollte jedoch auch in Zukunft unerfüllt bleiben.

Nachdem die Umbauarbeiten beendet waren, konnte am 20. 10. 1904 auch die Strecke von der Kaiserstraße/Ecke Bauhofstraße über Schusterstraße zum Höfchen eröffnet werden. Die damit neu in Betrieb

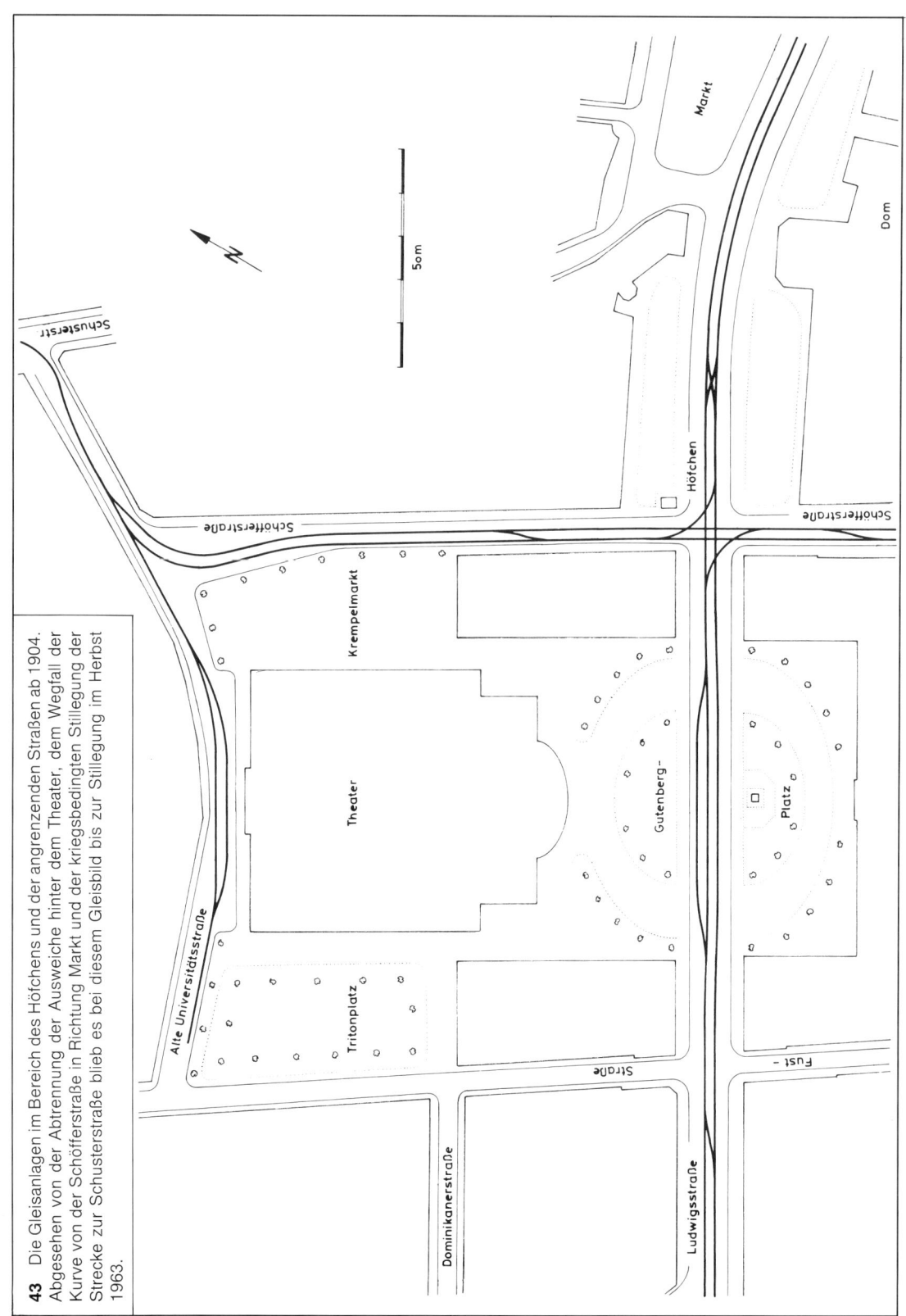

43 Die Gleisanlagen im Bereich des Höfchens und der angrenzenden Straßen ab 1904. Abgesehen von der Abtrennung der Ausweiche hinter dem Theater, dem Wegfall der Kurve von der Schöfferstraße in Richtung Markt und der kriegsbedingten Stillegung der Strecke zur Schusterstraße blieb es bei diesem Gleisbild bis zur Stillegung im Herbst 1963.

Schusterstr.

5om

Schöfferstraße

Höfchen

Schöfferstraße

Markt

Dom

Krempelmarkt

Theater

Gutenberg-

Platz

Fust-

Tritonplatz

Alte Universitätsstraße

Straße

Dominikanerstraße

Ludwigsstraße

44 Nagelneu stellte sich Triebwagen 35 in Weisenau 1905 dem Fotografen. Das rot-weiße Streckenschild wurde noch im gleichen Jahr durch ein weißes ersetzt. Anstelle des großen mittleren Fensters baute man später zwei kleine ein.

45 Triebwagen 40 – das letzte Fahrzeug der großen Erstlieferung am Bahnhofsplatz mit charakteristischem Siemens-Umlegbügel. Links und rechts des Namenszuges STAEDTISCHE STRASSENBAHN wurden ab 1907 zusätzlich die Wagennummern angebracht.

gekommene „rote" Linie begann am Bismarckplatz und führte über Kaiser-Karl-Ring und Rheinallee zunächst bis Höfchen. Hinter dem Theater hatte man im Zuge der Alten Universitätsstraße eine längere Ausweiche bis zur Ecke Fuststraße angelegt, in der Sonderwagen für Theaterbesucher Aufstellung finden konnten.

Mit Riesenschritten ging es des nahen Winters wegen an die Vollendung der letzten Abschnitte nach Weisenau und Kastel. Nach Niederlegung einiger im Wege stehender Häuser in der Augustinerstraße dehnte die rote Linie ab 1. 12. 1904 ihren Betrieb vorerst bis zum Neutor und ab 21. 12. 1904 schließlich bis Weisenau aus, das damit ganztägig zunächst 7½-Min.-Verkehr erhielt. Mit dem Anschluß der Strecke zum Bahnhof Kastel fand am Neujahrstag 1905 das Umstellungsprogramm seinen Abschluß. In Abstimmung mit der Ringbahn genoß Kastel nun ebenfalls ganztägig vorerst 7½-Min.-Betrieb vom Hauptbahnhof über Höfchen, zurück jedoch über Kaisertor.

Innerhalb des Umstellungsprogramms waren mehr als 25 Kilometer Gleis und 154 Weichen neu verlegt worden; nur 2,2 Kilometer Pferdebahngleis hatte liegenbleiben können. Die Streckenlänge (Gleislänge in Klammer) der drei Linien bezifferte sich auf 14,874 km, und zwar im einzelnen für die

Ringbahn mit Abzw.
nach Kastel	4,780 km (9,536 km)
Linie nach Weisenau	6,248 km (9,283 km)
Linie nach Mombach	3,846 km (5,288 km)

Zur Gleislänge der drei Linien von 24,107 km kamen noch die Abstellgleise sowie die Gleise des am 1. 11. 1904 bezogenen Depots, so daß sich die Gesamtgleislänge auf 27,377 km stellte.

Während die Ringbahn mit der Abzweigung nach Kastel vollkommen zweigleisig ausgebaut war, traf dies für die beiden anderen Linien nur bedingt zu. Eingleisige Abschnitte mit Ausweichen fanden sich auf der Weisenauer Linie zwischen Bismarckplatz und Rheintor, in der Bauhofstraße (zw. Mittlerer und Großer Bleiche), in Flachsmarkt-, Schuster-, Alter Universitäts-, Leichhof- und Augustinerstraße, schließlich ab Eisenbahn-Überführung Ecke Steig bis Weisenau/Ende. Die Mombacher Linie war zweigleisig nur zwischen Neubrunnenplatz und Boppstraße/Ecke Kaiser-Wilhelm-Ring.

Normalspurige Anschlußgleise kreuzten in Mombach (Waggonfabrik Gebr. Gastell; dreifach), am Proviantamt in der Rheinallee, am alten Gaswerk in der Weisenauer Straße und in der Hattenbergstraße/Schlachthof (zweifach). Für jede Kreuzung bestand eine ministeriell genehmigte Fahrordnung; diejenige an der Hattenbergstraße war zudem bis 1912 mit Schranken versehen, und die Wagen mußten – auch bei geöffneter Schranke – in den ersten Jahren eigens anhalten und der Schaffner absteigen; erst nach Umschau konnte bei freier Strecke weitergefahren werden.

Für heutige Vergleiche ist nicht uninteressant, daß der für die Umstellung vorgesehene Kostenrahmen

nicht überschritten werden brauchte, man vielmehr etwas unter dem Ansatz blieb. Das nötige Kapital hatte sich die Stadt 1903 übrigens durch eine 3½%ige Anleihe über 3 Mill. Mark besorgen müssen.

Bis 31. 10. 1904 hatten vereinbarungsgemäß die SSW den Betrieb für Rechnung der Stadt geführt; ab 1. 11. 1904 zeichnete sie selbst verantwortlich. Sie übernahm daher ab gleichem Tag den von den SSW mit den gesamten Umstellungsarbeiten betrauten Ingenieur Julius Schmidtmann als Betriebsleiter und späteren Direktor des Straßenbahnamtes. Neben ihm wechselte auch eine weitere mit den Fahrzeugen vertraute Fachkraft in städtischen Dienst. Die Betreuung der Fahrleitung oblag bis 31. 3. 1907 ebenfalls den SSW. Auch hier war es möglich, den verantwortlichen Monteur zu gewinnen, so daß man insgesamt über gut ausgebildete leitende technische Mitarbeiter verfügte, die die ihnen anvertrauten Werte bereits aus der Fertigung kannten.

Es lag auf der Hand, daß zur Sicherstellung eines ordnungsgemäßen Betriebes eine Reihe von Vorschriften erlassen werden mußten, deren wichtigste waren:

1. Betriebsordnung vom 15. 7. 1904 (sie regelte Beschaffenheit der Strecke und Wagen, Höchstgeschwindigkeiten usw.)
2. Dienstanweisung für das Fahrpersonal vom 15. 7. 1904
3. Verkehrsordnung vom 9. 9. 1904 (Beförderungsbedingungen)
4. Bedingungen über das gegenseitige Verhalten der marschierenden Truppen der Garnison Mainz und der Züge der elektrischen Straßenbahn vom 12. 9. 1904
5. Straßenpolizeiliche Vorschriften zum Schutz des Straßenbahnbetriebes im Kreise Mainz vom 27. 9. 1904 (Verkehrsregelungen, Vorfahrtsrechte usw.)

Daneben erschien alljährlich eine „Bekanntmachung zum Schutz des Straßenbahnbetriebes" an den Fastnachtstagen. In ihr wurde das Publikum nicht nur angehalten, „die Gleise rechtzeitig freizumachen, sondern auch das Werfen von Papierschlangen, Apfelsinen und anderen Gegenständen nach den Drähten der Oberleitung und den fahrenden Wagen zu unterlassen". Dies sei „um deswillen bedenklich, weil dadurch leicht Beschädigungen an den an den Wagen angebrachten elektrischen Konstruktionsteilen und Betriebsstörungen verursacht werden können".

2. Erweiterung des Netzes in den Jahren 1906/07

Auf der Ingelheimer Aue, einer im Norden, weit außerhalb gelegenen und etwa 2,5 km langen Landzunge entlang des Rheins, hatte die Stadt kurz vor der Jahrhundertwende mit Industrieansiedlung begonnen, ihr Elektrizitäts- und später auch ihr Gaswerk errichtet. Eine Verkehrsverbindung dorthin jedoch fehlte. 1902 arbeitete das Tiefbauamt daher Pläne aus, die auf den normalspurigen Hafenbahngleisen einen elektrischen Betrieb mit einfachen Triebwagen vorsahen. Sicher nicht zu Unrecht hielt die Verkehrs-Deputation einen planmäßigen Verkehr zwischen Rangierabteilungen der Hafenbahn für nicht durchführbar, lehnte das Projekt ab und ließ die Angelegenheit zunächst beruhen.

Die sich bald nach der Eröffnung der ersten elektrifizierten Strecken zeigenden guten Betriebsergebnisse bewogen die Stadtverordneten, schon am 31. 10. 1904 ihr grundsätzliches und am 5. 4. 1905 ihr endgültiges Plazet für neue Linien nach der Ingelheimer Aue, nach Kostheim und Gonsenheim zu geben. Als erstes nahm man im Januar 1906 die Strecke zur Ingelheimer Aue in Angriff. Sie begann in der Rheinallee/Ecke Kaiser-Karl-Ring und führte durchgehend eingleisig über die Wiesbadener Straße (heute Gaßnerallee) bis zum E-Werk, wo sich eine Ausweiche befand. Im Bereich der Wiesbadener Straße lag das Gleis auf besonderem Bahnkörper neben den Gleisen der Hafenbahn. Erstmals war der Oberbau weitgehend nicht mit Rillen-, sondern Vignolschienen auf eisernen Querschwellen ausgeführt worden. Fünf Hafenbahngleise kreuzten – schon auf den ersten 500 Metern – die 2,0 km lange Strecke. Von Anfang an bestand Klarheit, daß die Linie kaum oder gar nicht ihre Betriebskosten decken würde, für die Erschließung aber notwendig sei.

Aus diesem Grund verrechnete man ein Drittel der Kosten für den Bau und einen Triebwagen als Erschließungsbeitrag, belastete also das Straßenbahn-Konto nicht. Mit einer hinter dem Theater beginnenden Sonderfahrt weihten die Stadtverordneten am 30. 6. 1906 die Strecke ein.

Der planmäßige Betrieb setzte am 1. 7. 1906 zwischen „Straßenbahnamt" (die bisherige Bezeichnung „Rheintor" entfiel nun) und Ingelheimer Aue als Pendelverkehr mit Anschluß an die von und zur Stadt fahrenden Wagen der Linie Bismarckplatz–Weisenau ein. Anfangs verkehrten die Wagen alle 20 Minuten im Berufs- und alle 60 Minuten im übrigen Tagesverkehr, ab Ende Juli jedoch ständig alle 20 Minuten.

Die Anbindung Kostheims an die in Kastel endende Straßenbahn entsprach einem schon 1903 ausgesprochenen Wunsch des dortigen Gemeinderats. Hemmend stand jedoch die Strecke Frankfurt–Wiesbaden der „Taunuseisenbahn" im Wege, denn die Eisenbahn hatte durchblicken lassen, daß sie einer niveaugleichen Kreuzung ihrer Gleise nicht zustimmen werde. Da sowohl eine Trassierung längs dem sich zwischen Kastel und Kostheim hinziehenden Floßhafen als auch – des hohen Grundwasserspiegels wegen – eine Unterführung ausschied, einigten sich Stadt, Kreis und Eisenbahn auf eine Überführung mit langen Rampen. Sie sollte

46 Blick auf die Kaiserstraße mit der Christuskirche. Im Vordergrund die Abzweigung vom Hauptbahnhof in Richtung Bauhofstraße–Höfchen und umgekehrt. Triebwagen 22 trägt noch die Aufschrift „Ringbahn" statt „Rundbahn" (1905).

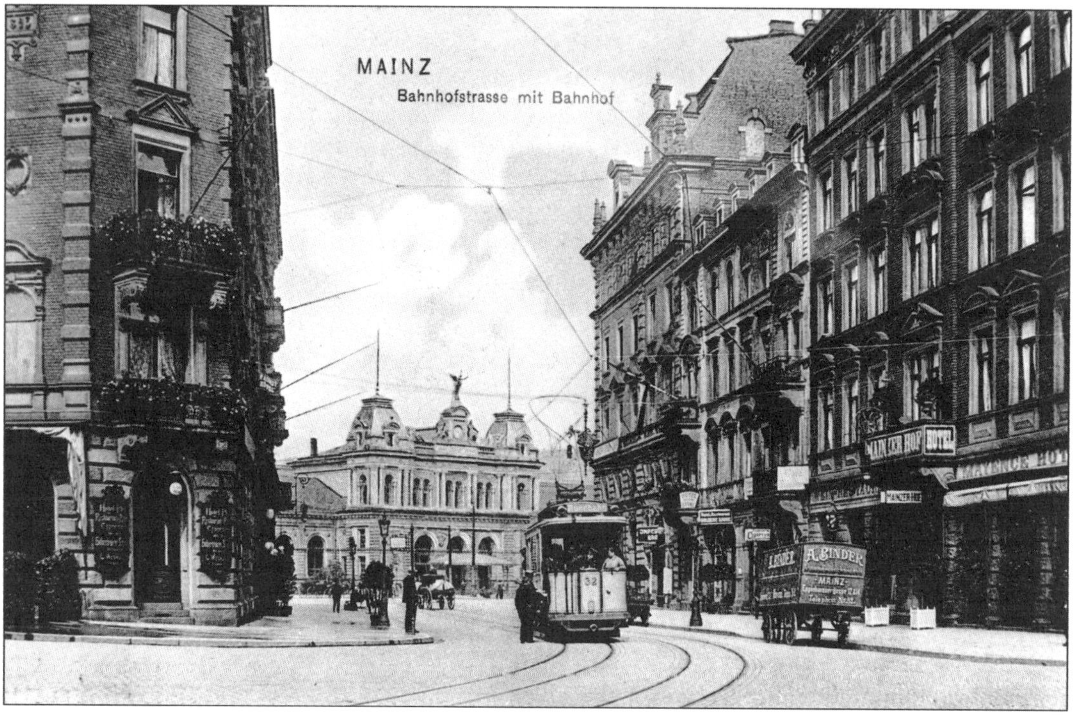
MAINZ
Bahnhofstrasse mit Bahnhof
MAINZER HOF
HOTEL
A. BINDER

47 Kurze Haltestellenabstände waren bis in die Zeit des Ersten Weltkriegs üblich: Nach dem Hauptbahnhof folgte der nächste Halt schon Ecke Bahnhof- und Parcusstraße (um 1908).

48 Den Gutenbergplatz passiert Triebwagen 20 während seines Einsatzes auf der Rundbahn. Links das Stadttheater (um 1912).

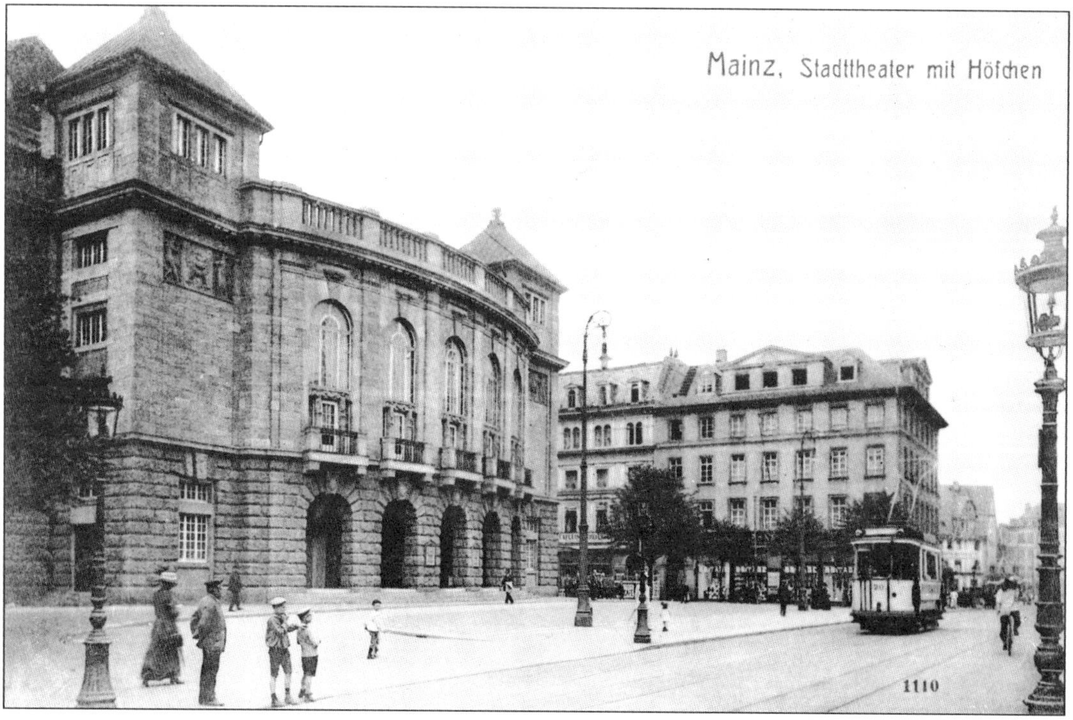
Mainz, Stadttheater mit Höfchen
1110

nicht nur – wie anfangs beabsichtigt – der Straßenbahn, sondern auch dem allgemeinen Verkehr als
neue Kreisstraße dienen.

Die beantragte Konzession wurde – zusammen mit
der für die Aue-Linie – am 15. 12. 1905 erteilt; ein
sofortiger Baubeginn war indes nicht möglich, weil
über die Führung innerhalb Kastels noch Meinungs-
verschiedenheiten bestanden. In der Konzession
war bestimmt, daß die Bahn über die geplante Ringstraße (heute Philippsring) zu leiten sei. Kastels Gemeinderat legte dagegen Wert auf Einführung in die
dichter bewohnten, allerdings recht engen Straßen
des gewachsenen Wohngebietes. Schließlich kam
ein auch vom Ministerium gebilligter Kompromiß zustande. Er sah vor, daß in der Richtung nach Mainz
von der Ringstraße in die Frankfurter-, dann in die
Mainzer Straße abzubiegen und Ecke Bahnhof der
Anschluß an die Strecke zur Brückenrampe herzustellen sei.

Schleppend gestalteten sich die Arbeiten an Gleisen
und Überführung: In Kastel stellten sich ein großes
Eisenbahner-Wohnhaus, ein Lokschuppen und ein
größeres Befestigungswerk – die „Lünette Frankfurt" – im Zuge des späteren Philippsrings in den
Weg und mußten erst niedergelegt werden. Dann
waren es die nicht passenden Widerlager für die
Eisenkonstruktion der Überführung, die in wochen-
langer Arbeit erst geändert werden mußten.

Am 25. 7. 1907 konnte endlich die feierliche Eröffnung stattfinden. Die schon obligatorische Fahrt mittels zweier geschmückter Triebwagen begann am
Gutenbergplatz. In Kastel stiegen Vertreter des dortigen Gemeinderats zu. Kostheims Bürgermeister
Lessel empfing vor dem mit Fahnen und Girlanden
geschmückten Rathaus der 7200 Einwohner zählenden Gemeinde die Ehrengäste. Schulkinder boten
mit Reimen und dem Singen der Hessischen Natio-
nalhymne ein herzliches Willkommen, dann stieg
man in der dem Bürgermeister gehörenden „Krone"
ab und verbrachte, gewürzt durch zahlreiche Reden,
noch einige gemütliche Stunden.

Ab 26. 7. 1907 begann der planmäßige Betrieb, und
zwar zunächst alle 20 Minuten vom Hauptbahnhof
über Höfchen (zurück über Kaisertor). Gezwungen
durch die übermächtige Konkurrenz, hatte das seither verkehrende Lokalboot Kostheim–Mainz sofort
seine Fahrpreise ermäßigt, ging im Sommer 1908
jedoch wegen ungenügender Inanspruchnahme
ein. Anfang Dezember 1906 hatte sich auch ein
Autoomnibus auf der Strecke Kostheim–Kastel
–Mainz im regelmäßigen Verkehr sehen lassen.
Sein schließliches Schicksal blieb ebenso unbekannt wie die Identität seines Betreibers. Mit Eröffnung des Betriebes übernahm die Bahn übrigens
erstmals auch die Beförderung von Post in Beuteln,
die allerdings durch Beamte begleitet sein mußten.
Vom Ausgangspunkt Kastel/Bahnhof bis Kostheim/
Mainbrücke maß die eingleisig und mit einer Ausweiche jenseits der Eisenbahnüberführung angelegte Strecke 2,29 km. Ein sogleich mitgebauter
Gleisstutzen zur Mainbrücke für die damals zur Diskussion stehende Strecke Gustavsburg–Ginsheim

–Trebur blieb unbenutzt und wurde erst in den dreißiger Jahren entfernt.

Das durch Staatsbahn und Dampfbahn an sich
schon gut versorgte Gonsenheim suchte ebenfalls
schon 1903 um Anschluß an die künftige elektrische
Straßenbahn nach. Auch hier gab es zwei Varianten
zur Linienführung: einmal durch die schon mit der
Dampfbahn belegte Kaiserstraße, dann durch die
parallele Schulstraße. Im Hin und Her obsiegte
schließlich die Kaiserstraße. Da die Linie besonders
auch für Ausflügler gedacht war, sollte sie ganz am
Rande der nördlichen Bebauung am Lennebergwald
enden. Für die Führung hierhin boten sich ab Ecke
Kapellenstraße sowohl die Heidesheimer- als auch
die spätere Lennebergstraße an. Gewählt wurde –
weil breiter – die letztere. Über den sonstigen Verlauf herrschte Einigkeit: Die Strecke sollte von der
Mombacher Linie an der Waggonfabrik abzweigen,
entlang dem Schützenweg verlaufen, dann durch
weithin unbebautes Gelände Gonsenheims Neubaugebiet an der evangelischen Kirche erreichen.
Dem Vorhaben kam zustatten, daß der Bau einer
neuen Kreisstraße bevorstand, so daß sich die Lage
des eigenen Bahnkörpers auf die Trassierung der
Straße (seitlich davon) abstimmen und ein kostspie-
liges Provisorium vermeiden ließ.

49 Recht weit reichte der Wald in Gonsenheim zu
Beginn dieses Jahrhunderts. Von Mainz her nähert
sich ein Triebwagen der Reihe 50–59 mit einem
Beiwagen der Reihe 117–124 (1908).

50 Eine seltene Aufnahme. Triebwagen 50 im Jahr 1908 oder 1909 an der nur an schönen Tagen bedienten Endstrecke der Gonsenheimer Linie. In Richtung Innenstadt verläuft die Strecke links abzweigend; rechts die Heidesheimer Straße.

Obwohl die Konzession schon am 4. 7. 1906 erteilt wurde, begannen die Arbeiten erst nach endgültiger Festlegung der Trasse innerhalb Gonsenheims im Januar 1907, kamen dann aber flott voran. Vier bis an die Stromabnehmer geschmückte Triebwagen traten am 14. 6. 1907 vom Gutenbergplatz aus die Eröffnungsfahrt an. Gonsenheims Gemeinderat begrüßte an der Gemarkungsgrenze Mombach/Gonsenheim unter Führung seines Bürgermeisters Bekker die Gäste auf seinem „Territorium". Die weitere Fahrt führte die Bruchspitze hinauf bis zur Kaiserstraße, deren Häuser alle Flaggenschmuck angelegt hatten, und endete am Schulhaus. Nahebei hatte die Gemeinde im „Schloßhotel" zu einem Empfang gebeten. Dr. Göttelmann als neuer Oberbürgermeister erinnerte daran, daß die Stadt hier erstmals eine Strecke gebaut habe, die außerhalb ihrer eigentlichen Interessensphäre läge.

Mit dem 15. 6. 1907 begann der planmäßige Betrieb. Stadtseitig liefen die Wagen vorerst nur bis Bismarckplatz, am anderen Ende nur bis zur Schule, weil die restliche Strecke nicht sogleich ausgebaut werden konnte. Erst zum 1. 5. 1908 verkehrte die Linie bis zum Wald, doch endeten in den Wintermonaten und Abendstunden die Fahrten an der Haltestelle Kapellenstraße. Kurz danach – am 6. 6. 1908 – begann auf der Kaiserstraße auch die gemeinsame Benutzung beider Gleise durch Dampf- und Straßenbahn. Zuvor hatte die Dampfbahn das südliche, die Straßenbahn das nördliche Gleis jeweils in beiden Richtungen befahren.

Von Ecke Waggonfabrik bis Gonsenheim/Wald maß die Strecke 4,36 km. Bis auf die Gemeinschaftsstrecke und je eine Ausweiche nahe dem Bahnübergang 39 der Eisenbahnlinie nach Alzey und vor der evangelischen Kirche hatte man zunächst nur ein Gleis verlegt. Umsetzanlagen fanden sich an der Haltestelle Kapellenstraße und am Wald. Stadtseitig hatte die Linie schon ab 20. 11. 1907 eine Verlängerung vom Bismarckplatz zum Hauptbahnhof erfahren, indem man eine zweigleisige und 0,55 km lange Neubaustrecke im Kaiser-Wilhelm-Ring zwischen Ecke Boppstraße und Bahnhofsplatz in Betrieb nahm. Die bestehende Schleifenanlage vor dem Hauptbahnhof war dabei lediglich um ein Verbindungsgleis ergänzt worden, so daß die Gonsenheimer Züge ohne Rangieren umkehren konnten.

Bereits seit 1902 hielt die SEG die Konzession für eine direkte Linie Mainz–Wiesbaden in Händen. Ihr Bau hing jedoch eng mit der geplanten Eisenbahntrasse Kaiserbrücke–Wiesbaden und dem Umbau des Bahnhofs Curve zusammen. 1904 wurden die Arbeiten zwar begonnen und die Inbetriebnahme für 1905 vorgesehen. Tatsächlich erfolgte die Eröffnung jedoch erst am 31. 5. 1906.

Ab der Haltestelle Gabelung (jetzt km 2,913 ab Brückenplatz) war die Strecke bis zur Gemarkungsgrenze Biebrich/Wiesbaden (km 7,000) zweigleisig, von dort im Zuge der Mainzer Straße (hier schloß sie an eine am 15. 8. 1902 eröffnete Linie zum Schlachthof an) bis zu den Bahnhöfen (km 9,700) eingleisig mit

51 Ein Zwei-Wagen-Zug der über Biebrich laufenden Wiesbadener Linie der SEG kreuzt gerade die Wiesbadener Landstraße in Amöneburg. Die offenen Sommerwagen wurden später teilweise umgebaut (um 1909).

Ausweichen. Betrieblich verband man die neue Strecke zunächst mit Wiesbadens Innenstadtlinie nach „Unter den Eichen" (Länge ab Bahnhöfe 3,4 km), so daß sie 13,1 km maß. Offenbar bewährte sich dies nicht, so daß man sie bald – wohl bei Gelegenheit der Eröffnung des neuen Wiesbadener Hauptbahnhofes am 13. 11. 1906 – aufteilte. Der Mainzer Teil endete zunächst in der Rheinstraße vor der Hauptpost; ab 12. 4. 1907 führte man die Linie jedoch über die Wilhelmstraße vor das Kurhaus, wo sie – abgesehen von einer kurzen Pause 1911/12 – bis 1930 verblieb.

Unabhängig hiervon lief weiterhin die ältere Linie Mainz–Biebrich–Wiesbaden mit 12 Minuten längerer Fahrzeit. Ihre Gleisanlage mußte 1907 wegen Anlage einer Kaserne nahe der Kaiserbrücke näher an den dortigen Bahndamm verschoben werden. Bei dieser Gelegenheit kam es zum zweigleisigen Ausbau von Gabelung bis unmittelbar hinter die Kaiserbrücke.

Mit den neuen Strecken zur Ingelheimer Aue, nach Kostheim, Gonsenheim und im K.-Wilhelm-Ring hatte das Netz für fast 15 Jahre bleibende Gestalt angenommen, sieht man von der Elektrifizierung der Große-Bleiche-Linie 1916 einmal ab. Nennenswerte Erweiterungen erfolgten erst im Zusammenhang mit der Ablösung der Dampfbahn 1922/23. Gegenüber dem ersten Ausbau wuchs bis Ende 1907 die Streckenlänge auf 23,651 km, die Gleislänge gar auf 37,097 km bzw. – bei Berücksichtigung der Depot- und Abstellgleise – auf 39,843 km.

3. Verbesserung der Gleisanlagen bis 1922

Die steigende Verkehrsnachfrage machte bald erste Erweiterungen der Gleisanlagen vor allem dort notwendig, wo sie 1904 zunächst eingleisig angelegt worden waren, so:

1905: Ausweiche K.-Karl-Ring/Ecke Mozartstr.
1906: Abstellgleis Weisenauer Str. (Eisenbahnbrücke/Stadtpark) zu Ausweiche erweitert
Ausweiche Weisenau/Rheinstr. („Malzfabrik")
Graben/Ecke Neutorstraße mit zweitem Gleis nach Abbruch des Hauses Neutorstr. 2
K.-Wilhelm-Ring zwischen Bopp- und Goethestr. zweigleisig (Wegfall des provisorischen Gleises im Mittelstreifen)
1907: Hattenbergstr. zwischen Zwerchallee und Abzw. Gonsenheim zweigleisig
Schleife Bismarckplatz
K.-Karl-Ring und Gleisdreieck Ecke Rheinallee zweigleisig
1908: Hattenbergstr. zwischen Hafenbahnkreuzung (jetzt geradwinklig) und Zwerchallee zweigleisig
1910: Ausweiche Bahnwärterhaus 39 auf 200 m verlängert
Neutorstr./Ecke Dagobertstr. bis Weisenauer Str./Ecke Steig zweigleisig
1012: Barbarossaring mit zweitem Gleis; damit Hbf.–Bismarckplatz vollständig zweigleisig

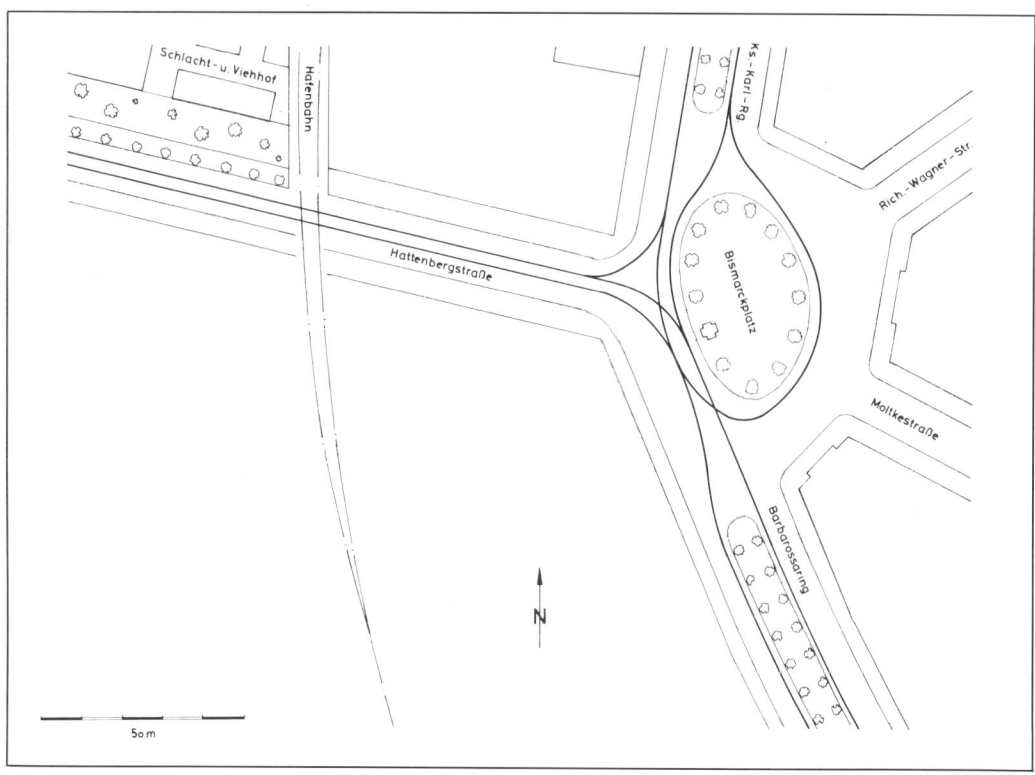

52 Bismarckplatz. Unverändert blieb diese Anlage ab 1915 bis zur grundlegenden Umgestaltung im Jahre 1977.

1913: Münsterplatz/Ecke Große Bleiche und Schillerstr. statt mit doppelter (Dampfbahn-/Straßenbahn-)Kreuzung mit doppelten Abzweigungen versehen; damit Fahrt von Bahnhofstr. in Große Bleiche und umgekehrt sowie von Schillerstr. in Binger Str. und umgekehrt möglich (Vorgriff auf Elektrifizierung)
Hauptstr. in Mombach zwischen Waggonfabrik und Körnerstr. zweigleisig

1915: Hattenbergstr. zwischen Bismarckplatz und Hafenbahnkreuzung – damit vollständig – zweigleisig
Gonsenheim/Ausweiche Rheinstr. bis Kaiserstr./Dampfbahn-Abzw. zweigleisig (südl. Umfahrt um ev. Kirche)
Bauhofstr. zwischen Mittlerer und Großer Bleiche zweigleisig

1916: Große Bleiche/Ecke Rheinallee an Brückenrampe (dortige Abzweigungen bereits 1904/05 verlegt) angeschlossen

1917: Weisenauer Str./altes Gaswerk nach Wegfall des normalspurigen Anschlußgleises zweigleisig
Ausweiche Kostheim/Hauptstr. (Post)

1918: Kastel, Philippsring/Ecke Frankfurter Str. bis Eisenbahnüberführung (Kostheimer Seite) zweigleisig

1919: Ausweiche Gaßnerallee/Höhe Kleine Ingelheimstr.

1921: Verbindungskurve von Große Bleiche in Neubrunnenstr. mit Aufstellgleis Neubrunnenplatz; Gleiswechsel in Großer Bleiche zwischen Neubrunnenplatz und Zanggasse zum An- und Abhängen von Beiwagen der künftigen Bretzenheimer Linie
Weisenauer Str. von altem Gaswerk bis Eisenbahnbrücke zweigleisig

1922: Ausweiche Gaßnerallee/Höhe Obere Austr.
Gleiswechsel Rheinallee/Höhe Feldbergplatz für neue Linie Feldbergplatz – Stadtpark

1918 kam es außerdem zu einer Reihe von Neubauten im Zusammenhang mit der geplanten Einführung eines Güterverkehrs, über die an anderer Stelle näher berichtet wird. Selbstverständlich liefen daneben noch viele kleinere Vorhaben sowie die ersten Erneuerungen an, so daß ab 1910 ein Bahnmeister und eine ständige Gleisbaukolonne beschäftigt werden mußte.

53 1913 – ein Jahr vor Kriegsausbruch: einige Handwerker mit der damals üblichen „Batschkapp" vor dem „44er" mit nachträglich eingebauter Plattformverglasung. Neben dem zweigeteilten Stirnschild „Kastel Kostheim/Rundbahn" trägt der Wagen die nur bei der Rundbahn verwendeten Seitenschilder an der Dachkante.

54 Damals recht fesch: die Uniform der ersten Schaffnerinnen zur Zeit des Ersten Weltkriegs. Auf dem Trittbrett stehend in „Gala": Kontrolleur Einwächter; am Fahrschalter: Wagenführer Simon Bekker (um 1916).

4. Die Straßenbahn während des Ersten Weltkriegs und in den Nachkriegsjahren 1919–24

In den zehn Jahren ihres Bestehens hatte sich die Städtische Straßenbahn zu einem wirtschaftlich erfreulichen, gut geführten und auf die Belange der Fahrgäste weitestgehend Rücksicht nehmenden Unternehmen entwickelt. Besondere Sorgfalt widmete es der Auswahl des Personals und bevorzugte militärtaugliche und gediente Mannschaften. Die Ende Juli 1914 angeordnete Mobilmachung hatte daher innerhalb weniger Tage die Einberufung von 74% der Bediensteten zur Folge, so daß innerhalb der Stadt vom 5- zum 10- und nach den Vororten vom 10- zum 20-Min.-Verkehr übergegangen werden mußte. Durch verstärkten Beiwageneinsatz erreichte die Verkehrsleistung Anfang September 1914 – begünstigt durch eiligst vorgenommene Neuausbildungen – wieder 87% der Friedensleistung. Vollständige Linieneinstellungen hatten vermieden werden können.

Konträr zur Personallage verlief die Benutzungshäufigkeit. Wie in benachbarten Städten fuhren Militärpersonen anfangs frei und benutzten die Wagen über Gebühr auch für kürzeste Entfernungen. Die Einführung eines 5- und 10-Pfg.-Militärtarifs vom Feldwebel an abwärts ab 20. 8. 1914 ließ die Benutzung merklich zurückgehen. Gleichzeitig konnte auch der 5- bzw. 10-Min.-Verkehr wieder hergestellt werden. Einzig die Gonsenheimer Linie blieb wegen der mitlaufenden militärischen Förderbahn Kaiserbrücke–Finthen–Wackernheim bis zum Winterfahrplan auf 20-Min.-Verkehr umgestellt.

Probeweise hatte man gleich zu Kriegsbeginn einen Beiwagen zum Transport liegender Verwundeter hergerichtet. Sein Einsatz unterblieb jedoch wegen der ungünstigen Lage der Lazarette. Für gehfähige Verwundete kamen unentgeltlich zahlreiche Sonderwagen zur Verwendung. Daneben transportierten Triebwagen im Auftrag der Militärbehörde Proviant (vor allem Kommißbrote aus der Heeresbäckerei in der Rheinallee) nach Wiesbaden, wobei die Benutzung der dortigen Gleisanlagen im Einvernehmen mit der SEG erfolgte.

Ständige Einberufungen und starke Fluktuation erforderten ab 1915 die Einstellung von Frauen. Zuerst als Wagenreinigerinnen beschäftigt, kamen sie ab August auch im Fahrdienst zur Verwendung. Bevor zugt wurden Frauen im Felde stehender Mitarbeiter,

55 Ein lang ersehnter Wunsch ging in Erfüllung: Eröffnung des elektrischen Betriebes auf der Großen Bleiche am 6. Februar 1916.

die wegen der Versorgung ihrer Kinder besondere geteilte Dienste erhielten und meist nur auf den Beiwagen fuhren.

Daß der Wagenpark unter dem Fehlbestand geeigneter Handwerker stark litt, ist nicht verwunderlich. Besonders die kleinen Triebwagen mußten durch das bisher vermiedene Behängen mit zwei Beiwagen bis an die Grenze ihrer Leistungsfähigkeit strapaziert werden und fielen entsprechend oft aus. Hinzu kam eine Häufung von Unfällen durch das teilweise ungeübte Personal.

Nach dem Dampfbahn-Vertrag ging die Stadt noch im November 1915 an den Umbau der Gleise in der Großen Bleiche und schloß die 1904/05 vorsorglich am Fuß der Brückenrampe verlegte doppelte Abzweigung daran an. Die Arbeiten gediehen verhältnismäßig rasch und ermöglichten eine Inbetriebnahme durch die neue Linie Gonsenheim–Kostheim ab 6. 2. 1916. Gleichzeitig verlegte die SEG den Endpunkt ihrer Wiesbadener Linie 6 vom Brückenplatz zum Hauptbahnhof und benutzte dabei die Strecke über Rheinallee und Kaiserstraße. Laut Vertrag hätte die Stadt von der SEG die Führung der Linie 6 auch über Große Bleiche verlangen können. Sie entschied sich jedoch für die Kaiserstraße. Damit hatte sie den „Verein Neustadt" als Vertreter der dortigen Bewohner zufriedengestellt, nicht aber dessen Gegenstück, den „Verein Altstadt", der jetzt den wirtschaftlichen Niedergang der Geschäfte in der Großen Bleiche prophezeite.

Zu allem Überfluß strengten einige Hausbesitzer aus der Kaiserstraße eine, allerdings dann abgewiesene Verwaltungsklage gegen die Stadt an, weil sie der Ansicht waren, „daß die Kaiserstraße stets eine ruhige, feine Straße, frei von störendem Straßenlärm gewesen sei und es auch bleiben müsse".

Als Folge des Krieges hatte auf der Großen Bleiche erstmals Eisen- statt Kupferfahrleitung verlegt wer-

den müssen, und zuletzt ergaben sich durch Beschlagnahme des für Munitionsfabriken begehrten Buntmetalls sieben Kilometer eiserne Fahrleitung, deren Reste erst Jahre nach Kriegsende ausgetauscht werden konnten. Ähnlich verhielt es sich auch mit elektrischen Weichenantrieben und Streckenblockeinrichtungen, die mangels Ersatzteilen im Krieg und für einige Jahre danach stillgelegt werden mußten.

Trotz aller Schwierigkeiten gelang es, 1916 die Beförderungsleistung gegen das letzte volle Friedensjahr 1913 von 11,4 auf 20 Mill. Personen zu steigern. Anfang 1917 ergaben sich aber völlig neue Probleme: Stilliegende Binnenschiffahrt durch zugefrorene Wasserstraßen, Überlastung der ohnehin überforderten Eisenbahn sowie unbedingter Vorrang der Rüstungsindustrie hatten zu einem allgemeinen Kohlenmangel bei den E-Werken geführt, der als erstes die Stromversorgung der Straßenbahn beeinträchtigte.

Ab 29. 1. 1917 erfolgten daher erste größere Einschränkungen, so u. a. 10- statt 5-Min.-Betrieb, Aufhebung von Haltestellen und dauernde Einstellung der Endstrecke in der Gonsenheimer Lenneberg-straße. Zunehmende Engpässe beim E-Werk – verstärkt durch minderwertige Kohlenlieferungen – erforderten ab 16. 2. 1917 vor allem den Übergang auf 20-Min.-Verkehr und die Einstellung der Rundbahn. Zweifellos den Tiefpunkt stellte die Zeit vom 22. 2.–9. 3. 1917 dar, während der nur noch zu den Hauptverkehrszeiten morgens, mittags und abends gefahren wurde. Häufige Stromstörungen durch schlechte Beschaffenheit der Kohle blieben im nächsten halben Jahr die Regel. Saisonbedingt trat im Herbst der Kohlenmangel wieder verstärkt in Erscheinung. Er nötigte ab 22. 10. 1917 zur Aufhebung weiterer Haltestellen und Verkürzung der Endstrecken in Weisenau, Mombach und Gonsenheim. Noch

56 Drei Beiwagen der Reihe 107–116 sind im äußeren Schleifengleis des Bahnhofsplatzes abgestellt. In den ruhigen Tageszeiten fuhr die Gonsenheimer Linie ohne Beiwagen und setzte dann an der links liegenden Haupthaltestelle um. Hinter dem linken Beiwagen (108) schaut ein SEG-Triebwagen der Linie 6 hervor (1919/20).

dramatischer gestaltete sich die Situation ab Anfang Januar 1918, als die Kriegsamtsstelle Frankfurt den Stromverbrauch auf monatlich 150 000 kWh limitierte. Sie zog eine Verkürzung der Strecke in Weisenau sowie die Einstellung der SEG-Linie 6 zwischen Brückenkopf und Hbf vorübergehend nach sich.

Anfang Dezember 1918 besetzten französische Truppen die Stadt. Sie ordneten abendliche Beschränkungen an, die ab 16. 12. 1918 zu einem Betriebsschluß um 8 Uhr führten. Nach 8 Uhr abends einrückende Wagen durften ebensowenig Fahrgäste befördern wie solche, die vor 5 Uhr morgens ausfuhren. Anfang Februar 1919 lockerte man die Bestimmungen und hob sie zum 1. 4. 1919 ganz auf.

Pünktlich zur kalten Jahreszeit stellte sich wieder Kohlenmangel, kurzfristig auch der Ausfall dreier der vier Turbinen des E-Werks ein. Ab 26. 10. 1919 mußte der inzwischen installierte „Vertrauensmann des Reichskommissars für die Kohlenverteilung" neue Einschränkungen (so z. B. die Einstellung der Rundbahn und Mombacher Linie) anordnen, die jedoch bald wieder abgemildert wurden. Als Mitte November 1919 noch der große Umformer ausfiel und durch zwei kleine ersetzt werden mußte, trat eine neue Verschärfung ein, um so mehr, als die für Spitzenlast vorhandene Pufferbatterie infolge Alter und Zustand kaum noch Wirkung zeigte. Auf der Rheinbrücke durfte daher nur noch in Serienschaltung und Abständen von 250 m gefahren werden. Wärter sorgten auf den linksrheinischen Rampen dafür, daß jeweils nur ein Zug bergauf fuhr. Unter dem Druck der Verhältnisse verzichtete die SEG vorübergehend auf Drei-Wagen-Züge und ließ ihre Linie 6 am Brückenplatz enden.

Nach und nach nahm man die Einschränkungen wieder zurück, zumal ab Anfang 1920 auch die als Ersatz für den veralteten Umformer beschaffte moderne Gleichrichteranlage zufriedenstellend zu arbeiten begann. Zum 1. 8. 1920 konnten daher die Intervalle auf den Stadtstrecken von 7½ auf 6 Minuten verkürzt und mit dem 19. 6. 1921 der erste, wirklich friedensmäßige Fahrplan in Kraft gesetzt werden. Kohlenmangel und seine Folgen gehörten nun der Vergangenheit an. Die Folgen der Besetzung spürten die Mainzer 1923 noch einmal, als während des Belagerungszustandes durch Anordnung einer Nachtsperre die Wagen erst bei Tagesanbruch ausfahren durften und mit Einbruch der Dunkelheit wieder einzurücken hatten.

Eine unter dem Druck der Inflation zunächst beabsichtigte völlige Stillegung blieb vermieden, nicht aber wieder eine Anzahl von Einschränkungen. So waren z. B. ab 9. 6. 1923 Große Bleiche und die ab 10. 7. 1921 sowieso nur noch stadtauswärts befahrene Boppstraße ohne Straßenbahnen. Den „Kahlschlag" auf der Großen Bleiche mußte man bald wieder beseitigen, indem man die Bretzenheimer Linie 8 ab 3. 8. 1923 zunächst bis Neubrunnenplatz und ab 1. 6. 1924 über Schloßtor bis Kastel verlängerte. Auch die Linien 5/10 kehrten ab 27. 9. 1923 wieder auf die frühere Route (Einrichtungsschleife

Hbf – Münsterplatz – Große Bleiche – Neubrunnenplatz – Boppstraße usw.) zurück.

Erst am 1. 6. 1924 waren – nach mehr als fünf Jahren – die Folgen des Krieges endlich überwunden. Anders als dann im Zweiten Weltkrieg gab es Fahrzeugverluste nicht zu beklagen. Ein einziger, im Frühjahr 1918 erfolgter Fliegerangriff beschädigte lediglich an einer Stelle die Fahrleitung. Vorsorglich ab 1916 mitgeführte Verbandskästen und 1917 begonnene Verdunkelungsmaßnahmen (Abblenden der Scheinwerfer, Anbringen von Vorhängen) erwiesen sich glücklicherweise als unnötig. Die über Jahre hinaus ungenügende Wartung der Fahrzeuge schlug jetzt allerdings verstärkt zu Buch, so daß bis 1926 größere Arbeiten an die Firmen Gebr. Gastell und MAN vergeben wurden.

Schon im Juli 1923 hatte man zur Verbesserung des Betriebsablaufes der Gonsenheimer Linie eine neue Ausweiche Müllerwald eingerichtet. Im August 1923 kam es zur Stillegung der eingleisigen, nur stadteinwärts befahrenen Strecke in Kastels Frankfurter und Mainzer Straße. Nun fuhren die Wagen auch von Kostheim aus über den jetzt zweigleisig ausgebauten Philippsring. Im Herbst 1924 folgten Verlängerungen der Ausweichen Kostheim/Post und Weisenau/Rheinstraße. Die Einschaltung einer Ausweiche am Landwehrweg ermöglichte schließlich auf der Hechtsheimer Strecke ab Mitte Dezember 1924 zu den Hauptverkehrszeiten einen 20-Min.-Verkehr.

5. Umstellung der Dampfbahnstrecken 1922/23

Wie bereits erwähnt, gestaltete sich die Elektrifizierung der Strecke Gonsenheim – Finthen wegen des rechtzeitigen Entgegenkommens des Finther Gemeinderats wesentlich unproblematischer als in Bretzenheim und Hechtsheim. Erleichternd kam hinzu, daß auf der von Gonsenheim/Kapellenstraße ab 2,6 km langen Strecke ein großer Teil des Dampfbahngleises liegenbleiben konnte. Umzubauen waren hauptsächlich die Kurven und die Gleisanlagen in Finthen selbst. Hier entstand anstelle des Kopfbahnhofs eine später im Uhrzeigersinn befahrene Schleife. In ihrer Mitte richtete man ein vorhandenes Gleisstück zu einem Stumpfgleis für den Wackernheimer Zug her. Neben der Abzweigung von dem weiterhin bestehen bleibenden Betriebsbahnhof kam am Schleifenanfang noch ein weiterer kurzer Gleisstutzen dazu, der Anfang der dreißiger Jahre aber wieder entfiel.

Die seitherige, für das Abstellen der sonntäglichen Verstärkungszüge benötigte Rangieranlage „Leniaberg" der Dampfbahn wurde etwas erweitert, im wesentlichen aber beibehalten. Neu war hingegen das Einfügen einer – allerdings in den ersten Jahren kaum genutzten – Ausweiche „Gemarkungsgrenze" unter der heutigen Wildbachtalbrücke. Eine gleichzeitig auf dem jetzigen Gonsenheimer Kerbeplatz angelegte und gegen den Uhrzeigersinn befahrene Schleife „Kapellenstraße" diente zum Kehren der nur bis Gonsenheim laufenden Züge, da im allgemeinen nur jeder zweite Zug bis Finthen durchfahren sollte. Ihr Bau machte die Ecke Kaiser- und Lennebergstraße seit Herbst 1907 bestehende Umsetzanlage entbehrlich.

Nach Fertigstellung der Umbauarbeiten fand die Abnahme am 29. 4. 1922 statt. Im Anschluß daran erfolgte die Eröffnungsfahrt mit zwei geschmückten Sonderwagen, die die Ehrengäste vom Neubrunnenplatz herangebracht hatten. Finthens Gemeinderat nahm nach dem Abfahren der Strecke Gelegenheit, die Gäste zu einem Umtrunk im Gasthaus „Zur Krone" einzuladen. Der planmäßige Betrieb begann am folgenden 30. 4. 1922. Die Züge der neuen Linie 10 verkehrten fortan zwischen Neubrunnenplatz und Finthen im Verbund mit der bisherigen Gonsenheimer Stammlinie 5. In der Stadt beschrieben beide eine Schleifenfahrt Kaiser-Wilhelm-Ring–Hauptbahnhof–Münsterplatz–Große Bleiche–Neubrunnenplatz–Neubrunnenstraße–Boppstraße–Kaiser-Wilhelm-Ring. Das Abbiegen von der Großen Bleiche in den Neubrunnenplatz war nach Einbau einer ab 10. 7. 1921 von der Linie 5 bereits benutzten Verbindungskurve möglich.

Im Frühjahr 1922 zeichnete sich auch für die Bretzenheimer und Hechtsheimer Strecke eine Einigung zwischen Stadt und beiden Gemeinden ab. Letztere erklärten sich vertraglich bereit, je ein Drittel der Baukosten zu bestreiten. Auch die Stadtverordneten plädierten am 17. 5. 1922 einstimmig für eine Elektrifizierung und bekräftigten ihren Beschluß am 29. 9. 1922, so daß die Arbeiten auf der Bretzenheimer Strecke in Erwartung der dann am 30. 11. 1922 durch den Hessischen Finanzminister für die Bretzenheimer, Hechtsheimer und Krankenhauslinie erteilten Konzession beginnen konnten.

Die Trassierung entsprach der der bisherigen Dampfbahn – mit Ausnahme der direkten Strecke in der Unteren Zahlbacher Straße (von Ecke Binger Straße bis zum Eingang des Hauptfriedhofs) statt des Umwegs über den Betriebsbahnhof Kirchhöfe. Neu hinzu kam lediglich eine Ausweiche in der Ortslage Zahlbach. Vom Münsterplatz bis zum westlichen Ende der Bahnhofsbrücke blieb es bei den bisherigen Dampfbahngleisen. Ab Ecke Linsenberg fand zunächst nur deren südliches Gleis Verwendung, während das nördliche bis Ecke Finther Straße stillgelegt und erst 1925 beim zweigleisigen Ausbau bis zum Eingang des Hauptfriedhofs reaktiviert wurde. Zwischen hier und Bretzenheim lag die sonst eingleisige Strecke mit Ausnahme von etwa 200 m in Zahlbach auf eigenem Bahnkörper. Wie schon bei der Finther Linie konnten auch hier Teile des Vignolgleises weiterverwendet werden. Anfang Februar 1923 war die ab Münsterplatz 2,92 km lange Strecke (einzige größere Steigung in der Binger Straße zwischen Münster- und Alicenplatz mit 4%) fertiggestellt, so daß die Abnahme am 3. und die Eröffnung am 4. 2. 1923 stattfinden konnte. In Anbetracht der ungünstigen Zeitverhältnisse verzichtete man offenbar auf besondere Feierlichkeiten.

Die neue Verbindung bediente eine geänderte Linie 8, die zwischen dem unteren Ende der Großen Bleiche („Schloßtor") und Bretzenheim anfangs zu den Hauptverkehrszeiten (6–8, 12–20 Uhr) alle 15, dazwischen alle 45 Minuten fuhr. Abends bestand Halbstundenverkehr, allerdings war die Strecke vom Neubrunnenplatz bis Schloßtor dann eingestellt.

Unmittelbar danach ging es mit Hochdruck an den Bau der Hechtsheimer Strecke. Schon sehr bald hatte festgestanden, daß eine völlige Beibehaltung der ab Münsterplatz 7,5 km langen Dampfbahntrasse nicht in Frage kommen würde, betrug doch die Luftlinienentfernung nur etwa 4 km. Die Stadtverordneten entschieden sich am 17. 5. 1922 daher für die kürzeste, 4,2 km lange Strecke vom Schillerplatz

57 Triebwagen 54 an der Endstelle in Bretzenheim neben dem bis Mitte der fünfziger Jahre offenen Zaybach. Das Dach-Zielschild lautet „Bahnhof Kastel über Münsterpl." (1930).

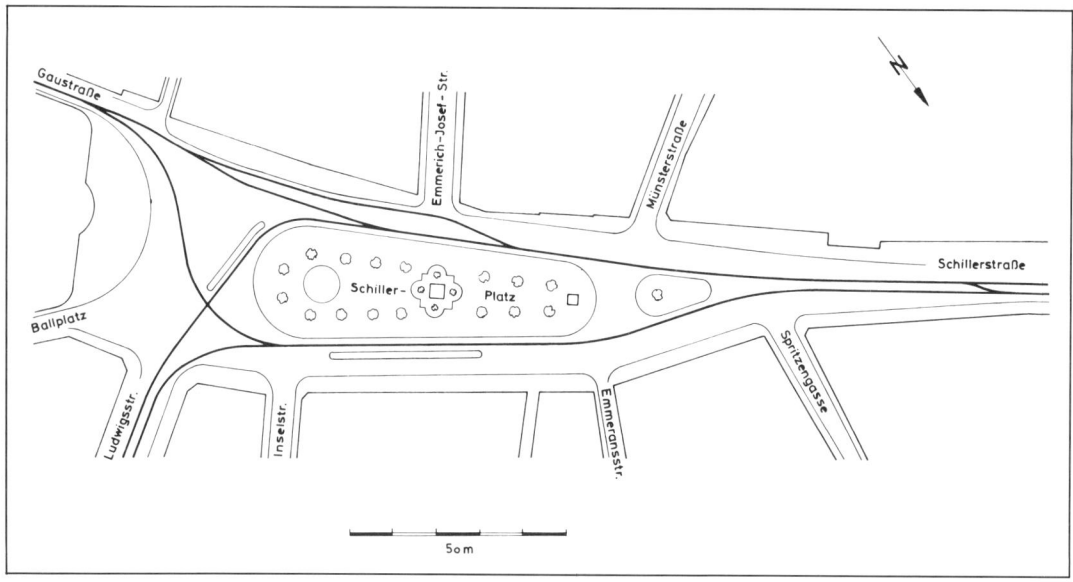

58 Schillerplatz 1923. Er behielt sein gleismäßiges Aussehen über 40 Jahre, ehe 1963 der Anschluß Ludwigsstraße entfiel und eine Schleife (heute wieder abgebaut) hinzukam.

über Gaugasse, Pariser Straße und weiter entlang der Kreisstraße; lediglich auf dem 1,0 km langen Endabschnitt Jägerhaus–Hechtsheim sollte es bei der bisherigen Führung bleiben.

Zwischen Schillerplatz und dem Straßenkreuz Gautor/Eisgrubweg/Kästrich mußten auf etwa 400 m Länge im Zuge der Gaugasse etwa 25 m Höhe überwunden werden. Die Steigungen betrugen dabei im mittleren Abschnitt auf etwa 190 m Länge durchschnittlich 8% (maximal 9%) und im oberen, 120 m langen Teil etwa 6,9%. Die Aufsichtsbehörde war nicht abgeneigt, für eine eingleisige Strecke ihr Einverständnis zu geben, machte es jedoch von vorherigen Probefahrten und einer Reihe von Auflagen abhängig, so Schienenbremsen in den Triebwagen, Mitführen nur eines Beiwagens, Zwangshalt in Streckenmitte bei der Talfahrt, optisches Warnsignal für entgegenkommende Fahrzeuge, Bergfahrt nur mit halber Kraft (Reihenschaltung). Erste Probefahrten erfolgten im Februar 1923 auf der ähnlich gearteten Bierstadter Strecke in Wiesbaden; am 28. 3. 1923 verlief die erste Fahrt auf der Gaugasse unter Mitführen eines leichten Beiwagens zur Zufriedenheit.

Die Abnahme fand schließlich am 8. 6. 1923 mittels zweier schwer belasteter Wagen statt und ergab keine Beanstandungen. Zu den unmittelbar folgenden Eröffnungsfeierlichkeiten begaben sich die städtischen Vertreter in einem geschmückten Sonderwagen nach Hechtsheim. Am Jägerhaus erwarteten die am Bau beteiligten Arbeiter mit einer Musikkapelle den Wagen, während in Hechtsheim die gesamte Gemeindevertretung unter Führung ihres Bürgermeisters Keim die Mainzer Gäste willkommen hieß und sie nach den obligatorischen Ansprachen im Braunwarthschen Lokal bewirtete.

Am 9. 6. 1923 nahm dann die neue Linie 11 (Straßenbahnamt – Hauptbahnhof – Schillerplatz – Hechtsheim) ihren Betrieb auf. Sie verkehrte zunächst alle 40 Minuten, doch vermittelten Zwischenwagen ab Gautor einen zeitweiligen 20-Minuten-Betrieb nach Hechtsheim. Für die Strecke Schillerplatz–Hechtsheim brauchten die Wagen 16 Minuten; für die Gaugasse waren dabei vier Minuten vorgesehen. Vorher benötigte die Dampfbahn unter Einbeziehung der Bretzenheimer Stichstrecke ab Bahnhofsbrücke in der Regel 26 Minuten.

Zwischen Schiller- und Fichteplatz befanden sich die Gleise im Pflaster, während die gesamte restliche Strecke auf eigenen Bahnkörper zu liegen kam. Vom Landwehrweg bis Hechtsheim fand – bis auf die Kurven – Vignolgleis Verwendung. Erstmals verlegte man ab Landwehrweg auch eine nachgespannte Fahrleitung in Vielfachaufhängung und dehnte dieses System zwischen 1925 und 1929 auf den wegen Straßenregulierung zunächst provisorisch gebauten Abschnitt Fichteplatz–Landwehrweg (im Zuge der Pariser Straße) aus. Hier entstand übrigens erstmals in Mainz ein – heute noch vorhandener – zweigleisiger eigener Bahnkörper im Mittelstreifen der vierspurig ausgebauten Straße. Die zunächst aus zwei Fahrdrähten bestehende Fahrleitung war außerdem von Anfang an so dimensioniert, daß sie auch mit höherer Spannung hätte betrieben werden können. Abgesehen von einer längeren Ausweiche in der Straße Am Gautor (mit einem in den Eisgrubweg reichenden Gleisstutzen zum Abstellen von Beiwagen) legte man die Strecke zunächst eingleisig an. In Hechtsheim entstand statt des Kopfbahnhofs eine gegen den Uhrzeigersinn befahrene Schleife mit einem zusätzlichen mittleren Abstellgleis.

59 Die erste, auf besonderem Bahnkörper in Mittellage eingerichtete Strecke kam in der Pariser Straße 1928/29 zur Ausführung. Die nachgespannte Fahrleitung ist an mächtigen Betonmasten montiert. Triebwagen 83 passiert auf der Fahrt von Hechtsheim zum Schillerplatz gerade die Ecke Fichteplatz/Am Fort Elisabeth (1930).

6. Die Krankenhauslinie

Die Bewohner des hoch gelegenen Gebietes um den Kästrich erhofften sich seit 1904 vergebens einen Straßenbahnanschluß. Die Einbeziehung des 1914 zu eröffnenden neuen Städtischen Krankenhauses (heutige Unikliniken) an der Langenbeckstraße in das Verkehrsnetz schien ihnen endlich eine Chance für die ersehnte Anbindung zu bieten, lag doch der Kästrich nicht weit davon entfernt.

Wer nun geglaubt hatte, daß dieses Viertel damit bald zu einer Straßenbahn kommen würde, sah sich wiederum arg getäuscht. Ein bisher nie gekanntes Hin und Her um die zweckmäßigste Trasse beschäftigte zwischen Dezember 1912 und Mai 1922 die städtischen Gremien: Die einen favorisierten die direkte Linie Alicenstraße–Augustusstraße, die anderen mit Rücksicht auf die Kästrich-Bewohner den Umweg über Drususstraße und wieder andere eine vom Schillerplatz über Emmerich-Josef-Straße–Terrassenstraße zur Drususstraße.

Am 23. 6. 1914 entschlossen sich die Stadtverordneten für die Variante Alicenstraße–Drususstraße, entschieden jedoch am 15. 7. 1914 im Hinblick auf die bevorstehende Eröffnung des Krankenhauses einen provisorischen Omnibusbetrieb einzurichten,

der ab 13. 9. 1914 vom Münsterplatz über Hauptbahnhof, Alicen- und Augustusstraße in Gang kam. Bei Opel mit Aufbauten der Berliner Firma Lange & Gutzeit bestellte zwei Omnibusse kamen jedoch nicht zur Ablieferung, denn das „Immobile Kraftwagen-Hilfsdepot Nr. 13" in Rüsselsheim teilte am 15. 3. 1915 mit:

> „Gemäß Verfügung der Immobilien-Inspektion für Militär-, Luft- und Kraftfahrwesen in Berlin-Schöneberg vom 12. März 1915 wurden die von der Stadt Mainz bestellten zwei Omnibusse mit Bereifung und allem Zubehör durch das Hilfsdepot für die Militär-Behörde mit Beschlag belegt und ist seitens der Heeresverwaltung über die beiden Wagen bereits verfügt."

Zur Eröffnung hatte Opel der Stadt einen Leihomnibus zur Verfügung gestellt, der jedoch bald wegen Reifen-, dann wegen Benzinmangel seine Fahrten (die Linienführung änderte man zur Erprobung mehrmals) unterbrechen und im Februar 1917 endgültig einstellen mußte.

Unterdessen hatte das Straßenbahnamt Pläne für eine neue Strecke vom Binger Schlag über den Linsenberg (Maximalsteigung nur 4,5%) ausgearbeitet. Die Stadtverordneten stimmten am 13. 9. 1916 dieser Variante unter Abänderung der Trasse über Am Fort Josef–Am Römerlager mit Endpunkt Obere Zahlbacher Straße/Fichteplatz zu. Im Juni 1917 ging die Konzession ein, und dem Bau der ab Binger Schlag 1,4 km langen Linie wäre nichts im Wege gestanden, hätte nicht die Eisenkontingentierung alles zunichte gemacht. In der Nachkriegszeit verboten wiederum die hohen Kosten und die zu erwartende Unrentabilität den Baubeginn. Auch die nochmalige Aufnahme des Omnibusbetriebes stand nicht mehr zur Debatte, denn im Februar 1921 befand die Deputation, „wegen der zu erwartenden Unrentabilität vom Ankauf zweier Omnibusse Abstand zu nehmen". Damit hatte sich – wenigstens fürs erste – die Frage „Straßenbahn oder Omnibus" zugunsten der ersteren beantwortet.

Noch 1916 hielt das Straßenbahnamt die kürzeste Erschließungsstrecke zu Kästrich und Krankenhaus über die Gaugasse wegen der starken Steigung für „zur Zeit undurchführbar". Unter neuer Leitung hatte sich diese Einschätzung im Zusammenhang mit den Hechtsheimer Elektrifizierungsplänen gewandelt. Es lag daher nahe, von der Ecke Fichteplatz eine kurze Stichstrecke über Am Römerlager zum Augustusplatz, d.h. kurz vor den Eingang des Krankenhauses zu bauen. Am 17. 5. 1922 gaben die Stadtverordneten ihr Plazet, so daß die Konzession schon am 30. 11. 1922 erteilt wurde. Anfang Juni 1923 begann der Bau der völlig eingleisigen und nur 0,48 km langen Strecke unter Verwendung altbrauchbarer Gleismaterialien und Holzmasten. Die endgültige Abnahme erfolgte am 15. 10. 1923, mangelnde Schutzmaßnahmen für eine querende Telegrafenleitung verzögerten indes die Inbetriebnahme. Endlich konnte am 18. 4. 1924 die neue Linie 12 vom Hauptbahnhof über Schillerplatz zum Augustusplatz eröffnet werden. Sie verkehrte nur dienstags, freitags und sonntags zu den Besuchszeiten des Krankenhauses. Sofern Beiwagenbetrieb erforderlich war (meist nur bei der ersten und letzten Fahrt) mußte in Ermangelung einer Umsetzmöglichkeit am Endpunkt in der Ausweiche Gautor umgespannt und der Beiwagen zum Augustusplatz geschoben werden. Dieses nicht ganz ungefährliche Verfahren entfiel, als Anfang Februar 1926 am Augustusplatz eine Weiche eingebaut wurde, so daß die Beiwagen wenigstens von Hand rangiert werden konnten.

Als am 17. 6. 1927 die erste innerstädtische, vor allem ständig verkehrende „Konkurrenz"-Omnibuslinie A vom Münsterplatz über Linsenberg zur Langenbeckstraße/Ecke Obere Zahlbacher Straße ihren Betrieb aufnahm, beschränkte sich die Linie 12 auf drei Hinfahrten zwischen Schiller- und Augustusplatz. Erwartungsgemäß ging das Verkehrsaufkommen sofort stark zurück, zumal noch per Zeitung gebeten worden war, zur Rückfahrt den Omnibus zu benutzen.

Zahlen bewiesen bald die Unwirtschaftlichkeit des Betriebes, so daß das Straßenbahnamt leichten Herzens und von der Öffentlichkeit fast unbemerkt die Einstellung ab dem 3. 9. 1927 verfügte.

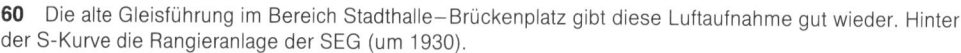

60 Die alte Gleisführung im Bereich Stadthalle–Brückenplatz gibt diese Luftaufnahme gut wieder. Hinter der S-Kurve die Rangieranlage der SEG (um 1930).

Mainz. Stadthalle mit Rheinufer

Flugzeug-Aufnahme

7. Der Straßenbahnbetrieb zwischen 1925 und 1939

Das Bemühen des Straßenbahnamtes richtete sich ab 1925 auf eine anhaltende Verbesserung des Verkehrsangebotes und auf eine dadurch auszulösende Steigerung der Benutzungsziffern, die nur über modernere Fahrzeuge sowie einen zeitgerechten Ausbau des teilweise noch eingleisigen Netzes zu erreichen war. Infolgedessen setzte neben einem umfangreichen Fahrzeug-Beschaffungsprogramm (26 Trieb- und 6 Beiwagen innerhalb von knapp fünf Jahren) eine geradezu stürmische Ausbauphase ein.

Im Herbst 1925 kam es zunächst zur zweigleisigen Gestaltung der Strecke Eisenbahnbrücke–Weisenau, wobei der Anschluß des Stadtpark-Abstellgleises über eine erstmals verwendete einfache Kreuzungsweiche erfolgte und auch am Endpunkt in Weisenau selbst eine solche zum Einbau gelangte. Kurz danach – im November 1925 – erhielt auch die Bretzenheimer Strecke zwischen Bahnhofsbrücke und Hauptfriedhof ihr zweites Gleis, damit sich ein 10-Minuten-Betrieb ermöglichen ließ, der ab 17. 12. 1925 auch zustandekam. Dem Wunsch nach einem 5-Minuten-Verkehr bis zum Stadtpark entsprach auch der zweigleisige Ausbau der Leichhof- und Augustinerstraße (bis Ecke Karthäuserstr.), der Anfang Juni 1926 vollendet werden konnte. Unweit davon entfernt – in der Neutor-/Ecke Dagobertstraße – beseitigte man im Dezember 1926 endlich die seit 1904 ungenutzt liegende doppelgleisige Abzweigung für die damals geplante Grüne Linie und begradigte die Strecke.

In Kostheim begann Mitte der zwanziger Jahre eine ausgedehnte Bautätigkeit im Gebiet zwischen Eisenbahn und Hochheimer Straße. Hier errichtete die stadteigene Kleinwohnungsbau-Gesellschaft zahlreiche Mehrfamilienhäuser. Die Benutzung der bestehenden Straßenbahnlinie in Alt-Kostheim schied wegen der als verhältnismäßig weit empfundenen Entfernung aus, so daß eine eigene Verbindung anzustreben war. Vorschläge für eine Omnibuslinie erhielten eine Absage, es setzte sich vielmehr die Ansicht durch, eine Straßenbahnneubaustrecke von Ecke Philippsring/Kostheimer Landstraße im Zuge der die neue Siedlung begrenzenden Hochheimer Straße anzulegen.

Anfang Juni 1926 erteilten die Stadtverordneten ihr Plazet. Da die Konzession ausblieb, begann der Bau der 0,78 km langen und zunächst völlig eingleisigen Strecke (1928 kam eine Endausweiche hinzu) erst im Februar 1927, war aber bald beendet, so daß am 16. 4. 1927 die Eröffnung erfolgen konnte. Zunächst befuhr die verlängerte Linie 4 (Hbf–Kaisertor–Kastel) die neue Strecke, ab 11. 5. 1927 aber die vom Straßenbahnamt über Bismarckplatz–Hbf –Höfchen geführte Linie 3.

Mit dieser Erweiterung hatte das Netz eine Streckenlänge von 34,8 km (Gleislänge 61,5 km) und damit seine größte Ausdehnung erreicht, sieht man von dem 1943 eingetretenen Zuwachs durch die

hessischen Teile der beiden SEG-Strecken ab. Die Streckenlänge sank bereits im September 1927 nach Einstellung der Krankenhauslinie 12 auf 34,3 km.

Die sich Anfang 1927 bemerkbar machende Verkehrssteigerung ermutigte zur Einführung eines neuen Fahrplanes ab 11. 5. 1927. Er brachte durch die Neueinrichtung der „Kleinen Rundbahn" (Linie 13), durch Verdichtung der Linie 2 und der erwähnten Änderung der Linie 3 einen Bedienungsstandard, wie er durch spätere Fahrpläne nicht mehr überboten wurde. So bestand tagsüber zwischen Hbf und Kastel über Höfchen ein 3-Minuten-Abstand, nach Mombach, Kostheim und Bretzenheim ein 10-, nach Weisenau nachmittags gar ein 5-Minuten-Verkehr.

Der Forderung nach mehr Pünktlichkeit kam Ende 1927 der zweigleisige Ausbau zwischen Müllerwald und Ev. Kirche in Gonsenheim entgegen. Im Mai 1928 konnte die Lücke zwischen Rampe und Luisenstraße in Kostheim geschlossen und so der zweigleisige Ausbau bis zur Post vollendet werden. Damit blieb nur noch die kurze Endstrecke bis zur Mainbrücke eingleisig. Ebenfalls 1928 kam es zum

61 Die im Frühjahr 1927 anstelle eines kurzen eingleisigen Abschnitts hergestellte „Gleisnäherung" in der Bauhofstraße/Ecke Mittlere Bleiche. Anfang März 1944 beseitigte man die unter Denkmalschutz stehenden Platanen und verlegte die Gleise in normalem Abstand (Aufnahme 1938).

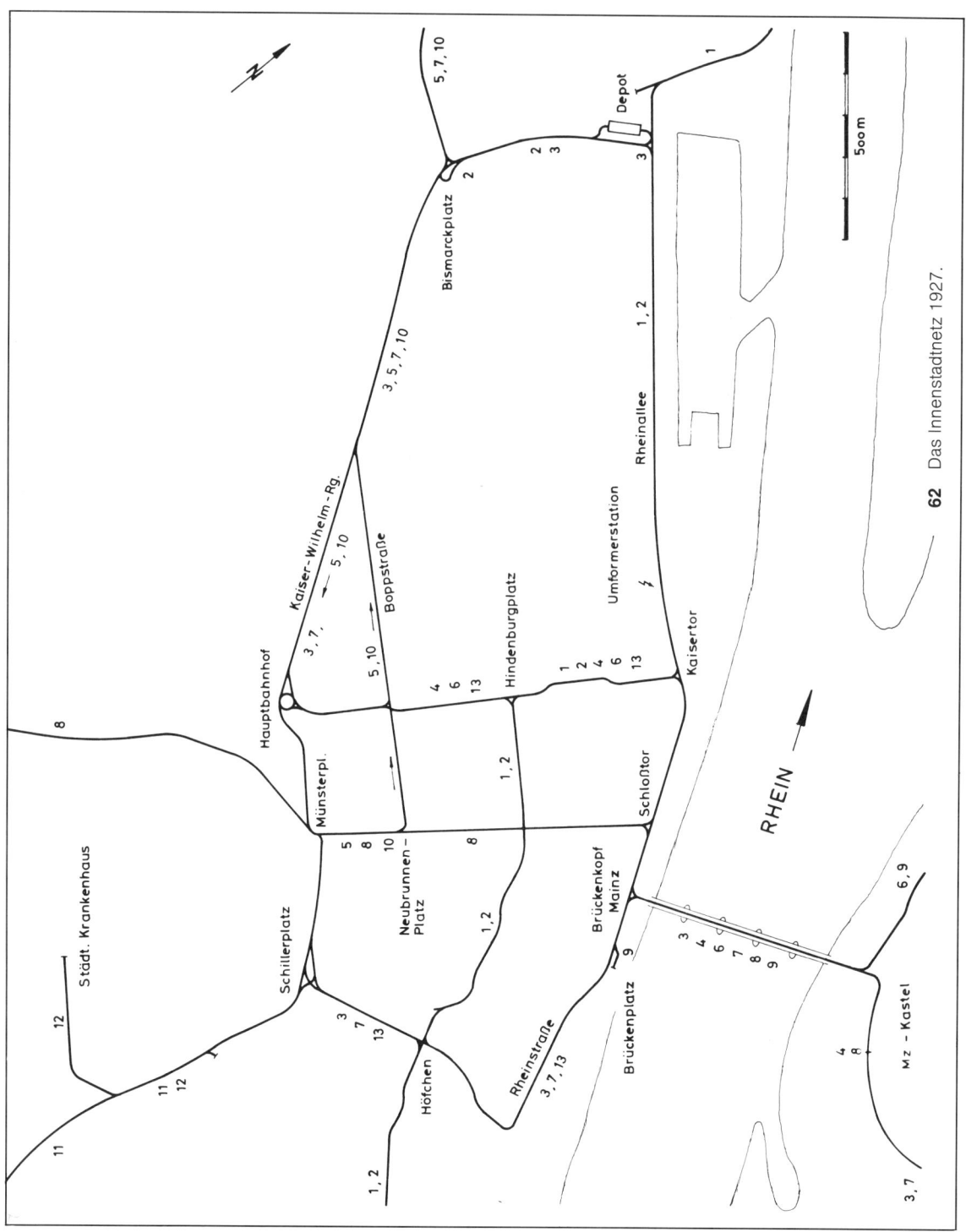

62 Das Innenstadtnetz 1927.

63 Letzte Hand legt der Bildhauer an das Staatswappen; ansonsten ist die Verbreiterung und Renovierung der Straßenbrücke abgeschlossen. Im Herannahen ein SEG-Triebwagen der 400er Reihe (1934).

zweigleisigen Ausbau der Flachsmarktstraße zwischen Petersstraße und Flachsmarkt mit erstmaliger Anlage einer Haltestelleninsel auf letzterem, ferner zum Bau einer Wendeschleife auf der Ingelheimer Aue.

Rückschauend betrachtet, gestaltete sich das Jahr 1929 als das bisher trübste in der Geschichte der Städtischen Straßenbahn, die eigentlich ihr 25jähriges Bestehen hätte begehen können. Die Zahl der Fahrgäste hatte gegen 1928 um 6,5% abgenommen; viel schlimmer war jedoch, daß erstmals ein Defizit von 172 000 RM erwirtschaftet worden war, das aus dem städtischen Etat ausgeglichen werden mußte. Daher und im Hinblick auf die allgemeine Wirtschaftslage sah man von irgendwelchen Feierlichkeiten ab. Der anhaltende Fahrgastrückgang bewog vielmehr ab 30. 3. 1930 zu ersten Auflockerungen in der Wagenfolge der Linien 1–4 und 7 an Vormittagen, zur Einstellung der Rundbahnlinie 13 in der Richtung Hbf – Höfchen – Brückenkopf – Hbf und zur Beschränkung der Gegenrichtung auf die Hauptverkehrszeiten. Zum 20. 9. 1930 trat zwar eine neue Linie 4 b in beiden Richtungen die Nachfolge der jetzt ganz eingestellten „13" an; die übrigen Linien mußten aber ganztags mit einer 12-Minuten-Folge vorlieb nehmen (ausgenommen die bisher schon in längeren Intervallen fahrenden Linien 5/10 und 11). Parallel zum weiteren Niedergang der Wirtschaft und zum Anstieg der Arbeitslosenzahlen sank auch die Benutzung der Straßenbahn von 16,38 Mill. beförderten Personen in 1929/30 auf 13,82 Mill. in 1930/31, während andererseits das Defizit auf 450 000 RM anstieg. Um ein objektives Bild über Ursachen und mögliche Beseitigung zu erhalten, hatte die Stadt erstmals ein Gutachten bei der „Wirtschaftsberatung Deutscher Städte" in Auftrag gegeben und teils im Einklang mit den dort gegebenen Empfehlungen per 18. 10. 1931 weitere Einschränkungen verfügt. Danach wurde die seit 10. 7. 1921 nur noch stadtauswärts befahrene Strecke Neubrunnenplatz – Boppstraße endgültig stillgelegt und die Linien 5/10 über eine große Stadtschleife vom Hbf über Höfchen – Brückenkopf – Große Bleiche zum Hbf zurück und nach Gonsenheim – Finthen geführt, während die Linie 8 ab Münsterplatz gegenläufig verkehrte und damit nicht mehr nach Kastel fuhr. Gekürzt wurde auch die Rundbahnlinie 4 b, die nur noch zwischen Hbf und Stadthalle über Kaisertor lief.

Auf dem Gebiet des Streckenausbaus kam Anfang 1930 das zweite Gleis zwischen Waggonfabrik/Ecke Turmstraße und Ausweiche Bahnwärterhaus 39 hinzu. Ihm folgte die anschließende Teilstrecke bis Müllerwald im Februar 1933, so daß zwischen Innenstadt und Gonsenheim nur noch ein 0,24 km langer Abschnitt im Schützenweg (entlang der Waggonfabrik) eingleisig blieb. Im gleichen Jahr – am 1. 3. – verlegte auch die SEG endlich den Endpunkt ihrer Schiersteiner Linie 9 zum Hauptbahnhof, so daß die Rangieranlage am Brückenplatz entbehrlich und umgehend abgebaut wurde.

Mit zunehmendem Kraftfahrzeugverkehr erwies sich die seinerzeit gewählte Seitenlage der Gleise

auf der Rheinbrücke und ihren links- und rechtsrheinischen Rampen als verkehrshemmend. Auch das Gleisdreieck auf dem Mainzer Brückenkopf entsprach nicht mehr den modernen Anforderungen. Im November 1931 begann daher im Zuge einer Generalüberholung der Brücke die Anlage neuer Gleise in Mittellage. Diese Arbeiten waren bis Mitte März 1932 beendet. Auf der Kasteler Seite erforderte der Umbau der an den Brückenkopf anstoßenden Eisenbahnüberführung die Einstellung der Linien 3 und 7 und ihren Ersatz durch Omnibusse vom 1. 12. 1933 bis 27. 4. 1934. Mit der folgenden Umgestaltung der Gleisanlagen auf den Mainzer Rampen und dem Brückenkopf, die sich bis in den Herbst 1934 erstreckten, hatte das größte Erneuerungsprojekt der dreißiger Jahre seinen Abschluß gefunden. Auf Mainzer Seite konnten die Rampengleise in Seitenlage auf besonderem Bahnkörper angeordnet werden. Ihre Lage blieb auch nach dem Wiederaufbau der 1945 gesprengten Brücke erhalten, ehe die Gleise Mitte 1961 entfernt wurden.

Der am 8. 7. 1935 in Kraft getretene neue Fahrplan brachte erstmals wieder eine Reihe von Verdichtungen, andererseits wegen ungenügender Besetzung aber auch die Einstellung des Straßenbahnbetriebes zwischen Straßenbahnamt und Ingelheimer Aue außerhalb der Hauptverkehrszeiten. Als Ersatz lief eine neue Omnibuslinie H. Diese Maßnahme bewährte sich indes nicht, so daß die Linie 1 ab 7. 10. 1935 wieder ständig zur Ingelheimer Aue fuhr.

Optisch brachte der Fahrplan vom Juli 1935 die offizielle Abkehr von den jahrzehntelang gewohnten farbigen Linienschildern und ihren allmählichen Ersatz durch weiße Schilder mit schwarzer Schrift. Ihre Einführung wurde zu Recht mit besserer Lesbarkeit, aber auch mit wirtschaftlichen Erwägungen begründet. Die Liniennummer fand sich jetzt nicht mehr links und rechts auf dem Streckenschild, sondern separat darüber auf einer runden Scheibe. Daß gleichzeitig statt der lateinischen die deutsche (Fraktur-)Schrift zum Zuge kam, verstand sich durch die politischen Umstände beinahe von selbst und entsprach regelmäßig wiederkehrenden Hinweisen auf die hierin besonders vorbildliche SEG.

Anfang Oktober 1935 kam es endlich auch zur seit 1929 geplanten Verlegung der Bretzenheimer Strecke über Alicenstraße zum Hauptbahnhof, so daß die Gleise in der Binger Straße zwischen Alicen- und Münsterplatz stillgelegt werden konnten. Auf dem Bahnhofsplatz entstand dabei ersatzweise eine doppelte Abzweigung Ecke Bahnhofstraße sowie ein Verbindungsgleis aus Richtung Kaiser-Wilhelm-Ring zur Rampe Alicenstraße.

Mit dieser Umlegung hatten die Ausbaumaßnahmen einen gewissen Abschluß gefunden. Rückwärts ging es noch einmal 1937, als die Wendeschleife Kapellenstraße „aus örtlichen Gründen" geopfert werden mußte, weil sich eine nahebei im „Braunen Haus" amtierende Parteigröße durch die Geräusche belästigt fühlte. Jetzt mußten die nicht bis Finthen durchlaufenden Wagen in der nahen Rangieranlage „Lennebergbahnhof" umsetzen.

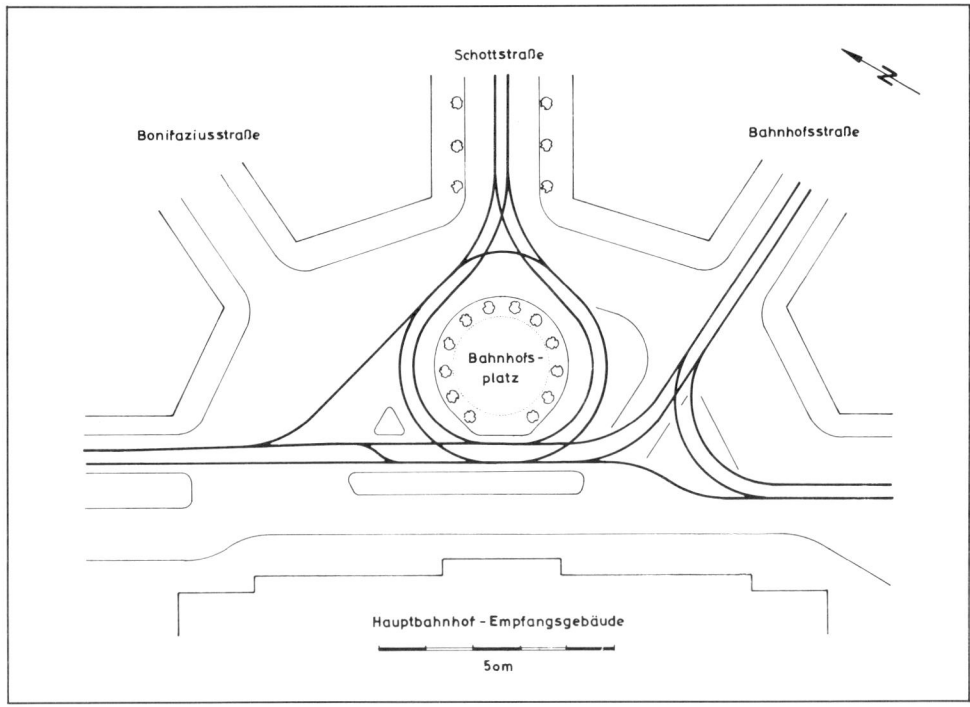

64 Die Gleisanlagen auf dem Bahnhofsplatz nach der Anbindung der Bretzenheimer Linie in 1935. Die beiden inneren, von bzw. zur Schottstraße führenden Schleifengleise trennte man 1938 ab, schloß 1947 das westliche Gleis allerdings wieder an. Bei diesem Zustand blieb es bis zum Oktober 1963.

65 Verschwunden sind die farbigen Richtungsschilder und neu die runden Nummernscheiben. Triebwagen 86 trägt bereits die reichseinheitlich vorgeschriebenen Richtungslampen und hat einen „Gastell-Anhänger" im Gefolge (um 1937 am Hauptbahnhof).

Der Notwendigkeit einer künftigen Verdichtung auf der Bretzenheimer Linie Rechnung tragend, erfolgte als letzte Maßnahme vor dem Krieg 1938 der Bau einer langen Ausweiche an der Haltestelle „Römersteine" in der Unteren Zahlbacher Straße. Wegen zunächst fehlender Lichtsignalanlage fand ihre Inbetriebnahme erst im Juli 1939 statt.

Schon 1936 hatte nach einigen Versuchen die Umlackierung der Fahrzeuge begonnen. Statt der gewohnten Elfenbein-Lackierung wählte man nun einen Zweifarbanstrich: unterhalb des Fenstergurts ein dunkles Rot, das zum Elfenbein des Oberteils mit Silberlinien abgesetzt wurde. Die Beschriftung – jetzt in Frakturbuchstaben und -zahlen – erfolgte ebenfalls in Silber. Ein Teil der Straßenbahnwagen und alle zwischen 1936 und 1942 in Dienst gestellten Omnibusse sowie die Mehrzahl der Omnibusanhänger erhielten diese neue Lackierung. Die geteilte Auffassung innerhalb der Werkleitung ließ die Umlackierung jedoch zum Stillstand kommen, und schon während des Krieges kehrte man schrittweise zur ursprünglichen Farbgebung zurück.

Die veränderten politischen Verhältnisse ab 1933 fanden auch in der Rechtsform des Unternehmens ihren Niederschlag. Seit 1905 hatte es mit einem Direktor an der Spitze als „Städtisches Straßenbahnamt" firmiert. Im Mai 1933 erfolgte die Zusammenfassung der bisher getrennten Strom-, Gas- und Wasserversorgung sowie der Straßenbahn als „Städtische Betriebe", wobei die Straßenbahn als „Verkehrsabteilung – Straßenbahn- und Omnibusbetrieb" bezeichnet wurde. Infolge der ab 1. 1. 1939 gültigen „Eigenbetriebsverordnung" waren die nunmehrigen „Stadtwerke" als Sondervermögen der Gemeinde zu verwalten und von der „Werkleitung" weitgehend selbständig zu leiten. Nach und nach vollzog sich auch im äußeren Erscheinungsbild ein Wandel, indem die Fahrzeuge den Namenszug „Stadtwerke Mainz" statt des bisherigen „STADT MAINZ" erhielten.

8. Zur Zeit des Zweiten Weltkriegs

Der Kriegsbeginn am 1. 9. 1939 traf den Verkehrsbetrieb nicht unvorbereitet. Schon seit wenigstens drei Jahren erprobten die Machthaber Luftschutz- und Verdunkelungsmaßnahmen, so daß die Anpassung der Fahrzeuge mit Tarnscheinwerfern, Vorhängen usw. schnell vorgenommen werden konnte. Als beinahe selbstverständlich empfand man die sofortige Einstellung der als Verstärkung zur Linie 1 fungierenden Linie 2, die der zwischen Hauptbahnhof und Kastel verkehrenden Linie 4 sowie das Aufgehen der Linie 5 in der Linie 10. Die verbleibenden Stadt-Mainzer Linien 1, 3, 7, 8, 10 und 11 sollten damit für die gesamte Kriegszeit die Grundlast des Verkehrs tragen.

Durch Einberufungen zur Wehrmacht bedingter Personalmangel zwang schon ab 11. 10. 1939 zur Auflockerung des Abendverkehrs und Vorverlegung des Betriebsschlusses auf etwa 23 Uhr. Trotz dieser Maßnahmen verminderte sich die Höhe der Wagenkilometerleistungen nicht, sondern stieg durch vermehrten Beiwageneinsatz sogar noch an, so daß die Verkehrsmittel bereits Ende 1939 an der Grenze ihrer Leistungsfähigkeit angelangt schienen.

Die Einstellung von 22 Schaffnerinnen im Spätherbst 1939 sowie Aufhebung und Zusammenlegung von Haltestellen zählten zu den Maßnahmen, die Personalengpässe zu vermindern und mit möglichst wenig Fahrzeugen auszukommen. Um das Fahren in den meist überfüllten Wagen einigermaßen erträglich zu machen, kam es im Februar 1940 auch in den Beiwagen zum generellen Rauchverbot – für heutige Verhältnisse eine Selbstverständlichkeit. Der sich verschärfende Personalmangel bedingte bald weitere Einschränkungen, die mit Fahrplan vom 15. 8. 1940 in Kraft traten und vor allem statt des tagsüber üblichen 15- einen 20-Minuten-Verkehr bescherten. Darüber hinaus hielt man von der Linie 10 unerwünschte Kurzstreckenfahrer dadurch fern, daß sie im abendlichen Berufsverkehr zwischen Hauptbahnhof und Bismarckplatz durchfuhr.

Weiter im Steigen begriffen waren indessen die Beförderungszahlen. Sie schnellten – bezogen auf das letzte friedensmäßige Geschäftsjahr 1938/39 – für Straßenbahn und Omnibus von 13,5 auf 19,6 Mill. Fahrgäste in 1940/41 hoch. Zum Ausgleich des ständigen Aderlasses an männlichem Fahrpersonal ver-

66 Die Enge der Augustinerstraße verdeutlicht diese Aufnahme aus der Kriegszeit. Verwunderlich, daß nie etwas ernsthaftes passierte. Triebwagen 61 mit Tarnscheinwerfer um 1940.

67 Nach erfolgter Schnell-Ausbildung präsentieren sich die frischgebackenen Schaffnerinnen dem Fotografen (1943/44).

68 In der unteren Großen Bleiche – am Schloßtor – richtete man in der Kriegszeit die Endstelle der Linie 10 bei ihrer Schleifenfahrt durch die Innenstadt ein. Aus Luftschutzgründen durfte auf dem Brückenkopf zeitweise nicht gehalten werden. Die weibliche Besatzung rekrutiert sich teils aus „Arbeitsmaiden" des Kriegshilfsdienstes (1942/43).

69 Beengte Verhältnisse herrschten bis in die siebziger Jahre in der Straßenbahn-Hauptwerkstatt. Hier gleich drei zweifarbige Triebwagen, von denen zwei (65 und 92) den Krieg nicht überleben sollten (um 1940).

70 Als alles in Scherben lag: Winter 1944/45 im Straßenbahn-Depot. Der Betrieb scheint stillzustehen.

pflichtete man ab Oktober 1941 im Rahmen des „Kriegshilfsdienstes" das erste, 50 Mädchen umfassende Kontingent „Arbeitsmaiden" als Schaffnerinnen. Die Unterbringung der überwiegend auswärtigen Kräfte erfolgte in einem im Hause Leibnizstraße 5 eingerichteten Wohnheim, ihr Ersatz nach jeweils 6 Monaten durch neu auszubildende Mädchen.

Von großen Luftangriffen blieb Mainz bis zum Sommer 1942 verschont. Dies änderte sich schlagartig, als nächtliche Angriffe am 11./12. 8. 1942 das Gebiet um Ludwigsstraße, Höfchen und Schusterstraße in Schutt und Asche legten und den Straßenbahnbetrieb in diesem Bereich für Wochen zum Erliegen brachten. Kurzfristig erfolgte daher eine Zweiteilung der Linie 1 in die Abschnitte Ingelheimer Aue – Brükkenkopf und Höfchen – Weisenau, wobei eine Omnibuslinie Zeughaus – Steig die Verbindung herstellte. Verkürzt werden mußten die Linien 3 und 10 auf die Teilstrecken Straßenbahnamt – Bismarckplatz – Hauptbahnhof bzw. Finthen – Hauptbahnhof. Linie 11 erhielt gleichzeitig bis Anfang 1945 eine geänderte (Halbring-)Führung von Hechtsheim über Schillerplatz – Hauptbahnhof – Bismarckplatz – Straßenbahnamt – Brückenkopf, während die Linien 7 und 8 zunächst in beiden Richtungen über Große Bleiche statt Höfchen nach Kostheim bzw. Kostheim/Siedlung liefen. Bis zum 17. 9. 1942 gediehen die Instandsetzungsarbeiten so weit, daß der Abschnitt Schillerplatz – Höfchen – Brückenkopf für die Linien 7, 8 und 10 wieder benutzbar war. Wie schwer die Schäden im Bereich Schusterstraße waren, ergibt sich aus der Tatsache, daß der durchgehende Betrieb der Linie 1 erst am 18. 12. 1942 aufgenommen werden konnte, wobei die Wagen der Zerstörungen wegen die Haltestelle in der Schusterstraße ohne Halt passierten.

Das kommende Jahr 1943 verhalf den Verkehrsbetrieben unerwartet zu einem Zuwachs an Strecken und Fahrzeugen: Seit 1929 hatte sich die SEG in Wiesbaden mit einem stark geschrumpften Straßenbahnbetrieb begnügen müssen und zwangsläufig ihre Aktivitäten auf ihr großes Essener Netz verlegt. Schon 1939 bot sie daher der Stadt Wiesbaden an, den restlichen Betrieb zu übernehmen. Zunächst vereitelte der Kriegsausbruch weitere Verhandlungen, doch traten Anfang 1943 die Gespräche in ein entscheidendes Stadium und ergaben eine Übernahme zum 1. 4. 1943.

Während das große Depot der Gesellschaft in Biebrich sowie die Arbeitswagen an Wiesbaden gingen, wurden die beiden Strecken nach Wiesbaden bzw. Biebrich – Schierstein entsprechend der damaligen Grenzziehung zugeschlagen, die Personentrieb- und -beiwagen dagegen im Verhältnis 2 : 1 für Wiesbaden unter beiden Betrieben aufgeteilt. Mainz war damit um 11,51 km Gleis und 6,04 km Strecke „reicher" geworden, und zwar um folgende Strecken:

Brückenkopf Kastel über Gabelung bis
Landesgrenze bei Bf. Wiesbaden Ost   4,292 km
Gabelung bis Landesgrenze
Amöneburg/Albertstr.   1,748 km

Von 18 „aufteilungswürdigen" Triebwagen erhielt Mainz sechs, von den Beiwagen dagegen neun.

In einem am 28. 4. 1943 abgeschlossenen „Betriebsgemeinschaftsvertrag" legten beide Stadtwerke die monatlich wechselnde Betriebsführung für die Linien 6 und 9 fest. Ab 1. 7. 1943 begann die Bedienung der Linie 6 durch Mainz, die der Linie 9 durch Wiesbaden, so daß der Vertrag auch in der Praxis Gestalt annahm, bis er durch die Unterbrechung des Betriebes 1945 zunächst seine Grundlage verlor.

Hatten die bisher auf Mainz geflogenen Luftangriffe den Wagenpark glücklicherweise verschont, so sollte sich dies 1943 bald ändern: Ein Angriff in der Nacht vom 10. zum 11. 4. verursachte neben größeren Schäden an Wagenhallen und Werkstätten erstmals auch solche an fünf Trieb- und Beiwagen. Zu Kriegsbeginn – dies sei in Erinnerung gerufen – verfügte man für den Personenverkehr über 65 Trieb- und 46 Beiwagen. Durch Verkäufe nach Lodz, Übernahme der SEG-Fahrzeuge, Umbau und Ausleihe standen im Herbst 1943 57 Trieb- und 55 Beiwagen zur Verfügung. Mit einem solch umfangreichen Wagenpark hätten die Verkehrsbedürfnisse an sich befriedigt werden können. Abgesehen von dem chronischen Personalmangel (die Ausbildung einiger Frauen zu Straßenbahnfahrerinnen ab Mai 1943 sowie einer Anzahl kriegsgefangener Flamen änderte nur wenig) kamen die Wagenausfälle als viel bedenklichere Erscheinung hinzu. Dies lag zum einen am Mangel an Facharbeitern (vor allem Ankerwicklern), zum anderen an fehlenden Ersatzteilen und nicht zuletzt an sich häufenden Unfällen infolge Verdunkelung und teils ungeübtem Personal. Die Zahl der Ausfälle (Ankerschäden in Klammern) wird in der folgenden Aufstellung mehr als deutlich:

```
25. 11. 1943:  30 (18) Tw und  6 Bw
30. 12. 1943:  29 (17) Tw und 10 Bw
 1.  2. 1944:  24 (13) Tw und  7 Bw
 6.  3. 1944:  28 (15) Tw und  9 Bw
 4.  5. 1944:  25 (14) Tw und 12 Bw
 8.  6. 1944:  22 (12) Tw und 11 Bw
29.  6. 1944:  30 (18) Tw und 12 Bw
```

Ende Juni 1944 waren für den schon stark eingeschränkten Fahrplan 34 Trieb- und 46 Beiwagen erforderlich; mithin fehlten bereits sieben Trieb- und drei Beiwagen.

Am 20. 12. 1943 verloren die Verkehrsbetriebe mit dem Triebwagen 54 überhaupt den ersten Straßenbahnwagen. Ihn traf an der Haltestelle Waggonfabrik eine Sprengbombe. Weitere Totalverluste traten erst mit den ab 8./9. 9. 1944 beginnenden und sich bis in den Oktober hinziehenden schweren Luftangriffen ein. Hierbei wurden ein aus Triebwagen 67 und Beiwagen 117 bestehender Zug der Linie 7 in Kastel (Philippsring/Ecke Hochheimer Str.), Triebwagen 79 am Binger Schlag, ferner Triebwagen 48 in Halle A total, vier weitere Triebwagen (einer davon in Biebrich) dagegen schwer beschädigt. Infolge der Angriffe kam es in beiden Monaten mehrmals zum völligen Stillstand des Betriebes und einem nur abschnittsweisen Wiederingangsetzen mit zahlreichen, heute nicht mehr rekonstruierbaren Provisorien. Die am 8. 9. 1944 stark beschädigten Fahrleitungen in der Großen Bleiche zogen die sofortige und damit auch endgültige Stillegung dieser Strecke nach sich. Über die sich hieraus ergebenden Linienänderungen fehlen allerdings Hinweise. Es ist anzunehmen, daß Linie 10 nun auf den Abschnitt Finthen—Hbf endgültig beschränkt blieb und Linie 8 jetzt in beiden Richtungen über Höfchen – wie Linie 7 – nach Kostheim/Siedlung lief. Offenbar wegen Wagenmangels hatte Mainz übrigens ab 19. 9. 1944 die Bedienung beider Gemeinschaftsstrecken dem Wiesbadener Partner übertragen und ihm mietweise zwei Trieb- und einen Beiwagen (45, 49, 176) zur Verfügung gestellt.

Bevor am 18. 12. 1944 ein Angriff das Anwesen der Verkehrsbetriebe vernichtend traf und insbesondere die Wagenhalle A sowie die Omnibushalle zum Ziel hatte, standen nur noch 21 Trieb- und 21 Beiwagen fahrbereit. Jetzt – nach diesem Angriff – mußten neun Trieb- und vier Beiwagen als total beschädigt abgeschrieben werden. Weit mehr Fahrzeuge stufte man als „schwer beschädigt" ein und entschied nach Kriegsende wegen des unverhältnismäßig hohen Wiederherstellungsaufwandes, fehlender Ersatzteile, endlich auch des Alters, sie zu verschrotten.

In der letzten bekannten „Lagemeldung" vor dem alles einäschernden Angriff vom 27. 2. 1945 – sie stammt vom 30. 1. 1945 – werden nur noch acht Trieb- und elf Beiwagen als uneingeschränkt betriebsfähig bezeichnet. Mit ihnen erhielt man auf einzelnen Teilstrecken (so von Finthen zum Hbf und von Weisenau zum Höfchen) bis unmittelbar zu dem gegen 16.30 Uhr beginnenden Großangriff den Verkehr aufrecht. Mit diesem 27. 2. 1945 war das „Tausendjährige Reich" für die Mainzer Straßenbahn jedenfalls zu Ende gegangen. Wiesbaden hatte die Linie 6 noch bis zum 13. 1. 1945, und zwar wohl bis Mainz/Hbf, betreiben können und dann einstellen müssen. Einen längeren „Atem" hatte die Linie 9, deren letzte Stunde erst am 10. 3. 1945 schlug. Bis auf die linke Rheinseite fuhr sie damals natürlich nicht mehr; ihr letzter Endpunkt dürfte in Kastel, an der Gabelung oder in Amöneburg gewesen sein.

Bis zum Einmarsch der Amerikaner am 21. 3. 1945 kam es offenbar zu keinen Aktivitäten mehr. Die als strategisch angesehenen Rheinbrücken (so auch die „Straßenbrücke" nach Kastel mit ihren beiden Straßenbahngleisen) hatten Pioniere am 18. 3. 1945 gesprengt. Betriebs- und Werkleitung setzten sich im übrigen – weil politisch nicht unbelastet – rechtzeitig über den Rhein ab.

Nach Abschluß der Kampfhandlungen waren gerade noch fünf Trieb- und zwölf Beiwagen theoretisch einsatzfähig. Als Ergebnis des Krieges mußten letztlich 25 von 57 Triebwagen und 23 von 55 Beiwagen des Personenverkehrs als Verluste abgeschrieben werden. Hinzu kamen noch zwei Arbeitstriebwagen und sechs Güterwagen. Bei der Zahl der Triebwagen ist die nachträgliche Verwendung von sechs Fahrgestellen bei den 1950/51 gelieferten Aufbauwagen allerdings noch zu berücksichtigen.

9. Neubeginn 1945

Schon vor Kriegsende setzten die ersten Bemühungen für den Wiederaufbau ein. Zunächst galt es, die nach dem Angriff vom 27. 2. 1945 an verschiedenen Stellen stehengebliebenen und jetzt oft mutwilligen Zerstörungen ausgesetzten Fahrzeuge zu bergen. Unter Mithilfe der Amerikaner kamen so im Schlepp von Lkws unter anderem zwei Trieb- und ein Beiwagen aus Weisenau, dann – auf nicht mehr feststellbare Weise – auch zwei Trieb- und zwei Beiwagen aus Kastel bzw. Kostheim/Siedlung ins Depot zurück.

Ende April/Anfang Mai 1945 begann auf dem wenig in Mitleidenschaft gezogenen, aber wichtigen Abschnitt Bismarckplatz—Finthen die Instandsetzung. Anfang Juli 1945 waren die Arbeiten einschließlich Zufahrt zum Depot so weit gediehen, daß die Linie 10 am 29. 7. 1945 – einem Sonntag – nach 151 Tagen ohne Verkehrsbedienung ihren Betrieb als erste aufnehmen konnte. Dabei ereignete sich ein tödlicher Unfall eines französischen Kolonialsoldaten in Gonsenheim, was zu schweren Ausschreitungen von Besatzungsangehörigen gegen das schuldlose Fahrpersonal führte.

Die Stromversorgung erfolgte zunächst durch das im Krieg begonnene und Anfang Juli 1945 fertiggestellte Unterwerk Kapellenstraße in Gonsenheim und erst gegen Weihnachten 1945 nahm das Unterwerk Rheinallee nach provisorischer Wiederherstellung seinen Betrieb wieder auf.

Nur eine Woche nach der Eröffnung konnte die Linie 10 am 5. 8. 1945 ihre Fahrten bis Hauptbahnhof ausdehnen. Die kurze Stichstrecke Waggonfabrik—Mombach kam nach nur einwöchiger Instandsetzung am 19. 8. 1945 (nach anderer Quelle am 23.) wieder „unter Draht", so daß die Linie 7 zwischen Hbf und Mombach verkehren konnte. Größeren Umfang hatten die Arbeiten auf der Bretzenheimer Strecke. Sie nahmen sechs Wochen in Anspruch, ehe die Linie 8 ab 19. 9. 1945 zwischen Hbf und Bretzenheim ihre Fahrten aufnahm. Vermutlich am 10. 10. 1945 gelang es, ihren Betrieb bis Schillerplatz auszudehnen, so daß wieder Verbindung in die eigentliche Innenstadt bestand. Zu „neuen Ufern" gelangte sie ab 11. 11. 1945, als sie die bisher der Linie 11 vorbehaltene Strecke über die Gaugasse erklomm und vorerst am Gautor endete.

> „Die Linie 8 der Mainzer Straßenbahn fährt jetzt bis zum Gautor. Damit ist die Straßenbahn auf dem Berge angekommen; hoffen wir, daß sie auch darüber kommt",

meinte der „Mainzer Anzeiger" hierzu am 13. 11. 1945. Seine Hoffnung erfüllte sich, denn am 23. 12. 1945 – gewissermaßen als „Weihnachtsgeschenk" – erreichte die Linie 8 Hechtsheim. Am gleichen Tag folgte Schillerplatz—Höfchen als erster Abschnitt der Weisenauer Linie. Ihr Weiterbau ließ jedoch auf sich warten: Ab 27. 1. 1946 konnte die Linie 1 wenigstens bis Stadtpark verkehren, und am 21. 2. 1946 kam sie endlich in Weisenau an. Alle linksrheinischen Vororte waren damit wieder angeschlossen.

Mißlich empfand man das Fehlen der Verbindung

71 Dlick vom Dom auf Ludwigcctraße und Gutenbergplatz mit einem Gastell-Zug der Baujahre 1915/17
Das Ausmaß der Kriegszerstörungen ist deutlich zu erkennen (um 1949).

72 Triebwagen 73 mit Notverglasung am Straßenbahnamt. Die kleinen Schlußleuchten über den Scheinwerfern wurden nach 1950 unverständlicherweise ersatzlos entfernt (1949).

73 Das Ergebnis des Krieges: Reste zerstörter Triebwagen und stark beschädigte Beiwagen der Reihe 155–166 in der teilweise aufgebauten Halle A (1948/49).

zum Industriegebiet Ingelheimer Aue. Hier hatte der Krieg an Fahrleitungs- und Gleisanlagen starke Schäden verursacht. Entsprechend umfangreich und langwierig gestaltete sich auch die Wiederherstellung. Bombentrichter waren zu verfüllen und nicht weniger als 49 Gittermaste neu zu stellen. Widersprüchlich sind die Daten der Inbetriebnahme: Wahrscheinlich wurde der Betrieb bis Kleine Ingelheimstraße ab 23. 3., bis Endstelle ab 1. 4. 1946 durch die spätere Linie 3 aufgenommen.

Von den innerstädtischen Strecken lagen jetzt immer noch einige brach. Diejenige vom Hauptbahnhof über Kaiserstraße und Rheinallee zum Straßenbahnamt konnte zum 1. 5. 1946 eröffnet und von der verlängerten Linie 3 bedient werden.

Als bedeutendstes Ereignis der ersten Nachkriegszeit muß die Wiedereröffnung der Mainzer Universität in den Gebäuden der ehemaligen Flak-Kaserne an der Saarstraße gesehen werden. Zur Verkehrsbedienung verlangte die französische Militärregierung eine Straßenbahnverbindung im Zuge der Saarstraße, die als Abzweigung von der Bretzenheimer Linie verhältnismäßig leicht herzustellen war. Die Eröffnung der auf der Nordseite der Straße auf eigenem Bahnkörper verlegten 0,73 km langen eingleisigen Strecke erfolgte durch die neue Linie 2 am 16. 5. 1946. Zunächst genügten Einzelwagen alle 20 Minuten. Ab 16. 12. 1946 mußten jedoch Beiwagen mitgeführt und – des Rangierens wegen – die Linie von der bisherigen Endstelle Steig zum Südbahnhof zurückgezogen werden. Von allzu langer Dauer war der Beiwagenbetrieb nicht: Als sich Mitte Februar 1947 an der Universität infolge schadhafter Bremse ein Beiwagen selbständig machte, samt Schaffner die abschüssige Saarstraße hinunterrollte und erst in der Schillerstraße zum Stehen kam, verzichtete man kurzerhand auf den Beiwagen-Einsatz.

Mit Übergabe der Strecke Höfchen–Brückenkopf –Kaisertor schloß sich am 17. 7. 1946 der früher wichtige Innenstadtring. Ihn bediente nun die Rundbahnlinie 4, und zwar in beiden Richtungen.

Rechtsrheinisch bestritt unterdessen Wiesbaden den Betrieb auf den Gemeinschaftslinien 6 und 9 alleine. Sowohl die Wiesbadener als auch Schiersteiner Strecke erlitten starke Kriegsschäden, die nur ein abschnittsweises Ingangsetzen erlaubten. Ab 2. 8. 1945 kam zunächst Schierstein–Biebrich und ein Abschnitt der Linie 6 in Wiesbadens Mainzer Straße in Betrieb. Am 10. 9. 1945 war – wenn auch von Biebrich – Wiesbaden/Hauptpost erreicht. Die eigentliche Linie 6 nahm jedoch erst am 21. 3. 1946 ihren Verkehr zwischen Hauptpost und Gabelung auf, ehe sie ab 4. 4. 1946 bis Kastel/Wiesbadener Straße verlängert wurde. Hier bestand Anschluß an eine am 24. 2. 1946 eröffnete Omnibuslinie, die von Kostheim aus über die von den Amerikanern erbaute Behelfsbrücke und via Kaiserstraße zum Hauptbahnhof führte.

Wiesbaden hatte die Linie 9 von Biebrich/Rheinufer ab 6. 2. 1946 zunächst bis Albertstraße/Landesgrenze und ab 5. 8. 1946 bis nach Amöneburg selbst verlängern können. Ab 1. 12. 1946 dehnte man ihren Betrieb schließlich bis Kastel/Wiesbadener Straße aus. Wegen noch nicht beseitigter Gleisschäden im Bereich Mudra-Kaserne konnte zwischen Kaiserbrücke und Gabelung zunächst nur das Gleis nach Kastel benutzt werden.

Haftete dem Liniennetz bis dahin der Charakter des Provisorischen an, so änderte sich dies mit Einführung eines neuen Fahrplanes ab 22. 6. 1947 mit teils neuen Linienführungen:

1: Ingelheimer Aue – Straßenbahnamt – Kaisertor – Hbf – Höfchen – Weisenau
2: Südbahnhof – Höfchen – Hbf – Universität (wie bisher)
3 und 4: eingestellt
5: (neu) Straßenbahnamt – Bismarckplatz – Hbf – Hechtsheim
7: Mombach – Bismarckplatz – Hbf – Kaisertor – Brückenkopf (Rückweg über Höfchen)
8: Bretzenheim – Hbf – Höfchen – Brückenkopf (Rückweg über Kaisertor)
10: Finthen – Gonsenheim – Bismarckplatz – Hbf (wie bisher)

Von den Vorortlinien lagen jetzt nur noch die nach Kostheim und Kostheim/Siedlung still. Die geringe Frequenz der Abzweigung nach Kostheim/Siedlung erheischte nicht unbedingt einen Straßenbahnanschluß, zumal die Kostheimer Omnibuslinie die Endstelle im Rundlauf zeitweise mitbediente. Anders stand es dagegen mit der Versorgung Alt-Kostheims. Zunächst erwog man eine Verlängerung der Linie 6 oder 9, verwarf dies aber schnell, um keinen Präzedenzfall für die Zukunft zu schaffen, waren doch die rechtsrheinischen Stadtteile Amöneburg, Kastel und Kostheim durch Anordnung der Militärregierung seit 10. 8. 1945 der Stadt Wiesbaden zur treuhänderischen Verwaltung übergeben worden. Als Alternative ergab sich daher nur die Möglichkeit eines vom übrigen Netz getrennten „Inselbetriebes".

Langwierig gestaltete sich die Wiederherstellung von Gleisen und Fahrleitungen. Am Kasteler Brückenkopf mußte zunächst eine Verbindungskurve von den Gleisen der Linie 6 und 9 in der Rampenstraße zu denjenigen in Richtung Kastel/Bahnhof verlegt werden. Schließlich war es dann doch so weit: Am 29. 11. 1947 wurde die Strecke mit einer Probefahrt, zu der auch der Mainzer Oberbürgermeister Dr. Kraus gekommen war, wiedereröffnet. Wiesbaden hatte sich entschuldigen lassen. Während einer kleinen Feier im Kostheimer „Engel" gab man nicht nur der Freude über die wiedererstandene Verbindung Ausdruck, sondern äußerte auch die Hoffnung, daß das Jahr 1948 die Rückgliederung der abgetrennten Stadtteile bringen möge ...

Am folgenden 30. 11. 1947 nahm die neue Linie 11 zwischen Kastel/Wiesbadener Straße und Kostheim/Hauptstraße ihre Fahrten auf. Die neue Endstelle in Kostheim befand sich allerdings in Höhe der Friedrichstraße, so daß der etwa 0,50 km lange Endabschnitt bis Mainbrücke wegen enger Straßenverhältnisse ohne Verkehr blieb. Für die Bedienung dieser Linie benötigte man einen einzigen Zug (bestehend aus Triebwagen 78 und Beiwagen 153). Beide Fahrzeuge wurden zuvor revidiert, per Tieflader nach Kastel geschafft und dort fahrbereit gemacht. Ihre Unterbringung erfolgte im Depot Biebrich. Fahr- und zweiköpfiges Werkstattpersonal stellte Mainz. Nach einjährigem Einsatz wechselte man gegen Triebwagen 75 und Beiwagen 154 aus, die bis zur Aufgabe des Inselbetriebes in Biebrich blieben.

Durch die Kriegsereignisse standen nun noch zwei Strecken außer Betrieb:

> Höfchen–Schusterstraße–Bauhofstraße–
> Kaiserstraße/Ecke Hindenburgplatz
> mit 1,04 km Länge und
> Große Bleiche mit 0,91 km Länge

Überaus starke Zerstörungen in den durchfahrenen Straßenzügen und der unerklärlich geringe Verkehrswert der Großen Bleiche (ab 1. 5. 1948 verkehrte hier der Obus) ließen beide Abschnitte nicht mehr interessant erscheinen, so daß die Gleise in den sechziger Jahren entfernt wurden.

1948 hatte endlich mit dem Wiederaufbau der Straßenbrücke begonnen werden können, so daß die Voraussetzungen für die Verbindung der links- und rechtsrheinischen Strecken wieder gegeben sein würden. Die Wiederherstellung der Gleisanlagen auf der Brücke erfolgte ab Ende 1949 wie zuvor in Mittellage, während die erhalten gebliebenen Gleise auf den Rampen belassen wurden. Auf Kasteler Seite war lediglich der 1947 eingebaute Verbindungsbogen für die Interimslinie 11 zu entfernen. Wegen einer möglichen späteren Umstellung auf Obus wählte man für die Fahrleitungsmasten auf der Brücke eine stärkere Ausführung. Anfang April 1950 konnten Gleis- und Fahrleitungsarbeiten beendet und am 12. 4. 1950 eine erste Probefahrt nach Wiesbaden/Hauptpost absolviert werden. Die Abnahme geschah am folgenden Tag. Die feierliche Eröffnung der Brücke und damit auch des Straßenbahnbetriebes erfolgte schließlich am Sonntag, dem 16. 4. 1950, in Anwesenheit von Bundespräsident Heuss, dessen Name die Brücke später einmal erhalten sollte.

Rechtzeitig zu diesem Ereignis hatte aus Mitteln des Marshall-Planes der Wagenpark um acht „Aufbauwagen" ergänzt werden können. Vier von ihnen besaßen aufgearbeitete zweiachsige Fahrgestelle und Motore der 1925/27 beschafften Baureihe 70–89. Die übrigen vier Fahrzeuge waren Lenkdreiachser, von denen einer vorab im Juli 1949 geliefert worden war, um entsprechende Betriebserfahrungen zu

74 1949/50 tat auf der rechtsrheinischen Pendellinie 11 nach Kostheim Triebwagen 75 Dienst. Im Hintergrund (Endstelle Kastel/Wiesbadener Straße) ein Wiesbadener Beiwagen der Linie 6 oder 9, der in den Hauptverkehrszeiten als zweiter Beiwagen nach Kostheim mitlief.

75 Sparverglasung hier – Kosmetikreklame dort: Triebwagen 62 mit einem ex-SEG-Beiwagen im Schlepp am Bismarckplatz wirbt 1948 für Hautcreme.

76 Aufgefahren zur Brückenweihe am 16. April 1950 sind die acht neuen Aufbau-Triebwagen – ganzer Stolz der Mainzer Straßenbahn.

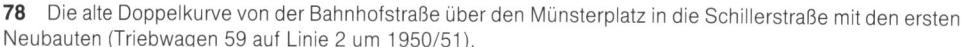

77 Defilee der sämtlich als Linie 6 ausgeschilderten neuen Triebwagen über die Straßenbrücke auf dem Weg zum Kasteler Bahnhof.

78 Die alte Doppelkurve von der Bahnhofstraße über den Münsterplatz in die Schillerstraße mit den ersten Neubauten (Triebwagen 59 auf Linie 2 um 1950/51).

79 Kundendienst wieder größer geschrieben: Neue Abfahrtstafel am Hauptbahnhof (1950).

80 Unter freiem Himmel mußte man anfangs in der stark mitgenommenen Hauptwerkstatt arbeiten. Rechts die Reste des später verschrotteten Triebwagens 52 (1948/49).

sammeln. Alle acht Wagen waren für die Eröffnungsfahrt bestimmt und mit Tannengrün und Fähnchen geschmückt. Sie absolvierten – als Linie 6 beschildert – vom Mainzer Brückenkopf aus eine Fahrt zum Bahnhof in Kastel und wieder zurück. Danach begann der planmäßige durchgehende Betrieb der Gemeinschaftslinien 6 und 9. Entsprechend der früheren Übung fuhr im ersten Monat Mainz die Linie 6 und Wiesbaden die Linie 9. Einige Tage zuvor – am 10. und 14. 4. 1950 – hatten die neuen Wagen bereits je zwei Rundfahrten durch die Innenstadt unternommen, um sich der Bevölkerung vorzustellen.

Mit Eröffnung der Straßenbrücke ging eine Neuordnung der meisten Straßenbahnlinien einher, so daß sich folgende Führungen ergaben:

1: Ingelheimer Aue–Straßenbahnamt–Bismarckplatz–Hbf–Höfchen–Weisenau (Rückweg über Kaisertor)
2: Universität–Hbf–Höfchen–Brückenkopf–Kastel/Bahnhof
3: (neu) Höfchen–Steig
5: Straßenbahnamt–Kaisertor–Hbf–Hechtsheim (Rückweg über Bismarckplatz)
6: Mainz/Hbf–Kaisertor–Brückenkopf–Gabelung–Wiesbaden/Hauptpost
7: Mombach–Bismarckplatz–Hbf–Höfchen–Brückenkopf–Kastel/Bahnhof–Kostheim
8: Bretzenheim–Hbf–Höfchen–Brückenkopf–Kastel/Bahnhof–Kostheim/Siedlung
9: Mainz/Hbf–Kaisertor–Brückenkopf–Gabelung–Amöneburg–Biebrich–Schierstein
10: Finthen–Gonsenheim–Bismarckplatz–Hbf (wie bisher)

Parallel zur Inbetriebnahme der Strecken mußte natürlich auch die der Fahrzeuge erfolgen. Standen Ende Juli 1945 zunächst nur fünf Trieb- und neun Beiwagen zur Verfügung, so erhöhten sich diese Zahlen bis Ende 1945 auf 14 bzw. 13. Ende 1946 stieg der Bestand auf 27 Trieb- und 20 Beiwagen. Da zunächst die weniger schwer beschädigten Fahrzeuge instandgesetzt worden waren, verlangsamte sich die Wiederherstellung merklich: Ende 1947 standen erst 29 bzw. 24, Ende 1948 32 bzw. 25 Trieb- und Beiwagen im Einsatz. Im April 1949 konnte der letzte Triebwagen nach einer Generalreparatur in Dienst gestellt werden; im Juni folgte ein Beiwagen. 1950 wurden weitere fünf Beiwagen übergeben, ehe mit der Ablieferung des letzten Beiwagens im Januar 1951 das in eigener Regie durchgeführte Instandsetzungsprogramm seinen Abschluß fand. Nach fünfeinhalb Jahren mühseliger Arbeit waren von den ursprünglich vorhandenen alten 57 Trieb- und 55 Beiwagen je 32 Einheiten wieder im Einsatzbestand.

Die Eröffnung der Straßenbrücke hatte nicht nur für die Stadt, sondern auch für den Verkehrsbetrieb einen Markstein ersten Ranges in der Nachkriegszeit dargestellt. Die Aufbauperiode konnte gleichzeitig als im wesentlichen beendet angesehen werden. Wagenhallen, Werkstätten und Verwaltungsgebäude waren – wenn auch teils behelfsmäßig – instandgesetzt und erfüllten wieder ihre Funktionen. Mit der

Ablieferung zweier letzter, mit Fahrgestellen und Motoren abgebrannter Altfahrzeuge ausgestatteter Triebwagen hatte man im Sommer 1951 das Kapitel „Zweiter Weltkrieg" auch mit seinen Folgen glücklich hinter sich gebracht.

10. Erst Erneuerung, dann Stillegung: die Periode 1950–1965

Mit Eröffnung der Straßenbrücke hatte das Nachkriegs-Straßenbahnnetz seine größte Ausdehnung erreicht, doch schien die Schrumpfung bereits vorgezeichnet:
Beide SEG-Strecken – insbesondere die Abschnitte auf eigenem Bahnkörper – befanden sich durch Alter und unzureichende Pflege in äußerst schlechtem Zustand, der mehrmals die Aufsichtsbehörden auf den Plan rief. Ständige Ausbesserungen halfen wenig; die Gleise hätten von Grund auf erneuert werden müssen. Dazu sah sich Wiesbaden aus seiner negativen Einstellung zur Straßenbahn nicht in der Lage, scheute überdies die zu erwartenden hohen Kosten, vor denen aber auch Mainz zurückschreckte. Erschwerend kam hinzu, daß das früher gute Verkehrsaufkommen der Linie 6 durch die ab Kastel abseitige Lage und eine seit 31. 3. 1947 konkurrierende Bahnbuslinie Mainz–Wiesbaden stark zurückgegangen war. So verständigten sich beide Partner schon 1951, die Linie 6 auf Omnibusbetrieb umzustellen. Die daraufhin betriebene Gründung einer „Omnibus-Verkehrsgemeinschaft" mit der Bundesbahn als drittem Partner scheiterte 1953 daran, daß diese nicht bereit schien, sich nach Wiederaufnahme des Eisenbahnverkehrs über die Kaiserbrücke nach Wiesbaden zurückzuziehen. Mainz und Wiesbaden bereiteten daher ab 1954 die Umstellung – jetzt auch der Linie 9 – vor, nachdem auch der Mainzer Stadtrat am 10. 11. 1954 zustimmte. Am 30. 4. 1955 verkehrten daher letztmals Straßenbahnen auf beiden Linien. Wiesbaden ergriff dabei die Gelegenheit, sich von seiner letzten innerstädtischen Linie 8 (Hauptpost–Biebrich) zu trennen und bereitete ihr einen wehmütigen Abschied. Recht sang- und klanglos geriet der letzte Tag für die Linien 6 und 9. Lediglich Schiersteins Bürger gaben dem um 23.36 Uhr abgehenden Mainzer Wagen der Linie 9 mit viel Hallo das letzte Geleit, so daß er mit reichlicher Verspätung ins Depot einrückte.

50 Jahre „Städtische Straßenbahn" nahm man 1954 zum Anlaß, das Jahr 1904 in die Erinnerung zurückzurufen. Am 3. und 9. 10. veranstalteten die Verkehrsbetriebe daher einen großen Wagenkorso durch die Innenstadt. Angeführt von einem (Pseudo-)Pferdebahnwagen „1" folgten Triebwagen der verschiedenen Epochen und am Schluß die neue „Konkurrenz" – der Omnibus.

Bis auf die Indienststellung fünf dreiachsiger Großraumtriebwagen, zweier neuer Beiwagen und einiger Übernahmen aus Wiesbaden verliefen damit die Jahre 1951–54 auf dem Sektor „Straßenbahn" ausgesprochen ruhig.

81 Mombach/Hauptstraße 1940: Zwei-Wagen-Zug der Linie 7 nach Kostheim/Mainbrücke mit Beiwagen der Reihe 117–124. Die Kupplungsköpfe lackierte man der Verdunkelung wegen weiß.

82 Wahrscheinlich der erste, der wieder eine Ganz-Elfenbeinlackierung erhielt: Triebwagen 90 mit zweifarbigem Beiwagen der Reihe 125–144 (Schillerplatz, 1942).

83 Triebwagen 88 mit Beiwagen 142 am Ende der Neubaustrecke entlang der Brückenrampen in der Rheinstraße (Endstelle „Schloßtor" der Linie 8; Juli 1962).

84 Dreiachs-Triebwagen 98 verläßt den Bahnhofsplatz in Richtung Kaiser-Wilhelm-Ring. Sonntags verkehrte Linie 1 in den letzten Jahren im allgemeinen ohne Beiwagen (Juli 1962).

85 Zwei „Unzertrennliche": Triebwagen 260 und Beiwagen 280 zwischen Lindenmühle und Bretzenheim (1973).

86 Hilfsgerätetriebwagen 68, respektlos „gelber Aff'" genannt, vor der Wagenhalle B (1972).

87 Fast 80 Jahre trennen den ältesten vom neuesten Fahrschein:
Ermäßigungskarte (1906–09), Rückfahrschein nach Gonsenheim und Mombach (1936–39), Netzbildfahrschein (1935–40), Kinderfahrschein der Jahre 1945–50 (mit grünem Balken), Zusatzfahrschein (Bauschheim, Sonderlinien), Netzbildfahrschein (1957–65) mit rotem Balken des Gemeinschaftsbetriebes; Einlagefahrschein eines Heftchens für die Gemeinschaftslinien 6 und 9 (blauer Balken, von Wiesbaden beschafft; bis 1965), Umsteigefahrschein mit 1965–68 vorgenommener Stempelung, Ersatzfahrschein für ertappte und zahlungsbereite Schwarzfahrer (ab 1977), Wertmarken für Wochensichtkarten, 1982/83 gültige Einzelfahrscheine für Erwachsene und Kinder. – Weitere Fahrschein-Abbildungen siehe Seite 210.

88/89 Der Bahnhofsplatz in den fünfziger Jahren: im oberen Bild beherrscht noch die Straßenbahn das Geschehen. Vorn ein 60er Triebwagen der von der Universität kommenden Linie 2, in Bildmitte ein Wiesbadener Zug der Linie 6, gefolgt von einem Mainzer Dreiachs-Triebwagen der Linie 9 (um 1951).
Im unteren Bild hat der Gelenkomnibus bereits die Straßenbahnlinie 6 abgelöst; am unteren Bildrand ein Beiwagen der zum Kaisertor fahrenden Linie 1 (1955/56); etwa in Bildmitte als Zwei-Wagen-Zug ein Triebwagen der Reihe 90–94 und ein Beiwagen der Reihe 149–154.

Mit den auf den Linien 6 und 9 freigewordenen fünf Zügen war es möglich, das Verkehrsangebot zu verbessern und einige Linienänderungen vorzunehmen. Ab 1. 9. 1955 verband man daher Finthen und Kostheim wieder mit einer langen durchgehenden Linie 10, verlegte die „7" nach Kostheim/Siedlung und verbannte – als Gegengewicht zur neuen Rundbahnlinie 3 – die „8" auf einen Rundkurs durch die Stadt.

Im Zusammenhang mit dem Neubau der Bahnhofsbrücke – verursacht durch die beginnende Elektrifizierung der Bundesbahn – mußte die Linie 8 vom 15. 6. 1956 bis 11. 5. 1957 zwischen Bretzenheim und Hauptbahnhof auf Omnibusse umgestellt werden. Ihre Rundbahnfunktion übernahm solange eine neue Linie 4. Für die Linie 2 bedeutete dies und der angeblich bevorstehende, 1964 aber erst begonnene Ausbau der Saarstraße die Aufgabe des erst 1946 eröffneten Abschnitts zur Universität.

Das Jahr 1957 brachte ab 12. 12. für die Linie 7 eine etwa 150 m lange eingleisige Verlängerung in Mombachs Hauptstraße von Ecke Turnerstraße bis Ortsverwaltung durch Reaktivierung eines jahrzehntelang unbenutzten Gleisstutzens, so daß das Umsetzen im Straßenraum entfiel.

Rechtsrheinisch zeichnete sich inzwischen die zeitweise oder endgültige Aufgabe der Straßenbahn ab: Der an der Grenze seiner Leistungsfähigkeit angelangte Kasteler Brückenkopf sollte – auch im Zusammenhang mit der bevorstehenden Elektrifizierung der Bundesbahn – zu einem „Hochkreisel" umgestaltet werden. Schon bei Verlängerung der am 1. 6.

1954 ablaufenden Konzession hatte Wiesbadens Polizeipräsident als erklärter Gegner der Straßenbahn Front gemacht und den dortigen Magistrat bewogen, Einspruch beim Verwaltungsgericht einzulegen. Beide Parteien verglichen sich schließlich, die Konzession bis 30. 6. 1958 (dem voraussichtlichen Baubeginn) zu verlängern. Damit war das vorläufige Weiterbestehen gesichert, für die Zeit danach aber alles „offen". Wiesbaden sprach sich aufgrund der zu erwartenden Kosten für eine Beendigung des Straßenbahnbetriebs aus, Mainz und sein Oberbürgermeister Stein plädierten leidenschaftlich für sein Weiterbestehen. Als Wiesbaden wissen ließ, daß es gegen eine langfristige Konzessionsverlängerung auf alle Fälle Einspruch erheben werde, gab der Mainzer Stadtrat am 24. 4. 1958 auch unter dem Eindruck der Kosten schweren Herzens und „unter großen technischen und wirtschaftlichen Bedenken" seine Zustimmung zur Umstellung beider Kostheimer Strecken.

Die Stunde des Abschieds rückte schnell heran: In der Nacht vom 31. 8. zum 1. 9. 1958 verkehrten letztmals Straßenbahnen zwischen Rheinland-Pfalz und Hessen und ab 1. 9. übernahmen die Omnibuslinien 13, 14 und 19 die Funktionen der ehemaligen Straßenbahnlinien 7, 2 und 11. Mainz hatte wieder – eingedenk der betrüblichen Vorgeschichte – auf jede Abschiedsfeierlichkeit verzichtet.

Es verstand sich, daß durch diese Amputation (3,38 km Strecke und 6,42 km Gleis) eine grundlegende Neuordnung der Linien ab 1. 9. 1958 notwendig war:

90 Die „Hohe Kurve" zwischen Gabelung und Eisenbahn-Überführung. Dreiachs-Triebwagen 96 führt Wiesbadens Beiwagen 66 als Leihwagen in Richtung Wiesbaden mit (1954).

91 Nachbau-Pferdebahnwagen 1 (ex Beiwagen 160) führt im Oktober 1954 den Wagenkorso beim 50jährigen Jubiläum der Städtischen Straßenbahn an (Rheinstraße/Höhe Stadthalle).

92 Festlich geschmückter Triebwagen 28 anläßlich des vorzeitig gefeierten Jubiläums der Gonsenheimer Straßenbahnlinie am 10. Juni 1956.

93 Ein Dorn im Auge der Wiesbadener Polizei: Straßenbahnbetrieb auf der Kostheimer Landstraße (B 26) am Ortseingang von Kostheim. In der Ferne die „Rampe" in Richtung Kastel (August 1958).

94 Lange Staus gehörten zum Alltagsbild der damals überlasteten Straßenbrücke. Triebwagen 49 und Beiwagen 128 im letzten Monat vor der Stillegung der rechtsrheinischen Linien (August 1958).

1: Ingelheimer Aue–Straßenbahnamt–Bismarckplatz–Hbf–Höfchen–Weisenau
2: Straßenbahnamt–Kaisertor–Hbf (nur mo/fr zur
HVZ)
3: Hbf–Kaisertor–Brückenkopf–Höfchen–Hbf
(Rundbahn wie bisher und nur eine Richtung)
5: eingestellt
7: Mombach–Bismarckplatz–Hbf–Höfchen–
Brückenkopf–Kaisertor–Straßenbahnamt
(mo/fr zur HVZ bis Ingelheimer Aue)
8: Bretzenheim–Hbf–Höfchen–Brückenkopf
(Rückweg über Kaisertor; wie bisher)
10: (Finthen–) Gonsenheim–Bismarckplatz–Hbf
11: (Finthen–) Gonsenheim–Bismarckplatz–
Hbf–Hechtsheim

Im Hinblick auf den überalterten Wagenpark hatte
der Stadtrat bereits am 6. 6. 1957 der Beschaffung
sechs moderner Gelenktriebwagen zugestimmt, die
im Herbst 1958 zur Ablieferung kamen. Ihr Einsatz
erfolgte ab 14. 12. 1958 auf der nun ständig bis
Finthen verkehrenden Linie 11, so daß die Linie 10
auf die Strecke Gonsenheim–Hbf beschränkt blieb.
Die Lieferung dieser Fahrzeuge setzte nicht nur die
1952/54 begonnene Modernisierung fort, sie verhin-
derte gleichzeitig die von mancher Seite ersehn-
ehene Stillegung auch des restlichen Netzes. In einem für die IHK Rheinhessen im April 1958 erstatte-
ten „Gutachten über die Verkehrsgestaltung in
Mainz" war der Hagener Betriebs-Dir. a. D. Osterloh
nämlich zum Ergebnis gekommen,

„daß man aus wirtschaftlichen und verkehrs-
betrieblichen Gründen die Verkehrs-Bedienung in
absehbarer Zeit auf den Omnibus abstellen
sollte."

Die folgende Erörterung des Gutachtens oder besser seiner Schlußfolgerungen brachte unter Fach-
leuten und Behördenvertretern keine einheitliche
Meinung. Zustimmung fand lediglich die Empfehlung, die dritte Betriebsart „Obus" bald als unerwünschtes Anhängsel eingehen zu lassen.
Ende der fünfziger Jahre beschäftigte sich die Mainzer Kommunalpolitik ausgiebig mit der Art und Weise, wie der Wiederaufbau der noch brachliegenden
Innenstadtflächen in städtebaulich ansprechender,
verkehrstechnisch jedoch befriedigender Weise geschehen könnte. Während der Stadtrat Anfang 1958
den bekannten Stadtplaner Prof. Dr. May/Hamburg
zum Beauftragten für die allgemeine Planung berief,
übernahm der nicht minder angesehene Züricher
Prof. Dr. Leibbrand die Verkehrsplanung. Leibbrand
kam in dem im August 1960 vorgelegten Gutachten
zu dem Schluß, daß die Strecken nach Finthen, Bretzenheim und Hechtsheim beibehalten, die nach
Weisenau, Mombach, zur Ingelheimer Aue und der
Innenstadt-Halbring   Schillerplatz–Brückenkopf
–Kaisertor–Hbf dagegen nach Abschreibung der
Anlagen aufgegeben werden sollten.
Aus der empfohlenen Stillegung der Rundbahn sowie der inzwischen unzweifelhaft bedenklichen Füh-
rung in der Kaiserstraße gegen den Einbahnverkehr
hatten die Verkehrsbetriebe bereits kurz vorher die
Konsequenz gezogen und die Linien 2 und 3 ab 7. 6.

95 Dörflichen Charakter bewahrte sich die Straße
„Am Wildgraben" in Zahlbach bis 1970. Mittlerweile
hat sich das Straßenbild grundlegend geändert: der
Bach ist verrohrt und die Bäume sind gefällt (Juli
1960).

96 Triebwagen 49 und Beiwagen 154 vor dem 1914 in Holzbauweise errichteten und inzwischen wieder abgerissenen Bahnhofsgebäude in Weisenau (Mai 1963).

97 Als die steile Gaugasse noch völlig eingleisig war: Triebwagen 91 „erklimmt" als E-Wagen im Mai 1963 die Strecke zum Gautor.

1960 eingestellt. Während das Verkehrsaufkommen der Linie 2 die verlängerte Omnibuslinie 24 übernahm, fiel Linie 3 ersatzlos weg. Die Kaiserstraße befuhr nun nur noch die „8", und zwar in gleicher Richtung wie der Individualverkehr, nämlich vom Kaisertor zum Hauptbahnhof.

Die auf den linksrheinischen Rampen der Straßenbrücke liegenden Gleise hatten nach Stillegung der rechtsrheinischen Strecken ihre verbindende Funktion verloren, so daß die Linien 7 und 8 die Rampen nutzlos „erklommen". Im Einklang mit der Empfehlung Leibbrands verlegte man daher entlang der Rheinstraße zwischen Brückenplatz und Schloßtor eine eingleisige Anlage auf eigenem Bahnkörper, die am 24. 5. 1961 in Betrieb ging. Linie 8 endete nun am Schloßtor/Ecke Große Bleiche. Ihre Zielschilder trugen die Aufschrift „Rheinbrücke".

Ein weiteres, im November 1962 von Rauschenberger/Wuppertal vorgelegtes Gutachten kam hinsichtlich der einzustellenden Strecken zu fast gleichen Ergebnissen wie das Leibbrandsche. Auch hier hieß es, „daß der Omnibus genauso gut in der Lage sein würde, die heutigen Verkehrsmengen der Straßenbahn zufriedenstellend zu befördern".

In Ausführung dessen beschloß der Stadtrat Anfang 1963 – auch im Hinblick auf die bevorstehende Neugestaltung der Ludwigsstraße – den Straßenbahnbetrieb auf folgenden Strecken einzustellen:

> vom Höfchen nach Weisenau (2,86 km)
> vom Schillerplatz zum Brückenplatz (1,15 km)
> auf der Kaiserstraße (1,12 km)
> von Waggonfabrik bis Mombach (1,13 km)

Damit sollte sich das Streckennetz um 6,26 km auf 21,34 km vermindern.

Am 27. 10. 1963 verkehrten daher letztmals Straßenbahnen auf diesen Abschnitten. Erstmals ergriff man die Gelegenheit, die Stillegung mit einer Abschiedsfahrt zu begehen. Nach ein Uhr nachts – also schon am 28. – setzte sich von Weisenau aus ein

98 Nur samstags „verirrte" sich einmal ein Gelenkzug der Linie 11 auf die Ludwigsstraße, um nach einer morgendlichen Verstärkungsfahrt über Höfchen – Rheinallee zur Wagenhalle einzurücken. Im Vordergrund seit 1945 stilliegende Gleise zur Schusterstraße (August 1963).

geschmückter Sonderzug (bestehend aus Triebwagen 66 und Beiwagen 141) in Richtung Depot in Bewegung. Trotz später Stunde hatten sich – vor allem in Weisenau und in der Augustinerstraße – einige Hundert Zuschauer eingefunden. Mombach hingegen nahm keinerlei Notiz von der letzten Fahrt „seiner" Linie 7. Ab 28. 10. 1963 verkehrten jetzt folgende Linien:

7: Brückenplatz–Kaisertor–Straßenbahnamt
   (mo/fr zur HVZ bis Ingelheimer Aue)
8: Bretzenheim–Hbf–Bismarckplatz–Straßenbahnamt–Ingelheimer Aue
10: Gonsenheim–Bismarckplatz–Hbf–Schillerplatz (nur mo/fr zur HVZ)
11: Finthen–Gonsenheim–Bismarckplatz–Hbf–Hechtsheim (wie bisher)

Gleismäßig hinzugekommen waren ein Verbindungsgleis auf dem Bahnhofsplatz, um die geänderte Linie 8 von Bretzenheim direkt zur Ingelheimer Aue führen zu können, ferner – ab November – eine Wendeschleife am Schillerplatz als Ersatz für die ab 28. 10. 1963 weggefallene vor dem Hauptbahnhof. Löste die Tatsache, die Straßenbahn weitgehend aus der Innenstadt zu verbannen, ein zwiespältiges, überwiegend negatives Echo aus, so zeigten sich insbesondere die von der Verkürzung der Linie 7 betroffenen Fahrgäste aus der Neustadt ganz und gar nicht einverstanden. Über Wochen war die Umstellung „Thema Nr. 1" in der Presse. In zahlreichen Briefen („Seit der Umstellung gehe ich zu Fuß ...") machten sie ihrem Unmut Luft, so daß sich schließlich der Stadtrat veranlaßt sah, eine „Nahverkehrskommission" ins Leben zu rufen, die als einzig effizientes Ergebnis die Verlängerung der Linie 7 bis Liebfrauenplatz ab 18. 12. 1963 hervorbrachte. Eiligst hatten zuvor am Liebfrauenplatz ein Gleiswechsel eingebaut und am Brückenplatz schon entfernte Gleise wieder verlegt werden müssen ...
Kein Hehl machten die Stadtwerke allerdings daraus, daß die Einstellung des Betriebes zwischen Straßenbahnamt und Liebfrauenplatz nur eine Frage der Zeit sei. In der Tat war auch die Verlängerung nicht der Weisheit letzter Schluß, wirkte doch der Liebfrauenplatz als unnatürliche, zum Umsteigen zwingende Wegscheide. Am 31. 10. 1965 schlug daher die letzte Stunde der Straßenbahnlinie 7, und am 1. 11. übernahm unter gleicher Nummer eine bis Schillerplatz verlängerte Omnibuslinie ihre Aufgabe. Mit dieser letzten Maßnahme hatte sich das Netz um 2,73 km Strecke endgültig auf die von den Gutachtern empfohlene Größe von 18,61 km „gesundgeschrumpft". Von nun an sollte es – wenn auch langsam – wieder bergauf gehen. Am sichtbarsten kam dies in acht neuen, im Sommer 1965 gelieferten Gelenktriebwagen zum Ausdruck. Jetzt konnte endlich auf die restlichen acht Trieb- und 15 Beiwagen aus der Vorkriegszeit und – ab 15. 7. 1965 – auch auf personalintensive Drei-Wagen-Züge verzichtet werden. Fast parallel hierzu setzte Ende 1964 der Umbau der 1950 beschafften vier zweiachsigen Aufbautriebwagen zu Beiwagen ein, um sie hinter den drei-

achsigen Aufbautriebwagen verwenden zu können. Mit den beiden 1951 in Dienst gestellten und gleichfalls angepaßten Zwei-Wagen-Zügen standen ab Herbst 1966 15 Gelenktriebwagen, sechs modernisierte Zwei-Wagen-Züge und fünf einzelfahrende Großraumtriebwagen – sämtlich in Zweirichtungsbauweise – zur Verfügung.

11. Verkehrsgerechter Netzausbau ab 1964

Mit der festen Absicht, das verkleinerte Netz beizubehalten, konnte man – meist in Anlehnung an Straßenbaumaßnahmen – endlich daran gehen, auch die Gleisanlagen zu modernisieren, d.h. soweit wie möglich zweigleisig auszubauen und auf eigene Bahnkörper zu verlegen.
Zunächst erlebte der Bahnhofsplatz eine grundlegende, vor allem fußgängerfreundliche Umgestaltung: die doppelte Schleife mit ihren Abzweigungen verschwand. Übrig blieb eine zweigleisige Anlage vom Kaiser-Wilhelm-Ring in die Bahnhofstraße mit doppelter Abzweigung in die Alicenstraße, über die am 10. 5. 1964 die ersten Wagen rollten. Anschluß fand dabei auch das 1962/63 überholte, dann aber stillgelegte Gleis in Kaiser- und Schottstraße. Es sollte Teil einer „Notverbindung" vom Straßenbahnamt über Rheinallee zum Hauptbahnhof werden. 1966 noch durch Umbau am Kaisertor aufgewertet, entfernte man schon 1968 die Fahrleitungen und trennte schließlich 1976 am Hauptbahnhof den Anschluß ab. Außer einem einzigen (Arbeits-)Wagen hatte es Straßenbahnen nie gesehen ...
Im Zusammenhang mit dem Bahnhofsplatz-Umbau nahm man schon am 23. 4. 1964 im Kaiser-Wilhelm-Ring auf dem früheren Alleeweg ab Ecke Aspeltstraße ein neues Gleis auf eigenem Bahnkörper in Betrieb, um das seither gegen die Einbahnrichtung befahrene in Gegenrichtung zu nutzen. So konnte das frühere Gleis zum Bismarckplatz stillgelegt werden.
In Gonsenheims Rheinstraße (heute Elbestraße) kamen im Sommer 1964 die Gleise zwischen Werrastraße und Kirche von Seiten- in Mittellage. Es war dies der einzige Fall, bei dem der vorhandene eigene Bahnkörper zugunsten einer im Straßenraum liegenden Strecke (mangelnde Straßenbreite) aufgegeben werden mußte.
Entlang des Hauptfriedhofs in der Unteren Zahlbacher Straße verlief das einzige Gleis in südlicher Seitenlage. Der ungünstige Abstand zu etlichen Grundstücksausfahrten gab den Ausschlag, auf dem breiten nördlichen Seitenstreifen unter Verwendung von 1965 aus der Rheinbrücke ausgebauten Schienen eine zweigleisige Neubaustrecke anzulegen und in der zweiten Julihälfte 1966 anzuschließen. Auch der neuen Anlage haftete der Nachteil einer zweimaligen Kreuzung des Individualverkehrs an. 1975 kam es gelegentlich des vierspurigen Ausbaus der Straße zu einer nochmaligen Verlegung. Seit 3. 8. 1975 verlaufen beide Gleise verkehrstechnisch einwandfrei im Mittelstreifen.

Die fortschreitende Bebauung der Berliner Siedlung und in Hechtsheim führte ab 1963 zu einem deutlichen Fahrgastanstieg auf der Linie 11. Die ab Rodelberg eingleisige Strecke erhielt zwar Ende Mai 1963 an der Kurmainz-Kaserne eine erste und Ende August 1965 eine zweite Ausweiche, so daß Kreuzungen und eine Verlängerung der Linie 10 bis hierher möglich waren. Die Verspätungsanfälligkeit ließ sich jedoch damit nicht beseitigen. Parallel zum vierspurigen Ausbau der Geschwister-Scholl-Straße kam es daher zwischen Dezember 1966 und August 1968 abschnittsweise zur Anlage eines zweigleisigen eigenen Bahnkörpers in Mittellage bis zur Kaserne.

Bereits Anfang Oktober 1967 konnte der eingleisige, in Seitenlage auf eigenem Bahnkörper unmittelbar am Rande der Waggonfabrik im Schützenweg verlaufende Abschnitt aufgegeben werden. An seine Stelle trat eine zweigleisige Neubaustrecke im neuen Schützenweg, die zur Hälfte in Mittel- und in Seitenlage liegt.

Ein Nadelöhr ersten Ranges bildete seit Verlängerung der Linie 10 bis Kurmainz-Kaserne am 2. 11. 1965 die eingleisige Strecke in der Gaugasse. Zur Steigerung der Kapazität hob man ab 22. 11. 1965 zunächst die für die Talfahrt bestehende Zwangshaltestelle Breidenbacherstraße, ab 10. 12. 1965 endlich auch die Vorschrift auf, wonach die Bergfahrt nur mit halber Kraft auszuführen sei. Eine nachhaltige Verbesserung ließ sich jedoch nur durch Verkürzung des eingleisigen Teils erzielen, zu der ein Straßendurchbruch im oberen Teil der Strecke Gelegenheit gab. Seit 27. 5. 1969 verkehren daher die Züge auf der Talfahrt durch die Straße Am Schottenhof, so

daß sich der eingleisige Abschnitt um etwa die Hälfte verkürzte. Eine weitere Verbesserung brachte der Einbau einer Gleisverschlingung in der unteren Gaugasse ab 20. 5. 1979, ferner der zweigleisige Ausbau der unteren Einfahrt nahe dem Schillerplatz, der – versehen mit einem Gleiswechsel – seit 29. 7. 1979 voll funktionsfähig ist.

Den Ausbau der Gonsenheim und Finthen verbindenden Finther Landstraße nutzte man 1970, um die ab „Lennebergbahnhof" eingleisige Führung bis Ausweiche Gemarkungsgrenze durch eine zweigleisige zu ersetzen und am 20. 8. 1970 in Betrieb zu nehmen. Die bisher an der Kapellenstraße endende und im „Lennebergbahnhof" rangierende Linie 10 wurde gleichzeitig zum Viermorgenweg verlängert.

In Zahlbach bot die vollständige Kanalisierung des Wildgraben-Baches die Möglichkeit, von Görz-Stiftung bis fast zur Lindenmühle statt der eingleisigen eine zweigleisige Strecke anzulegen. An die Stelle der unübersichtlichen alten Anlage trat eine verkehrsgerechte Führung in Mittellage der gleichzeitig ausgebauten Straße. Zwischen dem Westausgang des Hauptfriedhofs und Zahlbach/Kirche ging die neue Strecke ab 21. 12. 1971, innerhalb Zahlbachs bis Kurve Lindenmühle ab 19. 9. 1972 in Betrieb.

In der Rheinallee war vor dem Depot noch ein kurzer Abschnitt der Strecke zur Ingelheimer Aue im Straßenraum dieser stark befahrenen Straße verblieben. Nicht nur die Ausfahrt aus der Gaßner- in die Rheinallee (teils gegen die Einbahnrichtung), sondern auch die seit 1904 bestehende Betriebshof-Zufahrt erzwangen eine durchgreifende Verbesserung für Straßenbahn und Individualverkehr. Als am sinnvollsten erschien eine direkte Verlängerung der Achse

99 Heute auf der verkehrsreichen Rheinalle undenkbar: Einschleppen eines einrückenden Drei-Wagen-Zuges der Linie 10 in die Halle B. Der Zug mit dem als Rangierwagen verwendeten Triebwagen 94 benutzt hierbei das linke Gleis (August 1964).

100 Ganze vier Jahre Betrieb waren der eingleisigen Strecke unterhalb der Brückenrampe der Theodor-Heuss-Brücke im Zuge der Rheinstraße (heute Peter-Altmeier-Allee) beschieden. Triebwagen 104 auf Linie 7 strebt der Haltestelle „Schloßtor" zu (Mai 1965).

101 Nur neun Jahre bestand die zweigleisige Strecke in Seitenlage hart neben dem Hauptfriedhof im Zuge der Unteren Zahlbacher Straße. 1975 wich sie zugunsten einer neuen Strecke in Mittellage der Straße (Haltestelle „Hauptfriedhof" mit dem inzwischen bereits ausgeschiedenen Triebwagen 228; März 1967).

102 Triebwagen 236 an der inzwischen aufgelassenen Haltestelle „Nordstraße" im Zuge der Geschwister-Scholl-Straße. Dieser Abschnitt wurde 1966/67 zweigleisig ausgebaut und liegt vollständig auf eigenem Bahnkörper im Mittelstreifen (Februar 1975).

103 An der Haltestelle „Schillerplatz" wartet Triebwagen 227 auf Fahrgäste. Diese Seite des Platzes ist inzwischen Fußgängerzone und ohne Gleise (November 1978).

Kaiser-Karl-Ring, wobei die bisherige Einmündung der Gaßnerallee aufgelassen und auf den neuen Knoten konzentriert werden konnte. Mitte August 1974 traten die mit fünf doppelten Straßenbahn-/Hafenbahnkreuzungen komplizierten Verlegearbeiten in die Endphase. Seit 19. 8. 1974 verkehrt die Linie 8 über die neue Strecke, wobei sich der eingleisige Abschnitt zur Ausweiche Kleine Ingelheimstraße um ein Drittel verkürzte und lästige Wartezeiten seither entfallen. Gleichzeitig konnte die Betriebshof-Zufahrt aus der Rheinallee herausgenommen und über das Betriebsgelände geführt werden.

Der weitere vierspurige Ausbau der Geschwister-Scholl-Straße zog im November 1975 zunächst eine abermalige Verlegung der Gleise zwischen Nordstraße und Kaserne nach sich. Im zweiten Bauabschnitt von Kaserne bis Jägerhaus konnte die bisher eingleisige und in Seitenlage angeordnete Strecke ab 22. 11. 1976 durch eine zweigleisige in Mittellage abgelöst werden, so daß nur ein 1,0 km langer eingleisiger Abschnitt bis Hechtsheim übrigblieb.

Neu verlegt werden konnten auch die seither im Pflaster liegenden Gleise zwischen Ecke Saarstraße und Hauptfriedhof im Zuge der Unteren Zahlbacher Straße, die ab Dezember 1975 auf besonderem Bahnkörper in Mittellage angeordnet sind.

Die am Bismarckplatz bislang bestehende und von der Straßenbahn maßgeblich beeinflußte Verkehrsführung entsprach seit langem nicht mehr den Erfordernissen. Die Planung sah daher die Auflassung der ohnehin nur noch von einrückenden Wagen befahrenen Schleife, ihren Ersatz durch ein doppeltes Gleisdreieck und die Anlage zweier gemeinsamer Haltestellen für Straßenbahn und Bus vor. Die Anfang 1977 begonnenen Gleisbauarbeiten erstreckten sich bis in den Kaiser-Karl-Ring und über die Hafenbahnkreuzung in der Hattenbergstraße und wurden mit Inbetriebnahme des Gleisdreiecks am 25. 4. 1977 beendet. Zur Vorsortierung der Züge nach Gonsenheim bzw. Ingelheimer Aue kam erstmals eine vorgezogene Weiche zum Einbau.

Als letzter markanter Innenstadtplatz harrte der Schillerplatz 1979 noch seiner Umwandlung in eine fußgängerfreundliche Zone. Dies bedeutete die Auflassung der rheinseitigen Fahrbahn und damit auch das Ende der erst 1963 angelegten Wendeschleife. Der Wunsch der Verkehrsbetriebe, im Hinblick auf die Einrichtungswagen die Schleife harmonisch in den Fußgängerbereich einzubauen, fand zwar Gehör, nicht aber Erfüllung, so daß sie ab 9. 5. 1979 stillgelegt werden mußte. Seit 29. 7. 1979 verkehren Straßenbahnen und Omnibusse auf der Westseite des Platzes und benutzen umsteigefreundliche gemeinsame Haltestellen.

Hauptbetätigungsfeld der Gleisbauer waren zwischen Anfang 1977 und Herbst 1980 Kaiser-Wilhelm-, Barbarossa- und Kaiser-Karl-Ring. Hier schuf man von Aspeltstraße bis Rheinallee in beiden Richtungen auf etwa 1,7 km Länge eine völlig neue Gleisanlage, die gegen die Fahrbahn etwas angehoben und durch Bordsteine abgegrenzt ist, so daß ein Bahnkörper entstand, den auch Busse nutzen.

Erwähnenswert sind schließlich noch folgende Neu- und Umbauten:

Anlage eines neuen Hafenbahn-Übergabegleises an der Endschleife Ingelheimer Aue (Oktober 1976)

Einbau einer vorgezogenen Weiche auf dem Bahnhofsplatz (April 1978)

Änderung der Endstelle Bretzenheim (Verschwenkung, Ankunftsbahnsteig; September 1979)

Änderung der Rangieranlage Viermorgenweg (November 1980)

Als letzte größere Baumaßnahme bleibt für Herbst 1981 der Umbau der Gleisanlagen in der Straße Am Gautor zu nennen. Zwischen Fichteplatz und Eisgrubweg kamen beide Gleise einschließlich eines neuen Gleiswechsels Höhe Bastion Martin aus der bisherigen Pflasterlage durch geringe Aufhöhung auf besonderen Bahnkörper zu liegen, so daß sich auf dem Abschnitt Eisgrubweg–Hechtsheim keine Gleise mehr im Straßenraum befinden.

12. Neubaustrecke nach Finthen/Römerquelle – nur ein Anfang?

Als etwa 1970 die Planung für das Neubaugebiet Finthen/Römerquelle begann, stand bald fest, daß zur Erschließung die Straßenbahn in Frage kommen würde. Zu nahe lag die bestehende Finther Strecke, von der aus sich ab Gemarkungsgrenze relativ einfach ein Abzweig herstellen ließe.

Im Herbst 1974 fiel endlich der Startschuß zum Beginn der Erdarbeiten, die mit dem „Schieben" der Trasse im Dezember bereits zu Ende geführt waren. Die zögernde, durch Umplanungen bedingte Bebauung des neuen Viertels wirkte sich auch auf die Neubaustrecke aus. Ende 1975 lag zwar das Schotterbett, doch trat nun eine Pause ein. Erst Ende April 1977 gab es „grünes Licht" für das Verlegen der Gleise und Fahrleitungen, was nun mit Energie betrieben wurde, so daß die Strecke für den in Aussicht genommenen Eröffnungstag – 1. 7. 1977 – tatsächlich betriebsbereit war.

Ab Gemarkungsgrenze entstand so eine zweigleisige und 1,08 km lange, völlig auf eigenem Bahnkörper liegende Strecke mit einer Zwischenhaltestelle (Jupiterweg). Die Geländeverhältnisse brachten es mit sich, daß die Strecke bis auf die Endschleife mit ihrem Gleiswechsel ausschließlich in einer Steigung (im Mittel 6%) verläuft.

Die Stadtwerke ließen es sich nicht nehmen, das nicht alltägliche Ereignis angemessen mit einer Eröffnungsfahrt zu begehen. Eigens hatte man den letzten noch vorhandenen Vorkriegstriebwagen 93 revidiert und „herausgeputzt". Mit ihm und einem modernen, ebenfalls geschmückten „Artgenossen" (Triebwagen 230) konnte die Strecke in den ersten Stunden zum Nulltarif befahren werden, ehe um 19.31 Uhr der reguläre Betrieb durch die über die bisherige Endstelle Gonsenheim/Viermorgenweg hinaus verlängerte Linie 10 einsetzte.

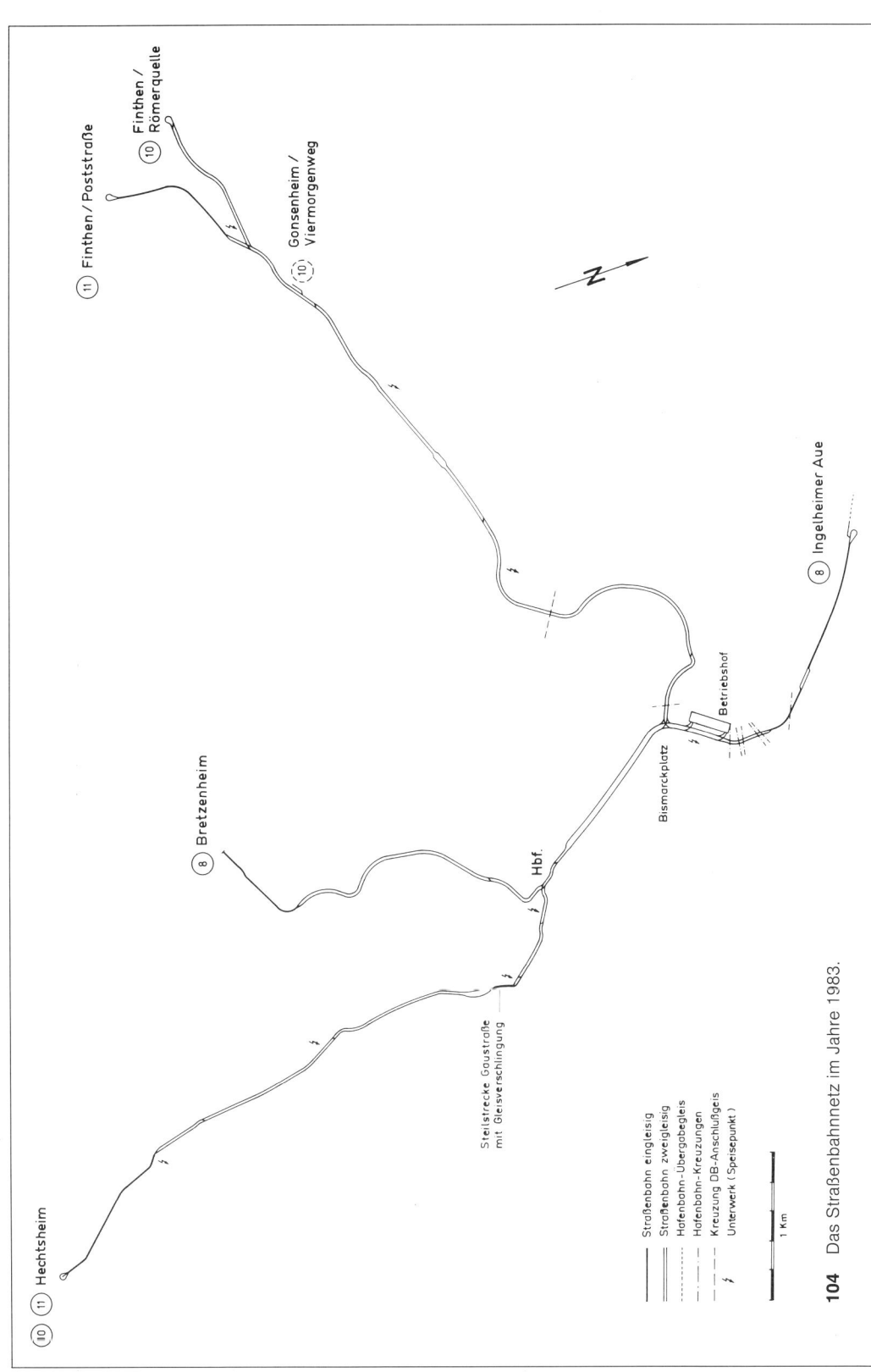

Hechtsheim ⑩ ⑪

Bretzenheim ⑧

Finthen / Poststraße ⑪

Finthen / Römerquelle ⑩

Gonsenheim / Viermorgenweg ⑩

Ingelheimer Aue ⑧

Hbf.

Bismarckplatz

Betriebshof

Steilstrecke Goustraße mit Gleisverschlingung

Straßenbahn eingleisig
Straßenbahn zweigleisig
Hafenbahn-Übergabegleis
Hafenbahn-Kreuzungen
Kreuzung DB-Anschlußgeis
Unterwerk (Speisepunkt)

1 Km

104 Das Straßenbahnnetz im Jahre 1983.

Heute bleibt festzustellen, daß die Praxis den Planern recht gab. Obwohl nur Endstrecke einer über 13 km langen Linie, steigerte sich die Benutzung durch den ständigen Zuzug erfreulich.

In den Abendstunden, samstags ab 15 Uhr und sonntags ganztägig genügt jedoch ein Halbstunden-Pendelverkehr bis und ab Viermorgenweg mit sofortigem Anschluß an die Stammlinie 11 zur Innenstadt und umgekehrt.

Ebenfalls Anfang der siebziger Jahre stand die Frage eines Straßenbahnanschlusses des Stadtteils Lerchenberg zur Diskussion. Von drei möglichen Varianten, nämlich

1. ab Lindenmühle (Abzweigung von Linie 8) über Pariser Straße–Bretzenheim Süd–Marienborn
2. Verlängerung der Linie 8 durch den Bretzenheimer Ortskern (eventuell mit Tunnel)
3. ab Ecke Geschw.-Scholl-Str. (Abzweigung von Hechtsheimer Linie) über Pariser Straße–Bretzenheim Süd–Marienborn

beschloß man 1974, der letzten Variante den Vorzug zu geben. Anschließend blieb es um das Projekt – vor allem in Hinblick auf Kosten und Effizienz – wieder ruhig. Anfang 1981 hat man auch diese Lösung zu den Akten gelegt. Neue Pläne über Saarstraße/Universität bzw. Albert-Schweitzer-Straße erwog man jetzt als Ersatz, ohne jedoch konkrete Beschlüsse zu fassen.

Ebenfalls Anfang 1981 kam das Projekt „City-Tram" ins Gespräch, die mit einer großen Schleife

Schillerplatz–Hauptbahnhof–Bismarckplatz –Hindenburgstraße–Flachsmarktstraße–Bauerngasse–Rheinstraße–Domplätze–Ludwigsstraße–Schillerplatz

die Innenstadt erschließen sollte und Omnibusse nur als Zubringer duldete. Die Überlegungen fußten auf dem Generalverkehrsplan von 1974, der im Bereich Hindenburgstraße eine Straßenbahntrasse auswies. Abgesehen von den verkehrstechnischen Schwierigkeiten (Raumfrage, Umsteigezwang) dürfte der Plan auch aus finanziellen Gründen kaum jemals Aussicht auf Verwirklichung haben.

Günstig sieht es hingegen mit einer etwa 1,2 km langen Abzweigung am Jägerhaus aus. Hier soll das in der Erschließung stehende Neubaugebiet Hechtsheim/Mühldreieck durch eine Straßenbahn bedient werden. Der Baubeginn ist jedoch vom vierspurigen Ausbau der das Gebiet tangierenden Rheinhessenstraße abhängig, für den ein Termin noch offensteht.

Ungeachtet dessen rüstet sich die Mainzer Straßenbahn für ihr zweites Jahrhundert schon mit neuen Fahrzeugen. Wenn auch nicht mehr rechtzeitig zum hundertjährigen Jubiläum, so doch Anfang 1984, werden die ersten achtachsigen „Stadtbahnwagen" auf ihren Gleisen rollen. Sechs mit neuester Technik ausgestattete Zweirichtungs-Gelenktriebwagen werden dann ein Beispiel dafür geben, daß aus „Opas Straßenbahn" ein modernes Schnellverkehrsmittel geworden ist. Einen Vorgeschmack der

neuen Fahrzeuggeneration konnten die Fahrgäste schon vom 7.–28. 9. 1980 genießen, als der von der Essener Verkehrs-AG ausgeliehene gleichartige Stadtbahnwagen 1114 auf der Linie 8 zum Einsatz kam.

13. Die Fahrpläne

Bis zum Ersten Weltkrieg zeichneten sich die Fahrpläne bei überwiegendem Einzelwagenbetrieb durch eine äußerst dichte Wagenfolge und wenig Unterschiede zwischen Werktags- und Sonntagsverkehr aus.

Der noch in Friedenszeiten aufgestellte Sommerfahrplan 1914 sah z.B. vom Bismarckplatz über Rheinallee – Kaiserstraße – Schusterstraße zum Stadtpark von 5 Uhr morgens bis 8.30 Uhr abends 5-Minuten-Folge vor. Weisenau versorgte ein 10-Minuten-Betrieb bis Mitternacht, mittags auf 5 Minuten verdichtet. Beide Rundbahnlinien (vom Hauptbahnhof über Höfchen bzw. Kaisertor) liefen ebenfalls im 5-Minuten-Takt. Durch Kombination mit der Strecke nach Kastel ergab sich nach dort ebenfalls 5-Minuten-Abstand; Kostheim erhielt mit jedem zweiten Wagen eine 10-Minuten-Folge. Mombach und Gonsenheim blieben alle 10 Minuten ebenfalls gut versorgt; lediglich zur Ingelheimer Aue genügte ab Straßenbahnamt ein 20-Minuten-Pendelverkehr.

Nach den Einschränkungen der Kriegs- und Nachkriegszeit bestand z.B. ab 17. 12. 1925 tagsüber durchgehender 10-Minuten-Verkehr nach Mombach, Kostheim, Bretzenheim und Weisenau (nach letzterem mittags wieder auf 5 Minuten verdichtet). Abends und am Sonntagvormittag hatte man schon einige Jahre zuvor Halbstundenverkehr eingeführt. Für Gonsenheim genügte frühmorgens und nachmittags eine 15-, von 8–11.30 Uhr eine 30-Minuten-Folge. Finthen fuhr man nur in der Früh- und Nachmittagsspitze alle 15, sonst alle 30 Minuten an. Lediglich an schönen Sonntagnachmittagen erhielt die Strecke bis Gonsenheim einen 7½-Minuten-Betrieb. Die damals am schwächsten belegte Hechtsheimer Linie besaß bis 8 Uhr und von 12–20 Uhr einen 20-Minuten-Abstand; dazwischen fuhren die Wagen alle 40, abends etwa alle 45 Minuten.

Mit beginnender Weltwirtschaftskrise und Arbeitslosigkeit sank auch die Benutzung, so daß das ab 11. 5. 1927 nochmals verbesserte Angebot nicht mehr aufrechterhalten werden konnte. Ab 30. 3. 1930 trat bei den Linien 1–4 und 7 bis 12 Uhr anstelle des 10- ein 12-Minuten-Intervall, das ab 20. 9. 1930 bis 20 Uhr ausgedehnt werden mußte. Noch einschneidender geriet der ab 18. 10. 1931 wirksame Fahrplan durch Einführung eines 15-Minuten-Verkehrs und Linienkürzungen.

Eine zaghafte Ausweitung ergab sich erst ab 8. 7. 1935, vor allem durch Wiedereinführung der „Großen Rundbahn" (als Linie 3 in beiden Richtungen), der Linie 4 zwischen Hauptbahnhof und Kastel über Große Bleiche und der damit verbundenen Rückkehr zum 7½-Minuten-Betrieb auf dieser Straße.

105 In eigener Regie gab das Straßenbahnamt bald solch schmucke Fahrplanheftchen zum Preis von 10 Pfennig heraus.

V. Hauptbahnhof-Gonsenheim.

Gelbe Stirnschilder (Signalscheiben weiss-gelb).

Sonn- u. Feiertags 10 Min.-Verkehr ab Hptb.-Gonsenh. v. 2⁰⁷—7¹¹ N.

An Sonn- u. Feiertagen fahren die Wagen nur bis Hauptbahnhof.

	?	?	?	?	?	?	*?*	?		ab Höf. b. 9¹⁷ vorm.					?		ab Höf. von 5⁴⁷ bis 7⁵⁷ N.					
Höfchen ab	—	—	—	—	5³⁰	5³⁷	6¹⁷	6³⁷ 6⁴⁷ 6⁵⁷		alle 20 Min.	12⁰¹	12¹¹	12²¹	—	1⁰¹	—	alle 20 Min.	10⁰⁷	10²⁷	(10⁴⁷)	11⁰⁷ 11²⁷ 11⁴⁷	
Hauptbahn.	—	—	—	—	—	6⁰⁷	6³⁷ 6⁴⁷ 6⁵⁷ 7⁰⁷		ab Hptb. 7, 27, 47 Min	12⁰⁷	12¹⁷	12²⁷	12⁴⁷	1⁰⁷ 1¹⁷ 1²⁷ 1⁴⁷ 2⁰⁷		a. Hpt.-Gsh 7, 27, 47 Min. n. d. vollen Stunde	10¹⁴	10³⁴	(10⁵⁴)	11¹⁴ 11³⁴ 11⁵⁴		
Bismarckpl.	4⁸⁴ 4⁵⁴ 5¹⁴ 5³⁴ 5⁴⁴ 5⁵⁴ 6¹⁴ 6³⁴ 6⁵⁴ 7⁰⁴ 7¹⁴								Gonsh. 7, 27, 47 Min n. d. vollen Stunde	12¹⁴ 12²⁴ 12³⁴ 12⁵⁴ 1¹⁴ 1²⁴ 1³⁴ 1⁵⁴ 2¹⁴							10¹⁸ 10³⁸ (10⁵⁸) 11¹⁸					
Waggonfabr.	4⁸⁸ 4⁵⁸ 5¹⁸ 5³⁸ 5⁴⁸ 5⁵⁸ 6¹⁸ 6³⁸ 6⁵⁸ 7⁰⁸ 7¹⁸								Stunde	12¹⁸ 12²⁸ 12³⁸ 12⁵⁸ 1¹⁸ 1²⁸ 1³⁸ 1⁵⁸ 2¹⁸						an Lenbg. b. 3⁵⁴ u. v. 6¹¹ b. 8¹¹ nachm.	10¹⁸ 10³⁸ (10⁵⁸) 11¹⁸	Str. Str.				
Gons.Schule Kaplstr.	4⁵¹ 5¹¹ 5³¹ 5⁵¹ 6⁰¹ 6¹¹ 6³¹ 6⁵¹ 7¹¹ 7²¹ 7³¹									12³¹ 12⁴¹ 12⁵¹ 1¹¹ 1³¹ 1⁴¹ 1⁵¹ 2¹¹ 2³¹							10³¹ 10⁵¹ (11¹¹) 11³¹	Amt Amt				
Gons.Leniab.	—	—	—	—	6³⁴	—	7¹⁴ 7²⁴ 7³⁴		an Lenbg. b. 8⁵⁴ V.	12³⁴ 12⁴⁴ 12⁵⁴ 1¹⁴ 1³⁴ 1⁴⁴ 1⁵⁴ 2¹⁴ 2³⁴							—	—		11³⁴	—	

Gonsenheim-Hauptbahnhof.

Sonn- u. Feiertags 10 Min.-Verkehr ab Gonsenh.-Hptb. v. 2⁴²—8²¹ N.

? nur Werktags.
() nur Sonn- u. Feiertags.
• Sonn- und Feiertags ab Strassenbahn-Amt.

	?	?	?	?	?	•	ab Lenbg. b. 8⁵⁹ V.						?	?	ab Lenbg. b. 3⁵⁹ u. v. 6¹⁹ b. 8²¹ N.						
Gons. Lenb.	—	—	—	—	—	7¹⁹ 7²⁹ 7³⁹		alle 20 Min.	12³⁹ 12⁴⁹ 12⁵⁹ 1¹⁹ (1²⁹) 1³⁹ 1⁵⁹ 2⁰⁹ 2¹⁹							—	—	—			
Gons.Kplst. Schule	5⁰² 5²² 5⁴² 6⁰² 6¹² 6²² 6⁴² 7⁰² 7²² 7³² 7⁴²							ab Gons Kaplstr.-Hptb. 2, 22, 42 Min. n. d. vollen Stunde	12⁴² 12⁵² 1⁰⁸ 1²⁸ (1³²) 1⁴² 2⁰² 2¹² 2²²							ab Gonsh Kplstr.-Hpt 2, 22, 42 Min. n. d. vollen Stunde	10⁰² 10²² 10⁴² 11⁰² (11²²) 11³⁸				
Waggonfbr.	5¹² 5³² 5⁵² 6¹² 6²² 6³² 6⁵² 7¹² 7³² 7⁴² 7⁵²								12⁵³ 1⁰⁸ 1¹³ (1⁴³) 1⁵³ 2¹³ 2²³ 2³³							10¹⁸ 10³⁸ 10⁵³ 11¹⁸ (11³⁸) 11⁴⁸					
Bismarckpl.	5¹⁷ 5³⁷ 5⁵⁷ 6¹⁷ 6²⁷ 6³⁷ 6⁵⁷ 7¹⁷ 7³⁷ 7⁴⁷ 7⁵⁷								12⁵⁷ 1⁰⁷ 1¹⁷ 1³⁷ (1⁴⁷) 1⁵⁷ 2¹⁷ 2²⁷ 2³⁷							(10¹⁷) 10³⁷ 10⁵⁷ 11¹⁷ (11³⁷) 11⁴⁷					
Hauptbhf.	5²⁴ 5⁴⁴ 6⁰⁴ 6²⁴ 6³⁴ 6⁴⁴ 7⁰⁴ 7²⁴ 7⁴⁴ 7⁵⁴ 8⁰⁴								1⁰⁴ 1¹⁴ 1²⁴ 1⁴⁴ (1⁵⁴) 2⁰⁴ 2²⁴ sir. 2⁴⁴							(10²⁴) 10⁴⁴ 11⁰⁴ 11²⁴	Strb. Str. Amt Amt				
Höfchen an	5³⁰ 5⁵⁰ 6¹⁰ 6³⁰ 6⁴⁰ 6⁵⁰ 7¹⁰ 7³⁰ 7⁵⁰ 8⁰⁰ 8¹⁰							an Höfch b 9¹⁰ V.							an Höfch. v 5⁶⁰ bis 7⁵⁰ N.						

107

Auszug aus der Verkehrs-Ordnung

Die den Straßenbahnwagen benutzenden Personen haben den Anordnungen des mit Dienstkleidung, Dienstabzeichen etc. versehenen Bahnpersonals Folge zu leisten.

Die Wagen halten nur an den durch Tafeln bezeichneten Haltestellen.

Fahrgäste, welche den Wagen verlassen wollen, haben dies dem Schaffner rechtzeitig mitzuteilen.

Auf Verlangen des Dienstpersonals sind die Fahrtausweise vorzuzeigen.

Für- und Aussteigen während der Fahrt ist verboten.

Zum Wechseln ist der Schaffner nur nach Maßgabe eines vorhandenen Wechselgeldes und höchstens bis zum Betrage von 3 Mk. verpflichtet.

Das Umsteigen kann nur an den zum Umsteigen bestimmten Haltestellen und in den nächsten an der Umsteigestelle ankommenden, nicht vollbesetzten Wagen, erfolgen.

Wird die Gültigkeit eines Fahrtausweises durch den Schaffner beanstandet, so ist derselbe verpflichtet Nachzahlung zu verlangen.

Beschwerden der Fahrgäste über die Anordnungen oder Verhalten des Fahrpersonals sind bei dem Straßenbahnamte anzubringen.

Die Dienstnummer des Angestellten, Wagennummer, Zeit des Vorfalles und genaue Adresse des Beschwerdeführers ist tunlichst anzugeben.

Tarif der Städt. Straßenbahn

A. Fahrpreise

Für die Benutzung des Fahrpreises sind die einzelnen Linien in Taxgrenzen eingeteilt; diese sind auf den bezeichneten Linienplänen ersichtlich. Es beträgt der Fahrpreis für 3 Teilstrecken 10 Pfg., für 5 Teilstrecken 15 Pfg., für 7 Teilstrecken 20 Pfg. und nur 9 Teilstrecken 25 Pfg. pro erwachsene Person.

Kinder bis zum vollendeten 4. Lebensjahre, für welche ein Platz nicht beansprucht wird, werden frei befördert. Kinder von vollendeten 4. bis zum vollendeten 10. Lebensjahre zahlen auf 10 Pfg. Strecken 5 Pfg., auf den 15., 20 Pfg. Strecken 10 Pfg., auf den 25 Pfg. Strecken 15 Pfg.

Kleine Gepäckstücke sind frei, sofern solche ohne Belästigung des Publikums überhaupt befördert werden, zahlen die für die Beförderung der Personen festgesetzte Fahrtaxe.

B. Abonnements

Es werden ausgegeben:

1) Ermäßigungskarten zu je 1 Mk. für 12 Fahrten à 10 Pfg.

2) Schülerkarten zum Benutzen durch Schulkinder im Alter bis zu 16 Jahren zu 2 Mk. für 60 Fahrten à 10 Pfg. An Sonn- und Feiertagen ungültig.

3) Monatskarten für 1 Kalendermonat zu 10 Mark für alle Strecken bei beliebiger Benutzung gültig. Monats- und Schülerkarten sind nur persönlich gültig und nicht übertragbar.

Lasset Eure Hunde den Wagen nicht nachlaufen!

Mainzer Tierschutzverein.

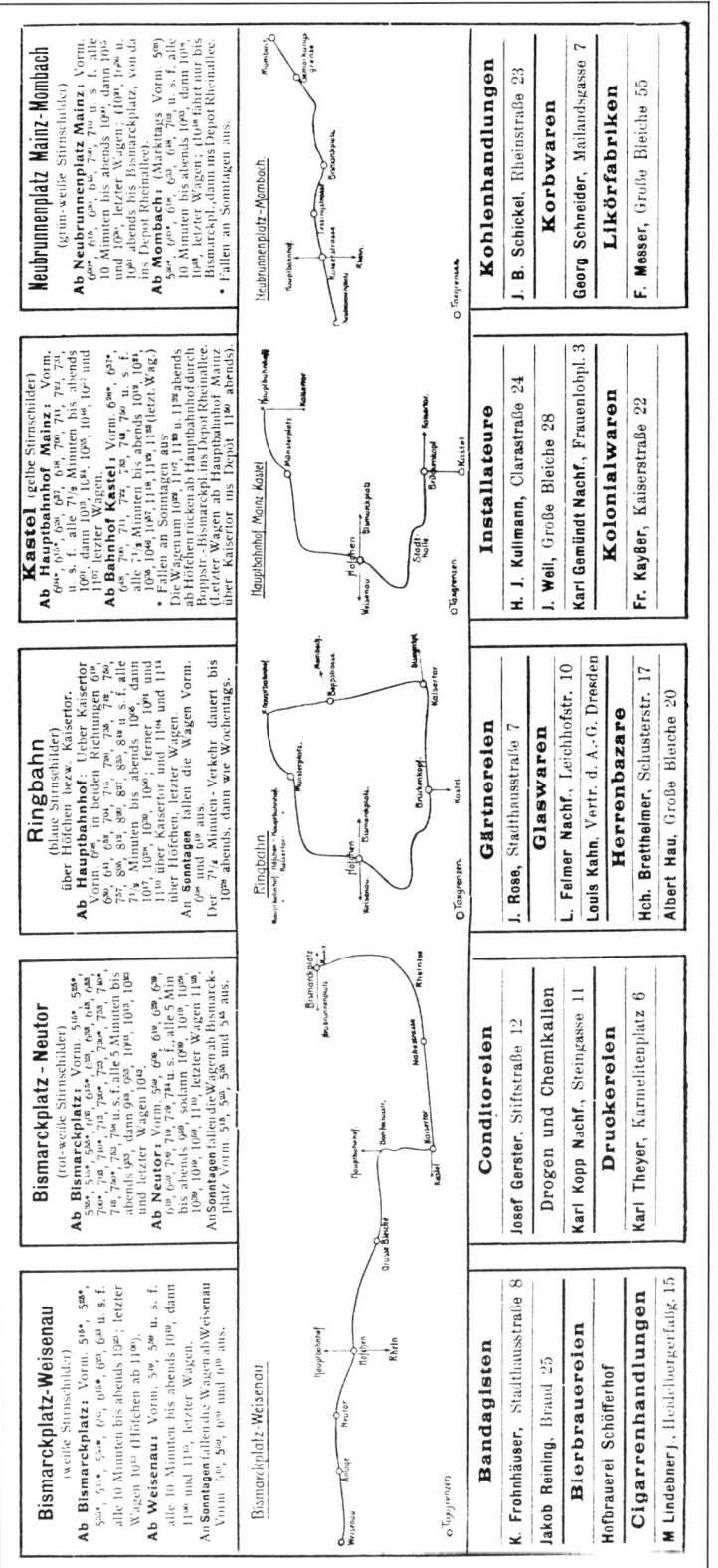

105 Erster, noch durch eine Werbeagentur kostenlos abgegebener Fahrplan der Städtischen Straßenbahn. Man beachte den Hinweis des Tierschutzvereins, Hunde nicht den Wagen nachlaufen zu lassen. Wegen des anfänglichen Verbots, Hunde mitnehmen zu dürfen, ließ man seinen Vierbeiner offenbar den nicht allzu schnellen Wagen nezenherlaufen!

Linie 11   Werktags

Schillerplatz — Gautor — Hechtsheim

Schillerplatz ....ab	4⁵⁴	5¹²	5³²	5⁵²	6¹²	6³²	6⁵²	7¹²	7³²	7⁵²	8¹²	usw. alle 20 Minuten bis abends	9²⁰	9⁵²	10²⁰	11¹⁶
Gautor ...."	4⁵⁸	5¹⁶	5³⁶	5⁵⁶	6¹⁶	6³⁶	6⁵⁶	7¹⁶	7³⁶	7⁵⁶	8¹⁶		9²⁴	9⁵⁶	10²⁴	11²⁰
Hechtsheim ......an	5¹⁰	5²⁴	5⁴⁸	6⁰⁸	6²⁸	6⁴⁸	7⁰⁸	7²⁸	7⁴⁸	8⁰⁸	8²⁸		9³⁶	10⁰⁸	10³⁶	11³²

Linie 11   Werktags

Hechtsheim — Gautor — Schillerplatz

Hechtsheim ......ab	5¹²	5³²	5⁵²	6¹²	6³²	6⁵²	7¹²	7³²	7⁵²	8¹²	8³²	usw. alle 20 Minuten bis abends	9⁴⁰	10⁴⁰	11³⁹	
Gautor ...."	5²⁴	5⁴⁴	6⁰⁴	6²⁴	6⁴⁴	7⁰⁴	7²⁴	7⁴⁴	8⁰⁴	8²⁴	8⁴⁴		9⁵²	10⁵²	11⁴⁴	
Schillerplatz ......an	5²⁸	5⁴⁸	6⁰⁸	6²⁸	6⁴⁸	7⁰⁸	7²⁸	7⁴⁸	8⁰⁸	8²⁸	8⁴⁸		9⁵⁶	10⁵⁶	11⁴⁸	

Linie 11   Sonntags

Schillerplatz — Gautor — Hechtsheim

Schillerplatz ......ab	5⁵²	8³²	9¹²	10³²	11³⁵	12¹²	dann siehe wie Werkt.
Gautor ......"	5⁵⁶	8⁵⁶	9³⁹	10³⁹	11³⁹	12¹⁶	
Hechtsheim ......an	6⁰⁸	9⁰⁸	9⁵¹	10⁵¹	11⁵¹	12²⁸	1⁰⁸

Linie 11   Sonntags

Hechtsheim — Gautor — Schillerplatz

Hechtsheim ......ab	8¹⁰	9¹⁰	10¹⁰	11⁵²	12³²	1¹²	dann siehe wie Werkt.
Gautor ......"	8²²	9²²	10²²	12⁰⁴	12⁴⁴	1²⁴	1⁴⁴
Schillerplatz ......an	8²⁶	9²⁶	10²⁶	12⁰⁸	12⁴⁸	1²⁸	1⁴⁸

Linie 12

Hauptbahnhof — Städt. Krankenhaus und zurück

Dienstags, Freitags und Sonntags

Hauptbahnhof ......ab	2¹⁵	2⁴⁵	3¹⁵	3⁴⁵	2³⁴	3⁰⁴	3³²
Schillerplatz ..."	2¹⁹	2⁴⁹	3¹⁹	3⁴⁹	2³⁹	3¹¹	3³⁹
Städt. Krankenhaus..an	2⁴³	2⁵⁶	3²⁶	3⁵⁶	2⁴³	3¹⁴	3⁴³
Hauptbahnhof......an							4²⁵

Mainz Neubrunnen — Gonsenheim — Finthen — Wackernheim

							Werktags							ab Höfchen	
Mainz Neubrunnen ......ab	6⁰⁶	10³⁸	1³⁵	3⁰⁶	4⁵⁰			7³⁶	12⁰⁵	3⁰⁵	11¹⁵
Gonsenheim Rheinstrasse. "	6⁴⁸	10⁶⁸	1⁵⁸	3³⁸	5¹⁸			7⁵⁸	12²⁸	3³⁸	11¹⁴
Gonsenheim Kapellenstr. "	6³⁸	11⁰⁸	2⁰⁸	3⁴⁸	5¹⁸			8⁰⁸	12³⁸	3⁴⁸	11¹⁷
Finthen......"	6⁴⁸	11¹⁸	2¹⁸	3⁴²	5²⁷			8¹³	12⁴³	3⁴⁸	11⁵⁶
Wackernheim......an	7⁰¹	11⁸¹	2³¹	4⁰¹	5⁴⁶			8²¹	1⁰¹	4⁰¹	12¹⁵

Wackernheim — Finthen — Gonsenheim — Mainz Neubrunnen

							Werktags					
Wackernheim......ab	7⁰⁶	11³⁵	3⁰⁶	4³⁶	5⁵⁰			8³⁵	1⁰⁵	4⁰⁵	12¹⁸
Finthen......"	7²³	11⁵³	3³³	4⁰³	6⁰⁸			8⁵⁸	1²³	4²³	12³⁸
Finthen......an	7²⁴	11⁵⁴	3³⁴	4⁴⁴	6¹⁶			8⁵⁴	1²⁴	4²⁴	
Gonsenheim Kappellenstr. "	7³³	12⁰³	3³³	5⁰³	6¹⁸			9⁰³	1³³	4³³	
Gonsenheim Rheinstrasse. "	7³⁸	12⁰⁸	3³⁸	5⁰⁸	6²³			9⁰⁸	1³⁸	4³⁸	
Mainz Neubrunnen......an	8⁰²	12³²	4⁰²	5³²	6⁴⁷			9³⁸	2⁰⁰	5⁰¹	

Wiesbadener Strassenbahnen.

Linie 6   Wiesbaden, Kurhaus — Mainz, Hauptbhf.

	W	W										
Kurhaus Wiesb....ab	5⁴³	6⁰⁸	6²⁰	6³⁵	6⁵⁰	7⁰⁵	7²⁰	usw. alle 15 Minuten bis	9³⁵	9⁵⁰	10⁰⁵
Hauptbhf. "	5⁴⁸	6¹³	6²⁶	6⁴⁰	6⁵⁵	7¹²	7²⁵		9⁴⁰	9⁵⁵	10¹⁰
Mainz Gablung "	6⁰⁵	6³⁰	6⁴²	6⁵⁷	7¹²	7²⁷	7⁴²		9⁵⁷	10¹²	10²⁷
Mainz Brücke "	6¹⁶	6⁴¹	6⁵³	7⁰⁸	7²³	7³⁸	7⁵³		10⁰⁸	10²³	10³⁸
Mainz Hauptbhf. ......an	—	—	7⁰⁰	7¹⁵	7³⁰	7⁴⁵	8⁰⁰		10¹⁵	10³⁰	10⁴⁵

Linie 6   Mainz, Hauptbhf. — Wiesbaden, Kurhaus

	W	W										
Mainz Hauptbhf......ab	6²⁰	6⁴⁰	7⁰⁰	7¹⁵	7³⁰	7⁴⁵	8⁰⁰	usw. alle 15 Minuten bis	10³⁰	10⁴⁵	11⁰⁰
Mainz Brücke "	6³¹	6⁵¹	7⁰⁷	7²²	7³⁷	7⁵²	8⁰⁷		10³⁷	10⁵²	11⁰⁷
Mainz Gablung "	6⁴⁸	7⁰⁸	7¹⁸	7³³	7⁴⁸	8⁰³	8¹⁸		10⁴⁸	11⁰³	11¹⁸
Hauptbhf. Wiesb......"	6⁵³	7¹³	7³⁵	7⁵⁰	8⁰⁵	8²⁰	8³⁵		11⁰⁵	11²⁰	11³⁵
Kurhaus " ......an	—	—	7⁴⁰	7⁵⁵	8¹⁰	8²⁵	8⁴⁰		11¹⁰	11²⁵	11⁴⁰

Linie 9   Mainz — Biebrich, Rh. — Schierstein

	W	W										
Mainz Stadthalle......ab		5³⁵	6⁰⁵	6³⁵	7⁰⁵	7³⁵	8⁰⁵	usw. alle 30 Minuten bis	9³⁵	10⁰⁵	10³⁵
Mainz Gablung "		5⁴⁸	6¹⁸	6⁴⁸	7¹⁸	7⁴⁸	8¹⁸		9⁴⁸	10¹⁸	10⁴⁸
Rheinufer Biebrich "	5⁰⁰	6⁰⁰†	6³⁰†	7⁰⁰	7³⁰	8⁰⁰	8³⁰		10⁰⁰	10³⁰	11⁰⁰††
Schierstein ......an	5¹¹	6¹⁴	6⁴⁴	7¹⁴	7⁴⁴	8¹⁴	8⁴⁴		10¹⁴	10⁴⁴	11¹⁴

Linie 9   Schierstein — Biebrich, Rheinufer — Mainz, Stadthalle

	W	W										
Schierstein......ab		5¹⁵	5⁴⁵	6¹⁵	6⁴⁵	7¹⁵	7⁴⁵	usw. alle 30 Minuten bis	9¹⁵	9⁴⁵	10¹⁵
Biebrich, Rheinufer ..."	5⁰⁰	5³⁰	6⁰⁰†	6³⁰	7⁰⁰	7³⁰	8⁰⁰		9³⁰	10⁰⁰	10³⁰
Mainz Gablung "	5¹²	5⁴²	6¹²	6⁴²	7¹²	7⁴²	8¹²		9⁴²	10¹²	10⁴²
Mainz, Stadthalle ......an	5²⁵	5⁵⁵	6²⁵	6⁵⁵	7²⁵	7⁵⁵	8²⁵		9⁵⁵	10²⁵	10⁵⁵

W = Werktags,   S = Sonntags.

† Sonntags nur vom Rheinufer Biebrich ab.
†† Werktags nur bis Rheinufer Biebrich.

107   Ab 1925 erschienen die Taschenfahrpläne wieder im Fattformat und schlossen nun auch die SEG-Linien 6 und 9 mit ein. Im zugehörigen Netzplan (siehe nächste Seite) mit Werbung der Firma Leonhard Tietz (heute „Kaufhof") bedeuteten die Kreuzpunkte und Kreise Teilstrecken, die schwarzen Punkte „blinde" Teilstrecken ohne Haltestellen.

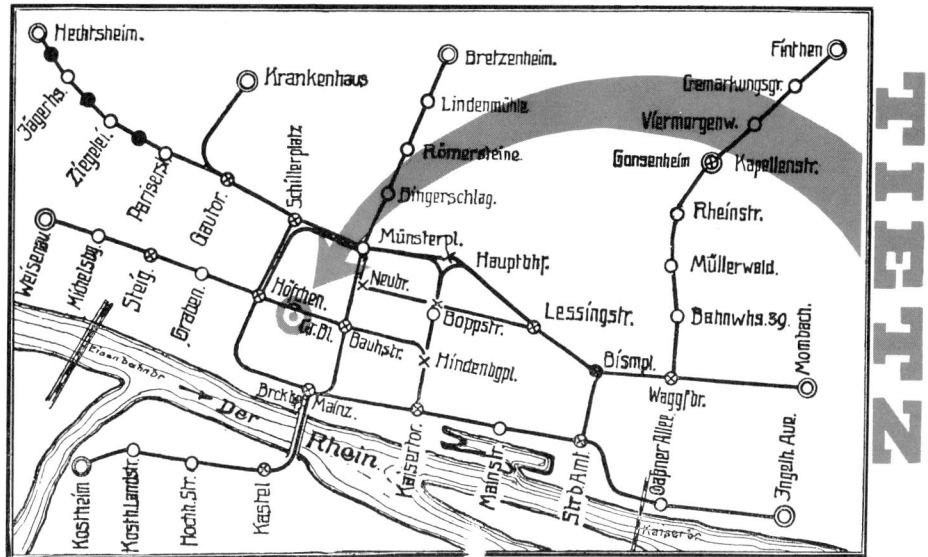

Abgesehen von einem kurzen, am 4. 9. 1938 begonnenen und mit Kriegsbeginn beendeten Gastspiel der Linie 4 als abendliche Verstärkung der Linie 8 nach Bretzenheim, änderte sich bis Kriegsbeginn 1939 nichts mehr.

Nach 1945 war lange Jahre nicht an eine Verdichtung des 1940 tagsüber eingeführten 20-Minuten-Taktes zu denken. Erst 1954 konnte mit der Linie 10 in den Spitzenzeiten durch 15-Minuten-Abstand eine Verbesserung erzielt werden. Anfang 1958 (Linien 1 und 3 ab September) liefen die Linien 7, 8 und 11 werktags tagsüber alle 15 Minuten, wobei durch Linie 10 zwischen Hauptbahnhof und Gonsenheim in der Spitze 7½-Minuten-Betrieb bestand.

Die veränderten Arbeitszeiten führten ab September 1958 erstmals zur Aufstellung eines besonderen Samstagsfahrplanes, der ab etwa 17 Uhr für die Linien 1, 3, 7, 8, 10, 11, 13 und 19 einen 20- statt 15-, für die Linien 15, 21 und 22/23 einen 30- statt 20-Minuten-Abstand vorsah.

Ab Juni 1960 konnte wegen weiter nachlassendem Verkehr und Personalmangel auch der durchgehende 15-Minuten-Verkehr der Linien 1, 7, 8, 11, 13 und 19 montags bis freitags tagsüber nicht mehr aufrechterhalten werden, so daß außerhalb der Spitze 20-Minuten-Betrieb eingeführt wurde. Gleichzeitig kam es an Samstagen wieder zu einem durchgehenden 20-Minuten-Tagesverkehr.

In den folgenden Jahren blieb es im wesentlichen bei dieser Struktur. Ab 5. 8. 1968 führte man in den Abendstunden und am Sonntagvormittag 40- statt 30-Minuten-Abstände auf den Linien 1, 8, 11, 13, 15, 19, 21 und 22 ein. Im Herbst 1974 (für Linie 11 schon 1969) verbesserte man die Intervalle wieder auf 30 Minuten, um allerdings schon im Herbst 1975 den Stundentakt für die Linien 1, 8, 13, 15, 16, 19 und 21 einzuführen. Gleichzeitig erhielten die Linien 8, 13, 15, 16, 19, 21 und 23 an Sonntagnachmittagen statt

des traditionellen 20- einen 30-Minuten-Betrieb. Letzte Maßnahmen gegen Kostensteigerungen und Fahrgastschwund bedeuteten ab Mai 1982 vor allem die Einführung des 30- statt 20-Minuten-Abstandes am Samstagnachmittag von 14–20 Uhr auf den Linien 7, 8, 15, 16, 19, 21, 22 und 23 sowie ab Ende Mai 1983 die Ablösung des 20- durch ein 30-Minuten-Intervall an Werktagen zwischen 8 und 12 Uhr auf den Linien 7, 9, 16, 19 und 21 und die Konzentration des Abend- und Sonntagvormittagsverkehrs durch Stillegung und Bündelung von Linien.

Ungenügende Auslastung während der Sommerferien veranlaßte ab 1977 zur Einführung eines Ferienfahrplanes, der auf den meisten Linien montags bis freitags tagsüber ein durchgehendes 20-Minuten-Intervall (ab 1983 zwischen 8 und 12 Uhr entsprechend verdünnt) vorsah.

Bis in den Ersten Weltkrieg wechselten die Fahrpläne jährlich zweimal (Sommer- und Winterfahrplan), ehe ab 1916 auf saisonale Ausgaben verzichtet wurde. Im allgemeinen erschienen seitdem neue Fahrpläne nur noch bei Bedarf, bis sich seit 1974 das System der Jahresfahrpläne einbürgerte, die bis 1977 im Herbst, ab 1979 im Frühjahr (jeweils zum Fahrplanwechsel der Eisenbahn) in Kraft traten.

Die Herausgabe von (kostenlosen) Taschenfahrplänen überließ man anfangs einer Werbeagentur, nahm ab Winter 1908/09 die Veröffentlichung und Verteilung (Preis nun 10 Pfg.) selbst in die Hand. Daneben existierten Fahrplanplakate für Anschläge und Aushänge in den Wagen. Bis in die dreißiger Jahre erschienen die Fahrpläne dann in einem Faltformat, während man – des zunehmenden Umfangs wegen – allmählich auf Heftformat überging. Ab Herbst 1974 wird der Fahrplan mit dem der Stadtwerke Wiesbaden AG in einem gemeinsamen Heft veröffentlicht, jedoch sind seit 1979 auch Einzelausgaben für jedes Netz erhältlich.

14. Tabellarische Geschichte der Straßenbahnlinien

Neben der ursprünglich „roten" Weisenauer (Haupt-)Linie bestand bis kurz vor Kriegsende 1939 fast ständig eine meist parallele Kurzlinie. Beide Linien (hier „HL" und „KL") erhielten im Herbst 1919 die Bezeichnung „1" und „2".

20. 10. 1904	Bismarckpl.−Rheintor−Kaisertor−Bauhofstr.−Höfchen
1. 12. 1904	Bismarckpl. ... Höfchen−Neutor
21. 12. 1904	Bismarckpl. ... Neutor−Stadtpark−Weisenau
1. 6. 1905	Linie unterteilt in Bismarckpl.−Weisenau und Rheintor−Neutor
15. 11. 1905	KL nun Bismarckpl.−Neutor
15. 5. 1906	KL nachmittags zeitweise bis Weisenau
1. 7. 1906	Eröffnung Straßenbahnamt (bisher Rheintor)−Ingelheimer Aue als Pendelverkehr
1. 11. 1910	KL nun Bismarckpl.−Stadtpark/Steig
1. 2. 1919	Pendellinie Ingelheimer Aue selbständig, ab Herbst als „2", ab 19. 6. 1921 als „11"
19. 6. 1921	KL Bismarckpl.−Stadtpark/Michelsberg nun „2"
16. 2. 1922	KL nun Ingelh. Aue−Straßenbahnamt ... Stadtpark/Steig; Linie 11 eingestellt
10. 10. 1922	HL nun Ingelh. Aue ... Weisenau; KL nun Feldbergpl.−Kaisertor ... Stadtpark/Steig
9. 6. 1923	KL nun Mombach/Körnerstr.−Bismarckpl. (HVZ)−Straßenbahnamt ... Höfchen− Graben−(HVZ) Stadtpark bzw. Weisenau
3. 8. 1923	KL nun Bismarckpl.−Straßenbahnamt ... Stadtpark−(HVZ) Weisenau
10. 6. 1928	KL nur Bismarckpl.−Stadtpark/Steig
8. 7. 1935	KL nur Feldbergpl.−Kaisertor ... Stadtpark/Steig
	HL bis 6. 10. 1935 nur zur HVZ bis Ingelh. Aue, sonst Weisenau−Bismarckpl.
8. 1939	KL eingestellt
28. 2. 1945	eingestellt (letzte Führung Höfchen−Weisenau?)
23. 12. 1945	Hbf−Höfchen
27. 1. 1946	Hbf−Höfchen−Stadtpark
21. 2. 1946	Straßenbahnamt−Bismarckpl.−Hbf−Höfchen−Stadtpark−Weisenau
23. 3. 1946?	Kleine Ingelheimstr.−Straßenbahnamt (Pendelverkehr ohne Signal)
1. 4. 1946	Ingelh. Aue−Straßenbahnamt (Pendelverkehr ohne Signal)
1. 5. 1946	Ingelh. Aue−Straßenbahnamt von Linie 3 übernommen
22. 6. 1947	Ingelh. Aue−Straßenbahnamt−Kaisertor−Hbf−Höfchen−Weisenau
16. 4. 1950	Ingelh. Aue−Straßenbahnamt−Bismarckpl.−Hbf−Höfchen−Weisenau; Rückweg üb. Hbf−Kaisertor (KL Höfchen−Stadtpark/Steig vom 16. 4.−24. 9. 1950 als Linie 3)
1. 9. 1958	Ingelh. Aue−Straßenbahnamt−Bismarckpl.−Hbf−Höfchen−Weisenau
28. 10. 1963	eingestellt; Ersatz durch Omnibuslinie 1

Signalfarben:

HL	1904:	rot-weiße Schilder/rotes und weißes Licht
	1905:	weiße Schilder/weißes Licht
KL	1904:	rote Schilder/rotes Licht
	1905:	rot-weiße Schilder/rotes und weißes Licht
	1921:	gelbe Schilder/gelbes Licht
	1923:	gelb-grüne Schilder/grünes und gelbes Licht
	1935:	Abschaffung der Farben

Die 1946 eröffnete Linie 2 ist nicht mit der Vorkriegslinie 2 (Zwischenwagen der Linie 1) identisch.

16. 5. 1946	Universität−Hbf−Höfchen−Südbahnhof−Stadtpark/Steig
16. 12. 1946	Universität−Hbf−Höfchen−Südbahnhof
16. 4. 1950	Universität−Hbf−Höfchen−Brückenkopf−Kastel
17. 3. 1952	Universität−Hbf−Höfchen−Brückenkopf−Kastel−Kostheim (sonntagvormittags nur bis Kastel)
15. 6. 1956	Hbf−Höfchen−Brückenkopf−Kastel−Kostheim; Rückweg über Kaisertor (werktags zur HVZ, sonntags 6−20 Uhr)
1. 9. 1958	Hbf−Kaisertor−Straßenbahnamt (mo−fr HVZ)
7. 6. 1960	eingestellt; Ersatz durch Omnibuslinie 24

108 Zwei Züge der „1" kreuzen sich in der engen Augustinerstraße, wo es zur Straßenbahnzeit „Parken verboten!" hieß (Juli 1963).

109 „Stammlinie" für die 50er Triebwagen war in den Jahren nach 1945 die „2". Hier Triebwagen 59 am Kasteler Bahnhof (um 1950).

③

Die ab etwa September 1919 mit „3" bezeichnete Linie ging aus der bis 14. 6. 1906 „Ringbahn", dann „Rundbahn", ab 1924 schließlich „Kleine Rundbahn" genannten Linie hervor.

1. 9. 1904	Hbf–Höfchen–Brückenkopf–Kaisertor–Hbf und Hbf–Kaisertor–Brückenkopf–Höfchen–Hbf
1. 2. 1919	nur noch Richtung Hbf–Kaisertor … Hbf
31. 10. 1919	eingestellt
14. 3. 1920	wie ab 1. 2. 1919
19. 6. 1921	wie ab 1. 9. 1904
7. 10. 1922	Straßenbahnamt–Kaisertor–Brückenkopf–Höfchen–Hbf–Bismarckpl.–Straßenbahnamt („Große Rundbahn" in beiden Richtungen)
9. 6. 1923	eingestellt
3. 8. 1923	Straßenbahnamt–Bismarckpl.–Hbf–Höfchen (event. weiter bis Kastel)
1. 6. 1924	wie ab 7. 10. 1922
2. 8. 1926	wie ab 7. 10. 1922, aber mit zusätzlicher Schleife: Brückenkopf–Kaisertor–Hbf–Kaisertor–Straßenbahnamt; Gegenrichtung unverändert
11. 5. 1927	Straßenbahnamt–Bismarckpl.–Hbf–Höfchen–Brückenkopf–Kastel–Kostheim/Siedlung
8. 7. 1935	wie ab 7. 10. 1922, jedoch aus Richtung Kaisertor–Straßenbahnamt mit Endpunkt am Bismarckpl., aus Richtung Hbf–Bismarckpl. mit Endpunkt am Straßenbahnamt
1. 9. 1942	Straßenbahnamt–Bismarckpl.–Hbf (1940–45 wechselnder, teils unklarer Einsatz und teilweise mit „3a" bezeichnet)
2. 1945?	eingestellt
1. 5. 1946	Hbf–Kaisertor–Straßenbahnamt
13. 5. 1946	Hbf–Kaisertor–Straßenbahnamt–Ingelh. Aue
22. 6. 1947	eingestellt; Ersatz durch Linie 1
16. 4. 1950	Höfchen–Stadtpark/Steig
25. 9. 1950	eingestellt (ersatzlos)
1. 5. 1955	Hbf–Kaisertor–Brückenkopf
1. 9. 1955	Hbf–Kaisertor–Brückenkopf–Höfchen–Hbf („Kleine Rundbahn" und nur diese Richtung)
7. 6. 1960	eingestellt (ersatzlos)

Signalfarben:
1904: blaue Schilder/blaues und weißes Licht
1921: rote Schilder/rotes Licht
1935: Abschaffung der Farben

110 „3" und „4": Gleich beide Rundbahnlinien auf einem Bild vor dem Hauptbahnhof. Man beachte die großen Ziffern der Wagennummer 84, die nur bei Vorkriegswagen verwendet wurden und bis 1960 in Gebrauch blieben (Juni 1956).

④

Die ab etwa September 1919 mit „4" bezeichnete Linie ging aus der „Ringbahn (ab 15. 6. 1906 ‚Rundbahn') Kastel" hervor.

1.	1. 1905	Kastel – Brückenkopf – Kaisertor – Hbf – Höfchen – Brückenkopf – Kastel
1.	6. 1905	Hbf – Höfchen – Brückenkopf – Kastel
26.	7. 1907	Kostheim – Kastel – Brückenkopf – Höfchen – Hbf – Kaisertor – Brückenkopf – Kastel – Kostheim
6.	2. 1916	wie ab 1. 1. 1905
31.	10. 1919	wie ab 1. 6. 1905
14.	3. 1920	wie ab 1. 1. 1905
19.	6. 1921	Hbf – Kaisertor – Brückenkopf – Kastel
1.	6. 1924	Kastel – Brückenkopf – Kaisertor – Hbf – Höfchen – Brückenkopf – Kastel und Kastel – Brückenkopf – Höfchen – Hbf – Kaisertor – Brückenkopf – Kastel
17.	12. 1925	wie ab 19. 6. 1921
16.	4. 1927	Hbf – Kaisertor – Brückenkopf – Kastel – Kostheim/Siedlung
11.	5. 1927	wie ab 19. 6. 1921
20.	9. 1930	4 a: wie ab 19. 6. 1921
		4 b: Hbf – Kaisertor – Brückenkopf – Höfchen – Hbf und umgekehrt als „Kleine Rundbahn"
18.	10. 1931	4 b: Hbf – Kaisertor – Brückenkopf – Stadthalle
21.	11. 1933	4 a und 4 b eingestellt
8.	7. 1935	Hbf – Gr. Bleiche – Brückenkopf – Kastel
4.	9. 1938	(Bretzenheim/nur werktags von 17 – 19 Uhr) – Hbf – Gr. Bleiche – Brückenkopf – Kastel
	8. 1939	eingestellt
17.	7. 1946	Hbf – Kaisertor – Brückenkopf – Höfchen – Hbf und umgekehrt als „Kleine Rundbahn"
22.	6. 1947	eingestellt; Ersatz durch Linien 7 und 8
15.	6. 1956	Hbf – Höfchen – Brückenkopf – Kaisertor – Hbf (nur diese Richtung und als Ersatz für vorübergehend eingestellte Linie 8)
12.	5. 1957	eingestellt

Signalfarben:

1905:	gelbe Schilder/gelbes Licht	1930: (4 a) blaue Schilder/blaues Licht
1907:	blaue Schilder/blaues und weißes Licht	(4 b) blaue Schilder mit gelbem Strich/blaues und gelbes Licht
1923:	blaue Schilder/blaues Licht	1935: Abschaffung der Farben

110 a Charakteristische Zugzusammenstellung auf Linie 5 in den Jahren 1955 – 58: Aufbautriebwagen und Beiwagen der Reihe 149 – 154 (1956 am Hauptbahnhof).

(„Gelbe" [Gonsenheimer] Linie, ab Ende 1919 bezeichnet mit: ⑤)

15. 6. 1907	Bismarckpl.–Gonsenheim/Schule
20. 11. 1907	Hbf–Bismarckpl.–Gonsenheim/Kapellenstr.
1. 5. 1908	Hbf–Bismarckpl.–Gonsenheim/Lennebergpl.
6. 2. 1916	Kostheim/Mainbrücke–Kastel–Brückenkopf–Gr. Bleiche–Hbf–Bismarckpl.–Gonsenheim/Lennebergpl.
3. 11. 1917	Stillegung Kapellenstr.–Lennebergpl.
24. 1. 1920	Neubrunnenpl.–Boppstr.–Bismarckpl.–Gonsenheim/Kapellenstr.
10. 7. 1921	wie vor; Rückweg üb. Hbf–Münsterpl.

Mit Eröffnung der Linie 10 nach Finthen ab 30. 4. 1922 lief Linie 5 als parallele Kurzlinie bis Gonsenheim und wurde vermutlich ab 11. 10. 1939 völlig durch Linie 10 ersetzt (Änderungen zwischen 1922 und 1939 s. u. Linie 10).
Nach dem Zweiten Weltkrieg diente Linie 5 dem Verkehr von und nach Hechtsheim.

22. 6. 1947	Hechtsheim–Schillerpl.–Hbf–Bismarckpl.–Straßenbahnamt
16. 4. 1950	wie vor; Rückweg üb. Kaisertor–Hbf
1. 9. 1958	eingestellt; Ersatz durch Linie 11

Signalfarben:
1907: gelbe Schilder/gelbes und weißes Licht
1935: Abschaffung der Farben

⑥

Neben der am 31. 5. 1906 eröffneten direkten Wiesbadener Linie bestand ab 30. 3. 1904 eine Verbindung über Biebrich nach Wiesbaden/Nerotal, die nach Einführung der durchgehenden Linie 9 (Schierstein–Biebrich–Mainz/Brückenpl.) ab 1. 5. 1914 einging.

31. 5. 1906	Wiesbaden–Biebrich Ost–Gabelung–Kastel–Brückenkopf–Mainz/Brückenpl. (Endpunkt in Wiesbaden/Unter den Eichen)
13. 4. 1907	Endpunkt Wiesbaden jetzt Wilhelmstr./Kurhaus
15. 11. 1911	Endpunkt Wiesbaden jetzt Hbf
11. 1. 1912	Endpunkt Wiesbaden jetzt wieder Wilhelmstr./Kurhaus (statt über vordere Mainzer Str. nun über K.-Wilhelm-Ring–Kaiserstr.)
6. 2. 1916	Wiesbaden/Kurhaus ... Brückenkopf–Kaisertor–Mainz/Hbf
13. 6. 1930	Endpunkt Wiesbaden jetzt Hauptpost/Rheinstr.
14. 1. 1945	eingestellt
21. 3. 1946	Wiesbaden/Hauptpost–Gabelung
4. 4. 1946	Wiesbaden/Hauptpost ... Kastel/Wiesbadener Str.
16. 4. 1950	Wiesbaden/Hauptpost ... Kaisertor–Mainz/Hbf
1. 5. 1955	eingestellt; Ersatz durch Omnibuslinie 6

Liniennr. 6 erstmals 1909 erwähnt

Signalfarbe: 1906–55: weiße Schilder

111 Ein Mainzer „Sechser" auf der Überführung über die Bahnlinie Frankfurt–Kastel–Wiesbaden unmittelbar vor der „Hohen Kurve" in der Gemarkung Kastel (1954/55).

⑦ („Grüne" [Mombacher] Linie, ab Anfang 1920 bezeichnet mit: ⑦)

16. 7. 1904	Mombach–Bismarckpl.–Boppstr.–Kaiserstr.–Hbf–Höfchen
1. 9. 1904	Mombach–Bismarckpl.–Boppstr.–Neubrunnenpl.
24. 1. 1920	Mombach–Bismarckpl.–Hbf–Gr. Bleiche–Brückenkopf–Kastel/Bf–Kostheim/Mainbrücke
19. 6. 1921	Mombach–Bismarckpl.–Hbf–Höfchen–Brückenkopf–Kastel/Bf–Kostheim/Mainbrücke
9. 6. 1923	nur werktags von 12–13 und 16–20 Uhr, sonntags bis 21 Uhr nach Kostheim, sonst bis Kastel/Bf
27. 9. 1923	wie ab 19. 6. 1921
2. 1945?	eingestellt
23. 8. 1945?	Mombach–Bismarckpl.–Hbf
22. 6. 1947	Mombach–Bismarckpl.–Hbf–Kaisertor–Brückenkopf; Rückweg über Höfchen Kostheimer Abschnitt bis 1950 als Linie 11
16. 4. 1950	Mombach–Bismarckpl.–Hbf–Höfchen–Brückenkopf–Kastel/Bf–Kostheim
1. 9. 1955	statt Kostheim nun Kostheim/Siedlung
1. 9. 1958	Mombach–Bismarckpl.–Hbf–Höfchen–Brückenkopf–Kaisertor–Straßenbahnamt (HVZ–Ingelheimer Aue); Kostheimer Abschnitt als Omnibuslinie 13
28. 10. 1963	Brückenplatz–Kaisertor–Straßenbahnamt (HVZ–Ingelheimer Aue) Mombacher Abschnitt als Omnibuslinie 1
18. 12. 1963	Liebfrauenplatz–Brückenplatz–Kaisertor usw.
1. 11. 1965	eingestellt; Ersatz durch Omnibuslinie 7

Signalfarben:
1905: grün-weiße Schilder/grünes und weißes Licht
1914: grüne Schilder/grünes und weißes Licht
1922: grüne Schilder/grünes Licht
1935: Abschaffung der Farben

112 Von 1947 bis 1950 und von 1958 bis 1965 verkehrte die „7" über die hier noch „grüne" Rheinallee. Entgegen kommt die Rundbahnlinie 3 (Haltestelle vor dem Kurfürstlichen Schloß, Juli 1959).

19. 6. 1921	Hbf–Gr. Bleiche–Brückenkopf–Kastel/Bf
4. 2. 1923	Bretzenheim–Gr. Bleiche–Schloßtor
9. 6. 1923	Bretzenheim–Höfchen–Stadthalle
3. 8. 1923	Bretzenheim–Gr. Bleiche/Neubrunnenpl.
1. 6. 1924	Bretzenheim–Gr. Bleiche–Brückenkopf–Kastel/Bf
18. 10. 1931	Bretzenheim–Gr. Bleiche–Brückenkopf; Rückweg üb. Höfchen
28. 4. 1934	Bretzenheim–Gr. Bleiche–Brückenkopf–Kastel/Bf; Rückweg üb. Höfchen
8. 7. 1935	Bretzenheim–Gr. Bleiche–Brückenkopf–Kastel/Bf–Kostheim/Siedlung; Rückweg üb. Höfchen
10. 1935	statt Alicenpl.–Binger Str.–Münsterpl. nun üb. Hbf–Bahnhofstr.
2. 1945?	eingestellt
19. 9. 1945	Bretzenheim–Hbf
27. 10. 1945	Bretzenheim–Hbf–Schillerpl.
11. 11. 1945?	Bretzenheim–Hbf–Schillerpl.–Gautor
23. 12. 1945?	Bretzenheim–Hbf–Schillerpl.–Gautor–Hechtsheim
22. 6. 1947	Bretzenheim–Hbf–Höfchen–Brückenkopf; Rückweg üb. Kaisertor
16. 4. 1950	Bretzenheim–Hbf–Höfchen–Brückenkopf–Kastel/Bf–Kostheim/Siedlung
1. 9. 1955	wie ab 22. 6. 1947 (von 15. 6. 1956–11. 5. 1957 durch Omnibuslinie Bretzenheim–Hbf ersetzt)
28. 10. 1963	Bretzenheim–Hbf–Bismarckpl.–Straßenbahnamt–Ingelheimer Aue

Signalfarben:
1921: weiße Schilder/weißes Licht
1922: weiße Schilder/weißes und blaues Licht
1923: grün-weiße Schilder/grünes und weißes Licht
1935: Abschaffung der Farben

113 Idyllische Atmosphäre auf der „8" bei den Römersteinen in Zahlbach. Heute sind Bäume und Bach verschwunden, die Strecke zweigleisig im Mittelstreifen trassiert (April 1962).

30. 3. 1904	Biebrich–Amöneburg–Gabelung–Brückenkopf–Mainz/Brückenpl. (Teilstrecke der Linie Wiesbaden–Mainz)
10. 9. 1904	Schierstein–Biebrich (nur Pendelverkehr)
1. 5. 1914	Schierstein–Biebrich–Mainz/Brückenplatz (durchgehend; direkte Wagen Wiesbaden/Nerotal–Biebrich–Mainz/Brückenpl. damit entfallen)
1. 3. 1933	Schierstein ... Brückenkopf–Kaisertor–Mainz/Hbf
11. 3. 1945	eingestellt (letzte Führung unbekannt)
2. 8. 1945	Schierstein–Biebrich
6. 2. 1946	Schierstein–Biebrich–Amöneburg/Chem. Werke
5. 8. 1946	Schierstein ... Amöneburg/Ausweiche
1. 12. 1946	Schierstein ... Kastel/Wiesbadener Str.
16. 4. 1950	wie ab 1. 3. 1933
1. 5. 1955	eingestellt; Ersatz durch Omnibuslinie 9
	Liniennr. 9 erstmals 1914 erwähnt

Signalfarben:
1914–55: gelb-weiße Schilder

114 Haltestelle „Gabelung": Hier zweigte die „9" nach Biebrich/Schierstein ab. Triebwagen 95 mit einem Wiesbadener Miet-Beiwagen im Gefolge. Links die Bahnlinie Frankfurt–Kastel–Wiesbaden (um 1954).

Bis vermutlich 10. 10. 1939 lief parallel Kurzlinie 5 bis und ab Gonsenheim

30. 4. 1922	Neubrunnenpl.–Boppstr.–Bismarckpl.–Gonsenheim–Finthen; Rückweg üb. Hbf–Münsterpl.
9. 6. 1923	Kostheim/Mainbrücke–Kastel–Brückenkopf–Höfchen–Hbf–Bismarckpl.–Gonsenheim–Finthen
27. 9. 1923	wie ab 30. 4. 1922
18. 10. 1931	Brückenkopf–Gr. Bleiche–Hbf–Bismarckpl.–Gonsenheim–Finthen; Rückweg üb. Hbf–Höfchen
28. 2. 1945	eingestellt
29. 7. 1945	Bismarckpl.–Gonsenheim–Finthen
5. 8. 1945	Hbf–Bismarckpl.–Gonsenheim–Finthen
1. 9. 1955	Kostheim–Kastel–Brückenkopf–Höfchen–Hbf–Bismarckpl.–Gonsenheim–Finthen
15. 6. 1956	wie ab 5. 8. 1945, jedoch nur mo–fr HVZ, Samstag und Sonntag von 13–23 Uhr (im Spätverkehr Schleife: Hbf–Kaisertor–Brückenkopf–Höfchen–Hbf–Finthen)
14. 12. 1958	Hbf–Bismarckpl.–Gonsenheim; Einsatz wie ab 15. 6. 1956
7. 6. 1960	wie vor; im Spätverkehr Brückenpl.–Höfchen–Hbf–Gonsenheim
22. 7. 1961	wie vor; im Spätverkehr Hbf–Gonsenheim
9. 1962	wie vor; nur noch mo–fr
28. 10. 1963	Schillerpl.–Hbf–Bismarckpl.–Gonsenheim (nur mo–fr HVZ)
2. 11. 1965	Kaserne Hechtsheim–Schillerpl.–Hbf–Bismarckpl.–Gonsenheim (nur mo–fr HVZ)
13. 12. 1965	Hechtsheim–Kaserne Hechtsheim–Schillerpl.–Hbf–Bismarckpl.–Gonsenheim (nur mo–fr HVZ)
20. 8. 1970	von Gonsenheim/Kapellenstr. bis Viermorgenweg verlängert
28. 9. 1974	Jetzt auch samstags (7–15 Uhr)
1. 7. 1977	von Gonsenheim/Viermorgenweg bis Finthen/Römerquelle verlängert (dieser Abschnitt ständig, sonst nur mo–fr 6–19 Uhr, sa 7–15 Uhr)

Signalfarben:
   5: gelbe Schilder/gelbes Licht
  10: gelbe Schilder mit rotem Diagonalstrich/gelbes und rotes Licht
1935: Abschaffung der Farben

115 Ein – 1964 – seltener Einsatz des Pärchens Triebwagen 100/Beiwagen 180 auf Linie 10. Das Joch zwischen Nummern- und Zielfilm entfernte man 1965/66 (Gonsenheim/Breite Straße).

19.	6. 1921	Straßenbahnamt–Ingelheimer Aue
16.	2. 1922	eingestellt; Ersatz durch Linie 2
9.	6. 1923	Straßenbahnamt–(? Bismarckpl.)–Hbf–Schillerpl.–Hechtsheim
3.	8. 1923?	Schillerpl.–Hechtsheim
10.	6. 1928	Hbf (abends und sonntagvormittags)–Schillerpl.–Hechtsheim
15.	2. 1929	Schillerpl.–Hechtsheim
1.	9. 1942	Brückenkopf–Kaisertor–Straßenbahnamt–Bismarckpl.–Hbf–Schillerpl.–Hechtsheim
	1944?	Schillerpl.–Hechtsheim
	2. 1945?	eingestellt

Wiedereröffnung des Hechtsheimer Abschnitts ab November 1945 durch Linie 8, ab Juni 1947 als Linie 5.

30. 11. 1947		Kastel/Wiesbadener Str.–Kostheim
16.	4. 1950	eingestellt; Ersatz durch Linie 7
1.	9. 1955	Gonsenheim–Bismarckpl.–Hbf (mo–fr 6–8, 16–20 Uhr; sa 6–8, 12–20 Uhr; so 13–23 Uhr)
15.	6. 1956	Finthen–Gonsenheim–Bismarckpl.–Hbf–Höfchen–Brückenkopf–Kastel–Kostheim (bei Einsatz der Linie 10 nur bis und ab Gonsenheim)
1.	9. 1958	Finthen–Gonsenheim–Bismarckpl.–Hbf–Hechtsheim (bei Einsatz der Linie 10 nur bis und ab Gonsenheim)
14. 12. 1958		Finthen–Hechtsheim (ständig)

Signalfarben:
1921: weiße Schilder/weißes Licht
1923: blau-weiße Schilder/blaues und weißes Licht
1935: Abschaffung der Farben

116 Die „11" in ungewohnter Umgebung: Gleisbauarbeiten zwangen im November 1962 zur Fahrt über Rheinallee–Kaiserstraße (hier am Kaisertor).

18.	4. 1924	Hbf–Schillerpl.–Augustuspl./Städt. Krankenhaus
17.	6. 1927	Schillerpl.–Augustuspl./Städt. Krankenhaus
3.	9. 1927	eingestellt; Ersatz durch Omnibuslinie A
		Verkehr nur an Krankenhaus-Besuchstagen und -zeiten
		(Dienstag-, Freitag- und Sonntagnachmittag)
		Signalfarben:
		blau-gelbe Schilder/blaues und gelbes Licht

⑬

11.	5. 1927	Hbf–Höfchen–Brückenkopf–Kaisertor–Hbf und umgekehrt („Kleine Rundbahn");
		Verkehr nur werktags
30.	3. 1930	nur noch Richtung Hbf–Kaisertor–Brückenkopf–Höfchen–Hbf (werktags)
20.	9. 1930	eingestellt; Ersatz durch Linie 4 b
		Signalfarben:
		rot-grüne Schilder/rotes und grünes Licht

15. Straßenbahn-Güterverkehr

Weder in Friedens- noch in Kriegszeiten spielte Güterverkehr bei der Mainzer Straßenbahn eine größere Rolle. Nennenswerte Aktivitäten mußte man unter dem Druck der Verhältnisse nur 1917/18 entwickeln. Auch die Anlage einer besonderen Poststraßenbahn-Verbindung vom Hauptbahnhof zur heutigen Hauptpost kam über die Planungsphase nicht hinaus. Mangelndes Interesse bekundete die Kaiserliche Oberpostdirektion Darmstadt am 14. 1. 1908, als sie unter anderem schrieb:

„Die eingehende Prüfung der in Betracht kommenden Verhältnisse hat ergeben, daß aus der Benutzung der Straßenbahn ... mittels besonderer Motorpostwagen zwischen dem Bahnhof und dem neuen Postgebäude keine wesentlichen Vorteile für den Postbetrieb erzielt werden können und daß die finanzielle Seite des Unternehmens sich für die Postkasse sehr ungünstig gestalten würde. Bei dieser Sachlage wird mit

Genehmigung des Reichspostamtes von der geplanten Einrichtung abgesehen ..."

Während des Ersten Weltkrieges führte der ständige Bedarf des Feldheeres an Pferden ab 1916 zu einem Mangel in der Heimat. Seitens der Militärbehörden bestand daher und auch wegen einer erhofften Entlastung der Eisenbahn ein starkes Interesse daran, die Straßenbahnen für den inner- und zwischenörtlichen Güterverkehr zu gewinnen.

Die Möglichkeit, spurende Fuhrwerksrollen hinter Straßenbahnwagen nachzuschleppen, praktizierten einige Normalspurbetriebe; für Mainz kam dies wegen der Meterspur natürlich nicht in Betracht. Man trat daher zunächst auf der Stelle und entschuldigte sich mit fehlenden Güterwagen. Erst massive Vorstellungen der Kriegsamtsstelle Frankfurt beim Gouvernement der Festung Mainz, auf das Straßenbahnamt einzuwirken und dabei „auf das gute Beispiel der SEG hinzuweisen" (die in Wiesbaden eine Anzahl umgebauter offener Beiwagen als Güterwagen einsetzte), veranlaßten im Herbst 1917 zur Be-

117 Hilfsgerätebeiwagen 202 kurz vor seiner Außerdienststellung. Anfangs verkehrte er als „Gemüsebeiwagen" zwischen Gonsenheim und dem Markt. Sein Dachaufbau ließ sich abnehmen (April 1962).

stellung von zunächst drei Güterwagen bei Gebr. Gastell, die 1918 geliefert wurden.

Nach längeren Beratungen vereinbarten im Juni 1918 Kriegsamtsstelle, Eisenbahn und Straßenbahnamt endlich eine Arbeitsteilung. Danach sollte vor allem der Kokstransport vom Gaswerk auf der Ingelheimer Aue zum „Kriegsbrennstofflager" in der Ernst-Ludwig-Straße/Höhe Große Bleiche durch die Straßenbahn besorgt werden. Hierzu verlegte man noch im gleichen Monat einen Gleiswechsel in der Rheinallee und daran anschließend eine Verbindungskurve zur Großen Bleiche, ferner einen kurzen provisorischen Gleisstutzen in das Lager selbst. Wesentlich aufwendigere Gleisanlagen erforderte der Anschluß am Gaswerk. Hier mußten mit einer Sonderkonstruktion ein Hafenbahngleis gekreuzt, ein zweites mit dritter Schiene versehen werden, damit die Güterwagen zur Waage und den Koksrutschen gelangen konnten. Lieferschwierigkeiten gestatteten den endgültigen Anschluß – ein provisorischer lag seit Januar 1919 – erst im Mai 1919. Etwa zur gleichen Zeit beschloß man allerdings, das Brennstofflager aufzulösen, so daß die dorthin führenden Gleise schon im November 1919 wieder entfernt wurden.

Der Anschluß beim Gaswerk blieb jedoch noch einige Jahre bestehen. Neben dem Theater (Anfahrt über Alte Universitätsstraße) bezog lediglich das Straßenbahnamt selbst Koks für seine Heizung, während Stadthalle und Schlachthof kein Interesse an einer Belieferung zeigten.

Im Sommer 1918 hatte auch die Waggonfabrik Gebr. Gastell als Abzweig von der Mombacher Strecke ein Anschlußgleis erhalten, auf dem nicht nur Baustofe zugefahren, sondern sowohl Mainzer als auch Wiesbadener Straßenbahnwagen überführt werden konnten. Letztmals in den fünfziger Jahren benutzt, blieb es bis zur Einstellung der Strecke in 1963 intakt. Ein weiteres Anschlußgleis entstand im Oktober 1918 in der Rheinallee/Höhe Gaßnerallee. Es gestattete durch ein paralleles Hafenbahngleis Umladungen, wurde allerdings selten genutzt, doch erst 1971 abgetrennt.

Unterm 5. 6. 1918 hatte der Großherzog übrigens auch die Konzession zur Güterbeförderung erteilt. Sie galt jedoch nur bis drei Jahre nach Beendigung des Krieges. Logischerweise beschlossen die Stadtverordneten am 7. 2. 1919 hierzu einen „Tarif für die Güterbeförderung auf der Städtischen Straßenbahn Mainz", der allerdings mangels Masse wenig praktische Bedeutung erlangte.

Einen jahreszeitlich bedingt stark schwankenden Marktverkehr wiesen die Obst- und Gemüseanbau treibenden Gemeinden Gonsenheim und Finthen sowie der Vorort Mombach auf. Im allgemeinen genügten direkt zum Markt durchlaufende Frühzüge, denen – zumindest auf der Finther Strecke – zeitweise ein Güterwagen für Marktgut beigegeben wurde. Selbst im Zweiten Weltkrieg kam es zu keinem Aufschwung auf diesem Gebiet, und die Beförderung von Obst und Gemüse zur Markthalle an der Neutorstraße hielt sich in engen Grenzen.

16. Der Straßenbahn-Wagenpark

1. Triebwagen-Reihen 1–40, 41–46, Umbaubeiwagen-Reihe 155–166

Mit der Wahl der SSW zum Lieferanten der elektrischen Ausrüstung war auch die des Wagentyps weitgehend festgelegt. Bestellt wurde die auch in zahlreichen anderen Städten verwendete zweiachsige Bauart (Vierachser sollten wegen enger Straßen ausscheiden) mit MAN-Wagenkasten und Fahrgestellen der „AG, vormals Meinecke" in Breslau.

Der hölzerne und mit Blech beplankte Wagenkasten besaß bei einer Länge über Rammbohlen von 7500 mm den damals üblichen Laternendach-Oberlichtaufsatz. Von den drei Seitenfenstern ersetzte man später das breite mittlere durch zwei schmälere. Auf zwei Längsbänken fanden zusammen 16 Fahrgäste Platz; daneben waren anfangs 14 Stehplätze auf den Plattformen, im Wageninnern dagegen keine, zugelassen. Entsprechend den damaligen Gepflogenheiten entschied sich die Stadt für völlig offene Plattformen und eiserne Umhängegitter als Abschlüsse. Als ursprüngliche Farbgebung fand Hellgelb mit blaugrauen Leisten und Zierlinien Verwendung.

Die E-Ausrüstung bestand aus zwei Hauptstrommotoren der Bauart D 56 von 21,6 kW Stundenleistung. Zwei Schleifringfahrschalter des Typs OW für Serien- und Parallelschaltung mit 9 Fahr- und 5 Bremsstufen waren halb in die Stirnwand eingebaut. Die Stromnahme erfolgte durch Bügel, die vor dem Wechsel der Fahrtrichtung umgedreht werden mußten und die wegen der im Stadtgebiet bis 6 m hoch verlegten Fahrleitung (Karnevalswagen!) besonders lang ausgeführt waren. Ab etwa 1927 mußte man wegen auftretender Rundfunkstörungen die Fahrleitungen um 50–70 cm tiefer verlegen und die Bügel entsprechend kürzen, während in den dreißiger Jahren eine allmähliche Umrüstung auf Scherenstromabnehmer stattfand.

Für die erste Ausbauphase erachtete man 30 Triebwagen für ausreichend, von denen bis Ende 1904 25 Wagen zur Verfügung standen. Ende Januar 1905 war die gesamte Serie abgeliefert. Inzwischen war der Bedarf aber als höher errechnet worden, so daß im Herbst 1904 zehn gleiche Wagen nachbestellt wurden und schon im März 1905 als Reihe 31–40 in Dienst kamen.

Die Kostheimer Linie machte 1907 den Kauf weiterer sechs Triebwagen (Reihe 41–46) notwendig. Ihre E-Ausrüstung entsprach der der Erstlieferung. Die Bugpartie war jedoch eine andere, denn der Fahrschalter war nicht halb in die Stirnwand eingelassen, sondern zurückgesetzt, so daß sie völlig rund gestaltet werden konnte. Anstelle der Ratschenkurbel fand sich jetzt ein Handrad zur Betätigung der Vierklotz-Handbremse. Entscheidend verbessert war jedoch das Fahrgestell von Trelenberg/Meinecke Nachf., das bei gleichem Radstand von

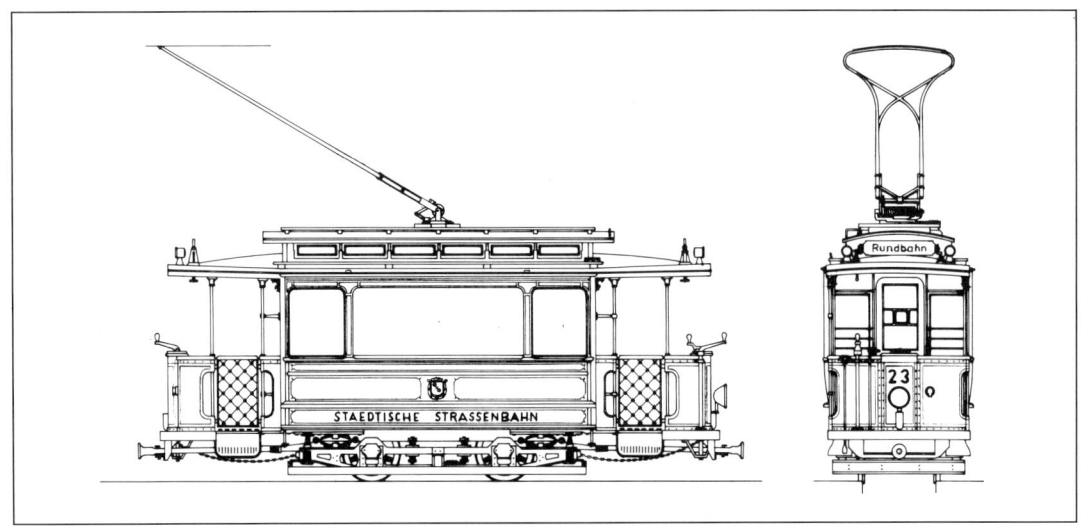

118 Im Ursprungszustand präsentiert sich dieser Triebwagen der Reihe 1–40 aus dem Jahre 1904.

118a „Gartenhäuschen" nannte man zuletzt die Triebwagen der Reihe 1–40. Hier Wagen 28 auf der schwächer frequentierten Linie 4 gegenüber dem Bahnhof in Kastel (um 1937).

119 Blick ins Innere des Triebwagens 44: Im Winter kamen zur Kokosmatte noch Friesdecken an den Fenstern und Sitzkissen hinzu; trotzdem war es ohne Heizung recht ungemütlich.

120 Das bisher einzig bekannte Foto, das die Frontpartie eines bereits mit Plattformverglasung versehenen Triebwagens der Reihe 41–46 vollständig wiedergibt. Sehr selten ist das in Emaille ausgeführte Zielschild („Kostheim"); üblicherweise verwendete man hölzerne. Im Schlepp ein Beiwagen der Reihe 107–116 (Gonsenheim/Lennebergplatz; 1915/16).

1800 mm zwar wieder aus Flacheisen und Stahlgußstücken konstruiert war, nun aber statt Fischbauch- und Spiralfedern lange Blattfedern besaß, die die lästigen Nickbewegungen beim Fahren milderten.

Die nicht ungünstigen Erfahrungen mit den völlig geschlossenen Plattformen der Gonsenheimer Triebwagen veranlaßten 1910 zum Umbau des Triebwagens 46: die Plattformen wurden verglast, die offenen Einstiege aber beibehalten. Da sich diese Änderung an dem nun meist auf der am Rhein entlangführenden zugigen Aue-Linie eingesetzten Wagen bewährte, schritt man im Herbst 1912 zur Umrüstung auch eines Wagens der Serie 1–40. Hierbei wurden die Plattformen durch Vorrücken der Stirnwände etwas verlängert, so daß die Fahrschalter nicht mehr halb vorgebaut standen und die Bugpartie rund ausgeführt werden konnte. Gleichzeitig kam es zum Ersatz der Fischbauch- und Spiralfedern durch lange Blattfedern. Nach einigen weiteren Versuchen begann 1913 der Umbau der übrigen Wagen. Kriegsbedingt zogen sich die Arbeiten sehr in die Länge, und im Frühjahr 1919 liefen immer noch fünf völlig offene Wagen. Mitten im Zweiten Weltkrieg erprobte man noch einmal handbetätigte Falttüren an dem Triebwagen 31, der allerdings 1944/45 verbrannte.

Die Inbetriebnahme neuer Triebwagen führte 1926 zu einem Überbestand; andererseits herrschte Mangel an Beiwagen. Das Alter der 1904–07 beschafften kleinen Triebwagen, ihre schwache Motorleistung, ihr Allgemeinzustand und letztlich auch das geringe Fassungsvermögen gaben den Ausschlag, eine Anzahl zu Beiwagen für die vollkommen ebene Linie 1 umzubauen. Anfang 1926 stand der erste Umbaubeiwagen 155 zur Verfügung. Im gleichen Jahr wurden auch die sechs Triebwagen der Reihe 41–46 umgerüstet und als 156–161 eingereiht. 1927 und 1928 erfolgten weitere Umbauten, so daß Anfang 1929 zwölf Beiwagen als Reihe 155–166 im Einsatz standen.

Die Indienststellung weiterer moderner Triebwagen in 1929, vor allem aber der 1930 beginnende Verkehrsrückgang, machten einen Teil der restlichen kleinen Triebwagen beschäftigungslos, so daß sie jahrelang abgestellt blieben. 1936 entschloß man sich daher zur Ausmusterung von zwei, 1937 von weiteren sechs und 1938/39 von nochmals vier Wagen, so daß bei Beginn des Krieges noch 22 Fahrzeuge vorhanden waren. Hiervon gab man 1940 zwölf Stück an die Litzmannstädter Elektrische Zufuhrbahn (LEZ) in Litzmannstadt (Lodz) ab, die neun als Beiwagen (teils bis 1957) und drei als Triebwagen (teils bis 1961) weiterverwendete. Etwa zur gleichen Zeit kam Triebwagen 11 zur Straßenbahn Worms und soll dort bis Kriegsende als Beiwagen unter Mainzer Nummer gelaufen sein.

121 Hinter Pappmaché versteckt sich 1959 Triebwagen 35. 1960 stellte man aus Verkehrsrücksichten Reklamefahrten ein.

122 Umbaubeiwagen 161 II in Mombach. Die aus Hartfaser hergestellten Liniennummernschilder kamen auf den Linien 6 und 9 in Anlehnung an Wiesbaden ab 1950, auf den innerstädtischen Linien ab 1954 in Gebrauch.

Vor Beginn der ersten Fahrzeugverluste durch Luftangriffe ab Herbst 1943 waren somit noch neun von 46 Triebwagen im Bestand, wobei zwei von ihnen (2 und 33) als Arbeitswagen Verwendung fanden. Durch Luftangriffe gingen fünf Triebwagen (2, 16, 24, 25 und 31) verloren, so daß lediglich noch vier Wagen (23, 28, 33 und 35) zuzüglich des etwa 1946 zurückgekehrten Triebwagens 11 übriggeblieben waren. Während die Triebwagen 23, 28 und 35 bald im Liniendienst (meist auf Linie 2), Triebwagen 33 als Arbeitswagen Verwendung fanden, blieb Wagen 11 zunächst abgestellt, wurde später zum Beiwagen 162 umgebaut und ab Frühjahr 1950 in Betrieb genommen. Elf der zwölf Umbaubeiwagen überstanden den Krieg mit mehr oder weniger großen Schäden und wurden bis 1951 verschrottet. Als einziger blieb Beiwagen 160 betriebsfähig und bis Herbst 1963 im Einsatz.

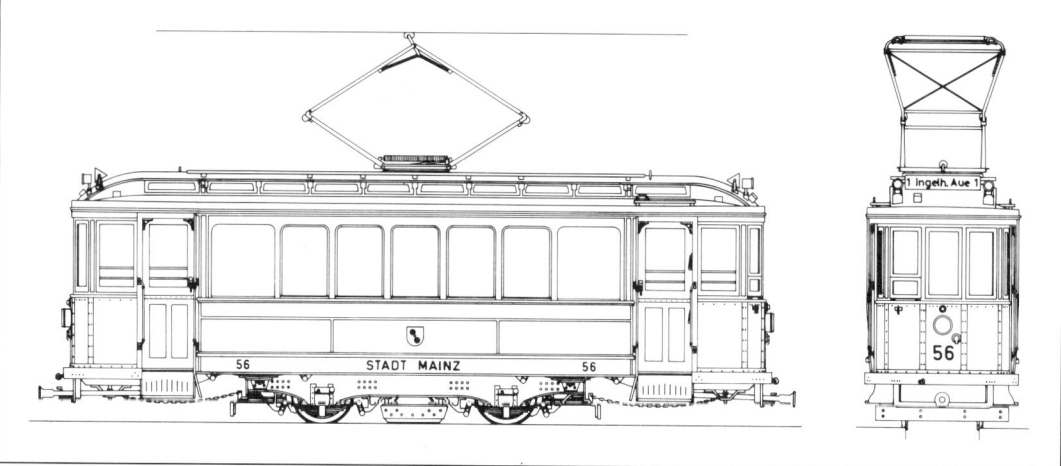

123 Triebwagen-Reihe 51–60 im Zustand um 1930 mit inzwischen eingebauten Schienenbremsen und Scherenstromabnehmer.

124 „Bestellter Wagen" lautete die damals gebräuchliche Bezeichnung eines Sonderwagens. Über die „Toppen" geflaggt wartet Triebwagen 57 am Bahnhof Kastel auf Fahrgäste. Man beachte die weißen Handschuhe des Personals (um 1910).

1955/56 hatten sich die Engpässe derart gemildert, daß Triebwagen 35 entbehrt und als ständiger Reklamewagen bis Sommer 1960 laufen konnte. Die beiden letzten, gelegentlich noch im Personenverkehr eingesetzten Triebwagen 23 und 28 baute man schließlich ebenfalls in Beiwagen um und setzte sie als 163 und 161 ab Ende 1957/Anfang 1958 bis Sommer 1963 ein. Beiwagen 162 schied nach einem Unfall schon im Frühjahr 1962 aus.

Die Triebwagen der Eröffnungsperiode hatten sich damit als die langlebigsten erwiesen. In den ersten Jahrzehnten fanden sie auf allen Strecken Verwendung. Später konnte wegen fehlender Schienenbremsen ein Einsatz über die Gaugasse nicht stattfinden. Nach dem Umbau in Beiwagen blieb ihre Tätigkeit auf die Linien nach Weisenau, später Kostheim, Mombach, Bretzenheim und Ingelheimer Aue beschränkt. Nur ausnahmsweise „verirrten" sich einzelne einmal nach Gonsenheim–Finthen, während Hechtsheim, später auch Schierstein und vor allem Wiesbaden „tabu" blieben.

2. Triebwagen-Reihe 50–59 (51–60)

Für die im Sommer 1907 zu eröffnende Gonsenheimer Linie hatte man wegen der langen Steigung, der beabsichtigten Mitführung zweier Beiwagen und der durch eigenen Bahnkörper zu erzielenden höheren Geschwindigkeit zehn Triebwagen mit stärkeren Motoren und völlig geschlossenen Plattformen bestellt. Ihr wagenbaulicher Teil stammte vollständig von MAN Nürnberg, die E-Ausrüstung (zwei Motoren D 54 s von 26 kW Stundenleistung und gleiche Fahrschalter wie Reihe 1–46) steuerten die SSW bei.

Der hölzerne Wagenkasten (Länge über Rammbohlen 9650 mm) besaß sieben herablaßbare Seitenfenster. Die Zahl der Fenster und die verglasten Plattformen verhalfen dazu, daß die Wagen bald die Bezeichnung „Glaswagen" bekamen und diese bis zu ihrem Ende behielten. Den Oberlichtaufsatz hatte man nach Art amerikanischer Wagen über die Plattformen bis zur Stirnwand herabgezogen. Neben der besseren Versteifung der ziemlich freitragenden Plattformen galt dies nach dem damaligen Geschmack als besonders elegant. Über eine einfache Schiebetür gelangte man auf die Plattform und über eine weitere ins Innere. Hier waren 23 Sitzplätze (19 quer, 4 längs) angeordnet. Bei den Quersitzen konnten anfangs die Rücklehnen umgelegt werden, so daß man in Fahrtrichtung saß. Die Zahl der Stehplätze war zunächst mit 18 angegeben.

Reflektoren, Lyra-Umlegbügel, Dachlaternen, Lackierung und Beschriftung waren mit den ersten Wagen identisch. Die Wagennummern schrieb man allerdings jetzt auch seitlich unterhalb der Scheuerleisten rechts und links des Namenszuges „STAEDTISCHE STRASSENBAHN" an; dasselbe geschah bei den Triebwagen 41–46. Die Fahrgestelle mit 2500 mm Radstand aus zwei gepreßten Stahlblech-

trägern und den nötigen Versteifungen besaßen nur noch lange Blattfedern, so daß die Wagen schaukelfreier fuhren.

Das Fehlen von Heizungen empfanden die von der Dampfbahn leicht „verwöhnten" Gonsenheimer Fahrgäste bald als nachteilig. Schon im Winter 1907/ 08 begannen daher Versuche mit elektrischen Heizungen bei einem, im folgenden Winter bei acht weiteren Triebwagen. Bis 1912/13 experimentierte man mit den verschiedensten Fabrikaten, erprobte auch Widerstandsheizungen und einen Spezial-Kohleofen, scheint aber alle Bauarten wieder außer Betrieb gesetzt zu haben. Erst bei einer Großaktion erhielten alle zehn Wagen ab Winter 1926/27 einheitliche Widerstandsheizungen.

Der technische Fortschritt führte 1922–25 zum Einbau von Ankerrollenlagern, 1925 zur Ausrüstung mit Schienenbremsen und 1928 zur Einführung von Scherenstromabnehmern. Die Schienenbremsen besaßen allerdings nur Bremsstromwicklungen, so daß die Wagen weiterhin über die Gaugasse nicht einzusetzen waren.

Die Numerierung der im August/September 1907 gelieferten Fahrzeuge lautete anfangs 50–59, wurde aber um 1909 in 51–60 geändert, wobei anzunehmen ist, daß lediglich ein Wagen (50 in 60) seine Nummer änderte.

Während des Zweiten Weltkrieges gingen sechs Triebwagen (51–54, 57 und 60) verloren. Ursprünglich dachte man an die Wiederherstellung des Triebwagens 52; die Arbeiten wurden jedoch des hohen Aufwands wegen abgebrochen und die Reste des Wagens verschrottet. Die übriggebliebenen vier Triebwagen 55, 56, 58 und 59 versah man in den ersten Nachkriegsjahren noch mit modernen Nokkenfahrschaltern.

Bis Ende 1925 versahen die „Glaswagen" hauptsächlich Dienst auf der Gonsenheimer Linie, danach wurden sie vorzugsweise nach Bretzenheim und Mombach, später auch nach Weisenau eingesetzt. Nach dem Krieg beschränkte sich ihr Einsatz auf die Universitätslinie 2, später auch auf die Rundbahnlinie 3. Nach 1948 wurden Triebwagen dieser Type im allgemeinen nicht mehr mit Beiwagen behängt. Triebwagen 59 schied 1955 als erster nach dem Krieg überhaupt aus dem Einsatz aus, wurde zunächst abgestellt und Anfang 1959 verschrottet. Triebwagen 58 stand bis Juli 1958 in Dienst, während die Triebwagen 55 und 56 bis Mitte Dezember 1958 in Verwendung blieben und (rechnerisch) durch die gleichzeitig in Betrieb genommenen ersten Gelenktriebwagen abgelöst wurden.

3. Triebwagen-Reihe 47–50, 61–64 (61–68)

Für die in Aussicht genommene Krankenhauslinie vergab man 1914 die Lieferung zweier Triebwagen an die Waggonfabrik Gebr. Gastell in Mainz-Mombach. Damit hatte das ortsansässige Unternehmen erstmals Gelegenheit, Fahrzeuge für Mainz zu fertigen. Gastell baute allerdings nur die Wagenkästen; die Fahrgestelle von 2500 mm Radstand stellte wieder das Eisenwerk Gustav Trelenberg/Breslau bei, Lieferant der E-Ausrüstungen waren die SSW.

Die hölzernen Wagenkästen mit Laternendach maßen über Rammbohlen 9190 mm. Je Seite besaßen sie vier Fenster, wobei die schmäleren Endfenster herablaßbar waren. Die Plattformstirnwände erhielten Verglasungen, die Einstiege blieben jedoch offen bzw. durch Umhängegitter gesichert. Von vollständig geschlossenen Plattformen sah man wegen

der Verwendung auf Innenstadtstrecken ab und schrieb wegen des angeblich schnelleren Fahrgastwechsels Längs- statt Quersitze vor. Sitzplätze gab es 20, daneben anfangs noch 18 Stehplätze.

Die SSW-Ausrüstung umfaßte neben Lyra-Bügel zwei 34-kW-Motoren des Typs D 56 wc und Schleifringfahrschalter mit neun Fahr- und fünf Bremsstufen. Zur Beleuchtung der Strecke dienten jetzt fest montierte Scheinwerfer. Im Hinblick auf die steigungsreiche Krankenhauslinie kamen erstmals zwei Schienenbremsmagnete für Frisch- und Bremsstrom und je 3500 kg Zugkraft zum Einbau. Damit

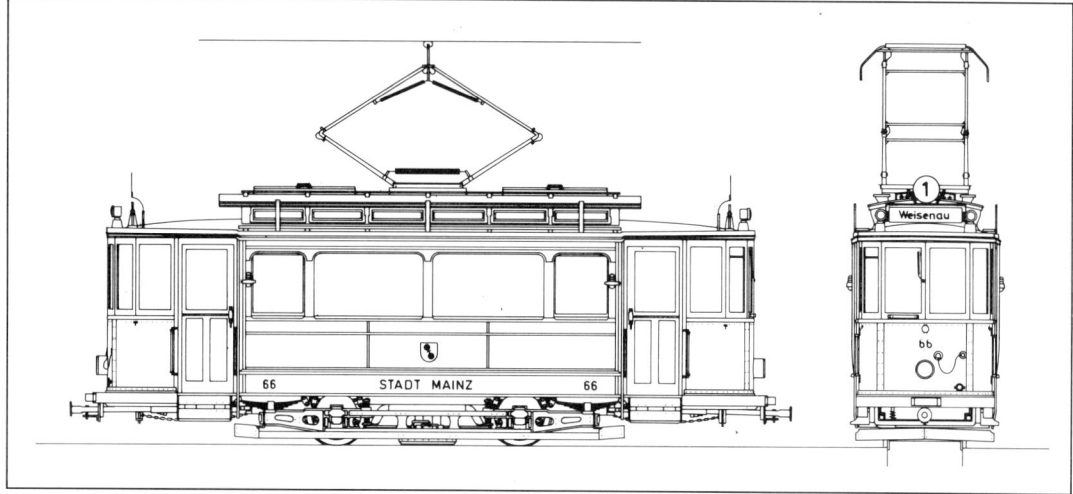

125 Triebwagen-Reihe 61–68 im Zustand ab 1936 mit nachträglich eingebauten Plattformschiebetüren und Fahrtrichtungsanzeigern.

126 Ein „typenreiner" Drei-Wagen-Zug aus der Lieferung von Gebr. Gastell (Ursprungszustand, 1917).

konnten diese Wagen 1923 als zunächst einzige über die Gaugasse verkehren.

Gastell lieferte beide Wagen im Oktober 1915 ab; sie wurden als 47 und 48 in Dienst gestellt. Schon im Dezember kam es – auch angesichts der bevorstehenden Elektrifizierung der Großen Bleiche – zur Bestellung weiterer sechs Triebwagen, bei denen lediglich etwas stärkere Schienenbremsen (Zugkraft 3750 kg) vorgesehen wurden. Kriegsbedingte Schwierigkeiten, vor allem wegen des kontingentierten Kupfers, verzögerten die Herstellung. Anfang 1917 konnten vier Triebwagen (49, 50, 61, 62) in Dienst gestellt werden. Die Triebwagen 63 und 64 waren gleichzeitig, aber ohne E-Ausrüstung geliefert worden, konnten aber bis Mitte 1917 komplettiert und eingesetzt werden.

Sicherheitsgründe für das Befahren der Gaugasse gaben 1924 den Ausschlag, anstelle der Lyra-Bügel einen AEG- und einen SSW-Scherenstromabnehmer zu erproben. 1925 rüstete man daraufhin die übrigen sechs Triebwagen mit SSW-Scherenstromabnehmern aus. Im gleichen Jahr kam es zum Einbau von Ankerrollenlagern und zur Umnummerung der Triebwagen 47–50 in 65–68. Mitte der dreißiger Jahre begann man mit dem Einbau von Plattformschiebetüren, die die offenen Einstiege und Umhängegitter ersetzten. Die bis 1939 abgeschlossenen Arbeiten erfolgten zuerst bei Triebwagen 68. Dieser hatte jedoch statt Schiebe- Falttüren erhalten und wurde vorzugsweise in der verkehrsschwachen Zeit zwischen Gonsenheim und Finthen als Einmannwagen verwendet. Gegen Kriegsende erlitt er starke Beschädigungen, bei deren Behebung 1949 Schiebetüren zum Einbau kamen.

Vier der acht Triebwagen (63, 64, 65, 67) mußten als Kriegsverlust abgeschrieben werden; die übrigen fanden in den ersten Jahren auf den Linien nach Mombach und Weisenau, ab 1950 vorzugsweise auf letzterer, Verwendung. Von 1955 bis zum Rückzug aus dem Linienverkehr im Sommer 1960 leisteten sie nur auf den Linien 2 und 3 Dienst. Im Herbst 1962 baute man Triebwagen 68 zum Hilfsgerätewagen um, versah ihn mit gebrauchten Einheits-Nockenfahrschaltern EF 43 und verwendete ihn bis Sommer 1972. Auch die übrigen Triebwagen 61, 62 und 66 fanden als Arbeitswagen (allerdings ohne Umbauten) Verwendung, ehe man sie im Frühjahr 1964 verschrottete.

Bis auf die Strecken nach Wiesbaden und Schierstein – für die es modernere und schnellere Fahrzeuge gab – fand diese Baureihe auf allen Linien Verwendung. Schon von weitem gaben sie sich durch die ihnen eigenen, heulenden Motorengeräusche – vor allem beim Bremsen – als „Sechziger" Wagen zu erkennen.

4. Triebwagen 69

In den 40 Jahren seit „Geburt" der elektrischen Straßenbahn hatte die Straßenbahntechnik in Deutschland eigentlich nur zwei Bauarten mit *einem*

Antrieb hervorgebracht; den Zwei- oder den Vierachser mit sogenanntem „Tatzlagerantrieb", bei dem der Motor auf der Achse saß, sie gleichsam einer Tatze umgriff. Den Zweiachsern hafteten die Nachteile an, daß die an sich wünschenswerte Verlängerung des Radstandes in den oft engen Kurven ihre Grenze fand; des weiteren, daß die unabgefederten Massen der Motoren relativ groß waren, was auch auf die Vierachser zutraf.

Auf der Suche nach Neuem entwickelte der Dortmunder Straßenbahndirektor Albrecht unter Mitwirkung der Firma Krupp ein zweiachsiges Fahrzeug mit Lenkachsen und Kardanantrieb, das in der Fachwelt als „Albrecht-Krupp-Wagen" 1922 einiges Aufsehen erregte. Die beiden Motoren waren hierbei auf einer unten am Wagenkasten befestigten gemeinsamen Grundplatte weitgehend stoßfrei montiert. Sie trieben unter Zwischenschaltung einer elastischen Kupplung und über ein gemeinsames Zahnradvorgelege mittels je einer zweifach gelagerten Kardanwelle und Kegelradgetrieben die Achsen an. Die Handbremse wirkte als Getriebebremse über Gestänge und Bremsbacken auf Bremsscheiben, die unmittelbar zwischen Ankerwellen und Zahnradvorgelege geschaltet waren. Übliche Klotzbremsen fehlten; sie hätten an den Lenkachsen nicht angeordnet werden können. Beide Achsen liefen in einem Lenker- und Federträger, der in gewissen Toleranzen sowohl horizontale als auch vertikale Bewegungen zuließ.

Ebenfalls aus dem üblichen Rahmen fiel der Fahrschalter mit neun Fahrstufen (1–5 in Reihen-, 6–9 in Parallelschaltung) und sieben Bremsstufen und sein Antrieb. Statt der bei einem Zweirichtungswagen anzutreffenden zwei Fahrschalter gab es nur einen einzigen, der in Wagenmitte unter zwei Doppelsitzbänken angeordnet war. An den Führerständen fanden sich lediglich Steuerschalter, die ihre Schaltbefehle mittels langer Gelenkwellen und „Gallschen Ketten" auf den „Ein-Fahrschalter" übertrugen.

Die mechanischen Vorteile umfaßten nach Meinung des Konstrukteurs im wesentlichen einen „spielend leichten Lauf", ein entgleisungssicheres Befahren von Kurven mit voller Geschwindigkeit, längere Lebensdauer der Zahnräder und kein Verschleiß an den Ankerlagern. Im elektrischen Teil hob er die gänzliche Beseitigung der Kurzschlußgefahr an Motoren und Fahrschalter, eine sichere und weiche Bremsung sowie einen um 10% geringeren Stromverbrauch hervor.

Nach Indienststellung eines Prototyps hatte Albrecht auch andere Betriebsleiter für sein System erwärmen können, so daß man 1924/25 für die zu bestellenden 15 Triebwagen der späteren Reihe 70–84 den Albrecht-Krupp-Antrieb ins Auge faßte. Für die Firma Krupp als Herstellerin des Antriebs, der Lenk- und Federträger sowie des Fahrschalters war jedoch ein 15-Fahrzeuge-Auftrag nicht lohnend, so daß die 15 Wagen herkömmlich ausgerüstet wurden. Kurz danach gelang es jedoch, unter Führung der „Westfälischen Straßenbahn" in Gerthe bei Bochum, einen Sammelauftrag für 24 Triebwagen bei Krupp unterzubringen und ein Fahrzeug für Mainz vorzusehen. Im Mai 1925 stimmten die Stadtverordneten der Beschaffung ebenso zu wie zuvor die Straßenbahn-Deputation, während der Finanz-Ausschuß Bedenken hegte.

Die Herstellung des Wagenkastens übernahm Gastell, die der Motore (Typ GTMOli spezial mit je 33 kW Stundenleistung) und Dachwiderstände die BBC; die übrige E-Ausrüstung besorgten die SSW. Der hölzerne, über Rammbohlen 10 300 mm lange und vierfenstrige Wagenkasten entsprach im Aussehen im großen und ganzen dem der Reihe 70–84, besaß jedoch wesentlich kleinere und stärker verjüngte Plattformen mit nur einfachen Schiebetüren. Der Fahrgastraum hatte dafür allerdings etwas länger dimensioniert und hierin 26 Sitzplätze vorgese-

hen werden können. Bis auf zwei Doppellängsbänke an den Kopfenden gab es Quersitze in Abteilanordnung.

Die als Feststellbremse dienende Handbremse (Getriebebremse) war über ein Handrad zu betätigen und sollte als Betriebsbremse nicht verwendet werden. Abweichend von der üblichen Fahrkurbel stand zur Bedienung des Fahrschalters ebenfalls ein großes Handrad zur Verfügung.

Ursprünglich hätte das Fahrzeug (Radstand 4000 mm) bereits Ende Januar 1926 im Anschluß an die Reihe 70–84 abgeliefert werden sollen. Ungünstig hohe Einstiege erforderten eine weitgehende Umplanung, so daß es erst am 17. 7. 1926 überstellt wurde. Bei den Anfang August beginnenden Probefahrten stellten sich etliche Mängel heraus, die zahl-

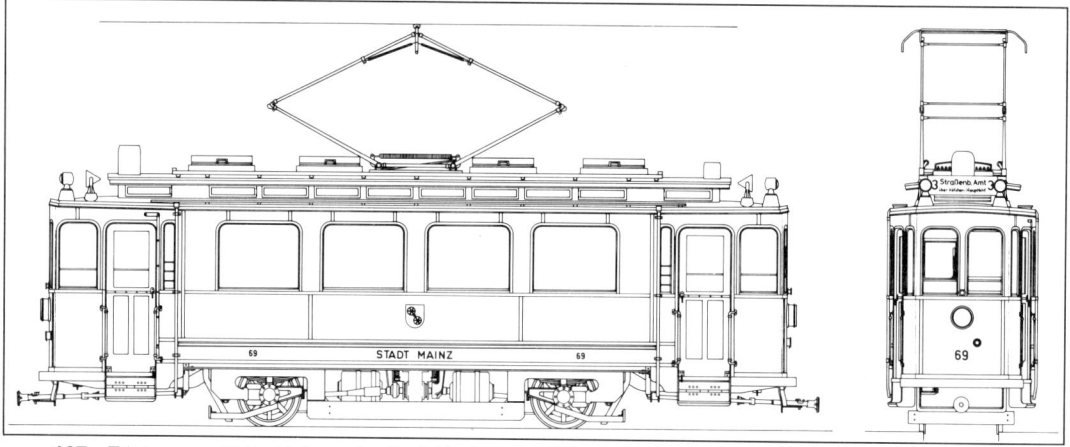

127 Triebwagen 69 im Lieferzustand mit Kardanantrieb und deutlich sichtbaren Motoren.

128 Der legendäre „69er" in den ersten Monaten seiner wenig ruhmreichen Zeit als Kardanwagen auf dem Mainzer Brückenkopf. Im Hintergrund naht von Kastel kommend SEG-Triebwagen 245 der Linie 6.

reiche Nacharbeiten erforderten. Erst nach einigem „Druck" stellte die Direktion am 13. 12. 1926 das Fahrzeug dem Oberbürgermeister, interessierten Stadtverordneten und der Presse vor, die Vorteile dabei abermals unterstreichend. Leider gestaltete sich die erste Einsatzperiode nicht von langer Dauer, denn in einer Resolution des Betriebsrates – abgedruckt in der „Mainzer Volkszeitung" vom 16. 2. 1927 – hieß es:

> „Unter vielem anderen wäre noch zu erwähnen der Wagen 69, welcher in keiner Art und Weise den an ihn gestellten Anforderungen entspricht und zur Zeit wieder als Schmerzenskind in der Wagenhalle für längere Zeit den Platz versperrt."

Die größten Mängel schienen dem Fahrschalter, insbesondere seinem Antrieb, anzuhaften. Die langen Übertragungswege bewirkten schnell zu großes Spiel, so daß z. B. beim Einschalten der ersten Fahrstufe die Schaltbefehle vom Fahrschalter selbst nicht vollzogen wurden. Da Krupp sich unmittelbar nach Auslieferung aus dem Fahrschalterbau zurückzog und sich die Schwierigkeiten verstärkten, blieb nichts anderes übrig, als schon Anfang 1928 still und leise zwei „normale" Fahrschalter der SSW-Bauart OW einzubauen. Diese stammten offenbar aus zu Beiwagen umgebauten Triebwagen der Reihe 1–46.

Wenn auch Fahrschaltermängel der Vergangenheit angehörten: für die Schwierigkeiten mit dem Albrecht-Krupp-Antrieb fand sich keine Abhilfe. Gerade zwei der gepriesenen Vorzüge: entgleisungssicheres Durchfahren von Kurven und schlagfreies Passieren von Weichen und Kreuzungen schienen

sich ins Gegenteil zu verkehren. Da nicht gut auch ein neues Fahrgestell bezogen werden konnte, hielt man den Einzelgänger zweckmäßigerweise „unter Verschluß", so daß er in den folgenden Jahren selten oder gar nicht auf der Strecke erschien.

Erst 1939 erinnerte man sich des Wagens wieder und entschied, ein herkömmliches Fahrgestell mit 3200 mm Radstand bei Westwaggon-Gastell anfertigen zu lassen, das 1942 geliefert wurde. Statt der veralteten Schleifringfahrschalter kamen modernere Nockenfahrschalter der SSW-Type OF 79 zum Einbau, die aus dem zuvor umgerüsteten Triebwagen 92 stammten. Ganz neu waren zwei SSW-Tatzlagermotoren der Bauart Du 503 a mit 60 kW Stundenleistung, die das Fahrzeug damit zum stärksten Triebwagen überhaupt machten. Nunmehr konnte er endlich im regulären Liniendienst eingesetzt werden, und gerade in den letzten Kriegsjahren mit hohem Schadwagenanteil leistete das Fahrzeug bis zuletzt gute Dienste. Verhältnismäßig schnell – im August 1945 – konnte der Wagen bereits wieder dem Betrieb übergeben werden. Abgesehen davon, daß der Stromabnehmer von Wagenmitte nach hinten in 1951 oder 1952 versetzt wurde, blieb das Fahrzeug dann unverändert. Zu seinen Besonderheiten zählte eine verzögert ansprechende elektrische Bremse; ein Mangel, den die Fahrer wegen des Vorteils der durch die 60-kW-Motoren zu erzielenden höheren Geschwindigkeit gern in Kauf nahmen. Bemerkenswert auch das nur ihm eigene und schwer zu beschreibende Fahrgeräusch, das ihn schon von weitem als den „69er" verriet.

Über die Art der anfänglichen Verwendung ist nicht allzuviel bekannt geworden. Einsätze auf der mit Einzelwagen bedienten und am Betriebshof vorbei-

128 a Triebwagen 69 mit Beiwagen 161 am Hauptbahnhof. Deutlich ist das 1942 gelieferte starre Fahrgestell zu erkennen (Dezember 1962).

führenden Linie 3 schienen die Regel gewesen zu sein, so daß Auswechselungen kaum auffielen. Nach dem Umbau fand er bis 1945 gern auf Linie 6 Verwendung und nach Kriegsende sah man ihn häufig in Gonsenheim–Finthen und Hechtsheim. Die letzten Dienstjahre blieb er der Linie 7 vorbehalten. Hier „ereilte" ihn Anfang Februar 1963 ein Motorschaden, der der ohnehin bald vorgesehenen Ausmusterung zuvorkam und bereits im März zu seiner Verschrottung führte.

5. Triebwagen-Reihe 70–84, 85–89

Die Ausdehnung der Straßenbahn auch auf die Dampfbahnstrecken erforderte nach Konsolidierung der zerrütteten Währung dringend eine Vermehrung des Wagenparks. Gebr. Gastell/SSW lieferten dazu zwischen Oktober 1925 und Januar 1926 15 zweiachsige Triebwagen. Ihr hölzerner Wagenkasten war durch Blechbeplankung zusätzlich versteift und maß über Rammbohlen 10 500 mm. Zur Beschleunigung

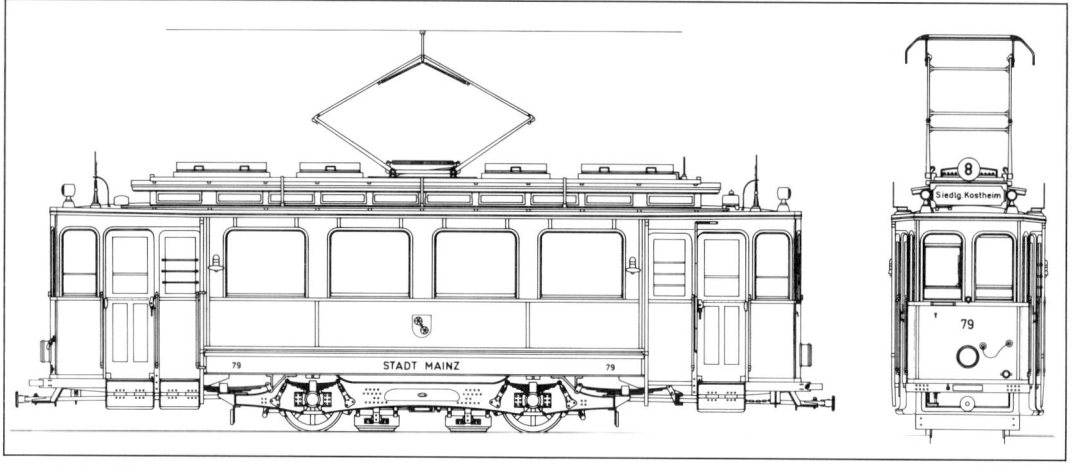

129 Triebwagen-Reihe 70–89 im Erscheinungsbild des Jahres 1938. Tiefer gesetzt sind die Scheinwerfer, hinzugekommen runde Liniennummernscheibe und Fahrtrichtungsanzeiger.

130 Triebwagen 81 im Endzustand mit 1959 eingebauten Schluß- und Bremsleuchten. An Sonntagvormittagen fuhr Linie 8 damals ohne Beiwagen (Hauptbahnhof, Juli 1962).

des Fahrgastwechsels erhielt die jeweils hintere Plattform erstmals einen doppelbreiten Einstieg. Neben 22 Sitzplätzen (16 quer, 6 längs) in Abteilanordnung standen anfangs noch 22 Stehplätze zur Verfügung, mithin ein Platzangebot für 47 Personen. Sitze und Innenverkleidung bestanden aus Rüsternholz, das Innere der Plattformen aus heller Eiche. Von den vier gleichgroßen Seitenfenstern konnten anfangs die beiden mittleren herabgelassen werden. Zur Lüftung dienten Ausstellfenster im Laternendach. Besonders robust und schwer war das Fahrgestell mit 3000 mm Radstand ausgeführt. Vier Schienenbremsmagnete für Frisch- und Bremsstrom bei je 2500 kg Zugkraft verliehen dem Wagen in Verbindung mit der elektrischen Bremse eine ausreichende Bremsverzögerung.

Die Motoren der neuen Type DU 531 e mit je 41 kW Stundenleistung liefen in Rollenlagern und besaßen erstmals Eigenlüftung. Angesteuert wurden sie über Schleifringfahrschalter der Bauart OB mit 10 Fahr- und 7 Bremsstufen. Später kamen modernere Nockenfahrschalter der SSW-Bauarten OF 8 und OF 30 mit 11 Fahr- und 7 Bremsstufen zum Einbau. Die Ausrüstung mit Scherenstromabnehmern und umschaltbarer Widerstandsheizung (Sommer-/Winter-Widerstände) war nun selbstverständlich.

1927 vergab man einen Anschlußauftrag über fünf weitere Wagen an die gleichen Hersteller. Die Indienststellung der mit 85–89 bezeichneten Fahrzeuge erfolgte im September. Im mechanischen Teil entsprachen sie bis auf den Ersatz der Holz- durch Lederpolstersitze und anstelle Rüsternholz- jetzt Mahagoniverkleidungen der Erstlieferung. Wesentlich moderner waren dagegen die verschleißärmeren Nockenfahrschalter der Bauart OF 9 mit zehn (später elf) Fahr- und sieben Bremsstufen.

In den Jahren bis Kriegsende bildeten diese 20 Triebwagen das Rückgrat des Betriebes und wurden bevorzugt auf den stark belasteten Linien mit bis zu zwei Beiwagen eingesetzt.

Im Herbst 1944 ging Triebwagen 79 durch eine Sprengbombe verloren, während die Triebwagen 71, 76, 80, 82, 83 und 85 in den letzten Kriegsmonaten durch Brand ihre Aufbauten einbüßten. 1950/51 konnten nach Aufarbeitung der Fahrgestelle und Motoren der letztgenannten Fahrzeuge sechs „Aufbau"-Wagen hieraus in Dienst gestellt werden.

Die noch im Originalzustand vorhandenen Triebwagen kamen ab 1945 hauptsächlich nach Gonsenheim–Finthen, aber auch nach Mombach, Bretzenheim, Hechtsheim und Kostheim, gelegentlich auch nach Wiesbaden oder Biebrich–Schierstein zum Einsatz. Ab 1955 wurden sie verstärkt auch nach Weisenau verwendet. Ende 1962/Anfang 1963 begannen die ersten Ausmusterungen, und mit den Stillegungen vom Herbst 1963 hatte ihr Einsatz im Linienverkehr im wesentlichen aufgehört. Er beschränkte sich seitdem auf E-Wagen-Einsätze und kürzere Verwendungen auf den Linien 7 und 8 bis Sommer 1965. Nach Anlieferung weiterer Gelenktriebwagen konnten die zuletzt noch vorhandenen Triebwagen 70, 74, 75 und 77 im Oktober 1965

endgültig ausgemustert und zur leichteren Altmaterialgewinnung abgebrannt werden.

Die „Siebziger"-Wagen prägten wie keine andere Serie für fast 40 Jahre das Erscheinungsbild der Straßenbahn in Mainz. Ihre robuste Bauweise und solide Verarbeitung trug dazu bei, daß sie bis zuletzt voll einsatzfähig blieben und keinen betrieblichen Einschränkungen unterlagen. Abgesehen vom Einbau der Nockenfahrschalter wurden wesentliche Änderungen nicht vorgenommen, so daß ihre Dienstzeit relativ „unauffällig" verlief.

6. Triebwagen-Reihe 90–94

Der Umbau weiterer Alttriebwagen zu Beiwagen und die Hoffnung auf einen Fahrgastzuwachs führte Ende November 1929 zur Indienststellung von fünf Triebwagen in Reihe 90–94. Ihre E-Ausrüstungen stammten wieder von den SSW. Den wagenbaulichen Teil besorgte Gebr. Gastell, die sich 1928 mit zwei anderen Waggonbauanstalten verbunden hatte und nun als „Vereinigte Westdeutsche Waggonfabriken, Werk Gastell" (kurz: „Westwaggon") firmierte.

Auffälligstes Merkmal gegenüber den zuletzt gelieferten Fahrzeugen war ein Tonnendach und die Anordnung von Rollbändern für Ziel- und Nummernbezeichnung im Dachaufbau der Plattformen anstelle der drehbaren hölzernen Richtungsschilder. Der hölzerne und mit Blechwandungen verstärkte Wagenkasten maß über Rammbohlen 10 600 mm. Sein Innenraum verfügte über 22 Sitzplätze (16 quer, 6 längs). Die vier gleichgroßen Seitenfenster besaßen im oberen Teil zum Lüften zweiteilige Schiebefensterchen, während gegen Sonne Rollos schützten. Halbrunde Ablagetischchen sowie feine Lederpolster sowie mahagonigetäfelte Wände ließen das Innere recht elegant wirken. Wie schon bei der Vorserie sah man für die hintere Plattform einen doppelbreiten Einstieg vor. Für die Belüftung der Plattformen dienten ausstellbare Klappfenster im Dach sowie kipp- bzw. herablaßbare Windschutzscheiben. Die erwähnten Rollbänder zeigten schwarze Schrift auf weißem Grund, waren mithin weit besser erkennbar als die bisher üblichen farbigen Dachschilder.

Das Fahrgestell mit starr geführten Radsätzen (Radstand 3000 mm) bestand aus einem genieteten Stahlblechrahmen mit Profileisen- und Preßteilträgern und war verwindungsfrei hergestellt, während die Abfederung des Wagenkastens und des Fahrgestells über Blattfedern geschah. In Rollenlagern geführte Achsen liefen in pendelnd aufgehängten Peckham-Buchsen und sollten eine möglichst stoßfreie Kurveneinfahrt gewährleisten. Auch bei der Wahl der durch Handrad zu betätigenden Handbremse beschritt man neue Wege und baute die vollständig geräuschlos arbeitende Erkrath-Freilaufbremse ein.

Die E-Ausrüstung umfaßte zwei eigenbelüftete Tatzlagermotoren des Typs Ds 531 e mit je 41 kW Stun-

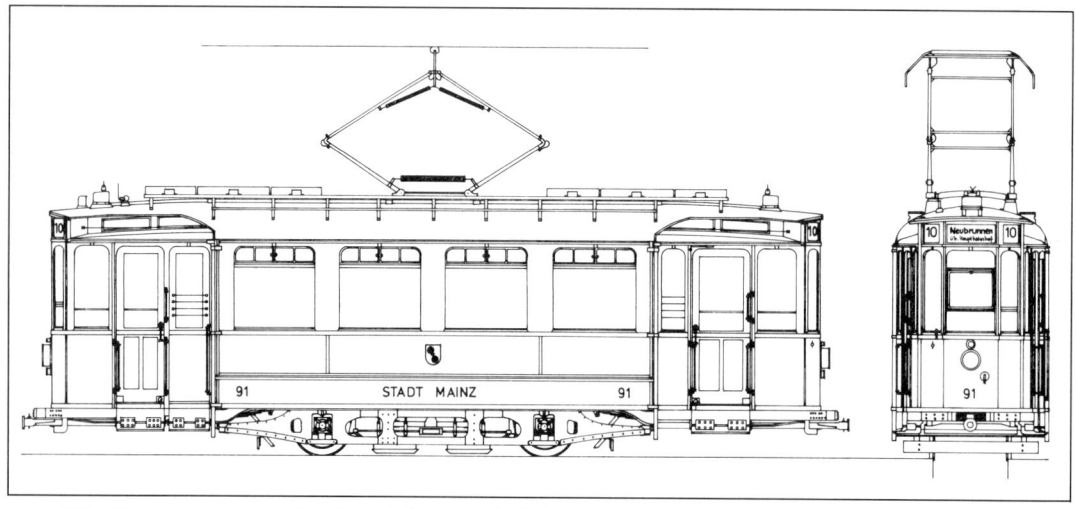

131 Triebwagen-Reihe 90–94 im Lieferzustand 1929.

132 Triebwagen 91 im Lieferzustand an der Endhaltestelle in Finthen. Bei dieser Baureihe war von Anfang an keine farbige Beschilderung vorhanden. Das weiße Filmband zeigt mit schwarzer Schrift die Aufschrift „Neubrunnen über Hauptbahnhof" (1930).

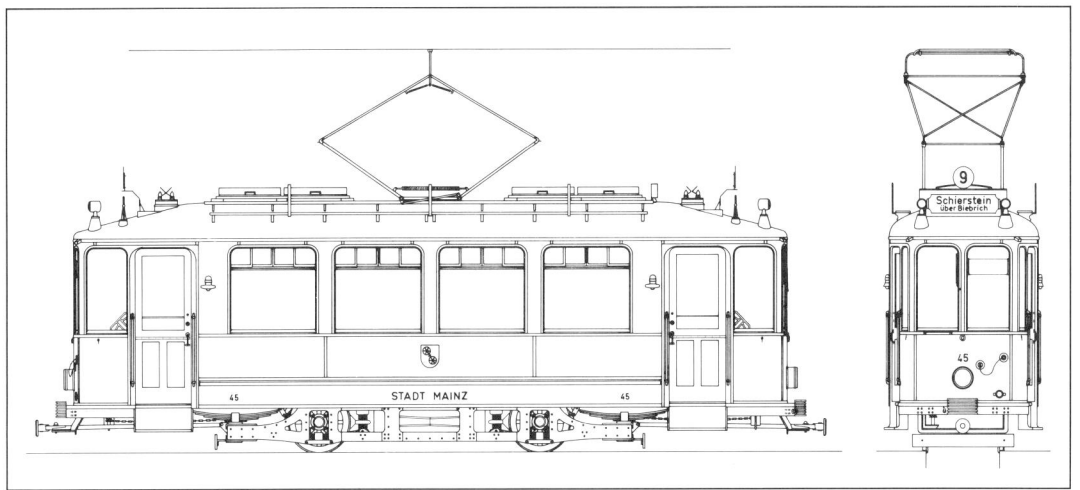

133 Ex-SEG-Reihe 44 II–49 II. Teilweise erst nach zehn Jahren glich man die 1943 übernommenen Fahrzeuge den Mainzer Normalien (tiefgesetzter Reflektor, Dachlaternen) an; hier Triebwagen 45 um 1954.

134 Triebwagen 46 aus der 1930er Lieferserie im Hof vor Halle B trägt im Mai 1964 noch die Beschilderung der im Oktober des Vorjahres eingestellten Linie 1.

denleistung und Feldschwächung; ihre Anker liefen in Rollenlagern, während die Vorgelege schrägverzahnt waren. Nockenfahrschalter der Bauart OF 79 mit 11 Fahr- und 7 Bremsstufen regulierten die Geschwindigkeit. Vier Schienenbremsmagnete von je 2500 kg Zugkraft mit Frisch- und Bremsstromspule sorgten für ausreichende Verzögerungswerte. Zur Beheizung dienten Widerstands-Gitterheizkörper, die anstelle eines Teils der Dachwiderstände zugeschaltet werden konnten. Ende der dreißiger Jahre erhielt Triebwagen 92 neue Vielstufen-Nockenfahrschalter der SSW-Bauart OFGL 14 mit 18 Fahr- und 14 Bremsstufen sowie Frischstromheizkörper.

Der Einsatz der wegen ihrer guten Fahreigenschaften beliebten Fahrzeuge erfolgte zunächst vornehmlich nach Gonsenheim–Finthen, nach dem Krieg auch auf anderen Strecken (gelegentlich auch nach Wiesbaden), ab Herbst 1963 jedoch nur nach Bretzenheim und als E-Wagen. Sieht man von der Übernahme gebrauchter SEG-Wagen in 1943 ab, stellte die Beschaffung dieser Triebwagen für genau 20 Jahre den letzten Neuzugang dar.

Während der letzten Kriegsmonate brannte Triebwagen 92 aus. Sein Fahrgestell erhielt nach zusätzlichen Aussteifungen Triebwagen 93 als Ersatz für das kriegsbeschädigte eigene.

Nach dem Ausscheiden aus dem Linienverkehr im Sommer 1965 leisteten die vier Fahrzeuge Arbeitswagen-Dienste, bis drei von ihnen (90, 91, 94) 1971/72 ausgemustert wurden. Triebwagen 90 erhielt im Sommer 1972 noch eine Pop-Lackierung und fand für einige Tage vor dem Stadttheater Aufstellung. Anschließend stellte man den Wagenkasten auf einem Kinderspielplatz im Stadtteil Lerchenberg auf, mußte ihn aber 1973 wegen mutwilliger Beschädigungen zurückholen und zerlegen.

Die beabsichtigte Verschrottung des übriggebliebenen Triebwagens 93 wurde durch die bevorstehende Eröffnung der Neubaustrecke nach Finthen/Römerquelle im Jahre 1977 vereitelt, indem er für die Eröffnungsfahrt bestimmt und daher aufgearbeitet wurde. Seither dient er als historischer Triebwagen, wird fallweise für Sonderfahrten vermietet und bleibt somit voraussichtlich der Nachwelt auf Dauer erhalten.

7. Triebwagen-Reihe 44 II–49 II, 47 III–49 III

Aus dem Wiesbadener SEG-„Nachlaß" erhielten die Stadtwerke am 1. 4. 1943 sechs, offenbar durch Los bestimmte Triebwagen. Westwaggon-Gastell und SSW hatten sie in zwei Raten gefertigt. Vier Triebwagen entstammten einer 12 Fahrzeuge (401 II–412 II) umfassenden Lieferung aus 1927, die beiden anderen einer 15 Wagen (413–427) zählenden Serie, die 1930 in Dienst kam. Eingenummert wurden sie in Mainz wie folgt:

44–49 ex SEG 408, 413, 415, 409, 401, 403

135 Mietwagen 41 aus Wiesbaden im Einsatz auf der Mainzer Linie 7 am Brückenkopf Mainz. Wegen unterschiedlicher Abmessungen der Dachschilder improvisierte man mit Steckschildern der Aufbauwagen. (Januar 1953).

Abgesehen von zweiteiligen Schiebe- statt Klapp-
fensterchen über den Seitenfenstern bei der 1930er
Reihe waren beide Lieferungen baugleich.

Der über Rammbohle 10400 mm lange hölzerne
und mit Blech versteifte Wagenkasten besaß ein
Tonnendach mit zwei Dachlaternen je Plattform und
drehbaren hölzernen Richtungsschildern. Wegen
des geringeren Fahrgastwechsels auf den Linien 6
und 9 hatte die SEG auf besonders große Plattformen und Doppeleinstiege verzichten können und
nur einteilige Schiebetüren vorgesehen. Der Innenraum entsprach in der Platzaufteilung den Mainzer
Triebwagen 90–94 (16 Quer- und 6 Längssitze).
Auch das Fahrgestell mit 3000 mm Radstand besaß
große Ähnlichkeit mit dem der Mainzer Reihe und
verlieh dem Wagen angenehme Fahreigenschaften.
Die Vierklotz-Handbremse mit Kurbelbetätigung
verfügte allerdings über keinen Freilauf.

Ursprünglich mit Lyra-Bügeln versehen, stattete
noch die SEG die Wagen mit Scherenstromabnehmern aus. Je zwei Tatzlagermotoren von 41 kW
Stundenleistung (Bauart Du 531 e bei der 1927er,
D 531 e bei der 1930er Lieferung) wurden über Nok-
kenfahrschalter der Bauarten OF 8 bzw. OF 79 angesteuert. Schienenbremsen hielt die SEG nicht für
notwendig; sie wurden erst 1958/59 eingebaut und
besaßen nur Frischstromwicklungen.

Schon kurz nach Übernahme kippte im Oktober
1943 Triebwagen 44 am Kasteler Brückenkopf um,
wurde schwer beschädigt und Ende 1944 bei einem
Angriff völlig vernichtet. Den am 13. 12. 1944 am
Mainzer Brückenkopf ebenfalls schwer beschädigten Triebwagen 47 ereilte noch im Dezember in der
Halle das gleiche Schicksal, während Triebwagen 48
bei einem anderen Angriff auf den Betriebshof schon
im September 1944 zerstört wurde. Die Triebwagen
45 und 49 hatte man im Herbst 1944 nach Wiesbaden verliehen und blieben daher – wie der in Mainz
stehende Triebwagen 46 – von größeren Schäden
verschont.

Der im Januar 1945 nach einem Angriff in Mainz
liegengebliebene Wiesbadener Triebwagen 37 des
gleichen Typs wurde nach Beseitigung seiner Schäden ab Herbst 1945 hier benutzt und ab Juni 1947
formell mit dem in Wiesbaden stehenden Triebwagen 49 getauscht, d.h. in 49 (III) umgeschrieben.
Triebwagen 45 holte man dagegen 1945/46 nach
Mainz zurück. – Ab Herbst 1950 bzw. Frühjahr 1951
konnten von Wiesbaden die Triebwagen 35 und 42
des gleichen Baumusters mietweise übernommen,
im Sommer 1951 schließlich angekauft und als
Triebwagen 47 (III) und 48 (III) eingereiht werden.

Der Einsatz der in Mainz recht beliebten „Wiesbadener" erfolgte nicht nur auf ihren alten Stammstre-
cken, sondern auch auf den Mainzer Stadtlinien mit
Ausnahme der nach Gonsenheim–Finthen und
(wegen fehlender Schienenbremsen) der nach
Hechtsheim. Die Stilllegungsaktion im Oktober 1963
bedeutete das „Aus" für die durchaus noch gut erhaltenen Fahrzeuge, so daß sie in der ersten Hälfte
1964 (Triebwagen 47 schon im Frühjahr 1963) verschrottet wurden.

8. Triebwagen-Reihe 80 II, 82 II, 83 II, 85 II, Umbaubeiwagen-Reihe 181–184 (281–284)

Wie bereits erwähnt, blieben von sechs der sieben
als Kriegsverlust zu verzeichnenden Wagen der
Baureihe 70–89 die Fahrgestelle mit Motoren erhalten. Es lag daher nahe, diese Teile kostengünstig für
Neubauten mitzuverwenden. 1949 waren die Waggonfabriken wieder in der Lage, Aufbauten für alte
Fahrgestelle zu liefern. Die daraus entstehenden
„Aufbauwagen" kamen in mehr oder weniger abge-
wandelter Form bei zahlreichen Verkehrsbetrieben
zum Einsatz.

Mit Hilfe von Marshallplan-Geldern konnte man
1949 vier solche „Aufbauwagen" bei Westwaggon
bestellen. Entsprechend der damaligen Arbeitsteilung stellte das Werk Köln-Deutz die Wagenkästen
her und komplettierte die Fahrzeuge durch die in
Mainz überholten und dann nach dort gesandten
Fahrgestelle.

Die stählernen Wagenkästen maßen über Rammbohlen 10900 mm, waren also im Überhang je 250
mm länger als die Ursprungsbauart. Dies trug zum
„Nicken" der Wagen bei und verlieh ihnen keine
besonders guten Fahreigenschaften. Daher war ihr
Einsatz auf den Linien 6 und 9 wegen deren abge-
wirtschafteten Gleisanlagen nach wenigen Wochen
bereits reduziert und die Wagen mehr auf den Mainzer Stadtlinien eingesetzt worden.

Bedeutendste Verbesserung gegen die alten Holz-
aufbauten war das abgegrenzte Fahrerabteil, von
dem aus man die Wagen sitzend führen konnte.
Zweiteilige Schiebetüren auf beiden Plattformen mit
lichten Weiten von 1250 mm ermöglichten einen
raschen Fahrgastwechsel. Der Innenraum verfügte
wie vorher über 22 ledergepolsterte Sitze, die jedoch alle in Querabteilen angeordnet waren. Zur
Belüftung dienten große Staulüfter auf dem Dach,
die Frischluft in Höhe der inneren Schiebetüren zu-
führten, ab 1951 auch Schiebefensterchen in zwei
Seitenfenstern.

Ziel und Liniennummer wurden in Schilderkästen
über den Windschutzscheiben gezeigt. Aus Kosten-
gründen verwendete man Steckschilder, wobei die
Liniennummer links und rechts des Zieles erschien.
Im jeweils letzten Seitenfenster ließen sich außerdem (wie bei allen anderen Triebwagen) Plexiglas-
schilder mit Angabe des Anfangs- und Endpunktes
sowie Nummer der Linie einhängen.

Zur Beleuchtung dienten Glühlampen, da Klein-
spannungsanlage und Batterie fehlten. Die Signal-
gebung geschah wie bisher per Klingelzug. Der frei-
zügigen Verwendung wegen hatte man die Trompetenkupplungen beibehalten müssen. Neben der
jetzt mittels Kurbel statt Handrad bedienten Vierklotz-Handbremse standen die generatorische
Bremse (verstärkt durch die Bremsstromwicklungen
der Schienenbremsen) und auf der letzten Brems-
stufe die Schienenbremsen mit ihren Frischstrom-

136 Aufbau-Triebwagen 83 am Liebfrauenplatz/Ecke Fischtorstraße, kurz nach Verlassen der Haltestelle. Die Frequenz der amputierten Linie 7 war – vom Berufsverkehr abgesehen – recht mäßig (April 1964).

137 Der zum Beiwagen 183 umgebaute „83er" ein Jahr später im „Lennebergbahnhof" an der Finther Landstraße in Gonsenheim. Man beachte die „neue" BSI-Kupplung und das Abreißseil (Mai 1965).

wicklungen bei voller Zugkraft zur Verfügung. 1959 mußten die Schienenbremsen auf ausschließlichen Frischstrombetrieb umgebaut werden.

Die E-Ausrüstung der SSW umfaßte einen mittig angeordneten Scherenstromabnehmer und die schon bekannten Tatzlagermotoren mit je 41 kW Stundenleistung. Völlig neu waren dagegen die im Zweiten Weltkrieg entwickelten Einheits-Nocken-fahrschalter der Bauart EF 43 mit 17 Fahrstufen (1–10 in Serien-, 11–17 in Parallelschaltung) und 13 Bremsstufen.

Die Ablieferung der vier Triebwagen erfolgte im Februar 1950, ihre offizielle Inbetriebnahme am 16. 4. 1950. Abgesehen vom erwähnten Einsatz auf den Linien 6 und 9 verwendete man die Wagen bevorzugt auf den Linien nach Gonsenheim–Finthen und Hechtsheim, doch kamen sie fallweise auch auf den anderen Vorortstrecken zum Einsatz, selten dagegen auf den Linien 2 und 3.

Nach der Stillegungsaktion vom Oktober 1963 ergab sich unter Hinzurechnung der 1965 in Betrieb zu nehmenden neuen Gelenktriebwagen ein Überbestand an Trieb- und ein Mangel an modernen Beiwagen. Man beschloß daher, die mit ihren 41-kW-Motoren „untermotorisierten" Triebwagen (intern als „Blechwagen" wegen ihrer stählernen Aufbauten bezeichnet) zu Beiwagen umzubauen und sie hinter den (zufälligerweise ebenfalls vier) Dreiachstriebwagen 95–98 zu verwenden. Letztere erschienen mit ihren 60 kW-Motoren hierzu gut geeignet.

Statt der nicht mehr als zulässig erachteten Trompetenkupplungen kamen „Compact"-Kupplungen der Bauart BSI zum Einbau, die gebraucht aus Braunschweig übernommen werden konnten. Solenoid- und Abreißbremse vervollständigten die Ausrüstung. Erstmals verfügten Beiwagen jetzt über Schienenbremsen, so daß im Zugverband günstigste Bremswerte zu erzielen waren. Anstelle der Steckschilder gab es nun Rollbandapparate. Ansonsten blieben die Fahrzeuge im äußeren Erscheinungsbild unverändert. Nach Ausbau der entbehrlichen Teile der E-Ausrüstung wogen sie noch 9,5 t, waren damit die schwersten Beiwagen, die in Mainz je verkehrten.

Im Januar 1965 war der erste Umbaubeiwagen 182 (ex Triebwagen 82 II) fertiggestellt und konnte mit dem ersten, ebenfalls modernisierten Triebwagen 96 zwischen Finthen und Hechtsheim eingesetzt werden. Damit liefen seit November 1961 erstmals wieder Beiwagen über die Gaugasse. Bis Februar 1966 folgten die drei restlichen Beiwagen, so daß auch Kurse der Linie 10 mit ihnen ausgestattet werden konnten. Wie alle anderen Nachkriegsfahrzeuge mußten auch sie im Mai 1966 eine Umnummerung über sich ergehen lassen und gehörten nun zur Reihe 281–284 (ex 181–184).

Als ab August 1972 durch Umgruppierung und Kauf genügend Gelenktriebwagen zur Verfügung standen, blieb der Einsatz auf die wenig problematische Linie 8 und auf E-Wagenzüge zwischen Gonsenheim und Schillerplatz beschränkt. Der überraschende Abbau des Umsetzgleises in Bretzenheim

führte Ende März 1974 zur Aufgabe des Beiwagenbetriebs überhaupt. Durch weitere Gebrauchtwagenkäufe gab es nun eine ausreichende Zahl moderner Großraumtriebwagen, so daß die Beiwagen zwischen November 1973 und März 1974 stillgelegt werden konnten.

9. Triebwagen-Reihe 95–98
(295–298 = 255–258)

Um für die Wiederaufnahme des Betriebes über die Rheinbrücke gerüstet zu sein, bestellte man 1949 vier komplett neue Triebwagen des „Aufbau"-Typs, allerdings in dreiachsiger Ausführung.

Mit der Fertigung wurde das Köln-Deutzer Werk der Westwaggon betraut, das auf die Herstellung von Lenkdreiachsern spezialisiert war und die wiederum unter der Bezeichnung „Bauart Westwaggon" in der Fachwelt bekannt wurden. Im Prinzip handelte es sich um zwei einachsige Drehgestelle, die über zwei Deichseln von einer mittleren Laufachse gelenkt wurden. Diese Konstruktion sollte einen guten Kurvenlauf, vor allem aber eine geringere Abnutzung von Spurkränzen und Kurvenschienen gewährleisten. Etwa 90% des Adhäsionsgewichtes ruhten auf den beiden angetriebenen Endachsen, während die mittlere Laufachse (die eigentliche „Lenkachse") nur mit etwa 10% belastet wurde und dies nur deshalb, um nicht zu entgleisen. Die Zweckmäßigkeit, die tatsächlichen und vermeintlichen Vor- und Nachteile dieser Konstruktion wurden in Fachkreisen oft kontrovers diskutiert, ohne daß Gegner und Befürworter eindeutige Beweise hätten vorlegen können. Es würde den Rahmen sprengen, wollte man all das Für und Wider aufzählen und bewerten, zumal die Frage in der Praxis bald eindeutig zugunsten des Drehgestellwagens (4, 6, 8 und mehr Achsen) entschieden worden war.

Bei dem hier zu beschreibenden Fahrgestell handelte es sich um die kleinere Variante mit Radständen von zweimal 2350 mm für vierfenstrige Aufbauten. Die Triebdrehgestelle trugen herkömmliche Tatzlagermotoren der Einheitsbauart EM 60/600 (nun als GBM 431 bezeichnet) mit 60 kW Stundenleistung und verfügten über je ein Schienenbremspaar von 2500 kg Zugkraft. Die als Feststellbremse benutzte kurbelbediente Handbremse wirkte mit acht Bremsklötzen auf beide Antriebsachsen. Wagenkasten und SSW-Einheitsfahrschalter EF 43 (bei Triebwagen 95 mit SF 45 bezeichnet) entsprachen völlig denen der zweiachsigen „Aufbau"-Wagen.

Im Juli 1949 lieferte Westwaggon ein erstes Fahrzeug, das von BBC ausgerüstet und aus einer für Oberhausen bestimmten Serie abgezweigt worden war. Dieser Triebwagen 95 wies gegenüber den im Februar 1950 gelieferten Triebwagen 96–98 im elektrischen Teil einige Besonderheiten auf. So befand sich sein Stromabnehmer in Wagenmitte, wurde aber nach wenigen Wochen nach hinten etwa in Höhe der dritten Achse versetzt. Die nur mit Bremsstromwicklungen versehenen Schienenbremsen

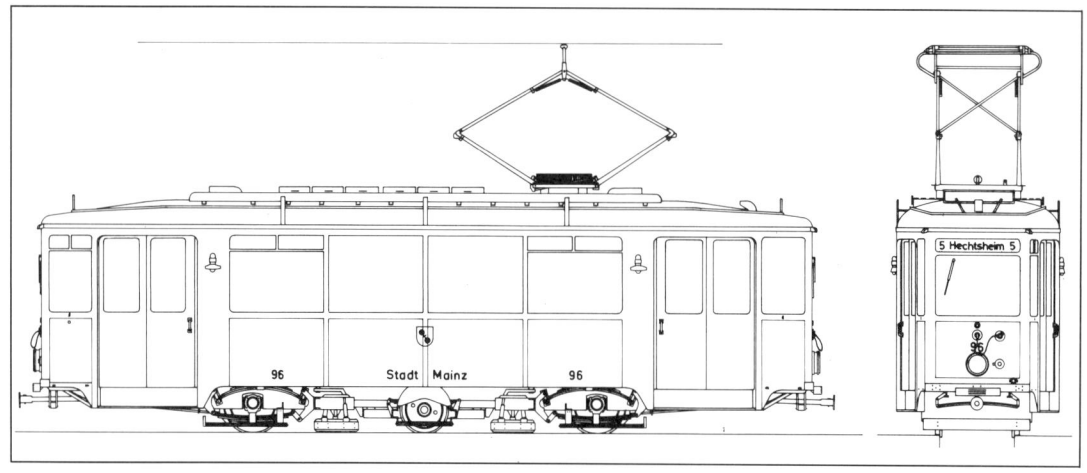

138 Triebwagen-Reihe 95–98 mit unverwechselbarem dreiachsigem Westwaggon-Fahrgestell (Zustand bis 1958).

139 Kleinbahn-Idyll spiegelt diese Szene an der Haltestelle „Viermorgenweg" zwischen Gonsenheim und Finthen wider. Als Gelenkzug-Ersatz verkehrt ein Zwei-Wagen-Zug auf Linie 11 (Triebwagen 98/Beiwagen 154 im Juli 1960).

ließen darüber hinaus einen Einsatz über die Gaugasse nicht zu; dies war erst ab 1959 möglich, als neue Schienenbremsen mit Frischstromwicklungen zum Einbau kamen.

Von 1950–55 galten „6" und „9" als bevorzugtes Einsatzgebiet, während anschließend ihre Verwendung gern nach Gonsenheim–Finthen erfolgte. Von Herbst 1958 bis Herbst 1961 ersetzten einzelne von ihnen im Verband mit Beiwagen der Reihe 149–154 bei Wagenmangel Gelenktriebwagen-Kurse auf der geänderten Linie 11.

Als 1965/66 für den Betrieb mit den Umbaubeiwagen 181–184 der Einbau von Compact-Kupplungen sowie der Ersatz der Steckschilder durch Rollbänder vorgenommen wurde, deckte sich ihr Einsatz mit dem dieser Beiwagen, so daß die Aufgabe des Beiwagenbetriebes im März 1974 auch ihr Ende bedeutete.

Triebwagen 258 (die Reihe war im Mai 1966 von 95–98 in 295–298 und im April 1970 in 255–258 umgezeichnet worden) schied als erster schon im April 1972 aus; ihm folgten die Triebwagen 255 und 256 im Januar 1974. Erhalten blieb lediglich Triebwagen 257, der gelegentlich für Dienstzwecke und Sonderfahrten benutzt wird und über dessen endgültige Verwendung bisher nicht entschieden ist.

10. Triebwagen-Reihe 99–100 (299–300 = 259–260) Beiwagen-Reihe 179 II–180 (279–280)

Nach Indienststellung der acht „Aufbau"-Wagen in 1949/50 waren noch Fahrgestelle und Motoren der Triebwagen 71 und 76 vorhanden, deren Aufbauten 1944/45 verbrannten. Man beauftragte daher Westwaggon-Gastell mit Lieferung zweier Aufbauten (Herstellung der Rohbauten in Köln-Deutz) und stellte die überholten Fahrgestelle hierzu bei. Die Wagenkästen waren mit denen der ersten „Aufbau"-Wagen weitgehend baugleich, die Windschutzscheiben jedoch durch Zurücknahme der Eckpfosten etwas schräggestellt, so daß sich ein gefälligeres und weniger kantiges Aussehen ergab. Durch die etwas längeren Plattformvorbauten betrug die Länge über Rammbohlen 11100 mm, mithin 200 mm mehr als bei den Vorgängertypen. Dieses Mehr kam den vorher eng bemessenen Fahrerabteilen zugute. Es bedeutete aber, daß die Fahreigenschaften durch den längeren Überhang noch etwas ungünstiger als die der ersten „Aufbau"-Wagen wurden. Wegen der abgeschrägten Stirnpartie zählten die Fahrzeuge übrigens zum „Verbandstyp", der

140 Die höchste Wagennummer, die je für Triebwagen vergeben wurde – 300 – trug von 1966 bis 1970 einer der beiden 1951 in Dienst gestellten Triebwagen (Februar 1967).

Nachfolgegeneration, obwohl sie eigentlich echte „Aufbau"-Wagen darstellten.

Alle Seitenfenster besaßen von Anfang an Schiebefensterchen in den Oberteilen. Abweichend ausgeführt waren auch die Schilderkästen, denn nun kamen Rollbänder für Liniennummer und Ziel zur Verwendung.

Die Stromzuführung erfolgte über einen mittig angeordneten Scherenstromabnehmer, während die Einheits-Nockenfahrschalter einer verbesserten Type EF 43a angehörten, nach wie vor aber für 17 Fahr- und 11 Bremsstufen ausgelegt waren. Vier Schienenbremsen mit Brems- und Frischstromwicklungen und je 2500 kg Zugkraft entstammten den Ursprungswagen. Außer den vorhandenen SSW-Motoren kam die neue E-Ausrüstung von der AEG.

Wegen chronischem Beiwagenmangel gab man gleichzeitig zwei Beiwagen bei den selben Herstellern in Auftrag. Ihre Wagenkästen entsprachen denen der Triebwagen, es fehlten lediglich Schilderkästen und Schiebefensterchen auf den Plattformen. Die Fahrgestelle mit ebenfalls 3000 mm Radstand waren in ihrer Form etwas moderner, vor allem leichter ausgeführt, so daß sich das Leergewicht auf 8,4 t stellte. Ihre Fahreigenschaften erschienen etwas besser als die der Triebwagen. Sehr günstig erwiesen sich die doppelbreiten Einstiege und großen Plattformen, die schnellen Fahrgastwechsel und mehr Stehplätze ermöglichten. Bei je 22 Sitzplätzen wiesen die Beiwagen 63, die Triebwagen 53 Stehplätze auf.

Westwaggon-Gastell lieferte beide Züge zum Ende Juli 1951 stattfindenden Sängerbundesfest, so daß sie auf der eigens eingerichteten Rundbahnlinie Hbf–Kaisertor–Brückenkopf–Höfchen–Hbf (und umgekehrt), mit seitlichen Rumpftransparenten versehen, kursieren konnten. Nach diesem Intermezzo liefen beide Züge bis Sommer 1955 fast ausschließlich auf Linie 10 zwischen Hbf und Finthen. Anschließend kamen sie im Zuge einer Neuordnung zwischen Kostheim und Finthen zum Einsatz. Einem von ihnen wurde die Ehre zuteil, als letzter Zug 1958 die Rheinbrücke passiert zu haben, ehe die letzten rechtsrheinischen Strecken der Einstellung anheimfielen. Ab September 1958 versetzte man beide Züge auf die zwischen Weisenau und Ingelheimer Aue verkehrende Linie 1, wo sie bis Ende Oktober 1963 Dienst versahen. Jetzt kamen sie auf der veränderten Linie 8 zwischen Bretzenheim und Ingelheimer Aue sowie auf E-Wagen-Kursen zwischen Gonsenheim und Schillerplatz zur Verwendung.

Im ersten Jahrzehnt war streng darauf geachtet worden, daß beide Züge (Tw 99/Bw 179 und Tw 100/Bw 180) immer in dieser Zusammenstellung liefen und nicht miteinander „gekreuzt" wurden. Ausnahmen gab es nur bei Ausfällen, und erst Anfang der sechziger Jahre nahm man es nicht mehr so genau und tauschte nach Belieben.

Wegen Größe und Gewicht der Beiwagen kam eine Bildung von Dreiwagenzügen mit ihnen nie vor, auch war beiden Zügen die Gaugasse wegen zu schwacher Motorleistung der Triebwagen verschlossen.

141 Beiwagen 280 vor der Halle B mit nachträglich eingebauten BSI-Kupplungen, Schienenbremsen, Filmbändern und doppelten Brems- und Schlußleuchten (Februar 1967).

Analog zur Modernisierung der 1949/50 gelieferten Wagen wurden beide Züge im Herbst 1965 bzw. Anfang 1966 angeglichen. Die Beiwagen erhielten hierbei Schienenbremsen und Rollbänder. Nun „verirrte" sich im Schlepp eines Dreiachstriebwagens gelegentlich auch einer der beiden auf die Strecke nach Hechtsheim.

Wie beim übrigen Wagenpark erfolgte im Mai 1966 die Umnummerung der Triebwagen von 99 und 100 in 299 und 300, die der Beiwagen von 179 und 180 in 279 und 280 und im April 1970 nochmals die der Triebwagen in 259 und 260.

Mit Indienststellung weiterer Gelenktriebwagen konnte man ab Ende 1971 auf Triebwagen 259 und ab Juni 1972 auf Beiwagen 279 verzichten. Für einen 1973 gelieferten Salzbeiwagen verwendete man das Fahrgestell des Beiwagens, während der Wagenkasten in einem Kindergarten der Berliner Siedlung ab Herbst 1972 Aufstellung fand und buntbemalt dort heute noch zu sehen ist. Triebwagen 260 und Beiwagen 280 liefen letztmals am 22. 3. 1974 und beendeten damit den Betrieb mit Beiwagen. Während der Beiwagen im April 1974 verschrottet wurde, blieb Triebwagen 260 zunächst abgestellt, ging aber im Herbst 1978 an das im Aufbau begriffene Deutsche Straßenbahn-Museum in Wehmingen/Hannover. Den seit Ende 1971 noch zu Rangierzwecken benutzten Triebwagen 259 stattete man 1974 mit einem Dachaufbau zur Fahrleitungskontrolle aus. Platzmangel und seltene Inanspruchnahme veranlaßten jedoch im Oktober 1978 zu seiner Verschrottung.

11. Die Großraumtriebwagen 101–105 (201–205)

Trotz Neuzugängen bestand beim Wagenpark gegenüber dem Stand von Mitte 1943 immer noch ein Minus; zudem war er stark überaltert. Anfang 1952 beschloß man daher, zunächst drei Zweirichtungs-Großraumtriebwagen zu beschaffen, die im Spätherbst vom Westwaggon-Werk Köln-Deutz geliefert und mit Reihe 101–103 bezeichnet wurden. Zwei weitere Triebwagen konnten im Frühjahr 1954 als 104 und 105 in Dienst gestellt werden.

Anknüpfend an die 1949/50er Lieferungen hatte man sich erneut für Lenkdreiachser, nun aber für die größere Fahrgestell-Variante mit Radständen von zweimal 3100 mm, entschieden. Die äußeren Antriebsachsen besaßen als Novum gummigefederte Radsätze, auch waren die Wagenkastenfedern in Gummielementen aufgehängt, so daß sich eine deutlich verbesserte Laufruhe ergab. Neuartig war auch eine Bosch-Druckluftscheibenbremse als Haltestellenbremse, die auf beide Antriebsachsen wirkte. Als Betriebsbremse diente die generatorische Bremse, zum Abstellen eine kurbelbetätigte Handbremse. Das Sandstreuen erfolgte per Hebelzug anfangs mit Druckluft, bald aber mechanisch über Gestänge.

Der stählerne, seitlich tief heruntergezogene und das Fahrgestell fast verdeckende Wagenkasten maß über Rammbohlen 13650 mm und verfügte über fünf Fenster je Seite. Doppelte, handbetätigte Schiebetüren ließen über eine Stufe die Plattformen und über eine weitere den Fahrgastraum (nur 865 mm

142 Großraumtriebwagen 204 mit der ab 1965 eingeführten grünen Absetzleiste („Bauchbinde") unterhalb des Fenstergurts (Februar 1967).

über Schienenoberkante) erreichen, der wiederum durch Schiebetüren gegen die Plattformen abgetrennt war. Von einem „Großraumwagen" im engeren Sinne, also „großer, einziger Raum", konnte daher eigentlich nicht gesprochen werden.

Im Inneren mit Wandverkleidungen in Afrikanisch-Birnbaum fanden sich 34 Sitze mit roten Kunstlederbezügen, hiervon im Bereich der Endfenster vier Viererlängsbänke, sonst Einzel- und Doppelquersitze in Abteilanordnung. Einschließlich 66 Stehplätzen ergab sich ein Fassungsvermögen von 100 Personen.

Die Fahrerplätze grenzte man wieder mit Trennwänden gegen die Plattformen ab. Durch den erstmaligen Einbau einer batteriegespeisten 24-Volt-Kleinspannungsanlage ergaben sich einige Neuheiten wie Lautsprecher, elektrische Rasselglocke, Fahrtrichtungsanzeiger in Blinklichtausführung, doppelte Schluß- und Bremsleuchten und optisch-akustische Signalanlage statt Klingelzügen. Scheibenwischer und erstmals eingebaute Fahrgast-Notbremse wurden allerdings durch Druckluft betätigt.

Schiebefensterchen in den Oberteilen der vier ersten Seitenfenster, vier Dachlüfter, zwei Kiemenlüfter neben den Schilderkästen und später noch Ausstellfenster im Oberteil der Windschutzscheiben sorgten für ausreichende Belüftung.

Zur Stromzuführung diente ein in Höhe der ersten Achse montierter Scherenstromabnehmer. Letztmals kamen Tatzlagermotoren der Einheitsbauart GBM 431 von je 60 kW Stundenleistung sowie Einheits-Nockenfahrschalter des Typs EF 43a mit 17 Fahr- und 11 Bremsstufen der AEG zum Einbau, die auch die übrige E-Ausrüstung beisteuerte. Ein Schienenbremspaar je Antriebsachse und 4500 kg Zugkraft konnte über einen kombinierten Sand-/Schienenbremshebel batterieerregt zugeschaltet werden. In der Praxis erwies sich diese Schaltung allerdings als zu schwach, so daß bald ein Umbau auf Frischstromerregung stattfand.

Die Beschilderung bestand an den Stirnseiten aus je einem Schilderkasten mit Rollbändern sowie einem Nummernkasten, der als Dachreiter mittig darüber angeordnet war. Die Nummern wurden auf ausgestanzten und schwarz lackierten Hartfaser-Steckschildern mit hinterklebter weißer Leinwand in Negativschrift gezeigt; Einzelausführungen existierten aber auch in Mattglas mit schwarzen Ziffern. An den letzten Seitenfenstern ließen sich außerdem Milchglasscheiben einstecken, die neben der Nummer auch den Verlauf der Linie angaben. 1965 ersetzte man alle Steckschilder durch Rollbänder.

Entsprechend den Gepflogenheiten kamen die neuen Fahrzeuge auf Linie 10 zwischen Hbf und Finthen und nur ausnahmsweise auf anderen Strecken zum Einsatz. Mit Einrichtung der Linie Finthen—Kostheim ab Sommer 1955 fanden sie auch hier Verwendung. Dabei kam es während einiger Wochen 1956 sogar zu einem Betrieb mit Beiwagen der Reihe 149—154, während bisher und später grundsätzlich einzeln gefahren wurde. Ab September 1958 liefen die Fahrzeuge auf der geänderten Linie 7, der sie bis zur Einstellung 1965 treu blieben. Daneben fuhren sie in ruhigeren Tageszeiten auch auf Linie 8, ersatzweise auch auf der Linie 10. Mit Lieferung neuer Gelenktriebwagen engte sich ihre Tätigkeit im allgemeinen auf E-Wagen-Kurse ein, bis sie durch hinzugekaufte „echte" vierachsige Großraumtriebwagen ab 1974/75 arbeitslos wurden.

Schon 1952 hatte sich gezeigt, daß das Konzept eines großen Triebwagens mit Pendelschaffner im Stadtgebiet mit dichten Haltestellenabständen überholt war. Da die einzeln laufenden Fahrzeuge zudem mit Zwei- oder gar Dreiwagenzügen auf der gleichen Linie verkehrten, waren sie oftmals überfüllt, so daß der höhere Fahrkomfort durch fehlende Attraktivität mehr als aufgezehrt wurde. Zeit- und streckenweise mußte außerdem mit sehr aufwendiger Doppelschaffner-Besetzung gefahren werden, ehe Kostengründe und Personalmangel dies von selbst verboten.

1968 entschloß man sich, parallel zur Umrüstung der Gelenktriebwagen auch die Großraumtriebwagen für Einmannbetrieb umzubauen. Die Umrüstung des ersten Triebwagens 202 (auch diese Serie war im Mai 1966 von 101—105 in 201—205 umgenummert worden) konnte wegen vordringlicherer Umbauten nicht fortgesetzt werden, so daß man das Fahrzeug im Sommer 1973 zerlegte. Im Frühjahr 1974 folgten Triebwagen 203 und im Frühjahr 1975 der bereits ab Herbst 1974 abgestellte Triebwagen 204. Im März 1975 schieden die beiden letzten Fahrzeuge – 201 und 205 – aus dem aktiven Betrieb aus und wurden im Mai bereits verschrottet. Mit ihnen – vom Personal als „Wuggies" bezeichnet – ging auch die Ära der schaffnerbesetzten Wagen in Mainz zu Ende.

12. Gelenktriebwagen-Reihe 121—127 (221—227)

Drei Jahre nach Auslieferung der letzten Großraumtriebwagen reiften erneut Modernisierungspläne heran. Die Wahl fiel – damals recht fortschrittlich – auf sechsachsige Gelenktriebwagen in Zweirichtungsbauart, die zwischen Ende August und Mitte Oktober 1958 als Reihe 121—126 geliefert wurden. Mit der Herstellung waren wieder Westwaggon/AEG betraut worden; Drehgestelle sowie Getriebe und die Falttüren stammten jedoch von der Düsseldorfer Waggonfabrik (DÜWAG). Auch bei Westwaggon griff eine Arbeitsteilung Platz, indem die Rohbau-Wagenkästen in Köln-Deutz gefertigt wurden, die Montage aber im Werk Mainz-Mombach stattfand, das mit diesen Fahrzeugen den Bau von Straßenbahnwagen überhaupt einstellte.

Entstanden war ein Fahrzeug aus zwei gleichen Wagenhälften mit spiegelbildlicher Tür-, Sitz- und Fensteranordnung und einer Länge über Rammbohlen von 20700 mm, wobei der vordere (A-)Wagenteil Stromabnehmer und Dachwiderstände trägt. Beide Wagenhälften stützen sich jeweils auf ein Triebdrehgestell von 1800 mm Radstand mit längsliegendem Motor, der beide Achsen über Winkelgetriebe an-

treibt, sowie gemeinsam auf ein mittleres Laufdrehgestell mit gleichem Radstand. Gummigefederte
Radsätze und zwischen Drehgestellrahmen und
Achsrollenlager geschaltete Gummifedern garantie-
ren eine bis dahin nicht gekannte Laufruhe. Im Hinblick auf Sitzschaffner und Fahrgastfluß von hinten
nach vorn wurden je Seite drei Einfachfalttüren und
am Heck eine Doppelfalttür angeordnet. Acht der
neun Seitenfenster erhielten im Oberteil Lüftungsklappen, ergänzt durch sechs elektrische Dachlüfter
und Ausstellfenster in den Windschutzscheiben. Zur
Beschilderung dienen Rollbänder an den Stirnseiten
(Liniennummer in Dachreitern) und seitlich neben
den Doppelfalttüren.

Anfangs verfügte man über 42 (heute 38) Fahrgastsitzplätze, davon 30 in Quersitzabteilen und 12 auf
vier Längsbänken an der Gelenkverbindung. Bedingt durch die beiden, nicht besonders abgetrennten, aber Raum beanspruchenden Fahrerplätze, fielen die Auffangplattformen klein aus und führten bei
starkem Andrang zu unliebsam langen Haltestellen-
aufenthalten. In den ersten Jahren setzte man daher
zeit- und streckenweise „Sprungschaffner" ein, die
auf dem vorderen Schaffnersitz Platz nahmen, so
daß ein gegenläufiger Fahrgastfluß entstand.

Die von der AEG gelieferte E-Ausrüstung umfaßt im
wesentlichen zwei Vielstufen-Nockenfahrschalter in
Winkelbauart (Typ GNW 66) mit 21 Fahr- und 17
Bremsstufen sowie zwei Motoren der Bauart USC
501 V 1 von je 100 kW Stundenleistung, daneben je
Drehgestell ein Schienenbremspaar für Frisch-
strom-, ersatzweise Batteriestromerregung mit
4000 kg Einzelzugkraft.

Als Betriebsbremse dient eine generatorische
Bremse, als Feststellbremse zunächst eine kurbelbetätigte und auf Bremsscheiben in den Triebdrehgestellen wirkende Handbremse. Beim Umbau auf
Einmannbetrieb kamen anfangs Solenoidbremsen
in den Triebdrehgestellen zum Einbau, so daß die
Handbremse nur noch für längeres Abstellen benutzt zu werden brauchte. Ab 1972 traten ölhydrauli-
sche Federspeicher an die Stelle der Handbremsen.
Sie dienen sowohl als Haltestellen- als auch Feststellbremse und ersetzten die Solenoidbremsen.
Mechanische Sandstreuer für die ersten und durch
Solenoide betätigte für die fünften Achsen ließen
sich über kombinierte Sand-Schienenbremshebel,
neuerdings über Fußschalter und generell durch Solenoide, bedienen.

Ende 1961 kam ein nachbestelltes siebtes Fahrzeug
(127) hinzu, das allerdings komplett im Westwaggon-Werk Köln-Deutz gefertigt wurde. Es entspricht
bis auf stärkere 110-kW-Motoren vom AEG-Typ
USC 5460a (die übrigen Wagen wurden inzwischen
fast alle auf diesen Typ umgerüstet) völlig der Erstlieferung.

Obwohl die Fahrzeuge zwischen Ende August und
Mitte Oktober 1958 geliefert worden waren, standen
sie wegen einer ganzen Reihe technischer Schwierigkeiten Anfang Dezember immer noch nicht im
Einsatz. Erst die bohrende Frage eines Zeitungsre-
dakteurs schien Berge zu versetzen, und kurz darauf

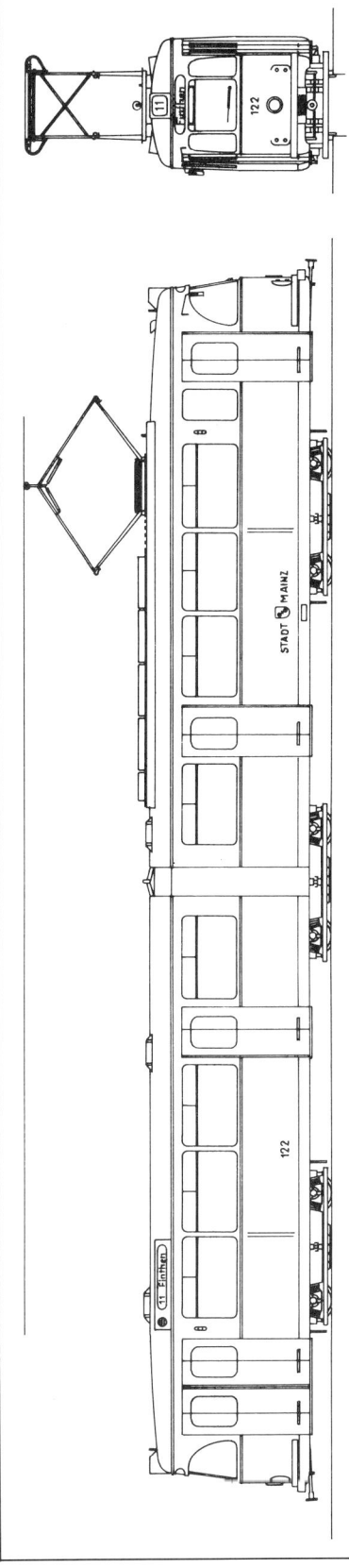

Sechsachsige Gelenktriebwagen der Bauart Westwaggon kamen in dieser Ausführung in keiner anderen Stadt zum Einsatz: Baureihe 121–127 (heute 221–227).

143

144 Eine „Eintagsfliege" blieb der Einsatz zweier Gelenkzüge auf Linie 1 anläßlich des am 6. Juli 1963 stattfindenden „Lichterfestes" im Stadtpark. Beide Endpunkte fehlten auf den Zielfilmen, nicht aber die „1". Die Aufnahme entstand Ecke Neutor- und Dagobertstraße.

– an einem damals noch verkaufsoffenen Vorweihnachtssonntag, dem 14. 12. 1958 – hatten fünf der sechs Wagen auf der Linie 11 zwischen Finthen und Hechtsheim „Premiere" und einen gewaltigen Ansturm „normaler", aber auch nur neugieriger Fahrgäste zu bestehen.

Es mag seltsam anmuten, daß Zweirichtungsfahrzeuge für eine beiderseits mit Wendeschleifen ausgestattete Linie beschafft wurden. Ursprünglich bestand jedoch die Absicht, in den Spitzenzeiten nur bis Gonsenheim zu fahren und dort über einen Gleiswechsel zu kehren. Wegen der zeitraubenden Prozedur des Umlegens der anfangs vorhandenen Trittstufenabdeckungen und des Umsteckens der automatischen Wechselkasse führte man die Wagen aber bis Finthen durch. Um nun einer einseitigen Abnutzung der Spurkränze vorzubeugen, wurde ein Drehen der Wagen im 6-Wochen-Turnus angeordnet, so daß alle Wagen entweder mit dem A- oder dem B-Teil voraus liefen. Mit dem ab 1965 vorkommenden Einsatz auch auf der Linie 10 geriet dieses System jedoch außer Kontrolle und wurde 1967 aufgegeben.

Wie keine andere Bauart blieben die Westwaggon-Gelenktriebwagen „ihrer" Strecke seit knapp 25 Jahren treu. Neben einem einmaligen Einsatz auf Linie 1 sah man sie im Oktober 1963 erstmals auf Linie 8, wo jedoch nur sporadische Einsätze bei kurzfristigen Engpässen erfolgen. Lediglich 1969/70 wurden hier über einige Monate hinweg einzelne Wagen ständig verwendet, da die Zahl der auf Einmannbetrieb umgebauten Fahrzeuge sonst nicht ausgereicht hätte.

13. Gelenktriebwagen-Reihe 128–135 (228–235)

Um das restliche, nun auf Dauer beizubehaltende Straßenbahnnetz ausschließlich mit modernen Fahrzeugen betreiben zu können, nahm man zwischen Mitte Mai und Juli 1965 acht neue sechsachsige Zweirichtungs-Gelenktriebwagen der Bauart DÜWAG/AEG als Reihe 128–135 (ab Mai 1966: 228–235) in Betrieb.

Die über Rammbohlen 20 100 mm langen Fahrzeuge gleichen den zuerst beschafften Gelenktriebwagen in Tür- und Fensterteilung weitgehend. Zum rascheren Fahrgastwechsel bildete man neben der vierten nun auch die zweite Falttür doppelt aus. Ansonsten unterscheidet sich der neue Wagen vor allem durch eine etwas schmälere Bugpartie und steiler gestellte Windschutzscheiben. Trieb- und Laufdrehgestelle entsprechen ebenfalls der Vorserie. Als Haltestellenbremse dienen je Triebdrehgestell jedoch ein zweistufiger Solenoid, als Feststellbremse eine rückschlagsichere, kurbelbetätigte Handbremse, beide auf Bremsscheiben wirkend. Sandstreuer für die jeweils erste und fünfte Achse ließen sich anfangs durch einen kombinierten Sand-/Schienenbremshebel, ab 1979 durch einen Fußtaster bedienen.

Die E-Ausrüstung umfaßt neben dem auf dem A-Teil gemeinsam mit den Widerständen montierten Stromabnehmer wieder zwei Winkelfahrschalter mit 21 Fahr- und 17 Bremsstufen (Type GNW 66 F.1) und zwei Motoren der Bauart USC 5460a mit 110 kW Stundenleistung. Zwei Schienenbremsen je Drehgestell mit je 4000 kg Zugkraft und Frischstromerre-

145 Werkfoto des ersten Gelenktriebwagens, entstanden noch vor der Inbetriebnahme im „Lenneberg-bahnhof" (September 1958).

146 Fast 25 Jahre zählen heute die Westwaggon-Gelenktriebwagen. „Innerlich" mehrfach modernisiert, präsentieren sie sich seit 1974 auch außen – mit Zweifarbenlackierung – im neuen Gewand. Triebwagen 224 am Schillerplatz (Januar 1983).

147 Dreiachsiger Großraumtriebwagen 201 in der Geschwister-Scholl-Straße/Haltestelle „Berliner Straße" mit nur teilweise gezogenem grünen Absetzstreifen (1973).

148 Zum Gruppenbild aufgefahren: Einrichtungs-Gelenktriebwagen 237 (ex Heidelberg) und Zweirichtungs-Gelenktriebwagen 224 – ein „echter Mainzer" (Ausfahrt Kreyßigstraße, Januar 1983).

149 In neuer „Heimat": sechsachsiger Gelenktriebwagen 252 (gemietet von EVAG Essen) und der von Aachen übernommene vierachsige Großraumtriebwagen 208; ersterer mit fiktivem Zielschild „Hechtsheim Heuerstraße" als Vorgriff auf die geplante neue Strecke (Ausfahrt Kreyßigstraße, Januar 1983).

150 Für ein „Gastspiel" in Mainz: Essens Stadtbahnwagen 1114 während seines Probeeinsatzes auf der Linie 8 (September 1980 am Hauptbahnhof).

151 DÜWAG-Gelenktriebwagen 233 in der Schleife Finthen/Römerquelle (April 1978).

152 Inzwischen schon beim „alten Eisen": Großraumtriebwagen 206 in der Schleife Ingelheimer Aue (April 1978).

153 „Linke" Seite des Gelenktriebwagens 229. Die Türen sind – des Zweirichtungsbetriebes wegen – spiegelbildlich zur rechten Seite angeordnet: Doppeltür vis-à-vis Einzeltür (Schleife Finthen/Römerquelle; September 1978).

gung (ersatzweise batterieerregt) können neuerdings ebenfalls durch Fußtaster betätigt werden.

Ausreichende Lüftung gewährleisten klappbare Oberlichter an allen Seitenfenstern, ferner je Plattform eine ausstellbare Dachluke. Zur Beschilderung dienen Rollbänder an den Stirnseiten (Liniennummer in einem Dachreiter) sowie in den Dachrundungen über den letzten Seitenfenstern.

38 Fahrgastsitzplätze sind neben 130 Stehplätzen ausschließlich in Querabteilen angeordnet. Im Zuge der im Herbst 1967 begonnenen und im Januar 1969 beendeten Umrüstungen auf Einmannbetrieb entfernte man beide Schaffnerplätze, so daß sich eine vergrößerte Stehfläche ergab.

Infolge Unfall am 29. 7. 1981 mußte Triebwagen 228 bereits ausgemustert werden. Sein nicht mehr aufbaufähiger B-Teil wurde im März 1982 verschrottet, der A-Teil dient seither als Ersatzteilspender.

Seit 1965 erstreckt sich der Einsatz dieser Baureihe vorzugsweise auf die Linie 8; die übrigen Fahrzeuge kommen sowohl auf Linie 10 als auch auf Linie 11 zur Verwendung.

14. Gelenktriebwagen-Reihe 236–240, 241–245

Im Dezember 1971 ergab sich Gelegenheit, von der Heidelberger Straßen- und Bergbahn AG fünf entbehrliche sechsachsige Gelenktriebwagen der Bauart DÜWAG zu übernehmen. Hierbei handelte es sich um 1960 gefertigte und von Siemens bzw. BBC elektrisch ausgerüstete Fahrzeuge des bisher weitestverbreiteten Einrichtungstyps in Deutschland. Sein über Rammbohlen 19 095 mm langer Wagenkasten mir vier doppelbreiten Türen und großem Auffangraum im Heck stützt sich wieder auf ein vorderes und hinteres Triebdrehgestell mit Längsmotor und beidseitig angeflanschtem DÜWAG-Getriebe sowie an der Gelenkverbindung auf ein mittleres Laufdrehgestell von je 1800 mm Radstand.

Neben der generatorischen Bremse dient seit Übernahme als Haltestellen- und Feststellbremse je Triebdrehgestell ein ölhydraulischer Federspeicher, der auf Bremsscheiben wirkt. Zur Belüftung sind ein Staudrucklüfter über den schräg gestellten Windschutzscheiben sowie Fallschiebefenster in jedem zweiten Seitenfenster vorhanden. Ziel und Liniennummer werden mit Rollbändern am Bug und im letzten rechten Seitenfenster, die Liniennummer außerdem am Heck in einem Dachreiter gezeigt. Gelegentlich der Umrüstung konnte das Platzangebot u. a. durch Ausbau des Schaffnersitzes von 37 auf 45 Sitzplätze gesteigert werden. Hiervon sind 35 Plätze quer und in Fahrtrichtung, der Rest auf zwei Längsbänken angeordnet. Mit 103 Stehplätzen ergibt sich somit ein Fassungsvermögen von 148 Personen.

Siemens stattete die Triebwagen 237 und 238 mit zwei 95-kW-Motoren der Type GBa 191/20 b sowie

154 Triebwagen 245 aus der zweiten, 1974 übernommenen Heidelberger Serie 209–213 (Mainz 241–245) in der Endschleife Finthen/Poststraße.

einem Nockenfahrschalter mit 21 Fahr- und 17 Bremsstufen der Type K 7782-5 aus. Die von BBC ausgerüsteten Triebwagen 236, 239 und 240 besitzen zwei Motoren von ebenfalls 95 kW Stundenleistung sowie einen Nockenfahrschalter der Bauart MLZ 401 003 mit 19 Fahr- und 19 Bremsstufen.

Über einen Notfahrschalter können die Fahrzeuge auch vom Heck aus rückwärts gefahren werden. Von dieser Möglichkeit wird seit 1977 alljährlich am Rosenmontag zwischen Hauptbahnhof und Bismarckplatz Gebrauch gemacht.

Die fußbedienten Schienenbremsen (6×4000 kg Zugkraft) und Sandstreuer wurden in Mainz zunächst für Handhebelbetrieb eingerichtet; 1974 begann jedoch die erneute und inzwischen beendete Umrüstung auf Pedale.

Nach Beendigung der Umbauten und Neulackierung kam Triebwagen 237 (ex 207) als erster ab 17. 5. 1972 zum Einsatz, während die übrigen Wagen bis April 1973 in der Reihenfolge 238, 240, 236 und 239 (ex 208, 205, 206 und 204) in Betrieb gingen.

Eine weitere Umstellung in Heidelberg führte im Februar 1974 nochmals zum Ankauf von fünf gleichen Fahrzeugen, allerdings nun mit einheitlicher, den Wagen 237 und 238 entsprechender Siemens-Ausrüstung.

Äußerlich unterscheiden sich die 1961 gebauten Fahrzeuge nur durch Oberlichtklappen in den Seitenfenstern anstelle der Fallschiebefenster. Die wegen der in Heidelberg teils links angeordneten Haltestellen vorhandenen beiden linksseitigen Einfachfalttüren im A- und B-Teil wurden in Mainz beseitigt. Ebenso wie bei der Vorserie kamen die „Albert"-Kupplungen am Heck zugunsten einer kurzen Notkupplung in Wegfall.

Infolge der zunächst begonnenen Umrüstung der aus Aachen übernommenen Fahrzeuge zog sich die

Inbetriebnahme dieser Wagen länger hinaus. In Dienst gestellt wurden sie schließlich zwischen März 1975 und März 1976 in der Reihenfolge 245, 242, 241, 244 und 243 (ex 213, 210, 209, 212, 211). Wegen fehlender Wendeschleife in Gonsenheim mußte sich ihr Einsatz anfangs auf Linie 11 beschränken; seit Weiterführung der Linie 10 bis Finthen/Römerquelle kommen die „Heidelberger" – wie die bei Fahrgästen und Personal gleichermaßen beliebten Fahrzeuge genannt werden – auch dort zur Verwendung.

15. Großraumtriebwagen-Reihe 206–211

Durch Stillegung der Straßenbahn in Aachen ergab sich die Möglichkeit, im August 1973 sechs vierachsige Großraumtriebwagen in Zweirichtungsbauart zu übernehmen. Es handelte sich um 1957 von der DÜWAG ursprünglich an die Stadtwerke Mönchengladbach gelieferte Fahrzeuge, die wegen Streckenstillegungen 1966 und 1968 an die ASEAG in Aachen veräußert worden waren, so daß sie jetzt in dritte Hand übergingen.

Ihr über Rammbohlen 14 100 mm langer Wagenkasten ist wieder in Stahlleichtbauweise mit teils aufgeschweißter, teils angenieteter Beblechung ausgeführt und weist je Seite eine Einfachfalttür vorn und zwei Doppelfalttüren in der Mitte und hinten auf. Beide Triebdrehgestelle entsprechen völlig den zuvor beschriebenen. Die vorhandene mechanische Handhebelbremse genügte als Feststellbremse für die Mainzer Verhältnisse nicht und mußte durch zwei druckluftbetätigte Federspeicher ersetzt werden, die sowohl als Halte- als auch Feststellbremse dienen. Vorhandene Compact-Kupplungen behielt man zunächst bei, mußte sie aber bald entfernen und durch kurze Notkupplungen ersetzen. Zur Lüftung besitzen die seitlichen Fenster wie auch die Windschutzscheiben im oberen Teil Lüftungsklappen. Die Beleuchtung des Innenraums erfolgt durch ein Leuchtröhrenband, die der abgekröpften Plattformen und der Stirnschilder mittels Glühlampen. Als Beschilderung dienen Rollbänder an den Stirnseiten (Liniennummern in Dachreitern) sowie seitlich im Fenster rechts neben der Mitteltür. Nach Komplettierung verfügen die Wagen heute über 28 Fahrgastsitzplätze (20 quer, acht längs auf zwei Bänken) neben 97 Stehplätzen.

Zur E-Ausrüstung gehört ein etwa über dem ersten Drehgestell montierter Scherenstromabnehmer (von Hand oder mit Druckluft anzulegen und abzuziehen), weiter zwei AEG-Motoren der Type USC 501a mit 100 kW Stundenleistung. Völlig neuartig für Mainzer Verhältnisse war die elektropneumatische, über Ventile bewirkte Schützensteuerung des einzigen, in Wagenmitte unterflur angeordneten Zentralfahrschalters mit 19 Fahr- und 14 Bremsstufen der Bauart Kiepe. Hierbei werden die über die Fahrkurbel gegebenen Schaltbefehle durch mit 24 Volt Spannung arbeitende Steuerschalter ausgeführt. Die für die Schaltvorgänge sowie für die Westinghouse-Federspeicher nötige Druckluft liefert eine Knorr-Druckluftanlage.

Vier Schienenbremsen mit je 4000 kg Zugkraft für Frisch-, ersatzweise Batteriestromerregung, werden mittels Pedal betätigt. Auch die mechanischen Sandstreuer für die jeweils erste Achse sind durch Pedale zu bedienen, während diejenigen für Fernlicht und Rasselglocke inzwischen entfernt sind.

1973 beschloß man, Straßenbahnwagen und Omnibusse nicht mehr einfarbig (elfenbein, RAL 1014), sondern zweifarbig zu lackieren und als zweite Farbe für den Fenstergurt Orange (RAL 2004) zu wählen; den Anfang machten dabei die „Aachener".

Ihre Inbetriebnahme erfolgte relativ rasch zwischen November 1973 und August 1974 in der Reihenfolge 208, 210, 211, 206, 209 und 207 (ex Aachen 1014, 1016, 1017, 1012, 1015 und 1013 bzw. ex Mönchengladbach 28, 26, 30, 25, 29 und 27).

Durch ihren Einsatz – vorzugsweise auf Linie 8 und als E-Wagen – war es möglich, die dreiachsigen Großraumtriebwagen auszumustern und zum vollständigen Einmannbetrieb überzugehen.

Infolge unglücklicher Ereignisse ist die Serie inzwischen auf drei Fahrzeuge dezimiert worden: Im November 1979 brannte Triebwagen 211 in der Halle infolge Kurzschluß aus und wurde sofort verschrottet. Triebwagen 206 blieb nach einem Unfall mit einem Lkw im April 1980 zunächst abgestellt, wurde aber im März 1982 zerlegt. Im März 1981 kollidierte zudem Triebwagen 207 im Hafengebiet mit einer DB-Rangierlok und mußte schwerbeschädigt verschrottet werden.

Die noch vorhandenen Triebwagen kommen weiterhin auf Linie 8, als E-Wagen und aushilfsweise auch auf Linie 10 zum Einsatz. An Wochenenden findet man meist ein Fahrzeug auf dem kurzen Pendelkurs der Linie 10 zwischen Viermorgenweg und Finthen/

Römerquelle, während reguläre Einsätze auf der Linie 11 grundsätzlich unterbleiben.

16. Gelenktriebwagen-Reihe 250–252

Die Beschreibung der Fahrzeugtypen wäre unvollständig, vergäße man die von der Essener Verkehrs-AG (EVAG) im September 1981 übernommenen drei sechsachsigen DÜWAG-Gelenktriebwagen 1624, 1635 und 1645. Sie entsprechen im wagenbaulichen Teil den von Heidelberg erhaltenen Triebwagen 241–245, besitzen allerdings nur 41 Fahrgastsitzplätze. Abweichend besteht ihre E-Ausrüstung aus zwei Garbe-Lahmeyer-Motoren der Type BG 75 dmff mit 100 kW Stundenleistung sowie Kiepe-Fahrschaltern der Bauart NF 52 mit 20 Fahr- und 18 Bremsstufen.

Die blau und gelb lackierten Fahrzeuge aus 1962 wurden als zeitweiliger Ersatz für die durch Unfälle und Brand ausgeschiedenen Triebwagen angemietet und stehen seit Oktober 1981 auf den Linien 10 und 11 im Einsatz.

17. Beiwagen-Reihe 101–106

Zur Abwicklung des Werktagsfahrplanes genügten die 1904/05 beschafften Triebwagen zunächst vollauf, war doch das Verkehrsaufkommen vollkommen anders geartet als heute. Die größte Inanspruchnahme der Straßenbahn fand sonntags statt, wenn Ausflügler sie benutzten und auch minderbemittelte Kreise sich ihr anvertrauten. Um für diesen Stoßverkehr gewappnet zu sein, mußten Beiwagen vorgehalten werden. Ähnlich anderen Betrieben griff man auf gut erhaltene Pferdebahnwagen zurück. Dies war um so leichter, als die SEG noch 1902 sechs größere Wagen angeschafft hatte, die sich hierzu eigneten. Zuvor war ein größerer Umbau bei MAN in Gustavsburg nötig. Er umfaßte im wesentlichen:

> Einbau neuer Radsätze; neue Abfederungen mittels kräftiger Längsblattfedern und neue Federgestänge; neue Zug- und Stoßvorrichtungen mit Druck- und Stoßfedern zum Ankuppeln an die Triebwagen; umsteckbare Plattformabschlüsse; Heben des Wagenkastens, damit die Plattformen 700 mm über Schienenoberkante zu liegen kam; Verstärkung der Plattformträger; Einbau einer SSW-Solenoidbremse sowie Verstärkung und Änderung der Handbremse, daß beide zusammenarbeiten können; Installation zweier Deckenleuchten im Inneren und je einer Glühlampe auf den Plattformen; Anbringen eines neuen Anstrichs.

Die über Puffer nur 6,15 m langen Wagen (Radstand unbekannt) mit ihren völlig offenen Plattformen wogen unbesetzt 3400 kg und verfügten über nur 14 Sitz- und 14 Stehplätze.

Ihre Ablieferung erfolgte im Dezember 1904, und an den Weihnachtstagen fand ein erster Einsatz statt. Verwendet wurden sie sowohl auf der Rundbahn als auch nach Weisenau und Kostheim, an Markttagen auch nach Mombach, nicht dagegen nach Gonsenheim und später nach Hechtsheim. Das gestiegene Verkehrsaufkommen führte 1926 noch einmal kurz zum allgemeinen Einsatz der nach dem Ersten Weltkrieg nur noch wenig verwendeten Fahrzeuge. Im Rechnungsjahr 1927/28 musterte man dann die beiden ersten, in 1928/29 drei weitere und in 1930/31 schließlich den letzten Wagen aus, nachdem nach und nach die Umbaubeiwagen 155–166 in Dienst gestellt worden waren. Die Wagenkästen konnten meist als Gartenlauben verkauft werden; einer diente jedoch lange Jahre dem Schwimmverein 01 am Winterhafen als Umkleideraum.

18. Beiwagen-Reihe 107–116

Mit der Beschaffung der 40 Triebwagen und dem Umbau der sechs Pferdebahnwagen war das Wagenkonto noch nicht voll ausgeschöpft. In Erwartung einer Verkehrssteigerung beauftragte man die damals bekannte „Waggon- und Maschinenfabrik AG, vormals Busch" in Bautzen/Sachsen mit der Herstellung von zehn Beiwagen, die im Juli 1905 abgeliefert wurden.

Im Hinblick auf die hauptsächliche Verwendung im Sommer wählte man einen halboffenen Wagenkasten ohne Seitenscheiben und hoffte, damit dem fahrlustigen Sonntagspublikum entgegenzukommen. Werksseitig waren jedoch Einsetzfenster vorgesehen, damit die Wagen auch bei kühler Witterung benutzt werden konnten. Fenstervorhänge aus rotweißem Segeltuch sollten plötzliche Wetterunbilden fernhalten. Offenbar entsprach diese Ausführung doch nicht ganz dem Publikumsgeschmack, denn schon 1906 begann man, in die drei großen Fensteröffnungen sechs entsprechend schmälere feste Fenster einzubauen.

Der hölzerne Wagenkasten mit Laternendach und Lüftungsklappen mit Patent-Strahlglas maß über Rammbohlen 8500 mm. Seine Plattformen waren anfangs offen; analog zum Umbau der Triebwagen wurden bereits 1909 die Stirnwände verglast, die offenen Einstiege aber beibehalten.

Im Wageninneren (erhellt durch drei elegante Deckenleuchten) fanden sich 18 Lattensitze (12 Doppelbänke auf der einen, 6 Einzelsitze auf der anderen Seite des Ganges) mit jeweils in Fahrtrichtung umlegbaren Rückenlehnen. Die über eine Stufe erreichbaren Plattformen faßten je 9 Fahrgäste, so daß das Fassungsvermögen 36 Personen (Stehplätze im Inneren zählten anfangs nicht) betrug.

Bemerkenswert war das Fehlen eines besonderen Fahrgestells und die Ausführung mit zwei „Einzellenkachsen" (eigentlich feste Achsen mit etwas Spiel), die bei einem Radstand von 2250 mm das Befahren enger Radien bis zu 15 m ermöglichen sollten. Achshalter und lange, kräftige Blattfedern waren direkt am Wagenkastenboden befestigt. Als Betriebsbremse diente eine SSW-Solenoidbremse (Vierklotzbremse), während das Feststellen mittels Handspindelbremse per Ratschenkurbel geschah.

Im Einsatz der Wagen ergaben sich über Jahrzehnte hinweg keine Besonderheiten, vielmehr fanden sie mit Ausnahme nach Hechtsheim überall Verwendung. Der starke Verkehrsrückgang zu Beginn der dreißiger Jahre ließ bald auf die Dienste der „Bautzener" verzichten, so daß ihre Ausmusterung 1937 erfolgte. Einige oder gar alle fanden als Gartenlauben noch Verwendung, gehören aber heute längst der Vergangenheit an.

19. Beiwagen-Reihe 117–124

Für die neue Gonsenheimer Linie war es nötig, zu den Triebwagen auch entsprechende Beiwagen zu beschaffen, die ebenfalls MAN/Nürnberg herstellte. Es ergab sich dadurch der Vorteil, daß sich Trieb- und Beiwagen in ihren Aufbauten sehr ähnelten und somit ein gefälliges Erscheinungsbild entstand. Die für Sommer 1907 vorgesehene Lieferung verschob man wegen der noch nicht fertiggestellten Wagenhallen-Erweiterung und stellte die Wagen erst im März/April 1908 in Dienst.

Ihr Aufbau entsprach mit seinen 18 Quersitzen (umlegbare Rückenlehnen) denen der Reihe 107–116. Neu war jedoch das wie bei den Triebwagen bis an die Stirnwände heruntergezogene Laternendach. Die Einstiege blieben weiterhin offen bzw. durch Umhängegitter linksseitig abgesichert. Auch jetzt waren Einzellenkachsen (Radstand 2300 mm) angeordnet. Als Betriebsbremse diente eine Vierklotz-Solenoidbremse, zum Feststellen eine Spindelbremse mit Handrad-Betätigung.

Entsprechend ihrer Bestimmung wurden die 8900 mm langen Beiwagen vorzugsweise auf der Gonsenheimer Linie eingesetzt. Später erfolgte eine freizügigere Verwendung, und in den fünfziger Jahren sah man sie oft in Hechtsheim, während sie in Wiesbaden oder Biebrich–Schierstein nie anzutreffen waren.

Im Zweiten Weltkrieg ging Beiwagen 117 während eines Luftangriffs auf der Strecke verloren, vier weitere wurden mehr oder weniger stark beschädigt. Weitgehend unversehrt blieben die Beiwagen 119, 120 und 124, die beim Neubeginn im Juli 1945 sofort zur Verfügung standen.

In den Nachkriegsjahren änderte man bei den Beiwagen 119, 121, 122 und 124 noch die Laternendächer durch Kürzen der auf die Plattformen heruntergezogenen Teile; die Beiwagen 118, 120 und 123 blieben jedoch unverändert.

1953/544 wurden die Beiwagen 118 und 123 außer Dienst gestellt, verschrottet wurden sie jedoch erst 1956. Ende 1958 folgte die Ausmusterung des Beiwagens 120. Die vier restlichen Fahrzeuge 119, 121, 122 und 124 blieben bis August 1960 in Verwendung und wurden zwischen November 1960 und September 1961 zerlegt. Mit Indienststellen der Gelenktriebwagen 121–126 hatte sich übrigens das Kuriosum ergeben, daß sowohl Trieb- als auch Beiwagen mit gleicher Nummer (121, 122, 124) existierten! Gleiches war bis Mai 1966 unter Omnibussen und Straßenbahnen der Fall.

155 Beiwagen 110 – einer der zehn „Bautzener" mit nachträglich angebrachter Verglasung im Schlepp des Triebwagens 70. Aufgenommen um 1926 in Finthen.

156 Einer der von MAN 1908 für die Gonsenheimer Linie gelieferten Beiwagen der Reihe 117–124 mit halboffenen Plattformen.

20. Beiwagen-Reihe 125—144

Seit Einführung der Arbeiterkarten in 1913 machte sich ein Anstieg der Fahrgastzahlen im Berufsverkehr und damit ein Mangel an Beiwagen bemerkbar. Mitte 1914 vergab daher die Stadt im Zusammenhang mit der Lieferung zweier Triebwagen durch Gebr. Gastell auch die für vier Beiwagen an diese Firma.

Ihre Wagenkästen (Länge über Rammbohlen 9000 mm) entsprachen völlig denen der beiden Triebwagen, auch waren die Plattformstirnwände verglast, die Einstiege offen bzw. durch Umhängegitter gesichert. Ein besonderes Fahrgestell fehlte; die Achshalter für die starren Achsen (Radstand 2500 mm) und die Federstützen waren am Wagenkastengestell angebracht. Solenoid- und handradbetätigte Handbremse vervollständigten die Ausrüstung.

Kriegsbedingt erfolgt die Auslieferung der Beiwagen 125—128 erst im Herbst 1915. Sofort beantragte man die Beschaffung weiterer sechs Fahrzeuge, um den gestiegenen Verkehr bewältigen zu können. Diese Beiwagen lieferte Gebr. Gastell im Juli 1916 als 129—134. Wegen der gedachten Verwendung auf Innenstadtstrecken sah man – wie bei den ersten – Längssitzbänke aus polierten Eichenholzlatten für insgesamt 20 Personen vor. Bei 10 Stehplätzen je Plattform ergab sich ein Fassungsvermögen von mindestens 40 Fahrgästen.

Schon im August 1916 stellte man erneut Antrag auf Vermehrung des Wagenparks. Nun sollten zehn Beiwagen in gleicher Abmessung beschafft werden, für den Vorortverkehr jedoch überwiegend Quersitze in Abteilen erhalten. Zwölf Quersitzen standen auf vier Zweierbänken acht Längssitze aus Rüsternholz an den Kopfenden gegenüber. Diese Wagen lieferte Gebr. Gastell im Juli 1917 als Reihe 135—144 aus. Wie die anderen kamen sie bevorzugt nach Gonsenheim und Kostheim, aber auch auf anderen Strecken zum Einsatz.

Durch Kriegseinwirkung gingen 1944/45 fünf Beiwagen direkt verloren; zwei weitere verbrannten 1947 während des Wiederaufbaus bei Westwaggon-Gastell, so daß sieben Einheiten (125—127, 133—134, 140, 144) abzuschreiben waren. Die restlichen 13 Fahrzeuge standen bis Herbst 1963 (128—130), 1964 (131) bzw. bis Frühsommer 1965 in Dienst. Im Juli 1965 konnten die Beiwagen 139 und 141 an einen Sammler in München verkauft werden. Sie befinden sich nun im künftigen Deutschen Straßenbahn-Museum in Wehmingen/Hannover. Jahrelange Freiluftabstellung ließ sie jedoch stark herunterkommen. Die 1963 ausgeschiedenen Beiwagen wurden umgehend zerlegt, die 1964/65 ausgemusterten jedoch zur leichteren Altmaterialgewinnung abgebrannt.

Als einzige größere Modernisierung erhielten nach 1945 die Beiwagen 136—139 und 141—143 statt der Gleit- moderne Rollenlager, Beiwagen 135 gelegentlich der Behebung seiner Kriegsschäden 1951 Längs- anstelle von Quersitzen eingebaut.

In den beiden letzten Jahrzehnten sah man die (West-)„Waggon"-Anhänger vorzugsweise auf der Strecke nach Gonsenheim—Finthen, gefolgt von Einsätzen nach Bretzenheim. Die Hechtsheimer Strecke war wegen des hohen Eigengewichts (6250 kg bei den Längs-, 7000 kg bei den Quersitzern) „tabu", ebenso die Strecken von „6" und „9", hier aber wegen wechselnder Haltestellenanordnungen, die ein mehrmaliges Umhängen der Plattformgitter erfordert hätten.

21. Beiwagen-Reihe 145—148

Für die 1923 zu eröffnende neue Hechtsheimer Linie waren – sollte Beiwagenbetrieb überhaupt stattfinden – besonders leichte Fahrzeuge vonnöten. Der wirtschaftliche Niedergang der Inflationszeit verbot jedoch eine Neuanschaffung. Es ergab sich

157 Beiwagen 132 aus der 20 Einheiten umfassenden Gastell-Reihe 125—144 an der Endstelle in Weisenau (August 1962).

158/159 Noch hängt er am Seil – der Wagenkasten des Beiwagens 148, um gleich auf dem Ponton seine endgültige Bleibe zu finden (Weisenau, 1932). Als schwimmender Umkleide- und Schlafraum und „Basis" für Wasserratten diente der „148er", ehe er etwa 1938 einer Brandstiftung zum Opfer fiel (um 1936).

aber die Gelegenheit, im Sommer 1922 (vermutlich über einen Aachener Kommissionär) aus Düsseldorf vier ältere leichte Beiwagen für diesen Zweck zu übernehmen und als Reihe 145–148 einzugliedern. Die nur 3900 kg wiegenden dreifenstrigen Fahrzeuge besaßen vollständig offene Plattformen mit zusammenklappbaren Abschlußgittern an den Einstiegen und Längssitzbänke. Vermutlich entstammten sie dem Bestand der normalspurigen „Düsseldorfer Straßenbahn" (dortige Nummern eventuell 334, 337–339) und rekrutierten sich aus umgebauten ehemaligen Pferdebahnwagen. Angaben über Hersteller, Baujahr und genaue Abmessungen ließen sich nicht ermitteln.

Der Verkehrsrückgang zu Anfang der dreißiger Jahre auf der einen, ihr geringes Fassungsvermögen und vermutlich auch ihr Erhaltungszustand auf der anderen Seite, mögen Anlaß gewesen sein, sie schon 1931/32 auszumustern. Ihre Wagenkästen fanden als Gartenlauben, Umkleideräume und für ähnliche Zwecke Verwendung.

22. Beiwagen-Reihe 149–154

Vermehrter Fahrzeugbedarf nach Umstellung der Dampfbahn sowie ansteigende Fahrgastzahlen gaben 1925 den Ausschlag, auch sechs neuzeitliche Beiwagen bei Gebr. Gastell in Auftrag zu geben. Sie wurden Anfang 1926 als Reihe 149–154 in Dienst gestellt.

Unter Berücksichtigung eines Einsatzes auf der Hechtsheimer Linie entstand ein Beiwagentyp, der trotz besonderem Fahrgestell und völlig geschlossenen Plattformen nur etwa 5400 kg wog. Die Länge des vierfenstrigen Wagenkastens betrug bei einem Radstand von 3000 mm nur 8000 mm. Der hölzerne, mit Blech verkleidete Aufbau besaß erstmals kein Laternen-, sondern ein leichtes Tonnendach. Die geräumigen, über eine Stufe erreichbaren Plattformen mit je 12 Stehplätzen wurden durch einfache, innenlaufende Schiebetüren verschlossen. Zur Gewichtsersparnis verzichtete man auf Türen zum eigentlichen Innenraum und sah lediglich nicht ganz bis zur Decke reichende Kopfwände als Windfang vor. Zwei hölzerne Längsbänke boten zusammen 18 Sitzplätze, so daß sich ein Fassungsvermögen – ohne Stehplätze im Mittelgang – von 42 Personen ergab. Die mittleren großen Seitenfenster waren fest, die schmäleren Endfenster herablaßbar und in den Oberteilen mit kleinen Lüftungsklappen versehen.

Das in Fachwerkbauweise aus Stahlblech und Profileisenträgern verwindungsfrei hergestellte Fahrgestell nahm die beiden starr geführten, erstmals in Zylinderrollenlagern gelagerten Achsen auf. Die Abfederung des Wagenkastens gegen das Fahrgestell erfolgte durch Blattfedern. Eine Solenoidbremse diente als Betriebsbremse und wirkte wie die durch Handrad zu bedienende Handbremse auf vier Bremsklötze; Schienenbremsen fehlten. Zehn Glühlampen sorgten für die Beleuchtung des Innenraums und der Plattformen. Erstmals hatte man bei Beiwagen auch Heizungen vorgesehen und vier Frischstromheizkörper zu je 750 Watt installiert.

Bis 1945 kamen die „Gaugassen-Anhänger" vorzugsweise hier oder nach Gonsenheim–Finthen zum Einsatz. Zwischen 1950 und 1955 blieben sie fast ausschließlich den Linien 6 und 9 vorbehalten, für die sie sich wegen der wechselnden Haltestellenanordnung besonders eigneten. Von Mai 1955 bis Herbst 1958 verwendete man sie wiederum fast nur auf der Hechtsheimer Linie, ehe sie nach Inbetriebnahme der ersten Gelenktriebwagen im allgemeinen der Linie 10 zugeteilt wurden. Von Anfang 1962 bis zur Einstellung des Betriebes nach Weisenau Ende Oktober 1963 fanden sie dort ihr ausschließliches Betätigungsfeld, ehe sie nun bis Frühsommer 1965 zur Linie 8 kamen.

Nach ihrer Außerdienststellung brannte man die fünf Fahrzeuge (Beiwagen 152 war im Krieg stark beschädigt und einige Jahre danach verschrottet worden) im Sommer 1965 zur leichteren Altmaterialgewinnung ab.

23. Beiwagen-Reihe 171–179 I

Neben sechs Triebwagen übernahmen die Stadtwerke zum 1. 4. 1943 aus dem Wiesbadener SEG-Bestand auch neun zweiachsige Beiwagen. Es handelte sich um Fahrzeuge aus zwei Lieferserien, nämlich

Reihe 501–510 aus 1900
(Waggonfabrik Falkenried, Hamburg)
Reihe 511–538 aus 1901
(Waggonfabrik Herbrand, Ehrenfeld/Köln)

Beide Fabrikate unterschieden sich nur in Details (Verzierungen, Regenrinnen, Nietenreihen bzw. Abdeckleisten) voneinander. Die über Rammbohlen 8800 mm langen Wagen (Radstand 3000 mm) verfügten über kein eigentliches Fahrgestell; Achshalter und Federstützen befanden sich direkt am Wagenkastenuntergestell. Ursprünglich ganz offene und nicht besonders geräumige Plattformen hatte die SEG bereits früh durch Verglasen der Stirnwände modernisiert, wobei die zusammenklappbaren Plattformgitter beibehalten wurden. Wegen des etwas höheren, durchgehend ebenen Fußbodens sah man – abweichend von allen anderen Bauarten – zweistufige Auftritte vor. Der vierfenstrige Innenraum (belüftet durch Ausstellklappen im Laternendach) besaß zwei größere mittlere und zwei kleinere Endfenster und bot auf zwei Längsbänken zusammen 18 Fahrgästen Platz.

Kriegsschäden führten zum Verlust der Beiwagen 177 und 179 sowie des ebenfalls stark beschädigten, danach kurz als Lore verwendeten Beiwagens 171. Die übrigen Fahrzeuge erlitten mehr oder weniger starke Schäden und kamen bis April 1950 wieder in Betrieb. Nach Wiesbaden ausgeliehen hatte man im Herbst 1944 den Beiwagen 176, konnte ihn aber weitgehend unversehrt schon 1945/46 zurückholen.

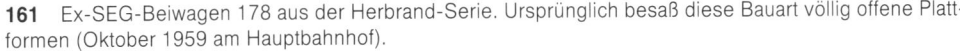

160   Beiwagen 150 an der Endstelle in Weisenau während des Rangiervorgangs (Juli 1963).

161   Ex-SEG-Beiwagen 178 aus der Herbrand-Serie. Ursprünglich besaß diese Bauart völlig offene Plattformen (Oktober 1959 am Hauptbahnhof).

Beiwagenmangel gab im Oktober 1950 Anlaß zur Anmietung zweier Wiesbadener Beiwagen aus den gleichen SEG-Serien. Sie konnten im Mai 1951 in Eigentum übernommen und als 171 II (ex Wiesbaden 64 ex SEG 506) und 177 II (ex Wiesbaden 74 ex SEG 523) eingereiht werden. Nur kurze Freude hatte Mainz an dem „neuen" Beiwagen 177, denn Anfang Mai 1952 fuhr am Mainzer Brückenkopf ein Wiesbadener Zug auf und beschädigte ihn erheblich. Wiesbaden leistete daraufhin „Naturalersatz" durch Überlassung eines gleichartigen Beiwagens, nahm den Unfallwagen zurück und verschrottete ihn. Das Ersatzfahrzeug (Wiesbaden 78 ex SEG 528) erhielt mit 177 III die gleiche Nummer und kam noch im Mai in Betrieb.

Während ihrer Mainzer Zeit wurden die „Wiesbadener" Beiwagen nie auf der Hechtsheimer Linie verwendet, und auch nach Gonsenheim—Finthen sah man sie allenfalls in den ersten Nachkriegsjahren, und dann nur „versehentlich". Ihre Domäne blieben die Strecken nach Mombach, Bretzenheim, Weisenau und Kostheim und natürlich die Stammlinien 6 und 9.

Alter und entspannte Lage beim Wagenpark führten zwischen April 1959 und August 1960 zu ihrer Stilllegung und anschließenden Verschrottung.

24. Die Arbeitswagen

Verhältnismäßig bescheiden blieb all die Jahre die Zahl der für innerbetriebliche Zwecke vorgehaltenen Fahrzeuge:

Noch aus der Pferdebahn stammte ein offener Salzstreuwagen mit drehbarer Trommel. Nummer und sonstige Daten des etwa 1919 ausgeschiedenen Fahrzeugs blieben unbekannt. 1906 fertigte man in eigener Werkstatt einen geschlossenen Salzstreuwagen nach Art gedeckter Güterwagen mit einseitig angeordneter Schiebetür und absenkbaren Kehrbürsten vor allen vier Rädern. Das zuletzt mit „213" bezeichnete Fahrzeug wurde nach jahrelangem Stillager 1964 verschrottet. Ein weiterer geschlossener Eigenbau-Salzstreuwagen (214) kam 1911 hinzu. Er besaß im Gegensatz zum Vorgänger beiderseits Schiebetüren und Plattformen und blieb bis 1973 in Dienst. 1919 folgte von Gebr. Gastell ein fast baugleiches Fahrzeug, anfangs als „221", zuletzt als „215" eingereiht. Auch es schied 1973 aus.

Für Fahrleitungsarbeiten besaß man seit 1906 auch eine straßengängige Montageleiter, ersetzte sie allerdings schon 1909 durch eine auf 10 Meter ausziehbare neue. Diese besaß Spurrollen und konnte hinter Triebwagen nachgeschleppt werden. Auf Strecken mit eigenem Bahnkörper (Ingelheimer Aue, Gonsenheim) verwendete man einen 1912 selbst hergestellten Schienenturmwagen (ohne Nummer) mit ausfahrbarer und ausschwenkbarer Arbeitsbühne. Er wurde 1967 abgestellt und 1970 verschrottet.

In den ersten Jahrzehnten dieses Jahrhunderts befanden sich noch viele Straßen in „chaussiertem", also gewalztem Zustand ohne die heute übliche Asphaltdecke oder Pflasterung. Insbesondere im Sommer führte dies zu einer enormen Staubplage, der die Stadt durch pferdebespannte Gießfässer beizukommen versuchte. Die Hamburger Maschinenfabrik Hermann J. Hellmers hatte sich daher auf die Herstellung von Sprengtriebwagen spezialisiert, die natürlich rationeller arbeiteten. Bei ihr beschaffte man ein solches zweiachsiges Fahrzeug und stellte es als „201" im Mai 1915 in Dienst. Über Rammbohlen nur 6250 mm lang (Radstand 2250 mm), besaß es einen Tank, der 7 cbm Wasser faßte (Einspänner-Gießfuhrwerke nur 1,5 cbm). Zwei zwischen den Achsen angeordnete Hauptsprengdüsen erreichten mittels Motorkompressor eine maximale Sprengbreite von je 15 Metern, während zwei Plattformbrausen den eigentlichen Gleisbereich abdeckten. Aus Gründen der Einheitlichkeit entsprach die elektrische Ausrüstung der SSW der der Triebwagen 51—60 völlig. Die Kosten der Beschaffung trug das Straßenbahnamt, während das Reinigungsamt als eigentlicher Nutznießer für Verzinsung und Tilgung sowie die Kosten der Unterhaltung und Bedienung (die Wagenführer stellte das Straßenbahnamt) aufkam.

Im Laufe der Jahre machte die staubfreie Befestigung der Straßen große Fortschritte, so daß etwa 1932 auf das Fahrzeug verzichtet werden konnte. Sein Wassertank blieb jedoch erhalten und diente bis 1966 zur Unkrautbekämpfung auf einem (vermutlich mit „208" bezeichneten) Beiwagen. Nicht belegt werden konnte auch die gegen 1930 angeblich beobachtete Umnummerung des Triebwagens in „1".

Zur Beseitigung der Riffelbildung auf den Schienen lieferte Thode/Hamburg 1916 einen kleinen offenen Schleifbeiwagen mit zwei Schleifsteinen und zwei Wassertanks. Es scheint, daß das Fahrzeug bis etwa 1942 in Verwendung stand. Als Flachlore (ohne Nummer) ist es heute noch vorhanden.

Die Vorbereitung auf einen regulären Güterverkehr führte Anfang 1918 zur Beschaffung von drei Niederbord-Güterwagen bei Gebr. Gastell, die mit großer Wahrscheinlichkeit als 202—204 eingereiht wurden. Sie besaßen beiderseits Plattformen mit Bremsspindeln sowie Solenoidbremsen. Um die Ladekapazität von 5 t auch für großvolumigere Güter (Koks, Gemüse) ausnutzen zu können, ließen sich zusätzliche Bordwände aufstecken. Beiwagen 202 fand schon bald als Hilfsgerätewagen Verwendung und erhielt zum Schutz der Gerätschaften einen Dachaufsatz. 1962 konnte er außer Betrieb gesetzt und verschrottet werden. Die beiden anderen Beiwagen scheinen infolge Kriegsschäden nach 1945 ausgemustert worden zu sein.

Im ersten Halbjahr 1919 folgten von Gebr. Gastell drei weitere, bis auf fehlende Plattformen gleiche Güterwagen (205—207). Zwei Wagen (205, 207?) überstanden den Krieg, wurden dann aber bald ausgeschieden.

1918 kam es auch zum Kauf von sechs Kastenkippwagen für Kokstransporte (vermutlich 215 I—220).

162 „Verirrt" hat sich offenbar die – längst eingestellte – Rundbahnlinie 3 nach Gonsenheim. Triebwagen 62 fungiert als Arbeitswagen bei Fahrleitungsarbeiten in der Finther Landstraße. Beigegeben sind Güterwagen 204 und Schienenturmwagen ohne Nummer (August 1962).

163 In voller Aktion zeigt Sprengtriebwagen 201 im Depothof sein Können. Wegen des ausschließlichen Sommereinsatzes konnte man auf Plattformverglasung verzichten (1915).

Lieferant war die „Rheinische Gießerei Kohlscheid-Kämpchen" in Aachen. Nach Aufgabe der Kokstransporte verkaufte man die Wagen Anfang 1924 an eine Firma in Landau/Pfalz.

Aus dem Dampfbahn-Bestand kamen 1923 zwei offene Güterwagen hinzu (vermutlich als 211, 212 eingereiht). Beiwagen 211 ging offenbar im Krieg verloren, der andere soll dagegen nach Ausbesserung von Kriegsschäden noch einige Jahre verwendet, dann aber ausgemustert worden sein.

Im Februar 1930 erwarb man aus Düsseldorf einen vierachsigen Gütertriebwagen (bisher das einzige vierachsige Fahrzeug überhaupt) und stellte ihn als „200" in Dienst. Absicht war es, das Fahrzeug zum Transport der damals umfangreichen „Thermit"-Schienenschweißausrüstung einzusetzen. In dieser Eigenschaft fand es allerdings nur sporadische Verwendung, denn gerade in den dreißiger Jahren hielten sich die Gleiserneuerungen in Grenzen, ganz zu schweigen von Neubaustrecken. So stand der grau lackierte Wagen die meiste Zeit auf dem Gelände der Bahnmeisterei in der Rheinallee 139. Dort wurde er gegen Kriegsende beschädigt, danach nicht mehr instandgesetzt und 1949 verschrottet. Vor seiner Übernahme hatte er eine bewegte Vergangenheit: Vermutlich von MAN/SSW 1906 hergestellt, nahmen ihn die „Bergischen Kleinbahnen" für ihre im Raum Düsseldorf/Wuppertal bestehenden Überlandlinien als Personentriebwagen 109 in Betrieb, verkauften ihn aber schon im Oktober 1911 an die Stadt Düsseldorf. Diese wiederum verpachtete das Fahrzeug an die den Straßenbahnverkehr innerhalb der Stadt betreibende „Rheinische Bahngesellschaft". Unter der Regie der „Rheinbahn" erfolgte im Mai 1925 ein vollständiger Umbau in einen Gütertriebwagen unter gleichzeitiger Umnummerung in 107 II und endlich wegen Aufgabe des Güterverkehrs der Verkauf nach Mainz.

Der Aufbau entsprach dem damaliger gedeckter Güterwagen mit einer außenlaufenden Schiebetür je Seite. Zugänge zu den Führerständen waren durch den Laderaum und jeweils von vorn rechts vorhanden. In den beiden „Maximum"-Drehgestellen wurde nur die außenliegende Achse durch einen Tatzlagermotor angetrieben. Einzelheiten über die elektrische Ausrüstung und über Abmessungen ließen sich nicht ermitteln.

1942 gelang es, den Personentriebwagen 33 mit einer Schienenschleifausrüstung versehen und gleichzeitig die Schleiflore außer Betrieb nehmen zu können. Unter gleicher Nummer stand das so umgebaute Fahrzeug in grauem Anstrich bis 1962 im Einsatz und wurde als ältester Triebwagen nach 61 Dienstjahren 1966 verschrottet.

Aus einer größeren, bereits 1944 von der Waggonfabrik Rastatt gefertigten Baureihe erhielt die Straßenbahn 1946 vier Niederbord-Güterwagen für 10 Tonnen Tragkraft. Die grau lackierten, gefällig aussehenden Fahrzeuge kamen als Reihe 203 II–206 II in den Bestand. Wie schon ihren Vorgängern war auch ihnen ein weitgehend arbeitsloses Dasein beschieden. 1964 und 1975 verschrottete man je einen Wagen; ein dritter kam im Herbst 1982 zum Eisenbahn-Museum Darmstadt-Kranichstein, während der vierte (205) noch vorhanden ist.

1962 baute man den im Personenverkehr entbehrlichen Triebwagen 68 durch Einfügen von Schiebetüren und Wegfall der Längssitzbänke zu einem Hilfsgerätewagen um. Er ersetzte damit den für diesen Zweck vorgehaltenen Beiwagen 202. Das mit orangefarbenem Warnanstrich versehene Fahrzeug wurde seinerseits im Sommer 1972 durch einen Lkw abgelöst. Im Frühjahr 1973 kaufte ein Münchner Sammler den Wagen, gab ihn aber einige Jahre später an das im Aufbau begriffene Deutsche Straßenbahn-Museum in Wehmingen bei Hannover ab. Jahrelange Freiluftabstellung haben inzwischen zu einer bedauerlichen Verfassung des in bestem Unterhaltungszustand abgegebenen Fahrzeugs geführt, so daß eine Wiederherstellung oder gar Wiederinbetriebnahme fraglich erscheint.

Aus der Reihe der 1904 gelieferten Triebwagen lief

164 Kurz nur war sein Einsatz: Salzbeiwagen 216, 1973 unter Verwendung des Fahrgestells des Beiwagens 279 erbaut, schied schon 1978 aus dem Winterdienst aus.

seit etwa 1932 Wagen 2 als Arbeitsfahrzeug ohne bauliche Veränderungen, bis er 1944/45 verbrannte. Als einziges Fahrzeug der Erstserie trug er übrigens den Rot-Elfenbein-Anstrich.

Nur ein kurzes Gastspiel als Arbeitswagen gab der 1974 mit einer Dachkanzel versehene Triebwagen 259, ehe er nach wenigen Einsätzen 1978 durch Verschrottung ausschied.

Neben den erwähnten Triebwagen kamen fallweise auch (teils über Jahre) normale Personenfahrzeuge – ausgenommen Großraum- und Gelenkwagen – für innerbetriebliche Zwecke zur Verwendung.

165 So sah Vierachs-Gütertriebwagen 200 aus: Schwesterwagen 106 der Rheinischen Bahn-Gesellschaft Düsseldorf um 1928.

166 Die beiden Salzwagen 215 und 214 im Schlepp des Schienenschleifwagens 33. Im Einsatzfall verwendete man allerdings als Zugwagen modernere Triebwagen (Januar 1964).

Nicht vergessen werden dürfen die zweiachsigen ungebremsten Drehgestelle für Schienentransporte, die – ohne Nummern – bis Mitte der siebziger Jahre benutzt wurden. Daneben existierte – ebenfalls ohne Nummer – ein zweiachsiger Silobeiwagen für den Transport von Bremssand, ferner von 1927 bis 1944/45 ein Elektrokarren, der wahlweise mit Straßen- und Schienenrädern zu versehen war.

Wagenpark-Statistik

(Reihenfolge nach Inbetriebnahme. Soweit nicht anders vermerkt, alle Wagen zweiachsige Zweirichtungsfahrzeuge; Ausnahmen: 3x, 4x, 6x [drei-, vier-, sechsachsig])

A. Triebwagen

1–30 31–40	1904 1905	Meinecke/MAN/SSW	1926: 1 = Bw 155; 1928: 5, 3, 30, 22, 38 = Bw 162 I, 163 I, 164, 165, 166; ~1932: 2 = Arb-Tw; ~1936: 13, 14 = a; 1937: 15, 17, 27, 34, 36, 37 = a; ~1938: 7 = a; ~1939: 10, 29, 39 = a; 1940: 4, 6, 8, 9, 12, 18, 19, 20, 21, 26, 32, 40 an LEZ Lodz; dort Tw 53–55, Bw 171–179 (Reihenfolge unsicher); ~1941: 11 nach Worms (dort Bw); 1946 zurück (abgestellt); ~1942: 33 zu Schleif-Tw umgebaut; 1944/45: 2, 16, 24, 25, 31 = KV 1950: 11 = Bw 162 II; ~1955: 35 = Rekl.-Tw; 1957: 28 = Bw 161 II; 1958: 23 = Bw 163 II; 1960: 35 = a (V 1961); 1964: 33 = a (V 1966);
41–46	1907	Trelenberg-Meinecke Nf./MAN/SSW	1926: 43 = Bw 156; 1926: 44, 45, 42, 41, 46 = Bw 157–160, 161 I
50 I, 51–59	1907	MAN/SSW	~1909: 50 I = 60; 1943: 54 = KV; 1944/45: 51–53, 57 = KV; 1955: 59 = a (V 1959); 1958: 55, 56, 58 = a (V 1959);
60		~1909 ex 50 I	1944/45: KV
47 I, 48 I 49 I, 50 II 61–64	1915 1917	Trelenberg/Gastell/ SSW	1925: 47–50 II = 65–68 1944/45: 63, 64 = KV; 1960: 61, 62 = Arb-Tw; 1964: 61, 62 = a;
65–68		1925 ex 47 I, 48 I, 49 I, 50 II	1944/45: 65, 67 = KV; 1960: 66, 68 = Arb-Tw; 1962: 68 zu Hilfsgeräte-Tw umgebaut; 1964: 66 = a; 1973: 68 an Sammler verkauft, nun Dt. Straßenbahn-Museum/Hannover;
70–84	1925	Gastell/SSW	1944/45: 71, 76, 79, 80, 82, 83 = KV (Fahrgest. an Tw 99, 100, 80 II, 82 II, 83 II); 1962: 73 = a; 1963: 72, 78, 84 = a; 1963: 74 = Arb-Tw; 1965: 70, 74, 75, 77, 81 = a;
69	1926	Krupp/Gastell/BBC/ Krupp	1928: statt Krupp- SSW-Fahrschalter 1942: statt BBC- SSW-Motore und statt Einzellenkachsen (Kardanantrieb) starres Fahrgestell mit Tatzlagermotoren 1963: a;
85–89	1927	Gastell/SSW	1944: 85 = KV (Fahrgest. u. Motore an Tw 85 II); 1962: 89 = a (V 1963); 1963: 86 = a; 88 = a (V 1964); 1964: 87 = a;
90–94	1929	Westwaggon-Gastell/ SSW	1944/45: 92 = KV (Fahrgest. an Tw 93); 1965: 90, 91, 93, 94 = Arb-Tw; 1971: 91 = a; 1972: 90, 94 = a; 1977: 93 = hist. Tw;

44 II, 47 II, 48 II, 49 II	1927	Gastell/SSW	1943: ex SEG Wiesbaden 408 II, 409 II, 401 II, 403 II; 1944: 44 II, 47 II, 48 II = KV; 1947: 49 II = Wiesbaden 37 II (ab 1944 bereits vermietet, ab 1945 verliehen; 1955 nach Krefeld = 228);
45 II, 46 II	1930	Westwaggon-Gastell/ SSW	1943: ex SEG Wiesbaden 413, 415; 1963: a (V 1964);
49 III	1927	Gastell/SSW	1947: ex Wiesbaden 37 I (ab 1945 geliehen; 1943 ex SEG Wiesbaden 411 II); 1964: = a;
95	1949	Westwaggon-Köln/BBC 3xTw	1959: SSW-Fahrschalter; 1966: 295;
96–98	1950	Westwaggon-Köln/SSW 3xTw	1966: 296–298;
80 II, 82 II, 83 II, 85 II	1925/50 1927/50	Westwaggon-Köln/ SSW	Fahrgest. u. Motore ex Tw 80 I, 82 I, 83 I, 85 I; 1965: 82 II, 83 II, 85 II = Bw 182, 183, 181; 1966: 80 II = Bw 184;
47 III	1927	Gastell/SSW	1951: ex Wiesbaden 35 (ab 1950 gemietet; 1943 ex SEG Wiesbaden 407 II); 1963 = a;
48 III	1930	Westwaggon-Gastell/ SSW	1951: ex Wiesbaden 42 (1943 ex SEG Wiesbaden 418); 1963: = a (V 1964);
99–100	1925/51	Westwaggon-Köln/ SSW/AEG	Fahrgest. u. Motore ex Tw 71, 76; 1966: 299–300;
101–103 104–105	1952 1954	Westwaggon-Köln/ AEG, 3xZRGrTw	1966: 201–205;
121–126 127	1958 1961	Westwaggon-Gastell/ AEG, (DÜWAG-Dreh-gestelle) 6xZRGlTw	1966: 221–227;
128–135	1965	DÜWAG/AEG 6xZRGlTw	1966: 228–235;
201–205		1966 ex 101–105	1968: 202 abgestellt (V 1973); 1974: 203 = a; 1974: 204 = a (V 1975); 1975: 201, 205 = a;
221–227		1966 ex 121–127	
228–235		1966 ex 128–135	1981: 228 = a (Unfall);
295–298		1966 ex 95–98	1970: 255–258;
299–300		1966 ex 99–100	1970: 259–260;
255–258		1970 ex 295–298	1972: 258 = a; 1974: 255, 256 = a; 257 = Arb-Tw;
259–260		1970 ex 299–300	1971: 259 = Arb-Tw; 1974: 260 = Arb-Tw; 1978: 259 = a; 260 an Dt. Straßenb.-Museum, Hannover
236, 239, 240 237, 238	1960	DÜWAG/BBC 6xERGlTw DÜWAG/Siemens	1971: ex Heidelberg 206, 204, 205, 207, 208; 237, 238, 240 ab 1972, 236, 239 ab 1973 in Betrieb
206–211	1957	DÜWAG/AEG/Kiepe 4xZRGrTw	1973: ex ASEAG Aachen 1012–1017 (1966 ex Mönchengladbach 25 II, 27 II, 28 II, 29 II und 1968 ex 26 II, 30 II) 208, 210 ab 1973, 206, 207, 209, 211 ab 1974 in Betrieb; 1979: 211 = a (Brand); 1980: 206 = a (Unfall, V 1982); 1981: 207 = a (Unfall);
241–245	1961	DÜWAG/Siemens 6xERGlTw	1974: ex Heidelberg 209–213; 241, 242, 244, 245 ab 1975, 243 ab 1976 in Betrieb;
250–252	1962	DÜWAG/Garbe-Lahmeyer/Kiepe 6xERGlTw	1981: ex EVAG Essen 1624, 1635, 1645 (gemietet);

B. Beiwagen

?	?	?,1 Sommer-Bw	1904 ex Pfb; vermutl. nie eingesetzt, 1911 nach Heidelberg (dortige Nr. unbek.);
101–106	1902	?	1904 ex Pfb; fr. Nr. unbek., 1927–30 = a;

107–116	1905	Busch	1937: a;
117–124	1908	MAN	1944: 117 = KV; 1953: 123 = a (V 1956);
			1954: 118 = a (V 1956); 1958: 120 = a;
			1960: 121 = a; 119, 122, 124 = a (V 1961);
125–128	1915	Gastell	1944/45: 125, 126, 127, 133, 134, 140, 144 = KV;
129–134	1916		1963: 128, 129, 130 = a; 1964: 132 = a (V 1965);
135–144	1917		1965: 131, 135, 136, 137, 138, 142, 143 = a;
			1965: 139, 141 an Sammler verk., nun Dt. Straßenbahn-Museum, Hannover;
145–148	?	?	1922 ex Düsseldorf; fr. Nr. unbek., 1931/32 = a;
149–154	1926	Gastell	1944: 152 = KV (V ~ 1951);
			1965: 149, 150, 151, 153, 154 = a;
155–166	1904/07	Trelenberg-Meinecke Nf./MAN	1926: 155, 156 ex Tw 1, 43;
			1927: 157–160, 161 I ex Tw 44, 45, 42, 41, 46;
			1928: 162 I, 163 I, 164–166 ex Tw 5, 3, 30, 22, 38;
			1944/45: 155–159, 161 I, 162 I, 163 I, 164–166 = KV (V ~ 1949/52);
			1963: 160 = a;
171 I, 172–174	1900	Falkenried	1943: ex SEG Wiesbaden 503, 504, 508, 510;
			1944/45: 171 I = KV (kurz als Lore, dann = a);
			1959: 173, 174 = a (V 1960); 1960: 172 = a;
175, 176, 177 I	1901	Herbrand	1943: ex SEG Wiesbaden 512, 516, 517, 519, 527;
178, 179 I			1944/45: 177 I, 179 I = KV (V 1951);
			1959: 175 = a (V 1960); 1960: 176, 178 = a;
162 II	1904	Meinecke/MAN	1950: ex Tw 11; 1962 = a;
171 II	1900	Falkenried	1951 (ab 1950 gemietet) ex Wiesbaden 64 (1943 ex SEG Wiesbaden 506), 1960 = a;
177 II	1901	Herbrand	1951: (ab 1950 gemietet) ex Wiesbaden 74 (1943 ex SEG 523), 1952 nach Wiesbaden (nach Unfall) zurückgegeben, dort = a;
179 II, 180	1951	Westwaggon-Gastell	1966: 279, 280;
177 III	1901	Herbrand	1952: ex Wiesbaden 78 (1943 ex SEG 528), Ersatz für 177 II; 1959 = a (V 1960);
181–184	1950	Westwaggon-Gastell	1965: 182, 183, 181 ex Tw 82 II, 83 II, 85 II;
			1966: 184 ex Tw 80 II;
			1966: 181–184 = 281–284;
279, 280	1966 ex 179 II, 180		1972: 279 = a (Fahrgest. 1973 an Salz-Bw 216, Aufbau 1972 an Kindergarten Berliner Siedlung);
			1974: 280 = a;
281–284	1966 ex 181–184		1973: 283, 284 = a (V 1974);
			1974: 281, 282 = a;

C. Arbeits-Triebwagen

201	1915	Hellmers/SSW Spreng-Tw	1932: abgerüstet (Tank: Arb-Bw 208?)
200	1906	MAN/SSW, Aufbau wie gedeckter Güterwagen, 4x	1930: ex Rheinbahn Düsseldorf 107 II (bis 1925 Personen-Tw 109 der Bergischen Kleinbahnen) 1944/45: KV (V 1949)
33	1905/42	Meinecke/MAN/SSW, Schleif-Tw	1942: Umbau aus Personen-Tw 33; 1964: a (V 1966);
68	1917/62	Trelenberg/Gastell/ SSW, Hilfsgeräte-Tw	1962: Umbau aus Personen-Tw 68; 1973: an Sammler verkauft, nun Dt. Straßenbahn-Museum, Hannover;

Die außerdem zeitweilig als Arbeits-Tw verwendeten Tw wurden unverändert übernommen.

D. Arbeits-Beiwagen

?	?	?, Salz-Bw, offen	1904 ex Pfb; ~ 1919 = a;
213	1906	Eigenbau, Salz-Bw, geschl.	~1957: a (V 1964); (fr. event. andere Nr.)

214	1911	Eigenbau, Salz-Bw, geschl.	1973: a; (fr. event. andere Nr.)
o. Nr.	1912	Eigenbau, Turm-Bw	1967: a (V 1970);
o. Nr.	1916	Thode, Schleif-Bw	~1942: Umbau zu Lore (vorh.);
?	?	?, „Bahnmeister-wagen" (Lore?)	1917/18 erwähnt; Verbleib?
202, 203 I, 204 I	1918	Gastell, Güterwagen, offen bzw. mit Auf-setzdach	~1926: 202 = Hilfsgeräte-Bw; 1944/45: 203 I, 204 I = KV? 1962: 202 = a;
215 I?, 216 I? 217 I?, 218–220?	1918	Rhein. Gießerei, Kohl-scheid, 6 Kastenkipp-wagen	1924: verkauft (Verwendung unbek.);
221	1919	Gastell, Salz-Bw, geschl.	= 215 (II?) ab? (1924/25?);
205 I, 206 I, 207	1919	Gastell, Güterwagen, offen bzw. mit Auf-setzdach	1944/45: KV bzw. später = a;
209–210	?	unsicher, ob besetzt	
211–212	?	?, Güterwagen, offen	wahrscheinlich mit 1923 übernommenen ex-Dampfbahn-Güterwagen identisch; 1944/45: 212 = KV bzw. später = a; 211 = ? 1973: a;
215 (II?)		1924/25(?) ex 221	
208?	?	?, Spreng-Bw	~1932: Tank von Spreng-Tw 201 (1?); möglicher-weise auf Basis eines Güterwagens der Reihe 205 I, 206 I, 207 oder des ex-Dampfbahn-Güterwagens 211 oder auf Original-Fahrgestell des Spreng-Tw; 1966: a (V 1967);
203 II 204 II 205 II 206 II	1944	Waggonfabrik Rastatt, Güterwagen, offen	erst 1946 geliefert; 1964: 203 II? = a; 1975: 206 II? = a; 1982: 204 II an Eisenbahn-Museum Darmstadt; 1982: 205 II = abgestellt;
216 (II?)	1951/73	Westwaggon-Gastell/ Ries, Salz-Bw (Streuautomat)	Fahrgestell ex Bw 279; 1978: Streuautomat abgerüstet; Fahrgestell mit Beifahrerhaus 1982 an Arb-Bw 217 (II?);
217 (II?)	1951/82	Westwaggon-Gastell/ Eigenbau, Güter-wagen, offen	1982 ex 216 (II?).

Abkürzungen/Zeichenerklärung

~	= etwa	Garbe-Lahmeyer	= Garbe-Lahmeyer AG, Frankfurt/Main
I, II, III	= 1., 2. oder 3. Besetzung der gleichen Nr.	Gastell	= Waggonfabrik Gebr. Gastell, Mainz-Mombach; später Vereinigte Westdeutsche Waggonfabriken (Westwaggon), Werk Gastell
a	= ausgemustert		
V	= verschrottet (soweit nicht angegeben, mit Ausmu-sterungsdatum identisch; gilt nur für die Zeit nach 1945)		
		Hellmers	= Hermann J. Hellmers, Fahrzeugbau, Hamburg
		Herbrand	= Waggonfabrik Philipp Herbrand, Ehrenfeld/Köln
		Kiepe	= Theodor Kiepe, Elektrotechn. Fabrik, Düsseldorf
ex	= vorher	Krupp	= Friedr. Krupp AG, Gußstahlfabrik, Essen
		MAN	= Maschinenbau-Gesellschaft, Nürnberg
KV	= Kriegsverlust (hierbei ist zu beachten, daß ein Teil der Fahrzeuge bzw. der Reste erst nach Jahren – bis 1952 – verschrottet wurde)	Meinecke	= Aktien-Ges. vorm. Meinecke, Breslau
		Rastatt	= Waggonfabrik Rastatt GmbH, Rastatt/Baden
		Ries	= Maschinenfabrik Ries, Bruchsal/Baden
ER	= Einrichtungswagen	SSW	= Siemens-Schuckert-Werke, Berlin/Nürnberg
ZR	= Zweirichtungswagen	Trelenberg	= Eisenwerk Trelenberg, vorm. AG Meinecke/ Breslau
Gr	= Großraumwagen		
Gl	= Gelenkwagen	Westwag-gon Köln	= Vereinigte Westdeutsche Waggonfabriken, Werk Köln-Deutz
Arb-Tw	= Arbeitstriebwagen		
		Thode	= Alfred Thode, Maschinen- und Weichenbau, Hamburg
Busch	= Waggonfabrik AG, vormals Busch, Bautzen/Sa.		
BBC	= Brown, Boveri & Cie, Mannheim	Rh. Gießerei	= Rheinische Gießerei mbH, Kohlscheid-Kämp-chen (Aachen)
DÜWAG	= Düsseldorfer Waggonfabrik, Düsseldorf		
Falkenried	= Waggonbauanstalt Falkenried, Hamburg		

17. Die straßengängigen Hilfsfahrzeuge

Neben den gleisgebundenen Arbeitswagen mußten schon früh auch straßengängige Hilfsfahrzeuge vorgehalten werden. Rechtzeitig vor Übernahme der Fahrleitungsunterhaltung von den SSW beschaffte das Straßenbahnamt im Sommer 1906 einen einspännigen Pferdeturmwagen bei der Firma Robert Liebscher/Dresden. Das in Holz ausgeführte Fahrzeug besaß eine isolierte Arbeitsbühne für drei Personen, die für bis 6,50 m hoch verlegte Fahrleitungen ausreichte. Die zu erwartende Ausdehnung des Netzes erforderte 1918 einen zweiten einspännigen Turmwagen, den die Stadtverordneten im Sommer bewilligten. Ihn lieferte die Wilsdruffer Maschinenfabrik in Wilsdruff/Bez. Dresden.

Beiden Fahrzeugen haftete der Nachteil an, daß sie im Störungsfall zu viel Zeit benötigten, um eine vom Depot weiter entfernte Schadensstelle zu erreichen. Anfang 1925 schien daher die Zeit reif, einen Autoturmwagen zu beschaffen. Die Wahl fiel auf einen Lkw der Daimler-Motoren-Ges. in Berlin-Marienfelde mit Vergasermotor. Seinen Turmaufbau fertigte die Maschinenfabrik Schmahl in Mainz-Mombach. Die guten Erfahrungen mit ihm bewogen dazu, 1926 ein zweites, gleichartiges Modell zu beziehen und die beiden Pferdeturmwagen außer Betrieb zu nehmen. Beide Autoturmwagen waren sechsfach vollgummibereift, wurden Anfang 1943 noch auf Flüssiggasbetrieb umgestellt, kurz darauf aber stillgelegt.

Im Dezember 1938 folgte ein batteriegetriebener Turmwagen aus der Produktion der Maschinenfabrik Esslingen vom Typ EL 2501. Seine Motorleistung betrug nur 7,5 kW, die Höchstgeschwindigkeit entsprechend 28 km/h. Im Herbst 1958 wurde er stillgelegt und Anfang 1960 zur Verschrottung verkauft. Als Ersatz für die beiden Daimler-Wagen gelang 1943 die Beschaffung eines Opel-Blitz-Turmwagens der 3,6-Liter-Type mit Vergasermotor. Sein Fahrgestell stammte aus Baujahr 1941, der Turmaufbau von Hanomag/Hannover. Sowohl dieser als auch der Akkumulatorenturmwagen überstanden den Krieg ohne Beschädigungen und konnten sofort für die Aufbauarbeiten eingesetzt werden. Seine Ausmusterung erfolgte erst Anfang 1968.

Im November 1958 konnte ein komplett von Magirus-Deutz gefertigter Turmwagen auf Basis des Lkw-Typs „Sirius" in Dienst gestellt werden. Seit seiner offiziellen Ablösung durch den 1977 beschafften MAN-Turmwagen (Typ 13–136/Unterflur) mit Aufbau der Firma Bachert/Schwäbisch Hall dient er noch für Wartungsarbeiten innerhalb des Betriebshofes.

Verhältnismäßig früh beschafften die Verkehrsbetriebe einen Turmwagen mit Schienenfahreinrichtung der Bauart Schörling/Hannover. Das auf einem Fahrgestell des Daimler-Benz-Typs LPKO 1113 entwickelte Fahrzeug stellte das dritte seiner Art und für Meterspur das erste überhaupt dar. Es erstaunt daher nicht, daß es vor seiner Inbetriebnahme im Herbst 1967 als Exponat auf der Internationalen Au-

tomobilausstellung in Frankfurt/Main zu bewundern war. Der bereits erwähnte, 1977 beschaffte letzte Turmwagen besitzt demgegenüber nur eine konventionelle Ausrüstung, so daß er für Strecken mit eigenem Bahnkörper nur bedingt tauglich ist.

Das Reinigen der Spurrillen erfolgte seit frühester Zeit von Hand durch die „Rillen"- oder (nach Mainzer Mundart) „Ritzenschieber". 1968 ergab sich die Gelegenheit, aus Essen einen gebrauchten Schörling-Schienenreinigungswagen auf Basis des Büssing-Lkw vom Typ „Burglöwe" zu übernehmen, der den mit einem Dorn losgelösten Schmutz aufsaugte. Fahrgeschwindigkeit und Saugleistung waren allerdings nicht recht aufeinander abgestimmt, so daß wirkungsvolle Einsätze nur im Schlepp einer Unimog-Zugmaschine möglich waren. Mit Indienststellung eines neuen Schienenreinigungswagens der Unimog-Baureihe DB 416 mit Schörling-Saugausrüstung und -Kurvenschmieranlage im August 1973 gehört dieses Verfahren der Vergangenheit an. Im Gegensatz zum Vorgänger wird der Schmutz durch einen Wasserstrahl von 15 atm. Druck gelöst und anschließend eingesaugt.

Der 1962 zum Hilfsgeräte-Tw umgebaute Triebwagen 68 zeigte sich in der Praxis als zu langsam und unbeweglich. Es lag daher nahe, sich auch hier eines zeitgemäßeren, schnelleren Fahrzeugs zu bedienen. Seit Mitte 1972 dient hierzu ein Klein-Lkw (Kastenwagen) vom Typ Daimler-Benz L 608 D, der als Unfallhilfswagen anerkannt, mit den nötigen Gerätschaften und blauem Rundumlicht versehen ist. Besondere Eingleisgeräte werden in einem separaten Anhänger bei Bedarf mitgeführt.

Die Palette der Hilfsfahrzeuge wird abgerundet durch eine kleine, aber leistungsfähige Zugmaschine des Fabrikats Tremo, die 1979 hinzukam. Sie ist mit einer Schienenfahreinrichtung und Kupplungen zum Abschleppen liegengebliebener Straßenbahnwagen ausgestattet. Im Normalfall hat sie Straßenbahnwagen innerhalb der nicht mit Fahrleitungen ausgestatteten Hauptwerkstatt zu verschieben.

18. Der Straßenbahn-Betriebshof

Nachdem wegen der geringen Grundstücksgröße eine Verwendung des Pferdebahn-Depots für die Straßenbahn nicht in Frage gekommen war, entschied man sich für ein unbebautes Gelände im Stadterweiterungsgebiet am Rande der Neustadt, und zwar Ecke Rheinallee/Kaiser-Karl-Ring. Es entstand dort eine 72 × 31 m große Halle aus Eisenkonstruktionen mit ausgemauerten Fachwänden. Die acht aufgeständerten Gleise (1–8) konnten von der Rheinallee aus über eine Gleisharfe im Vorhof erreicht werden. Südlich der Halle lag noch ein Freigleis (später mit „0" bezeichnet). Die anfangs noch bescheidenen Werkstätten fanden sich in Anbauten, die über die Gleise 9/10 erreichbar waren. Längs der Grundstücksgrenze und parallel zur Hafenbahn lag schließlich noch ein Umfahrgleis 11, das auf die hinter der Halle gelegene Schiebebühne stieß. Gemessen an der Größe der zuerst gelieferten Triebwagen konnte die Halle 64 Einheiten aufnehmen. Die hinteren Abschnitte der Gleise 5–8 waren durch eine Trennwand und Rolltore abgegrenzt. Anfangs diente dieser Raum zum Waschen und Trocknen der Wagen, später als Werkstatt, in der vor allem Arbeiten an den Aufbauten erfolgten. Die erwähnte, handbetätigte Schiebebühne verlief in Verlängerung der Gleise 5–8 und bediente die am westlichen Ende der Werkstätten auf den Gleisen 9, 10 und einem weiteren Gleis untergebrachte Lackiererei und Schreinerei.

Halle und Werkstätten konnten wegen des Maurerstreiks erst zum 1. 11. 1904 fertiggestellt werden; vorher hatte man die Wagen der Mombacher Linie in einer auf dem Bismarckplatz errichteten hölzernen zweigleisigen Halle untergebracht.

Die günstige Entwicklung des Unternehmens erzwang schon bald eine Erweiterung. Zur Ausführung gelangte 1907/08 eine Verlängerung der bestehenden Halle um 51 Meter nach Westen. Gleichzeitig „wuchsen" auch Lackiererei und Schreinerei mit. Die verlegte Schiebebühne bediente im Anschluß an das Umfahrgleis jetzt nur noch die Gleise dieser beiden Werkstätten. Vier der Hallengleise (3–6) bildete man zu Durchfahrgleisen aus und schloß sie auf

dem neuen westlichen Vorhof längs der Mozartstraße an die Gleisharfe an. Über eine zweigleisige Ein- und Ausfahrt in den Kaiser-Karl-Ring konnten die Wagen somit auch von der Westseite aus und in Richtung Bismarckplatz fahren.

Mit dieser Erweiterung um 400 Meter überdachtes Abstellgleis waren nicht nur alle vorhandenen Wagen untergebracht, sondern sogar noch eine Reserve für 15 große Wagen verfügbar. Damit war das Raumproblem für absehbare Zeit gelöst. Erst die Vermehrung des Wagenparks nach Zugang der früheren Dampfbahnstrecken erzwang eine erneute Vergrößerung. Hierzu bot sich eine ursprünglich für Wohnblocks freigehaltene Fläche zwischen Hallensüdseite und Kaiser-Karl-Ring geradezu an. Im Juli 1925 stimmten die Stadtverordneten dem Projekt eines Hallenneubaus dort zu. Die siebengleisige Halle mit etwa 490 Meter nutzbarer Gleislänge hatte trotz 29 Meter Spannweite völlig freitragend ausgeführt werden können. Über eine östlich verlegte Gleisharfe erfolgte vom Kaiser-Karl-Ring her die Zufahrt. Da man das südlich der alten Halle verlegte Freigleis 0 mit Gleis 7 der neuen Halle verband, bestand auch innerhalb des Betriebshofs zwischen beiden Hallen eine Verbindung. Im Herbst 1926 konnte der Neubau als Halle „A" bezogen werden; die alte Halle hieß fortan „B".

1927 entstand als westlicher Anbau an die Halle A

167 Blick auf die 1926 errichtete, 1944 zerstörte und 1949 wiederaufgebaute Wagenhalle A. Die Gleise 6 und 7 dienten ab 1952/53 zur Unterbringung der Obusse (Mai 1964).

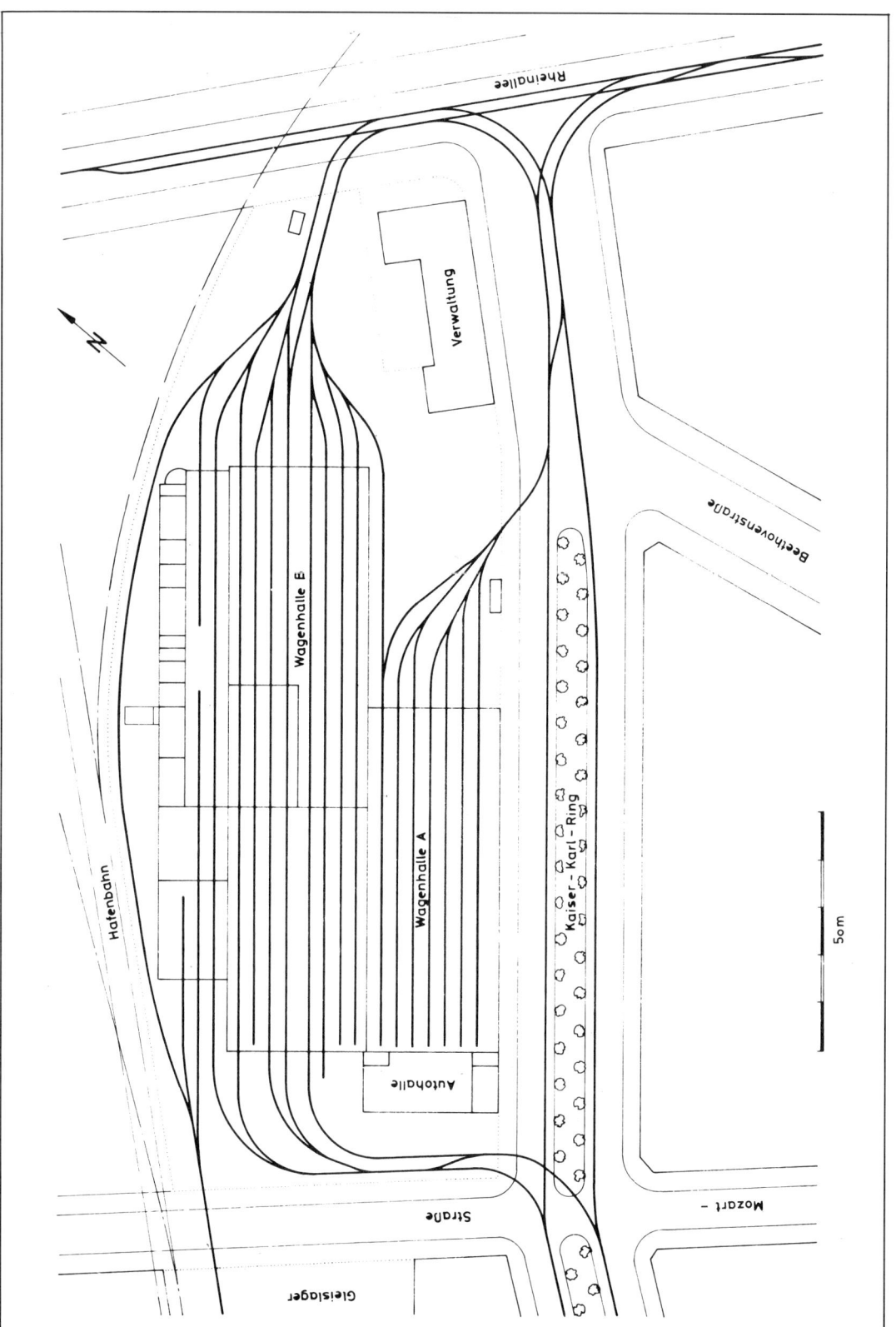

168 Der Betriebshof im Jahre 1928, nachdem Halle A und die „Autohalle" für die Omnibusse hinzugekommen waren. Der westliche Teil der Halle B mit der Gleisharfe Mozartstraße stammt aus dem Jahre 1908.

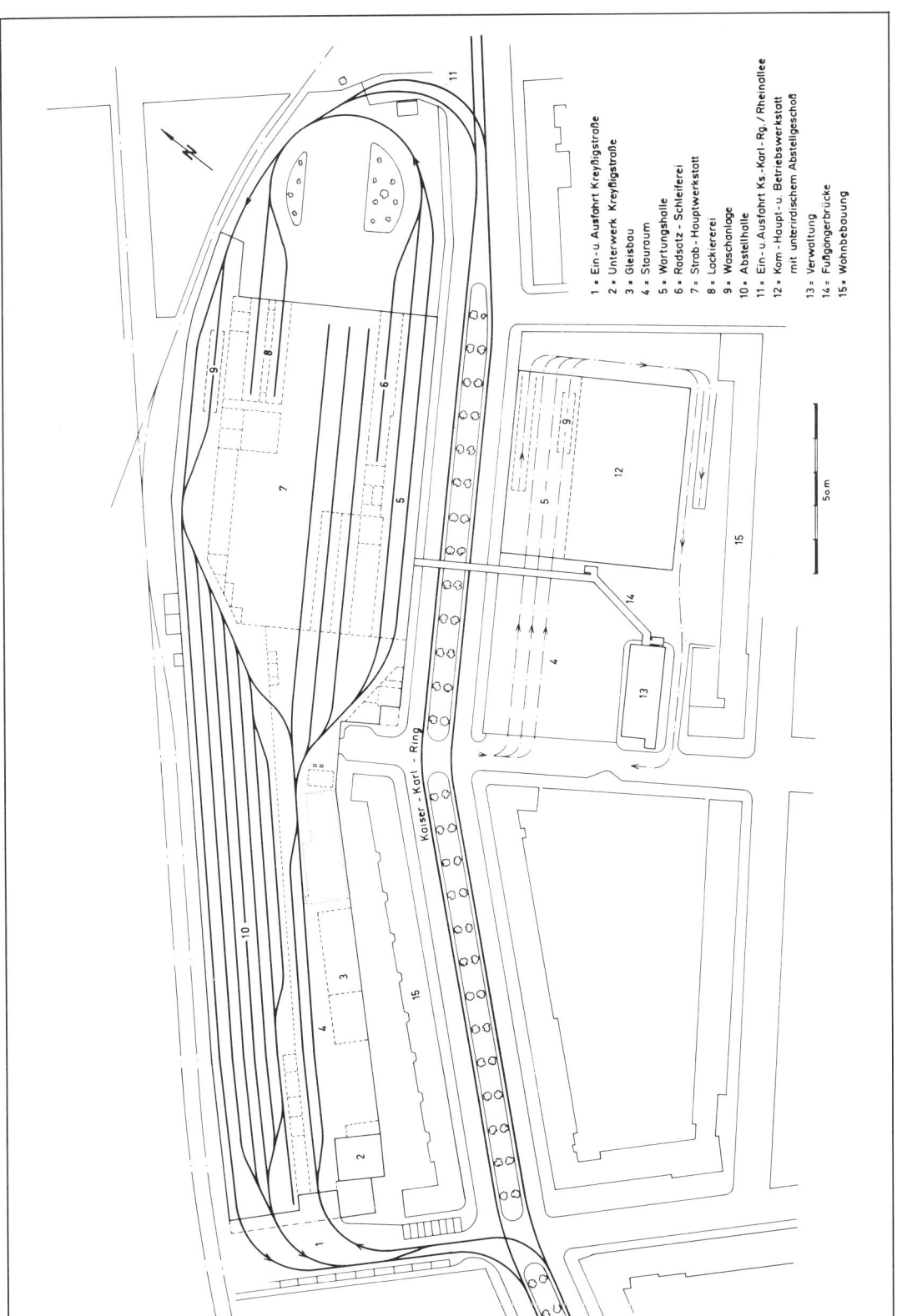

1 = Ein- u. Ausfahrt Kreyßigstraße
2 = Unterwerk Kreyßigstraße
3 = Gleisbau
4 = Stauraum
5 = Wartungshalle
6 = Radsatz - Schleiferei
7 = Strab - Hauptwerkstatt
8 = Lackiererei
9 = Waschanlage
10 = Abstellhalle
11 = Ein- u. Ausfahrt Ks.-Karl-Rg./Rheinallee
12 = Kom - Haupt- u. Betriebswerkstatt
     mit unterirdischem Abstellgeschoß
13 = Verwaltung
14 = Fußgängerbrücke
15 = Wohnbebauung

50 m

Kaiser - Karl - Ring

168 a Straßenbahn- und Omnibus-Betriebshof der Stadtwerke Mainz AG im Jahre 1983.

eine fünfständige Garage für den neuen Omnibusbetrieb. Es kam daher zur Abtrennung des Durchfahrgleises 3, andererseits zum Anschluß des bisherigen Stumpfgleises 8 der Halle B und des Gleises 9 der Lackiererei an die Gleisharfe. Die Schiebebühne hatte damit ausgedient, denn die beiden übrigen Gleise der Lackiererei erhielten Anschluß an das Umfahrgleis 11. Zur selben Zeit nahm man eine Verlängerung dieses Gleises über die Mozartstraße hinaus zu einem neu eingerichteten Gleislagerplatz vor. Versehen mit dritter Schiene für Normalspur konnten hier nun Eisenbahnwaggons empfangen werden. Bis Ende 1974 kamen dort Straßenbahnwagen an oder gingen ab.

Mitte 1928 ergab sich Gelegenheit, das Nachbargrundstück Rheinallee 139 zu übernehmen, dort die Bahnmeisterei unterzubringen und von der Rheinallee her ein etwa 110 Meter langes Stumpfgleis auf dem Gelände zu verlegen. Die dortigen Baulichkeiten fielen allerdings dem Krieg zum Opfer; das Gleis trug man in der Nachkriegszeit ab.

Die Ausmusterung älterer Fahrzeuge in den dreißiger Jahren führte dazu, den 1907/08 errichteten Teil der Halle B für Omnibusse zu nutzen und ihn 1937 durch Einziehen einer Trennmauer abzugrenzen. Für den Straßenbahnbetrieb war dies nicht nachteilig, hatte sich doch das Ein- und Ausrücken im Laufe der Jahre gänzlich zur Rheinallee hin verlagert. Die Gleisanlagen des westlichen Vorhofes blieben einschließlich Ein- und Ausfahrt Kaiser-Karl-Ring jedoch erhalten. In diesem Ausbauzustand präsentierte sich das Anwesen Rheinallee 137 zu Kriegsbeginn. Im August 1942 waren die ersten Gebäudeschäden durch Luftangriffe zu verzeichnen, die aber bald beseitigt werden konnten. Auch die Schäden der Angriffe vom April 1943 ließen sich wieder beheben, nicht mehr dagegen diejenigen vom September/Oktober 1944. Sie betrafen die Gebäude der Bahnmeisterei, die Revisionswerkstatt und den für die Omnibusse genutzten Teil der Halle B. Die schwersten Schäden richtete allerdings der Angriff vom 18. 12. 1944 an, der die Halle A (in der zahlreiche Wagen abgestellt waren) zum Einsturz brachte, das Verwaltungsgebäude weitgehend zerstörte und auch die Halle B in Mitleidenschaft zog. Glücklicherweise blieb das Anwesen bei dem Großangriff vom 27. 2. 1945 überwiegend verschont.

Nach Kriegsende galt es, zunächst die Werkstätten einigermaßen instandzusetzen, vor allem für eine Bedachung zu sorgen, damit ein Arbeiten überhaupt möglich war. Die Ausbesserung des vorderen Teils der Halle B sowie der Wiederaufbau des rückwärtigen Teils erfolgten verhältnismäßig rasch. Schwierig und zeitraubend gestalteten sich die Arbeiten an der Halle A. Begonnen im Frühjahr 1947, konnten sie infolge Materialmangels sowie des Einsturzes der wiederhergestellten Außenwand erst im Dezember 1949 zu Ende geführt werden. Das ursprünglich dreigeschossige Verwaltungsgebäude hatte – eingeschossig und recht behelfsmäßig aufgebaut – im Herbst 1947 wieder bezogen werden können.

Mit dieser Bausubstanz galt es fast 30 Jahre auszukommen. Wenn es auch an Abstellplatz für die Straßenbahnwagen nicht mangelte, ab 1946 auch Obusse, 1965–70 auch in Halle A Omnibusse eine Bleibe fanden, so entsprachen die Hallen, viel mehr aber Werkstätten und Sozialräume in keiner Weise mehr den modernen Anforderungen. Nach dem endgültigen Auszug der Omnibusse aus der Halle B erhielt noch im März 1971 deren Gleis 6 auf der Westseite Anschluß an das Umfahrgleis 11, um Fahrzeuge zur dort neu eingerichteten Lackiererei verbringen zu können. Auch die Gleise 2 und 3 mußten noch im August 1973 wegen der inzwischen vorhandenen Einrichtungswagen zu Durchfahrgleisen ausgebildet und Ecke Mozartstraße an das Gleis zum Bismarckplatz angeschlossen werden, ehe man sie ab März 1976 endgültig stillegte.

Inzwischen fiel jedoch die Entscheidung zugunsten eines Neubaus auf dem bestehenden Gelände. Ende Juni 1975 begann zunächst der Bau einer langen siebengleisigen Abstellhalle mit angrenzendem zweigleisigem Stauraum sowie von Werkstätten und Lagerräumen für Gleis- und Fahrleitungsbaukolonne. Für die eingeschossige Anlage mit aufgesetztem Pkw-Parkdeck konnte bereits am 6. 2. 1976 Richtfest gefeiert werden. Die Übergabe an den Fahrbetrieb geschah am 3. 10. 1976. Seither dient auch die angrenzende Kreyßigstraße mit dort neu verlegten Gleisen als Ein- und Ausfahrt in Richtung Kaiser-Karl-Ring.

Im Anschluß daran erfolgte der Bau einer zweigleisigen Wartungshalle mit Verwaltungstrakt und Betriebs- und Hauptwerkstatt, die Ende 1977 bezogen wurden. In einem letzten Bauabschnitt kam die Bausubstanz längs der Hafenbahn (Umfahrgleis, Waschanlage, Schreinerei) hinzu. Die offizielle Einweihung des Gesamtkomplexes fand am 28. 6. 1979, die vollständige Inbetriebnahme allerdings erst am 27. 7. 1979 statt. Die Baukosten beliefen sich auf 39,11 Mill. DM, zu denen Bund und Land 26,45 Mill. DM an Zuschüssen gewährten.

19. Stromversorgung, Streckensicherung und elektrische Weichen

Seit ihrer Eröffnung bezog die Straßenbahn den Fahrstrom aus dem städtischen E-Werk auf der Ingelheimer Aue. Zur Umwandlung des von dort gelieferten Drehstroms von 3000 V in 600 V Gleichstrom diente die Umformerstation Rheinallee 29. Zunächst genügten zwei Drehstrom-Gleichstrom-Umformer, bestehend aus je einem Dreiphasen-Asynchronmotor und einem direkt gekuppelten Gleichstromdynamo von 210 kW Leistung. Für Störfälle und Spitzenbedarf stand darüber hinaus eine Pufferbatterie von 200 kW Leistung in Reserve. 1907 verlangten die Erweiterungen die Installation eines neuen Umformers von 370 kW Leistung und die Verstärkung der Pufferbatterie. 1919/20 kam es zur Inbetriebnahme des ersten Gleichrichters und allmählich zur Dezen-

169 Blick von der Rheinallee auf Vorhof, Hauptwerkstatt und Verwaltungsgebäude des neuen Straßenbahn-Betriebshofes. Im Hintergrund schließt sich die Abstellhalle an (Juli 1983).

tralisierung der Stromversorgung über „Unterwerke". Heute versorgen acht über die Strecke verteilte Unterwerke (Jägerhaus, Rodelberg, Schillerplatz, Parcusstraße, Kreyßigstraße, Bruchspitze, Kapellenstraße und Gemarkungsgrenze) den Betrieb mit Fahrstrom. Die Umwandlung des aus dem 10- bzw. 20-kV-Netz gelieferten Wechselstroms erfolgt nach der Transformation auf 600 V in der Regel über je einen Silizium-Gleichrichter mit einer Leistung von 1200 kW.
Beispielhafter Stromverbrauch:

1908: 1 433 364 kW
(Ausbau des Grundnetzes beendet)
1927: 3 113 958 kW
(größtes Netz, ausgenommen Zuwachs ex SEG)
1980: 3 898 220 kW
(kleines Netz, leistungsstarke Motoren)

Die vor allem auf den Außenstrecken nach Kostheim und Gonsenheim vorhandenen langen eingleisigen Abschnitte machten bald Lichtsignalanlagen anstelle der sich als unzulänglich erweisenden Kreuzungsplan-Regelung nötig. Bereits im Juni 1908 führte man zwischen Kastel und Kostheim/Eisenbahnüberführung die erste selbsttätige Anlage ein. Ihr folgte im Sommer 1914 eine von Hand zu schaltende Anlage für den Abschnitt Waggonfabrik–Bahnwärterhaus. Diese besaß den für sonntäglichen Stoßverkehr wichtigen Vorteil, daß gleichzeitig mehrere Züge einfahren konnten. Später wurden noch folgende Abschnitte signalisiert:

1918/19: Schusterstraße–Alte Universitätsstraße, Leichhof–Augustinerstraße
1927: Gleisnäherung Bauhofstraße
1928: Kostheim/Post–Kostheim/Mainbrücke (handbetätigt)
1939: Hauptfriedhof–Römersteine–Zahlbach

Für die übrigen Abschnitte galt im allgemeinen „Schildsicherung", d. h., nur der Zug durfte in eine eingleisige Strecke einfahren, dessen Fahrer im Besitz eines Sicherungsschildes war.
Nach dem Zweiten Weltkrieg kamen weitere Abschnitte hinzu, so daß ab 8. 12. 1958 Schildsicherung nur noch bei Ausfällen angewendet wird.

1948: Binger Schlag–Universität
1957: Hauptfriedhof–Römersteine–Zahlbach (Wiederaufbau), Mombach/Turnerstraße –Ortsverwaltung
1958: Augustinerstraße (Karthäuserstraße–Graben), Schillerplatz–Gautor, Rodelberg–Hechtsheim, Lennebergbahnhof–Finthen, Ingelheimer Aue
1961: Brückenplatz–Schloßtor

Zeitgewinn führte 1911 und 1912 zum Einbau der beiden ersten elektrischen Weichenstellvorrichtungen (E-Weichen) am Brückenkopf Mainz (aus Richtung Höfchen und Kaisertor), 1912 außerdem an Ecke Kaiser-Wilhelm-Ring/Boppstraße (Richtung Hbf/Neubrunnenplatz). Zwischen 1925 und 1939

170 Endstelle Weisenau mit dem einzigen „Engländer" (einer einfachen Kreuzungsweiche) im Nachkriegsnetz. Triebwagen 87 hat bereits rangiert und steht abfahrbereit in Richtung Innenstadt (1959).

folgten alle wichtigen und nicht mit Haltestellen verbundenen Abzweigungen, vor allem deshalb, um das Fahrpersonal bei dem zunehmenden Kraftfahrzeugverkehr nicht zu gefährden. Nach dem Zweiten Weltkrieg konnten wegen Materialmangel die Antriebe erst nach Jahren wieder angeschlossen werden. Heute sind alle Abzweigungsweichen über Fahrdrahtkontakt oder Handschalter elektrisch zu stellen. An Weichen waren Ende 1982 in Betrieb:

46 auf der Strecke (davon 9 elektrisch angetrieben und 35 elektrisch beheizt)
31 im Betriebshof einschl. Zufahrt Kreyßigstraße (davon 14 elektrisch angetrieben und 6 elektrisch beheizt)

20. Unfälle

Auch der Mainzer Straßenbahn blieb neben vielen unbedeutenderen Zwischenfällen eine Anzahl größerer Unfälle nicht erspart. Von solchen, die in ihren Auswirkungen schwerer oder im Ablauf etwas ungewöhnlicher waren, soll hier die Rede sein. Bis 1955 – das sei vorweggeschickt – spielten sich alle genannten Vorfälle ohne die Beteiligung von Kraftfahrzeugen ab. Fast immer waren bis dahin Straßenbahnen „unter sich" oder gar ohne Kontrahent.

171 Arg zugerichtet hat die robuste Dampflokomotive den eher zierlichen Triebwagen 27 im Juli 1915. Die Firma Gebr. Gastell nahm den Wagenkasten an Ort und Stelle in Obhut, setzte ihn instand und baute gleichzeitig Plattformverglasungen ein.

172 Der bisher einzige Unfall, bei dem ein Fahrgast schuldlos ums Leben kam: „Umsturz" des Triebwagens 82 am 11. Mai 1933 an der Waggonfabrik. Der sichtbare erste Beiwagen (107) durchbrach den Holzzaun und kam dann zum Stehen. Ganz hinten einer der beiden Daimler-Autoturmwagen.

173 Auf dem belebten Bahnhofsplatz liegt hier Triebwagen 85 nach dem Unfall vom 26. September 1938.

Begonnen hatte es am 8. 9. 1909, als zwei Wagen der Gonsenheimer Linie auf der eingleisigen Strecke am Müllerwäldchen bei leichtem Frühnebel zusammenstießen. Einer der Fahrer hatte die planmäßige Kreuzung nicht abgewartet. Zwei Personen wurden schwer, eine Anzahl leicht verletzt. Der Sachschaden an den Triebwagen 53 und 54 war beträchtlich.

Großer Leichtsinn war Ursache eines Unfalls am 27. 7. 1915, bei dem in der Mombacher Hauptstraße Triebwagen 27 von einer führerlosen Dampflok der Gastellschen Waggonfabrik gerammt und gegen eine Hauswand gedrückt wurde. Zu dem Unfall (10 Verletzte) konnte es kommen, weil der Lokführer – um ein Tor zu schließen – die zunächst langsamfahrende Maschine verließ und sie nicht mehr einholen konnte.

Nichtbeachten der Blocksignale mußte am 1. 6. 1915 und 30. 10. 1916 als Grund festgestellt werden. Beide Male stießen auf der eingleisigen Strecke zwischen Kastel und Kostheim (unübersichtliche, langgezogene Kurve auf der Eisenbahnüberführung) zwei Züge zusammen, wobei im zweiten Fall ein Fahrer tödliche Verletzungen erlitt. Fast an gleicher Stelle hatte sich am 3. 10. 1916 ein Unfall ereignet, als der Fahrer eines von Kostheim kommenden Zuges den im Gleis stehenden pferdebespannten Turmwagen zu spät bemerkte. Infolge von Laubfall schlüpfrig gewordener Schienen über-

bremste er den Zug und stieß gegen den Turmwagen. Beide Monteure wurden herabgeschleudert, einer sofort getötet, der andere schwer verletzt.

Erst ein Unfall am Morgen des 11. 5. 1933 machte wieder Schlagzeilen. Bei einem von Gonsenheim kommenden Drei-Wagen-Zug versagte im etwas abschüssigen Schützenweg die elektrische Bremse, so daß er in der Kurve Ecke Waggonfabrik/Hauptstraße entgleiste. Im dabei umgestürzten Triebwagen 82 wurden eine Schülerin getötet und 15 andere Personen verletzt.

Am 26. 9. 1938 stürzte erneut ein von Bretzenheim kommender Triebwagen nach der Fahrt über die abschüssige Alicenstraße auf dem Bahnhofsplatz um. Drei Schwer- und 15 Leichtverletzte mußten aus dem nur wenig beschädigten Triebwagen 85 geborgen werden. Ursache waren zu hohe Geschwindigkeit und anschließendes Überbremsen des Wagens.

1939 und 1943 ereignete sich eine Serie von Unfällen an einem Ort mit vergleichbaren Ursachen bzw. Folgen: Am Morgen des 13. 10. 1939 verschätzte sich der Fahrer eines nach Kostheim/Siedlung fahrenden Zuges der Linie 8 infolge dichtem Nebel und Verdunkelung am Kasteler Brückenkopf der Rheinbrücke. Er bediente dadurch die E-Weiche nicht für geradeaus, sondern fuhr in die Linksabzweigung Richtung Wiesbaden. Die hierfür zu hohe Geschwindigkeit ließ den Wagen entgleisen und umstürzen.

174 Menschliches Versagen führte bei dichtem Nebel am 20. Februar 1961 zu diesem folgenschweren Zusammenstoß auf der eingleisigen Strecke an den Römersteinen. Der (schuldlose) Wagenführer des von Bretzenheim kommenden Triebwagens 49 wurde dabei schwer verletzt.

Mehrere Fahrgäste wurden verletzt, der Wagen erheblich beschädigt. Am 20. 10. und 29. 12. 1943 entgleisten in der gleichen Kurve zwei im richtigen Gleis befindliche Züge der Linie 6. In beiden Fällen bewahrte ein Mast die Triebwagen vor dem völligen Umstürzen und einem Absturz über die hohe Böschung. Die Ursache beider Unfälle blieb unklar.

Auf dem Mainzer Brückenkopf entgleiste schließlich am Abend des 13. 12. 1944 ein Zug der Linie 7 auf der Fahrt von Kostheim nach Mombach über Höfchen. Hierbei stürzte Triebwagen 47 um, durchbrach ein Geländer und fiel einige Meter tief auf einen Treppenabsatz. Der abgerissene und entgleiste Beiwagen 137 schlug neben dem Triebwagen auf eine der Treppen zur Rheinstraße auf. Als Ursache (sieben Schwer- und 12 Leichtverletzte) erwies sich überhöhte Geschwindigkeit. Beide Fahrzeuge erlitten starke Schäden; Triebwagen 47 wurde beim Einsturz der Halle A am 18. 12. 1944 schließlich vollständig zerstört.

Bereits am 6. 4. 1942 stürzte spätabends ein vollbesetzter E-Wagen auf der Fahrt nach Gonsenheim in der engen Kurve Hattenbergstraße/Eisenbahnüberführung um. Auch hier lag überhöhte Geschwindigkeit vor. Der Unfall-Triebwagen 82 war damit – nur wenige hundert Meter von seiner früheren Unfallstelle – ein zweites Mal betroffen; 13 Fahrgäste wurden verletzt.

Mehrmals machte die eingleisige und unübersichtli-

che Strecke der Linie 8 zwischen Görz-Stiftung und Zahlbach von sich reden: Am 9. 5. 1943 stießen nahe der Kirche zwei Züge (Tw 73/Bw 136 und Tw 79/Bw 118) zusammen. Ein gleicher Unfall ereignete sich am 24. 10. 1950 hier zwischen den Zügen Tw 72/Bw 160 und Tw 84/Bw 131. In beiden Fällen gab es nur Leichtverletzte, jedoch erhebliche Schäden an den Triebwagen. Keine hundert Meter entfernt stießen in der Kurve Römersteine am 16. 1. 1947 bei dichtem Nebel ein einzelfahrender E-Wagen (Wiesbadener Tw 37) mit dem Kurszug (Tw 74/Bw 151) zusammen. Wieder an der gleichen Stelle kam es am 17. 5. 1957 im abendlichen Spitzenverkehr zum Zusammenstoß zwischen zwei Drei-Wagen-Zügen (Tw 93/Bw 141/172 und Tw 87/Bw 171/121), wobei Triebwagen 93 stark beschädigt wurde. Der letzte schwere Unfall dieser Art fand am 20. 2. 1961 achtzig Meter entfernt in Höhe Görz-Stiftung statt. Hier stießen bei dichtem Nebel die Züge Tw 49/Bw 129 und Tw 87/Bw 138 zusammen. Triebwagen 49 erlitt starke Schäden, sein Fahrer wurde schwer verletzt. In allen Fällen lag menschliches Versagen durch Nichtbeachtung der Signalanlage (1943, 1957, 1961) oder durch Einfahrt ohne Sicherungsschild (1947, 1950) vor.

Unangemessene Geschwindigkeit, gepaart mit ausgefahrenen Schienen, waren die Erklärung für eine schwere Entgleisung, die sich an einem stillen Sonntagmorgen (8. 3. 1953) unweit des Wiesbade-

175 Kleine Ursache – große Wirkung: ein Fahrschalterdefekt ließ den Triebwagen eines Drei-Wagen-Zuges der Linie 1 am 29. März 1957 in der Nachmittagsspitze am Höfchen entgleisen und auf das Kellergewölbe des früheren Kaufhauses Lahnstein aufklettern. Es entstand lediglich leichter Sachschaden.

ner Hauptbahnhofes zutrug. Hier geriet Dreiachstriebwagen 98 in der Kurve Mainzer Straße zum Gustav-Stresemann-Ring aus dem Gleis, prallte gegen einen Baum und verhakte sich mit dem eingedrückten Führerstand am Stamm. Nach stundenlangen Bergungsarbeiten (der Baum durfte nicht gefällt werden) gelang es, den vom Umstürzen bedrohten Wagen nach Mainz zu schleppen. Vier Personen wurden verletzt, eine davon schwer.

Drei Unfälle in zwei Monaten setzten 1955 drei der fünf Großraumtriebwagen „außer Gefecht": Am 3. 8. 1955 stieß zunächst Triebwagen 104 mit einem US-Lkw am Bahnwärterhaus 39 zusammen. Acht Verletzte und hoher Sachschaden waren die Folge. „In der Familie" blieb ein Unfall auf der Kostheimer Landstraße am 7. 9. 1955. Hier schleuderte der nach Ginsheim fahrende Omnibus 56 infolge schlüprigem Pflaster gegen den entgegenkommenden Triebwagen 101, wobei 18 Fahrgäste verletzt und beide Fahrzeuge stark beschädigt wurden. Am 23. 9. 1955 forderte schließlich eine Kollision am Bahnhof Kastel zwischen Triebwagen 102 und einem Lkw zehn Verletzte und wieder hohen Sachschaden.

Ohne Folgen, doch nicht weniger spektakulär war 1963 und 1964 das Abrollen je eines Beiwagens von

der Endstelle Bretzenheim bis auf die Bahnhofsbrücke.

Der Zusammenstoß zwischen Gelenktriebwagen 124 und einem Baustofflastzug an der Berliner Siedlung forderte am 29. 6. 1964 einen Schwer- und einige Leichtverletzte; das Fahrzeug mußte bei der DÜWAG wiederhergestellt werden. Dorthin mußten auch die Gelenktriebwagen 229, 239 und 232 nach Unfällen mit Kraftfahrzeugen (kaum Personen-, um so mehr Sachschäden) am 24. 1. 1967 sowie 8. 2. und 11. 6. 1974. Der Zusammenprall mit einer Hafenbahnlok der DB in der Gaßnerallee am 5. 2. 1980 bedeutete für den beteiligten Gelenktriebwagen 232 eine nochmalige Überführung ins Herstellerwerk. Eine „Begegnung" zwischen Lok und Großraumtriebwagen 207 an gleicher Stelle am 28. 3. 1981 führte dagegen zur sofortigen Ausmusterung des Triebwagens. Der bisher letzte schwere Unfall am 29. 7. 1981 an der Kaiserbrücke zwischen Gelenktriebwagen 228 und einem Lkw bedeutete gleichfalls die Verschrottung des Triebwagens. Ein ähnlicher Unfall am 23. 4. 1980 an dieser Stelle hatte zuvor bereits die Ausmusterung des Großraumtriebwagens 206 nach sich gezogen.

IV. Teil: Der Omnibusbetrieb (ab 1927)

1. Die Entwicklung des Omnibus-Liniennetzes bis 1982

Getreu der ursprünglichen Zielsetzung sah das Straßenbahnamt in den Jahren nach 1904 seine Betätigung ausschließlich in der Ausgestaltung des Straßenbahnbetriebes. Die Mitte der zwanziger Jahre vielerorts eingerichteten Omnibuslinien weckten nun auch in der ländlichen Umgebung links und rechts des Rheins Wünsche nach besserer Versorgung. Um der damals sehr agilen Reichspost nicht alleine das Feld zu überlassen, bewarb sich die Stadt um die Konzession für eine Linie ins rheinhessische Hinterland, erhielt sie und richtete ab 1. 3. 1927 ihre erste ständige Omnibuslinie B ein. Sie begann am Höfchen und führte über Hbf−Bretzenheim bzw. Drais−Essenheim−Elsheim−Stadecken nach Nieder-Olm/Bahnhof. Zunächst erfolgten auf der 23,6 km langen Strecke mit einem einzigen Wagen drei Fahrten je Tag und Richtung. Fahrer und Omnibus waren in Nieder-Olm (das eine Abstellhalle zur Verfügung stellte) stationiert.

Um Langenbeckstraße und Philippsschanze entstand nach dem Ersten Weltkrieg ein ausgedehntes Wohngebiet, dessen verkehrliche Versorgung mit der über die Gaugasse zum Krankenhaus führenden Straßenbahnlinie stark zu wünschen übrig ließ. Am 8. 11. 1926 stimmten die Stadtverordneten daher einer innerstädtischen Omnibuslinie vom Münsterplatz über Hauptbahnhof−Linsenberg zum Krankenhaus und weiter bis Ecke Langenbeck-/Obere Zahlbacher Straße mit der Maßgabe zu, „ungeachtet dessen mit aller Energie an der Schaffung einer elektrischen Verbindung weiterzuarbeiten". Nachdem so am 17. 6. 1927 die neue Linie A ihren Dienst aufnahm, stellte sich bald heraus, daß nicht nur ihre Führung ein guter „Wurf" war, sondern daß sich Omnibusse recht gut als Straßenbahn-Ersatz verwenden ließen. Es fiel daher leicht, den Elektrifizierungs-Auftrag (gemeint war eine Strecke über den Linsenberg) zu vergessen. Die weitere Bebauung des Grüngürtels führte bald dazu, die Linie ab 10. 6. 1928 zunächst über An der Philippsschanze bis Ecke Pariser Straße, ab 22. 1. 1930 weiter über An

176 Einer der ersten Omnibusse des Baujahrs 1927. Die Gepäckgallerie auf dem Dach weist auf den vorgedachten Verwendungszweck − Überland- und Marktverkehr − hin. Im Hintergrund die Kaiserbrücke.

der Goldgrube bis Ecke Ebersheimer Weg und ab 22. 2. 1930 schließlich bis Ritterstraße/Ecke Am Rosengarten zu verlängern. Abgesehen von zahlreichen, meist kurzlebigen „Versuchsstrecken" und „-endstellen" blieb es bis in die Kriegszeit bei der Führung Münsterplatz–Ritterstraße.

Auch in Weisenaus „Oberdorf" hatte sich ein neues Wohngebiet entwickelt und die Wege zu der im „Unterdorf" endenden Straßenbahn immer länger werden lassen. Der Wunsch nach einer Anbindung auch des oberen Ortsteils fand – mit Blick auf die für 1. 1. 1930 vorgesehene Eingemeindung – bald Gehör. Ab 6. 6. 1929 wurde daher eine Linie C vom Fischtor über Rhein- und Salvatorstraße bis Ketteler-Siedlung eingerichtet und nach Behebung von Straßenschäden ab 1. 10. 1929 bis Weisenau/Ernst-Ludwig-Straße einerseits und Höfchen andererseits verlängert.

Zu Eingemeindungen kam es am 1. 1. 1930 auch auf der „Mainspitze". Gustavsburg, Bischofsheim und Ginsheim gehörten nun zum Stadtverband. Gustavsburg und Bischofsheim besaßen seit langem Bahnanschluß, das abgelegene Ginsheim berührte ab 8. 1. 1922 eine Omnibuslinie Nauheim/bei Groß-Gerau – Trebur – Astheim – Ginsheim – Gustavsburg–Kostheim. Diese von der in Bauschheim ansässigen „Omnibus-Genossenschaft" betriebene Linie ging in der Inflationszeit allerdings ein, wurde am 15. 5. 1927 aber – jetzt von der Reichspost – wiedereröffnet und bis Groß-Gerau geführt. Von dieser Strecke übernahm die Stadt ab 15. 2. 1930 den Abschnitt Kostheim–Ginsheim als Linie B und verlängerte diese an Markttagen bis Bauschheim. Die Nieder-Olmer Linie B wechselte gleichzeitig ihre Bezeichnung in „N", während Linie A mit „K" (Krankenhaus) und Linie C mit „W" (Weisenau) benannt wurde.

Wie schon die Straßenbahnen, so erhielten ab 10. 1. 1931 auch die Omnibusse bei Dunkelheit farbige Signallampen. Während die linke Lampe immer gelbes Licht zeigen und das Fahrzeug als Omnibus identifizieren sollte, zeigte die rechte für Linie A weißes, für Linie B grünes, für Linie N gelbes und für Linie W rotes Licht. Es scheint, daß dieses System nur kurz Bestand hatte und spätestens mit Abschaffung der Straßenbahn-Signalfarben im Sommer 1935 verschwand.

Parallel zur Wirtschaftskrise ging auch das Verkehrsaufkommen der Linie N, vor allem auf der Endstrecke bis Nieder-Olm, stark zurück, so daß der Verkehr ab 1. 5. 1932 auf den Abschnitt Mainz/Höfchen–Stadecken beschränkt blieb und die Linie seitdem als „S" (Stadecken) lief. Wenig Glück war auch der am 8. 7. 1935 eröffneten Linie H vom Hindenburgplatz über Hindenburg- und Kreyßigstraße zum Straßenbahnamt und weiter zur Ingelheimer Aue beschieden. Sie sollte außerhalb der Spitze zwischen den beiden letzten Punkten die Straßenbahn ersetzen. Die Erwartungen erfüllten sich jedoch nicht recht, so daß sie ab 7. 10. 1935 nur noch zwischen Hindenburgplatz und Straßenbahnamt verkehrte und ab 15. 12. 1935 ganz eingestellt wurde. Auch eine An-

fang 1933 von dem Bauunternehmer Vlasdeck vor allem für die Bewohner seiner Häuser am Lennebergplatz in Gonsenheim eingerichtete und ab 13. 2. 1939 von der Stadt übernommene Linie (Ausgangspunkt statt Kaiserstraße nun Münsterplatz) war nur von kurzer Dauer, denn ab Kriegsbeginn mußte die als „G" bezeichnete Strecke eingestellt werden.

Es verstand sich beinahe von selbst, daß der Omnibusbetrieb mit Eintritt des Krieges durch die prekäre Treibstofflage wesentlich härter getroffen werden würde als der der Straßenbahn. Während die Außenlinien B und S in Anbetracht der Entfernungen einigermaßen glimpflich davonkamen (Linie S mußte trotzdem z. B. vom 12. 2.–15. 3. 1942 ganz eingestellt werden), waren die Fahrpläne der beiden Stadtlinien K und W von einem ständigen Auf und Ab gekennzeichnet. Schon ab 11. 10. 1939 hieß es für Linie W: „Sonntags kein Verkehr!" und ab 15. 6. 1944: „Bis auf weiteres ganz eingestellt!". Ab 26. 10. 1941 ruhte der Betrieb auch der übrigen Omnibuslinien sonntags – und damit offenbar für den Rest des Krieges – ganz allgemein. Die Einstellung der Stadtgaserzeugung nach den Luftangriffen auf das Gaswerk im Oktober 1944 dürfte den planmäßigen Verkehr (sofern noch von einem Plan gesprochen werden konnte) der überwiegend auf die Gaslieferungen angewiesenen Omnibusse weitgehend zum Erliegen gebracht haben. Trotzdem scheint der eingeschränkte Betrieb bis 27. 2. 1945 – dem letzten Einsatztag der Straßenbahn – fortgeführt worden zu sein.

Nach Kriegsende mußte erst die Wiederaufnahme der Gasproduktion abgewartet werden, ehe am 24. 2. 1946 mit zunächst einem Omnibus ein Pendelverkehr vom Hauptbahnhof über Kaiserstraße und die inzwischen fertiggestellte Behelfsbrücke bis Kostheim aufgenommen werden konnte. Bald kam auch wieder die Linie K in Gang: Ab 16. 5. 1946 verkehrte sie zwischen Münsterplatz und Ritterstraße. Mitte Juni 1946 konnte sie über Große Bleiche bis Rheinallee/Ecke Nahestraße verlängert werden, bis sie ab 19. 12. 1946 der Obus ablöste.

Einer weiteren Ausdehnung des Betriebes stand nach wie vor die Treibstoff- und Reifenfrage entgegen. Erst die nach der Währungsreform entspanntere Lage ermöglichte ab 22. 9. 1948 die Wiedereröffnung der Linie S nach Stadecken mit zunächst zwei Hin- und Rückfahrten. Damit war vielen Mainzern geholfen, die nach Rheinhessen evakuiert worden waren, jedoch in der Stadt einer Beschäftigung nachgingen.

Seit 1. 11. 1948 bediente die inzwischen mit „Ko" bezeichnete Kostheimer Linie im Rundkurs auch die seit Kriegsende vom Verkehr abgeschnittene Siedlung über die Route Hochheimer Straße–Steinern Kreuzweg, und ab 12. 12. 1948 verbanden die Omnibusse als Linie „G" durch Verlängerung wieder Gustavsburg, Bischofsheim und Ginsheim mit der Innenstadt.

Die Indienststellung neuer Omnibusse ermöglichte auch die Anbindung der zwischen Kastel und Erbenheim gelegenen Siedlung Fort Biehler durch eine

177 Ein Bild aus dunklen Tagen: MAN-Omnibus 35 mit Gashülle faßt während des Aufenthaltes an der Endstelle Ritterstraße aus der Tanksäule im Hintergrund Niederdruck-Stadtgas. Beigegeben ist ein Anhänger der Reihe 101–102 (1943/44).

178 Aus den Mangeljahren der Nachkriegszeit: Ein „Sport-Berger"-Gasanhänger im Schlepp des Omnibusses 24, der noch ein Rohrgestell auf dem Dach für die (allerdings fehlende) Gashülle trägt (1947).

179 Ein Omnibuszug der Linie Ko (Wagen 24/105) hält zur Kontrolle auf der Mainzer Seite der Behelfsbrücke über den Rhein, der seit Sommer 1945 die Zonengrenze bildet (1947/48).

Linie B. Sie verkehrte ab 17. 2. 1949 zunächst bis Mainz/Hbf, wurde ab 16. 4. 1950 jedoch bis Kastel/Bf zurückgezogen. Ab 19. 4. 1949 nahm eine weitere neue Linie – „D" – nach dem früher von Linie S mitbedienten Ort Drais ihren Betrieb vom Münsterplatz über die Saarstraße und Finthen auf. Inzwischen gelangte die Stadt in den Besitz der Konzession, um die Linie S über Stadecken hinaus verlängern zu können. Ab 15. 6. 1949 verkehrten daher die Omnibusse über Jugenheim–Partenheim–Wolfsheim–St. Johann bis nach Sprendlingen. Zwischen den beiden letzten Orten lief damals noch eine Straßenbahnlinie 2 der Städt. Betriebs- und Verkehrs-Gesellschaft Bad Kreuznach, so daß ein Übergang nach dort möglich war.

Das drei Kilometer südlich Weisenau gelegene Laubenheim bemühte sich schon seit 1908 um eine Verlängerung der in Weisenau endenden Straßenbahn, die aus mancherlei Gründen nicht zustandekam. In den dreißiger Jahren verkehrten zwar an schönen Sommersonntagen Einsatzomnibusse von Weisenau/Straßenbahn-Endstelle bis Laubenheim/Marktplatz zu einem Sondertarif; zu einem regelmäßigen Verkehr kam es aber nie. Erst am 1. 8. 1949 konnte man zwischen beiden Punkten einen ständigen Betrieb als Linie L eröffnen. Bereits am 31. 10. 1949 erfolgte stadtseitig eine Verlängerung über die Hohlstraße mit Schleifenfahrt über die Ernst-Ludwig-Straße in Weisenau und weiter bis Ritterstraße, wo mit dem Obus Anschluß zur Innenstadt bestand.

Mit Einführung des durchgehenden Straßenbahnbetriebes nach Kostheim und Kostheim/Siedlung ab 16. 4. 1950 blieb die Linie G auf den Abschnitt Ginsheim–Kostheim–Kostheim/Siedlung beschränkt. Bald zeigte sich, daß die Endstrecke zur Siedlung wenig in Anspruch genommen wurde, so daß die Wagen ab Mitte August 1950 in Alt-Kostheim endeten.

Ab 1. 6. 1950 kam auch die gegen Kriegsbeginn eingestellte Linie G unter dem Signal „Go" wieder zum Einsatz. Sie verkehrte wie früher vom Münsterplatz über Saarstraße und Mainzer Straße nach Gonsenheim/Lennebergplatz. Am 25. 9. 1950 verlängerte man sie unter Einbeziehung des Hauptbahnhofs über Höfchen–Ritterstraße nach Weisenau/Ernst-Ludwig-Straße und nannte sie in „15" um. Laubenheim erhielt jetzt eine direkte Führung seiner Linie über Weisenauer- und Rheinstraße zum Höfchen (Gutenbergplatz) und ab 2. 11. 1950 bis Schusterstraße.

Damit war das vor dem Krieg betriebene Liniennetz nach mehr als fünf Jahren wieder komplett. Neue Verbindungen nach Sprendlingen, Fort Biehler und Laubenheim waren hinzugekommen. Bescheiden nahm sich indessen immer noch der Wagenpark aus: ganze 15 Omnibusse und 3 Anhänger – überwiegend „Veteranen" – standen im Herbst 1950 für die sechs Linien (B, D, G, L, S und 15) zur Verfügung.

Bald kamen neue Wünsche aus verschiedenen Stadtbezirken, so daß man sich zur probeweisen Eröffnung zweier Linien ab 15. 10. 1951 entschloß:

19: Waggonfabrik–Mombach/Suderstraße (Lange Leine)
20: Münsterplatz–Krankenhaus–Oppelner Straße (Schlesisches Viertel)

Obwohl nur werktags zu den Spitzenzeiten eingesetzt, zeigte sich bald, daß Nachfrage und Angebot in keinem rechten Verhältnis zueinander standen, so daß beide Linien ab 1. 12. 1951 wieder eingestellt wurden.

Die Eröffnung der Gonsenheimer Obuslinie ab 12. 4. 1953 bedingte die Stillegung der Linie 15 zwischen Jugendwerk und Gonsenheim/Lennebergplatz. Zwischen Höfchen und Jugendwerk fuhren die Omnibusse nur noch werktags zu den Spitzenzeiten, während sonntags Betrieb nur zwischen Weisenau und Höfchen bestand.

Ebenfalls am 12. 4. 1953 verlegte die Ginsheimer Linie – seit Oktober 1951 in „17" umbenannt – ihren Endpunkt nach Mainz/Rheinstraße (Zeughaus). Damit entfiel endlich das Umsteigen in Kostheim. Auch die Laubenheimer Linie – seit Oktober 1951 mit „16" bezeichnet – erhielt einen neuen Endpunkt und erwartete ab 1. 5. 1954 ihre Fahrgäste am Petersplatz inmitten weiter Trümmerflächen ...

Inzwischen zeigte sich die Bundesbahn – wie vordem die Reichspost – bemüht, Strecken mit Über-

180 Büssing-Omnibus 54 – einer der ersten, für Mainz gelieferten „Trambusse" mit der auf Kundenwunsch geänderten Bugpartie im Einsatz auf der Linie 15 (Gonsenheim–Weisenau) in Gonsenheim, Budenheimer/ Ecke Kapellenstraße (um 1952).

landcharakter ihrem Bahnbusnetz einzuverleiben. Sie hatte es dabei insbesondere auf die 1949 eröffnete Verlängerung Stadecken–Sprendlingen der Linie S abgesehen, für die die Stadt nur eine Konzession bis 1954 besaß. Im Laufe der Verhandlungen verzichtete die Stadt schließlich auf eine neue Konzession, so daß Bahnbusse ab 22. 5. 1955 über Nieder-Olm die Orte zwischen Stadecken und Sprendlingen bedienten. Für die Stadt blieb als Reststrecke jene vom Münsterplatz nach Essenheim – jetzt als Linie E bezeichnet. Durch diese Übertragung bestand zwischen Essenheim–Elsheim–Stadecken keine Verbindung mehr, eine für die betroffenen Gemeinden untragbare Situation. Daher und auch wegen ungenügender Auslastung

der Wagen entschloß man sich, auch die Reststrecke an die Bundesbahn abzutreten. Diese übernahm sie ab 4. 12. 1955 im Rahmen ihrer bestehenden Linie Mainz–Sprendlingen–Bad Kreuznach.

1955 begann nicht nur die zehn Jahre dauernde Umstellung der Mehrzahl der Straßenbahnstrecken, es setzte auch verstärkt eine Bautätigkeit in den Außenbezirken ein, die zahlreiche neue Linienführungen und Änderungen nach sich zog. Hinzu kam, daß die 1969 erfolgten Eingemeindungen (Drais, Ebersheim, Finthen, Hechtsheim, Laubenheim, Marienborn) weitere Verkehrsbeziehungen erzeugten. Die wichtigeren, bis Ende 1982 eingetretenen Veränderungen erscheinen nachstehend in knapper chronologischer Folge.

ab	Linie	
1. 5. 1955	6	(neu) Mainz/Hbf–Wiesbaden/Hauptpost (ex SL 6)
1. 5. 1955	9	(neu) Mainz/Brückenplatz–Biebrich–Schierstein (ex SL 9)
1. 9. 1955	15	jetzt: Wichernstraße (Sonntagvormittag Weisenau/Schillerstraße)–Ritterstraße–Höfchen–Hindenburgplatz–Bismarckplatz–Waggonfabrik–Mombach/Lange Leine
1. 9. 1955	16	Endstelle jetzt Höfchen/Gutenbergplatz
1. 9. 1955	19	(neu) Hbf–Universität–Jugendwerk (ex Oml 15)
5. 9. 1955	18	über Fort Biehler zeitweise bis Erbenheim/Flugplatz verlängert
15. 6. 1956	8	(neu) Hbf–Bretzenheim (ex SL 8)
15. 6. 1956	D	umbenannt in 20
15. 6. 1956	24	(neu) Münsterplatz–Hbf–Unikliniken–Landwehrweg
12. 5. 1957	8	eingestellt; ersetzt durch SL 8
1. 9. 1958	13	(neu) Kostheim/Siedlung–Kastel/Bf–Brückenplatz (ex SL 7)
1. 9. 1958	14	(neu) Kostheim/Winterstraße–Kastel/Bf–Kaisertor (ex SL 2, nur werktags zur HVZ)
1. 9. 1958	19	jetzt: Kostheim/Winterstraße–Kastel/Bf–Höfchen–Hbf–Universität–Jugendwerk (ex SL 11)
1. 12. 1958	14	über Kaisertor bis Hbf verlängert
7. 6. 1960	22/23	teilweise von Obus- auf Omnibusbetrieb umgestellt
7. 6. 1960	24	jetzt: Straßenbahnamt–Kaisertor–Hbf–Unikliniken–Landwehrweg (nur mo–fr, HVZ)
1. 7. 1960	25	(neu) Mombach/Ortsverwaltung–Mombach/Waldfriedhof (vorher unständig)
23. 7. 1962	19	Endstelle jetzt Hartenberg statt Jugendwerk
1. 9. 1962	14	ersatzlos eingestellt
1. 9. 1962	24	ersatzlos eingestellt
28. 10. 1963	1	(neu) Weisenau/Tanzplatz–Höfchen–Hbf–Bismarckplatz–Waggonfabrik–Mombach/Am Lemmchen (Karlsstraße); Sonntagvormittag bis/ab Laubenheim (ex SL 1 und 7)
28. 10. 1963	9	jetzt: Mainz/Hbf–Große Bleiche–Brückenplatz–Biebrich–Schierstein
28. 10. 1963	13	jetzt: Kostheim/Siedlung–Kastel/Bf–Brückenplatz–Höfchen–Hbf–Münchfeld
28. 10. 1963	15	Endstelle jetzt Mombach/Am Polygon (Kreuzstraße)
28. 10. 1963	22/23	vollständig von Obus- auf Omnibusbetrieb umgestellt
12. 10. 1964	9	in Richtung Mainz/Hbf über Kaisertor statt Große Bleiche
19. 10. 1964	15	Endstelle jetzt Martin-Luther-Straße statt Wichernstraße
5. 11. 1964	16	Endstelle jetzt Schillerplatz statt Höfchen/Gutenbergplatz
23. 11. 1964	22/23	jetzt über Hbf statt Binger Straße–Münsterplatz
2. 8. 1965	15	über Martin-Luther-Straße bis Großberg verlängert
1. 11. 1965	7	(neu) Ingelheimer Aue (nur HVZ)–Straßenbahnamt–Kaisertor–Brückenplatz–Höfchen–Schillerplatz (ex SL 7)
1. 11. 1965	1	im Spätverkehr bis Laubenheim
13. 2. 1967	7	über Schillerplatz–Hbf–Universität–Münchfeld verlängert (ex Oml 13)
13. 2. 1967	13	jetzt: Kostheim/Siedlung–Kastel/Bf–Brückenplatz–Höfchen–Hbf–Hauptfriedhof–Zahlbach–Bretzenheim West (Bergstraße)

13. 2. 1967	21	(neu) Ritterstraße–Unikliniken–Hbf–Münsterplatz–Große Bleiche–Kaisertor–Straßenbahnamt–(werktags) Schiersteiner Brücke (ex Obuslinie 21)
18. 9. 1967	20	eingestellt (Mainz/Münsterplatz–Finthen–Drais)
18. 9. 1967	16	über Schillerplatz–Hbf–Finthen–Drais–Lerchenberg verlängert
5. 8. 1968	13	von Kostheim/Siedlung über Hallgarter Straße bis Kostheim/Hauptstraße (Mainbrücke), in Bretzenheim von Bergstraße nach Bretzenheim Süd/H.-Böckler-Str. verlängert
5. 8. 1968	15	von Großberg bis Weisenau/Weberstraße–Friedr.-Ebert-Straße verlängert
5. 8. 1968	17	statt über Kastel/Bf–Philippsring über Ludwigsplatz–In der Witz
5. 8. 1968	21	Endstelle jetzt Martin-Luther-Straße statt Ritterstraße
5. 8. 1968	22/23	in 22 umbenannt
1. 1. 1969	15	Endstelle Mombach/Am Polygon jetzt im Westring (Schleife)
1. 1. 1969	16	nicht mehr über Finthen
1. 1. 1969	20	(neu) Schillerplatz–Hbf–Universität–(Drais)–Finthen/Th.-Heuss-Str.
19. 5. 1969	13	statt über Hauptfriedhof–Zahlbach über Universität–Albert-Schweitzer-Str.
20. 7. 1969	6	statt Wiesbaden/Rhein-Main-Halle (Hauptpost) jetzt Platz d. dt. Einheit
20. 7. 1969	9	statt Amöneburg/Kasteler Straße jetzt über Dyckerhoffstraße
4. 8. 1969	12	(neu) Hbf–Unikliniken–Hechtsheim–Ebersheim–(Zornheim); Übernahme einer Privatlinie; bis Ebersheim Gemeinschaftsverkehr mit Fa. Nauth
4. 8. 1969	13	von Bretzenheim Süd bis Marienborn verlängert (Benutzung der Bahnbusse zwischen Mainz/Hbf und Marienborn zusätzlich möglich)
20. 10. 1969	16	jetzt: Laubenheim–Hbf–Drais–Finthen/Th.-Heuss-Str.
20. 10. 1969	17	über Brückenplatz–Höfchen–Hbf–Drais bis Lerchenberg verlängert
20. 10. 1969	18	von Fort Biehler bis Erbenheim/Bf verlängert; Gemeinschaftsverkehr mit Wiesbaden
20. 10. 1969	19	statt über Kostheim/Rampe über Hochheimer Str.–Hallgarter Str. nach Kostheim/Winterstr.
20. 10. 1969	20	eingestellt (Ersatz durch Oml 16)
20. 4. 1970	1	in Mombach jetzt bis Am Schwermer
27. 4. 1970	21	in R. Hbf statt über An der Philippsschanze–Langenbeckstraße über Fichteplatz–Robert-Koch-Straße–Am Römerlager–Linsenberg (Linie 22 mit
	22	zusätzlicher Schleife über Landwehrweg–Obere Zahlbacher Str.)
9. 8. 1970	7	in R. Hbf über Am Gonsenheimer Spieß
25. 8. 1970	17	Endstelle Ginsheim jetzt am Festplatz
16. 11. 1970	16	in Laubenheim in beiden Richtungen über Dammweg
8. 1. 1971	6	jetzt: Landwehrweg–Unikliniken–Hbf–Wiesbaden Hbf–Sonnenberg–Rambach
8. 1. 1971	22	Endstelle Weisenau jetzt Paul-Gerhardt-Weg; in R. Gonsenheim über Fichteplatz–Robert-Koch-Straße–Am Römerlager–Linsenberg (Schleife Landwehrweg entfallen)
28. 1. 1971	13	R. Hbf in Bretzenheim jetzt statt An der Oberpforte–Wilhelmstraße–Steinbiedengasse über Am Ostergraben–Gänsmarkt–An der Wied
5. 4. 1971	16	in Laubenheim Rundkurs: Dammweg–Riedweg–Wormser Str.–Ludwigstraße–Marktplatz–Mainzer Straße
28. 4. 1971	22	R. Lennebergplatz jetzt statt Hauptstraße–Klosterstraße über Grabenstraße
15. 5. 1971	A	Ausflugslinie Kapellenstraße–Schloß Waldthausen
1. 7. 1971	12	Übergang der Konzession auf Stadtwerke; Ausdehnung des Betriebs bis Zornheim
1. 10. 1971	A	eingestellt
1. 10. 1971	12	zeitweiser Betrieb bis Hechtsheim/Am Schinnergraben (Übergang auf SL 11)
29. 11. 1971	6	wieder Mainz/Landwehrweg–Wiesbaden/Platz d. dt. Einheit (Verlängerung nach Sonnenberg–Rambach eingestellt)
29. 11. 1971	17	in Bischofsheim statt Rheinstraße über Ringstraße
24. 5. 1972		6, 12, 21, 22 R. Unikliniken über Stadtkerntangente
28. 5. 1972	16	von Finthen/Th.-Heuß-Str. bis Wackernheim/Schillerstraße verlängert
28. 5. 1972	25	Endstelle statt Mombach/Ortsverwaltung jetzt Mombach/Am Schwermer
28. 5. 1972		Verbund mit DB auf Linie Mainz/Hbf–Budenheim bis Mombach/Ortsverwaltung bzw. Waldgaststätte Lenneberg ausgedehnt (Anerkennung der Stadtwerke-Fahrausweise)
1. 8. 1972		6, 12, 21, 22 R. Hbf statt Linsenberg über Augustusstraße–Alicenstraße (Busspur)

15. 2. 1973	13	ab Kastel/Bf über Philippsring–Hochheimer Str.–Hallgarter Str.–Eichenstr.–Steinern Kreuzweg (Kiefernstraße)
15. 2. 1973	19	ab Kastel/Bf über Kloberstr.–Steinern Str.–Uthmannstr.–Hallgarter Str.–Kostheim/Winterstr.
1. 5. 1974	6	Mainz/Hbf–Große Bleiche–Wiesbaden/Platz d. dt. Einheit (Rückweg über Kaisertor)
1. 5. 1974	9	in beiden Richtungen über Kaiserstraße (Endstelle jetzt Kaiser-/Ecke Parcusstr.)
1. 5. 1974	23	(neu) Landwehrweg–Unikliniken–Hbf–Höfchen–Hindenburgplatz–Bismarckplatz–Gonsenheim/Wildpark
1. 6. 1974	13	in Marienborn in R. Hbf über Am Sonnigen Hang
29. 9. 1974		1, 7, 13, 15, 17, 19 statt Markt–Liebfrauenplatz–Fischtorstr. über Quintinsstr.
29. 9. 1974	1	in Mombach bis Waldfriedhof und über Weisenau bis Laubenheim verlängert
29. 9. 1974	14	(neu) Schillerplatz–Hbf–Universität–Bretzenheim Süd (nur werktags zur HVZ; nachmittags bis Marienborn)
29. 9. 1974	13	in Kostheim jetzt bis Winter- statt Kiefernstr.
29. 9. 1974	16	nur noch Schillerplatz–(Drais)–Finthen–Wackernheim
29. 9. 1974	19	in Kostheim jetzt bis Kiefern- statt Winterstr.
29. 9. 1974	17	in Kastel jetzt über Bf–Philippsring statt Ludwigsplatz–In der Witz
29. 9. 1974	25	eingestellt
28. 9. 1975	15	im Spät- und Sonntagfrühverkehr über Mombach/Am Polygon bis Gonsenheim/Wildpark verlängert (ersetzt Oml 23)
28. 9. 1975	21	im Spät- und Sonntagsverkehr über Rheinstraße–Quintinsstraße–Schusterstraße–Flachsmarktstraße–Große Bleiche und weiter bis Martin-Luther-Str. (ersetzt zeitweise eingestellte Oml 7)
28. 9. 1975	22	im Spät- und Sonntagsverkehr über Kantstr.–Hegelstr.–Dijonstr. (ersetzt zeitweise eingestellte Oml 7)
15. 3. 1976	1	über Am Fatzerbrünnchen direkt nach Mombach/Waldfriedhof
10. 5. 1976	12	in Ebersheim über Dresdner Str.
27. 9. 1976	14	zwischen Bretzenheim Süd und Marienborn eingestellt
1. 6. 1977	24	(neu) Marienborn–Lerchenberg (Spät- und Sonntagsverkehr durch Oml 13)
6. 6. 1977	23	in Gonsenheim/Wildpark Schleifenfahrt über Elsa-Brandström-Str.
2. 10. 1977	14	Linienanfang jetzt Höfchen statt Schillerplatz (Gegenrichtung bleibt)
2. 10. 1977	19	in Kostheim Schleifenfahrt über Gartenweg
1. 4. 1978	15/23	in R. Mombach bzw. Gonsenheim über Barbarossaring statt Kreyßigstr.
13. 7. 1978	16	jetzt: Südbahnhof–Holzhofstr.–Weißliliengasse–Schillerplatz–Hbf–Universität–(Drais)–Finthen–Wackernheim/Rathausplatz
8. 8. 1978	15/23	in R. Mombach bzw. Gonsenheim jetzt über Josefstraße–Rheinallee–Nahestraße
1. 10. 1978	24	ersatzlos eingestellt
2. 10. 1978	18	von Kastel/Bf über Steinern Str.–Uthmannstr.–Hallgarter Str. bis Kostheim/Winterstr. als ESWE-Linie verlängert; Strecke Erbenheim/Bf–Kastel/Bf weiterhin im Gemeinschaftsbetrieb
31. 10. 1978	13/14	in R. Bretzenheim Süd jetzt über Ulrichstr. statt An der Wied–Gänsmarkt
2. 1. 1979	1	in Laubenheim in zwei Äste gegabelt: Dammweg–Rheintalstr.–Am Leitgraben–Riedweg (Endstelle)–Schubertstr.–Dammweg und Oppenheimer Str.–Parkstr.–Hans-Zöller-Str. (Endstelle)–Oppenheimer Str.
27. 5. 1979	18	umbenannt in 28
3. 3. 1980	15	ab Weisenau Rückfahrt über Friedr.-Ebert-Str.–Heiligkreuzweg–Max-Hufschmidt-Str.
31. 7. 1980	17	in Gustavsburg über Friedhof statt Am Kupferwerk
14. 11. 1980		Sonderlinien zum Besuch von Papst Johannes Paul II.
26. 10. 1981	16	in Drais Schleife über Forsthausstr. entfallen
26. 10. 1981	17	in Drais werktags zeitweise über Carl-Zuckmayer-Str.; Führung über Forsthausstr. entfallen
8. 1. 1982	21/22	statt über Jägerstr. über An der Goldgrube–Freiligrathstr.–Am Fort Elisabeth bzw. An der Phlippsschanze–An der Goldgrube–Am Stiftswingert

2. Der Omnibus-Wagenpark

Die Kurzlebigkeit der Omnibusse bringt es mit sich, daß seit 1927 eine Vielzahl von Typen in Dienst gestellt wurden. Anfangs bevorzugte man MAN-Omnibusse, überwiegend mit Aufbauten von Westwaggon/Gebr. Gastell versehen. Ihre Ausstattung konnte bis 1940 als „gediegen" bezeichnet werden: weiche Lederpolster, Vorhänge, Schiebedächer und Dachrandverglasungen wiesen darauf hin, daß neben dem Linien- der Gelegenheitsverkehr das „zweite Bein" darstellte.

Begonnen hatte es mit sechs Benzin-Omnibussen (1–6), die 1927/28 mit Klapptüren und teils Dachgepäckträgern von MAN/Gastell geliefert wurden. 1928 kam ein etwas kleinerer Wagen – ein DAAG – hinzu. Ebenfalls von Gastell karossiert, befriedigte das zunächst mit „11", dann „21" bezeichnete Fahrzeug nicht recht und wurde bald abgegeben. Vor allem für die Ginsheimer und Weisenauer Linie waren die 1929/30 beschafften MAN/Gastell-Wagen 7–15 mit Niederrahmenfahrgestellen und Benzinmotoren gedacht. Ihre Heckplattform bestuhlte man für Sonderfahrten; andererseits erhielt Wagen 8 im vorderen Teil Längsbänke für den Einsatz im Marktverkehr. 1934 erschienen erstmals zwei Omnibusse mit Dieselmotoren (16, 17), die – von MAN/Gastell hergestellt – verhältnismäßig lange (bis 1953 bzw. 1956) im Bestand und während des Krieges von einer Umrüstung auf Gas verschont blieben. Mehr für Gelegenheitsverkehr gedacht war ein kleiner Opel-Blitz-Omnibus 20 mit 3,5-Liter-Benzinmotor und „Aero-Leichtaufbau" der Gebr. Ludewig/Essen. Als einer der wenigen verkehrte er ab 1942/43 mit einem Gasanhänger, ging 1944 bei einem Angriff allerdings verloren. Recht ähnlich waren sich je zwei Daimler-Benz- und MAN-Omnibusse mit Gastell-Aufbauten (18, 19 und 22, 23), die 1936/37 in Dienst kamen und als erste fabrikneue Wagen zweifarbig lackiert waren.

Wie andere Betriebe hatte auch Mainz in der zweiten Hälfte der dreißiger Jahre Omnibusse mit Fahrern an die Westwall-Baustellen im Saargebiet zur Arbeiterbeförderung abzustellen. Die Wartung dieser Fahrzeuge erfolgte in einer Reichspost-Werkstätte in Saarbrücken.

Auf die mit Kriegsbeginn einsetzenden Schwierigkeiten bei der Treibstoffbeschaffung mußte das Unternehmen schnell reagieren. Schon im Dezember 1939 erfolgte die Umstellung der ersten Omnibusse auf in zwei Stahlflaschen mitzuführendes Flüssiggas („Leunagas"). Bevorzugt umgerüstet hatte man die noch mit Benzinmotoren ausgestatteten Wagen der Reihe 7–15, die (auch infolge Alter) einen hohen Kraftstoffverbrauch aufwiesen.

Kurz vor Kriegsbeginn gelang es noch, acht MAN-Fahrgestelle vom Typ MP mit Dieselmotoren zu beziehen, für die Kässbohrer/Ulm 1939/40 Aufbauten herstellte. Hierzu waren die Fahrgestelle mit eigener Kraft nach Ulm zu überführen. Noch in dieser Zeit war es möglich, alle Wagen mit Schiebedächern und Dachrandverglasungen, also in Sonderausstattung,

zu erhalten. Beides blieb jedoch bald unter den Gashüllen verborgen, und die den Krieg überstehenden Wagen 24, 25 und 34 verkehrten später ohne diese Extras.

Steigende Beförderungszahlen und Personalmangel zwangen ab September 1941 dazu, die ersten Anhänger (101, 102) in Dienst zu stellen und auf der Ginsheimer Linie einzusetzen. 1943 kamen noch drei Exemplare (103–105) hinzu, so daß auch Linie K zur Ritterstraße ausgestattet werden konnte. Fünf weitere Anhänger (106–110) rundeten im Sommer 1944 den Bestand ab. Diese letzten Vertreter gehörten – obwohl von verschiedenen Herstellern – einem in großen Stückzahlen und einfachster Ausstattung gefertigten Einheitstyp an. Außenverkleidungen aus Hartfaserplatten und spärlich gepolsterte oder gar hölzerne Sitze wiesen auf die inzwischen eingetretenen Mangelerscheinungen nur zu deutlich hin. Von diesen Anhängern kamen nach dem Krieg nur drei (105, 108, 110) wieder in Dienst; die kurzzeitige Wiederverwendung eines vierten (103) und sein endgültiger Verbleib blieben unklar.

Schon wenige Monate nach Anlieferung fielen die beiden Anhänger 107 und 109 im September 1944 im Betriebshof einem Angriff zum Opfer. Die Sorge um die Sicherung des übrigen Wagenparks führte damals dazu, in der ländlichen Umgebung Ausweichlager anzulegen. In Wallertheim/Rheinhessen fanden so unter anderem drei Anhänger (vermutlich 101, 102, 104) Unterstand. Wenn sie auch hier kein Opfer des Luftkrieges wurden, so ereilte sie das Schicksal am 20. 3. 1945 per Requirierung durch die Amerikaner, die offenbar großen Gefallen an ihnen fanden und sie kurzerhand mitnahmen. Wie sie dabei das Problem des Ankuppelns der ausschließlich mit der „Uerdinger Kugelkopfkupplung" ausgestatteten Anhänger lösten, wird wohl ihr Geheimnis bleiben ... Einer dieser drei Wagen fand sich 1946 bei einem Omnibus-Unternehmer in Groß-Zimmern bei Dieburg, dem der Regierungspräsident in Darmstadt im August 1945 das Fahrzeug trotz eindeutiger Aufschriften als „herrenloses Gut" zuwies. Durch regulären Verkauf ging der Anhänger 1950 auch formell in dessen Eigentum über.

Einheitsanhänger 106 erhielt im Sommer 1944 (wahrscheinlich, ohne zuvor im Linienverkehr gefahren zu sein) Einbauten (Speiseraum, Küche mit Gasherd und Spülbecken), um ihn als Verpflegungswagen einsetzen zu können. Als Zugwagen stand der gleichzeitig zu einem „Stabswagen" für den Wehrkreisbeauftragten des Wehrkreises XII a umgebaute Omnibus 22 zur Verfügung. Dessen Einrichtung umfaßte neben Vorraum und Besprechungsraum zwei Fernsprechzellen und 220-Volt-Anschluß.

Dieser Zug mußte im Sommer 1944 auf Befehl der Wehrmacht nach Königstein/Taunus verlegt werden, um für den Katastropheneinsatz in Frankfurt/Main schnell zur Stelle zu sein. Er fand Aufnahme in einer dort von der Reichspost gemieteten Garage, kam mit großer Sicherheit jedoch nicht in der vorgesehenen Weise nicht zum Einsatz. Nach dem Einrücken der Ame-

181 Recht modern wirkte dieser MAN/Gastell-Omnibus bei seiner Ablieferung im September 1937. Dachrandverglasung und Schiebedach machten ihn für Ausflugsfahrten besonders geeignet.

rikaner soll der Omnibus von holländischen Kriegsgefangenen entwendet und wohl zur Rückkehr in ihre Heimat benutzt worden sein, während die Amerikaner sich des Anhängers bemächtigt haben sollen. Seither sind beide Fahrzeuge verschollen.

Die neben Flüssiggas zunächst zweite Ersatz-Treibstoffart „Generatorgas" (auch „Holzgas" genannt) blieb den Stadtwerken weitgehend erspart. Nur einer der 1942 von Gräf & Stift/Wien bezogenen Omnibusse – Wagen 36 – verfügte über eine Generatoranlage, die mit viel Geschick und noch mehr Geduld und Ausdauer („Wer nie sein Brot mit Tränen aß, der fahre Generatorgas!") bedient werden mußte und zum Nachweis der Befähigung einen „Generatorschein" voraussetzte. Für den Betrieb der Ginsheimer Linie hatte zuvor allerdings die Reichsbahn einen anderen Gräf-&-Stift-Omnibus mit Generatoranlage mietweise zur Verfügung gestellt, ihn später aber wieder zurückgezogen.

Die nächste Maßnahme gegen den Mangel an flüssigem Treibstoff (auch Flüssiggas blieb beschränkt) bestand in der Umstellung auf unverdichtetes Stadtgas („Niederdruckgas", später auch als „Permagas" bezeichnet), das gleiche also, das in den Haushalten zum Kochen diente. Eiligst hatten zuvor Gastankstellen im Depot, am Gutenberg- und Münsterplatz, in Ginsheim, Kostheim, Weisenau, Bretzenheim und Gonsenheim, dann in der Rheinallee/Höhe Nahestraße eingerichtet werden müssen, die äußerlich Fernsprech-Verteilerkästen glichen und aus denen das Gas mit dicken Schläuchen in die Omnibus-

se gepumpt wurde. Auf den Wagendächern fanden sich unter einer Rohr- oder Sperrholzkonstruktion große Gashüllen mit etwa 19,5 cbm Inhalt. Der Nachteil des Systems bestand im geringen Aktionsradius solcher Fahrzeuge, denn eine Füllung reichte im allgemeinen für eine Strecke von etwa 12 Kilometern. Damit blieb der Einsatz meist auf die Linien B, K und W beschränkt. Etwa 15 Omnibusse wurden ab Dezember 1942 umgerüstet; der Rest mußte bei Dieselkraftstoff oder Flüssiggas bleiben, da nicht nur die Überlandlinie nach Stadecken zu betreiben war, sondern auch ständig Sonderverkehr für Wehrmacht, Nachbarschaftshilfe in anderen Städten (z. B. Wuppertal!) anläßlich von Evakuierungen Ausgebombter usw. auszuführen war.

Von der Möglichkeit, Gas auch in besonderen, leichten einachsigen und Wohnwagen ähnlichen Anhängern aus einer Sperrholzkonstruktion mitzuführen, machte man während des Krieges kaum Gebrauch. Erwiesen blieb der Einsatz nur hinter zwei Omnibussen, obwohl wahrscheinlich vier Anhänger eines Einheitstyps der Firma Sport-Berger/Dachau vorhanden waren.

Besaßen die 1942 beschafften Gräf-&-Stift-Wagen noch eine recht friedensmäßige Ausstattung, so traf dies auf die 1943/44 gelieferten und sofort für Niederdruckgas ausgerüsteten Büssing-Omnibusse 39–41 kaum mehr zu. Besonders der Ende August 1944 als letztes Fahrzeug vor Kriegsende in Dienst gestellte Wagen 41 mit seinem Kässbohrer-Aufbau erschien in stark „entfeinerter" Aufmachung. Er blieb allerdings nur kurz im Bestand, da er bei einem Angriff im Oktober 1944 verbrannte. Mit diesen Büssing-Omnibussen nannte man andererseits erstmals „modern" aussehende Wagen in Frontlenkerbauart ohne den bis dahin üblichen Haubenmotor sein eigen. Jetzt befand sich der Motor unmittelbar rechts neben dem Fahrer im Fahrgastraum und entwickelte bei minimaler Abkapselung nicht wenig Lärm.

Von den allgemein üblichen Abgaben von Omnibussen nach dem „Reichsleistungsgesetz" blieben die Stadtwerke während des Krieges weitgehend verschont. Wahrscheinlich mußten nur zwei Omnibusse (7 und 28; letzterer fast fabrikneu) 1941 bzw. 1940 an die Wehrmacht abgegeben werden. Der Weg des Wagens 28 führte bis nach Rußland, wo man unter der Tarnfarbe das Mainzer Wappen wiedererkannte.

Nach Kriegsende bestand die vordringlichste Aufgabe zunächst in der Sicherung der noch vorhandenen und im Einsammeln der verstreut stehenden Fahrzeuge. Dabei ergab sich – neben den erwähnten Fällen – folgendes Bild:

Die schon früher außer Betrieb gesetzten und in Wallertheim untergebrachten Omnibusse 12 und 13 mußte die Reichsbahn auf Befehl der Amerikaner am 5. 5. 1945 dort abholen und in ihrem Kraftwagenbetriebswerk (Kbw) in Mainz sicherstellen. Ihre Freigabe erfolgte erst im April 1946. Zwei ebenfalls in Wallertheim untergestellte Fahrgestelle ausgebrannter Omnibusse blieben unbehelligt und konnten später selbst zurückgeführt werden. Der (wohl Anfang 1944) zum Behelfs-Lkw umgebaute Omnibus 16 war 1944/45 für den „Güternahverkehr Münster" (eine dem Reichsverkehrsministerium angegliederte Stelle) im dortigen Raum gefahren. Er fand sich in Westereiden bei Lippstadt/Westf. und konnte im Sommer 1945 zurückgeholt werden. Da seine Herrichtung für den Personenverkehr nicht zu denken war, diente er in der Aufbauphase auch hier als Behelfs-Lkw. Die leeren Fensterhöhlen machten ihn vor allem für Transporte von Fahrleitungsmasten unentbehrlich, die vielerorts erneuert werden mußten. Erst 1949 erfolgte seine Wiedereingliederung in den Personenverkehr.

Im Taunus soll Omnibus 17 aufgefunden worden sein. Er überstand diesen „Ausflug" einigermaßen unbeschädigt und kam als einer der ersten wieder in Betrieb. Ein anderer, nicht näher identifizierter Omnibus konnte nahe dem Wasserwerk Hof Schönau bei Rüsselsheim ausfindig gemacht und schon im Juni 1945 zurückgeholt werden.

Erfolglos blieben die Recherchen nach dem Verbleib des Omnibusses 19, der im März 1945 – schon nach Sprengung der Rheinbrücken – mit Kleinkindern eine Evakuierungsfahrt nach Oberhessen durchführte. Als einer der letzten benutzte er dabei die Fähre Nierstein–Kornsand, ehe diese versenkt wurde. Der nach seinem Einsatz bei der Straßenbahn Frankfurt/Main in Verwahrung gegebene Wagen wurde auf einem Sportplatz in Neu-Isenburg abgestellt und kurz vor dem Einmarsch der Amerikaner

am 24. 3. 1945 von Volkssturmleuten „ins Innere Deutschlands" abgefahren.

Wohlbehalten überstand die Kampfhandlungen der Omnibuszug 31/105. Beide Fahrzeuge waren gut in der Ginsheimer Wagenhalle aufbewahrt und kamen im Sommer 1945 zurück nach Mainz. In der Stadekker Halle hatte man den Anhänger 110 deponiert. Auch ihn ließen die Amerikaner – am 8. 7. 1945 – durch Beauftragte der Reichsbahn in deren Kbw nach Mainz bringen. Sie verweigerten zunächst die Herausgabe des erheblich beschädigten Fahrzeugs, gaben es schließlich aber im April 1946 mit den beiden Omnibussen 12 und 13 frei.

Abgebrannt waren im Laufe der Jahre 1943–45 die Aufbauten der Wagen 18, 20, 26, 27, 29, 32, 36, 38 und 41; der vollständigen Zerstörung fiel Omnibus 40 (wahrscheinlich auch Omnibus 37) zum Opfer. Kriegsschäden waren mit großer Sicherheit auch Ursache des Verlustes der Wagen 30, 33, 35 und 39. Ungeklärt blieb schließlich das Schicksal der Omnibusse 10, 15 und 23, die möglicherweise 1944 von der Wehrmacht übernommen wurden, jedenfalls aber als Kriegsverlust anzusehen sind. Die Omnibusse 8 und 9 waren zwar stillgelegt, überlebten jedoch den Krieg.

Zusammengefaßt bleibt festzustellen, daß von insgesamt 34 Omnibussen (7–20, 22–41) als Kriegsverluste oder erzwungene Abgaben 22 Fahrzeuge (7, 10, 15, 18–20, 22, 23, 26–30, 32, 33, 35–41) anzusehen waren. Sechs weitere (8, 9, 11–14) legte man während des Krieges still und lediglich wieder sechs (16, 17, 24, 25, 31, 34) überstanden den Krieg fahrbereit. Einzelne Fahrgestelle wurden zwar später aufgearbeitet, dann aber veräußert, weil Aufbauten noch nicht erhältlich waren. Eine Wiederverwendung mit neuen Aufbauten erhielten nur die Omnibusse 36 und 38, während zur Herstellung eines Lkws in eigener Werkstatt 1948 die Reste des ausgebrannten Omnibusses 29 dienten.

Die gegen Kriegsende vom Westen zurückflutenden deutschen Truppen mußten vor ihrem Übergang über den Rhein neben unzähligem militärischen Gerät auch zwei Omnibusse zurücklassen. Die für die Genehmigung des langsam wieder in Gang kommenden Kraftfahrzeugverkehrs zuständige „Straßenverkehrsstelle" wies beide Wagen als „herrenloses Gut" im Juni 1945 den Stadtwerken als Ersatz für in Verlust geratene Omnibusse zu. Das eine Fahrzeug, ein Opel-Blitz mit 3,6-Liter-Benzinmotor, gehörte der Reichspost (OPD Saarbrücken) und war dort wohl kurzerhand beschlagnahmt worden; das zweite – ein MAN vom Typ MP – entsprach mit seinem Kässbohrer-Aufbau weitgehend der Reihe 24–27/32–35. Dieser zweite Wagen soll am Jägerhaus aufgefunden und mit einem Wehrmachts-Tarnanstrich versehen gewesen sein. Der mögliche zivile Erstbesitzer blieb unbekannt. Beide Fahrzeuge konnten schnell fahrfähig gemacht, zugelassen und als Wagen 42 und 43 eingereiht werden. Gemeinsam mit dem Wagen 17 bildeten sie den Grundstock des wiedererstehenden Wagenparks.

Mit den sonst vom Krieg übriggelassenen Wagen

24, 25, 31 und 34 standen somit sieben Omnibusse zur Verfügung. Wenn auch die teils vorhandenen Schäden bald beseitigt werden konnten (die ersten Ausbesserungen fanden in einer intakten Werkshalle bei Westwaggon-Gastell statt), so waren sie ohne Bereifung und Treibstoff reichlich nutzlos. Erst die Ingangsetzung der Gasversorgung am 16. 1. 1946 ließ es ab 24. 2. 1946 zu, die erste Linie zu eröffnen. Vorher waren nur sporadische Sondereinsätze auf Grund von Befehlen der Besatzungsmacht erfolgt.

An Gasanhängern standen nach Verlust dreier Exemplare und einigen Neuanschaffungen Mitte 1946 sechs Stück (angeblich mit 1–6 bezeichnet) zur Verfügung. Nach Aufgabe des Gasbetriebes im Oktober 1949 baute man 1951 einen dieser Wagen zur fahrbaren Kartenverkaufsstelle um, die übrigen wurden vorsorglich aufbewahrt und erst 1955/56 abgestoßen.

Noch im Frühjahr 1948 war der Zustand des Wagenparks trostlos zu nennen: Von den nach wie vor sieben Omnibussen (vier mit Niederdruckgas, davon drei mit Gasanhängern) waren fünf einsatzfähig, die beiden übrigen standen ohne Bereifung. Erst mit der Währungsreform besserte sich die Lage: Schon im Herbst 1948 konnten drei neue Daimler-Benz-Omnibusse in Stadtausführung mit Heckplattform in Dienst gestellt werden (44–46), gerade rechtzeitig, um die Teilnehmer des am Jugendwerk stattfindenden Katholikentages befördern zu können. Im Frühjahr 1949 folgte ein Opel-Blitz-Omnibus (47), ein leichtes Fahrzeug vom 3,6-Liter-Typ, das sich mit seinen Klapptüren und Vollbestuhlung für den Stadtverkehr wenig eignete. Letztmals hatte man damit auch einen Wagen mit Benzinmotor beschafft. Ende 1949/Anfang 1950 gelang es endlich auch, zwei neue Aufbauten für überholte Gräf-&-Stift-Fahrgestelle zu erhalten. Auch diese Wagen (38, 36) kamen wegen der Klapptüren mehr für die Überlandlinien in Frage. Mit Indienststellung eines kleinen Daimler-Benz-Omnibusses Mitte 1950 – ebenfalls mit Klapptüren – ging die Ära der Wagen mit Haubenmotoren zu Ende (48). Nun trat der „Trambus" – eine Wortschöpfung der Firma Büssing – die Nachfolge an. Unterflurmotor und Frontlenkerbauart ließen eine optimale Platzausnutzung zu. Von 1951–1964 bestimmten diese Wagen mit dem unverwechselbaren Ziergitter am Bug in Mainz das Geschehen. Waren die ersten Wagen noch vom Fahrzeugwerk Recklinghausen (49) bzw. von Büssing selbst (50–54) karossiert, so zeichnete ab 1953 das Karosseriewerk Emmelmann/Hannover für das Design verantwortlich: Chromüberladene und nicht ganz billige Aufbauten paßten zum Stil der fünfziger Jahre.

Anläßlich der Umstellung der Linie 6 konnte man als einer der ersten Betriebe im Frühjahr 1955 drei Gelenkomnibusse in Dienst stellen (80–82). Die von Büssing/Emmelmann gelieferten 18-Meter-Wagen besaßen zweiachsige Nachläufer und erstmals Schaffnersitze, sahen daher (den inzwischen längst außer Mode gekommenen) Fahrgastfluß von hinten nach vorn vor. Zwischen Sommer 1956 und Sommer 1958 kam es zum Einsatz weiterer fünf solcher Wagen (83-87), so daß auch einzelne Kurse der Linie 17 und der Interimslinie 8 bedient werden konnten.

Für die gleichzeitige Umstellung der Linie 9 genügten zweiachsige Fahrzeuge, die ebenfalls Büssing/Emmelmann lieferte (59–61). Doppelbreiter Mitteleinstieg mit Stehplattform erleichterten jetzt den Fahrgastwechsel. Erstmals führten Omnibusse jetzt die Liniennummer neben dem vorderen Zielfilm. Vorher wurden Nummer oder Buchstabe in einer vorn rechts in Kopfhöhe angebrachten Lampe mit Milchglas-Vorsteckscheibe gezeigt. Fünf fast baugleiche Omnibusse (62–66) ergänzten den Wagenpark zwischen Dezember 1955 und Februar 1957 und kamen bevorzugt auf den Linien nach Drais, Fort Biehler und Laubenheim zum Einsatz.

Die Eröffnung der „Mittelstadtlinie" 15 führte im September 1955 zur Indienststellung dreier kleinerer Büssing/Emmelmann-Omnibusse mit Mittelplattformen (70–72), die in verkehrsschwachen Zeiten ohne Schaffner fahren sollten. Anfang 1956 kamen vier fast baugleiche Wagen hinzu (73–76). Zur besseren Information dienten nun auch bei den zweiachsigen Fahrzeugen (wie schon bei den Gelenkomnibussen) Rollbandapparate über einem der rechten Seitenfenster zur Angabe von Ziel und Liniennummer.

Die Umstellung der Kostheimer Straßenbahnlinien gab im Spätsommer 1958 Anlaß zur Inbetriebnahme von vier dreitürigen, erstmals mit Luftfederungen ausgestatteten 12-Meter-Wagen von Büssing/Emmelmann. Den mit Heckplattformen und Schaffnersitzen ausgestatteten Fahrzeugen (100–103) folgten im Februar 1959 zwei weitere (104–105).

Geänderte gesetzliche Vorschriften legten bei den im Frühjahr 1960 für die Teilumstellung der Obuslinie 22/23 beschafften vier Gelenkomnibussen 88–91 die Länge auf nur 16,5 Meter fest, so daß es ab jetzt beim einachsigen Nachläufer blieb. Mit dieser Baureihe fanden letztmals Dachreiter zur Anzeige der Liniennummer Verwendung. Sie hatten sich als unzweckmäßig erwiesen, weil nach dem Willen des Gesetzgebers eine Ausleuchtung bei Dunkelheit nicht mehr statthaft war. Insgesamt waren 23 Omnibusse (63–66, 73–76, 83–91, 100–105) zwischen 1956 und 1960 damit ausgestattet worden.

Für die „große" Umstellung im Herbst 1963 lieferte Büssing nochmals zwölf Gelenkomnibusse mit Karosserien von Gaubschat/Berlin (150–161). Eine Folgelieferung von zwei, jetzt 16,9 Meter langen Exemplaren (162–163) besaß abweichend einen doppelbreiten Einstieg und versuchsweise an beiden Mitteltüren Schranken zum automatischen Öffnen und Schließen der Türen. Letztmals waren damit viertürige Omnibusse – Einsatz ab Oktober 1964 – beschafft worden.

Inzwischen entwickelte das Mainzer Werk der Magirus-Deutz AG einen Stadtomnibus der „Saturn"-Baureihe, der mit doppelbreitem vorderen und mittleren Einstieg sowohl im Schaffner- als auch Einmannbetrieb gefahren werden konnte. Hiervon wurden zwischen Oktober 1964 und Februar 1967 insgesamt 26 Einheiten in Dienst gestellt (106–109, 110–121, 122–131). Während die erste Serie bei Schaffnerbetrieb dessen Pendeln vorsah, besaß die zweite einen hinter der Vorderachse angeordneten Schaffnerplatz (Fahrgastfluß von vorn nach hinten). Daraufhin erhielt Anfang 1966 die Erstlieferung ebenfalls Schaffnersitze, die aber bis Mai 1967 wieder entfernt wurden. Die dritte Lieferrate blieb im Hinblick auf den Rückgang des Schaffnereinsatzes ohne solche Sitze.

Nach Einführung des ganztägigen Einmannbetriebes auch auf stärker belasteten Linien ergab sich der Zwang, die noch länger im Bestand bleibenden Wagen 100–105 und 150–163 zwischen Mitte 1967 und Februar 1969 mit einer Türautomatik zu versehen und die Schaffnersitze zu entfernen. Umgebaut wurde auch Wagen 188 aus Reihe 188–191 (ex 88–91), während die drei übrigen ab 1971 mit verschlossenen und von außen blau durchkreuzten Türen im Nachläufer als E-Wagen oder auf Linie 14 verkehrten.

Mit Indienststellung der ersten, sofort für Einmannbetrieb vorgesehenen dreitürigen Gelenkkomnibusse von Büssing/Emmelmann legte man im August 1968 den Grundstein für die seither umfangreichste Beschaffung eines einzelnen Modells. In etwas mehr als sechs Jahren kamen 65 Einheiten (164–187, 192–199, 350–382) zur Ablieferung, wobei die Wagen 355–382 das Symbol der Firma MAN trugen, die inzwischen das Büssing-Werk übernommen hatte.

Bei den zweiachsigen Fahrzeugen kam es beinahe selbstverständlich zur Beschaffung des bekannten VÖV-Standardlinienbusses. Im Herbst 1968 erhielt man aus der Nullserie von Magirus-Deutz ein erstes Fahrzeug (114 II), das von 1969–1981 meist als Fahrschulwagen Verwendung fand. Seither wurden an zweiachsigen Omnibussen ausschließlich Standardwagen geliefert, und zwar

 3 Büssing (144–146)
45 Magirus-Deutz (114 II, 132–143, 147, 148, 300–329)
 8 MAN (330–337)

An Gelenkkomnibussen erschienen von 1976 bis 1979 in vier Jahresraten von MAN 36 dreitürige Standardwagen des Unterflurtyps SG 192 mit Nachläuferaufbauten von Göppel/Augsburg (383–418). Die von den drei namhaften deutschen Herstellern betriebene Weiterentwicklung des klassischen Gelenkkomnibusses mit seinem zwischen den beiden ersten Achsen gelagerten Unterflurmotor zu einem Heckmotor-Fahrzeug unter weitgehender Verwendung von Baukomponenten des zweiachsigen Standardlinienbusses gab 1981/82 Gelegenheit, 13 solche Fahrzeuge zu beschaffen:

2 MAN SG 240 H (419–420)
9 Magirus-Iveco 260 SH 170 (421–429)
2 Daimler-Benz O 305 G (430–431)

Für Herbst 1983 ist die Lieferung weiterer acht Gelenkkomnibusse der Bauart Daimler-Benz O 305 G vorgesehen.

Schon relativ früh erleichterte man die Arbeit der Fahrer durch Einbau automatischer Getriebe. Seit Indienststellung des ersten Fahrzeugs 1954 (58) wurde der überwiegende Teil der Neuzugänge damit ausgestattet. Schaltgetriebe erhielten – abgesehen

182 Vierachs-Gelenkbus 80 der Bauart Büssing/Emmelmann mit Unterflurmotor hinter der Vorderachse. Drei dieser Fahrzeuge stellte man 1955 zur Umstellung der Linie 6 in Dienst (Juli 1963).

183 Einer der zuletzt beschafften Gelenkomnibusse: Magirus 260 SH 170, dem ersten und zugleich letzten Modell dieser Art aus der inzwischen eingestellten Produktion des Mainzer Werks (April 1982).

von den Altwagen 1–43 – lediglich die Omnibusse 44–57, 62–66, 70–76, 80–84, 99, 114 II, 128–131, 147 und 148.

Nachdem 1973 die Entscheidung für eine wieder zweifarbige Außenlackierung (Rumpf in Elfenbein, Fenstergurt und Dach in Orange) fiel, wurde der größte Teil der Fahrzeuge zwischen Frühjahr 1974 und Sommer 1980 umlackiert, und zwar: 114 II, 132–146, 164–187, 192–199 und 300–305.

Der 1946 wieder aufgenommene Anhängerverkehr blieb mit nur drei (ab 1951 vier) Fahrzeugen bescheiden. Bevorzugt kamen Anhänger auf der Ginsheimer Linie zum Einsatz. Ein Kurs der Sprendlinger Linie fuhr ebenfalls mit Anhänger, mußte aber wegen schwieriger Straßenverhältnisse in Essenheim den Weg über Nieder-Olm nehmen. Daneben liefen einige E-Kurse sowie eine Werksverkehrslinie eine Zeit lang mit Anhängern. 1955/56 kamen beim Ausfall von Gelenkomnibussen auch auf Linie 6 gelegentlich Einsätze vor, während zu den Spitzenzeiten auf der Interimslinie 8 1956/57 planmäßig ein Omnibuszug verkehrte.

Im Krieg dienten als Zugwagen die Omnibusse 22–38 (möglicherweise auch 39 und 40); nach 1945 die Wagen 24, 25, 31 und 34 sowie die Neuzugänge 43 (anfangs), 44–46, 49–56 und anfangs vermutlich auch 36 und 38.

Die vom Gesetzgeber gewollte Aufgabe des Anhängerbetriebes führte 1960 zunächst zur Stillegung der Einheitsanhänger 108 und 110. Die beiden übrigen kamen fallweise noch zu den Spitzenzeiten (überwiegend nach Ginsheim) zum Einsatz. Das letzte „Gespann" – Zugwagen 53/Anhänger 105 – verkehrte schließlich im Dezember 1962.

Der Fortschritt im Fahrzeugbau hatte in den dreißiger Jahren bei schweren Fahrzeugen immer mehr zur Abkehr vom Benzin- und zur Einführung des Dieselmotors geführt, so daß ab 1934 in der Regel nur noch Dieselomnibusse beschafft wurden. Benzinmotoren besaßen lediglich die Wagen 1–15, 20, 21, 42 und 47, jedoch tauschte man 1933 bei den Omnibussen 10 und 15 die Benzinmotoren gegen einen MAN- bzw. Daimler-Benz-Dieselmotor aus.

Die Entwicklung des Wagenparks veranschaulicht die im 5-Jahres-Abstand erstellte Übersicht über den jeweils am Ende des betreffenden Jahres vorhandenen Einsatzbestand:

	Einzel-omnibusse	Gelenk-omnibusse	zus.	An-hänger
1930	16	–	16	–
1935	16	–	16	–
1940	25	–	25	–
1945	3	–	3	1
1950	15	–	15	3
1955	26	3	29	4
1960	37	12	49	2
1965	40	26	66	
1970	48	44	92	
1975	54	73	127	
1980	45	103	148	
1982	34	108	142	

Der bisher höchste Einsatzbestand lag (im April 1982) bei 36 Einzel- und 114 Gelenkomnibussen. In den Zahlen für Ende 1982 sind acht abgestellte Einheiten (3 Einzel- und 5 Gelenkkomnibusse) nicht enthalten.

In Dienst gestellt wurden bisher
bis Kriegsende: 41 Omnibusse,
                        10 Anhänger
nach Kriegsende: 261 Omnibusse
                        (davon 140 Gelenk-
                        omnibusse),
                         1 Anhänger

insgesamt beschafft: 302 Omnibusse
                        11 Anhänger

Nicht unerwähnt bleiben sollen die zahlreichen, ab 1948 oft monatelang eingesetzten Miet- und Vorführwagen. Anfangs teils ohne Eigentümerangabe und Wagennummer oder auch mit offizieller Nummer (z. B. 48 I, 63 I) eingereiht, bürgerten sich 1968 erst einstellige Nummern (1–5) ein, ehe ab 1973 eine besondere Nummerngruppe 050–063 vorgesehen wurde, die von Fall zu Fall besetzt wird.

Wagenpark-Statistik

1–5	1927	MAN NOG/Gastell	1934: 2, 5 = a; 1935: 4 = a (Brand);
6	1928		1936: 1 = a; 1937: 3, 6 = a;
11 I	1928	DAAG/Gastell	1930: 21;
7–9	1929	MAN NON 6/West-	1933: 10, 15 = MAN- bzw. Daimler-Benz-
10, 11 II,	1930	waggon-Gastell	Dieselmotor;
12–15			1940: 7 = an Wehrmacht verk.;
			~1940: 11 = a;
			1941/43: 8, 9, 12, 13, 14 = a (V bis 1949);
			1944: 10, 15 vermutl. an Wehrmacht verk.;
16–17	1934	MAN FHN/Westwaggon-	1944–48: 16 = Behelfs-Lkw; 1949 = Omnibus;
		Gastell	1953: 17 = a; 1956: 16 = a;
18–19	1936	Daimler-Benz LO 3200/	1944: 18 = KV; 1945: 19 = KV;
		Westwaggon-Gastell	
20	1935	Opel-Blitz 3,6/Gebr.	1944: KV;
		Ludewig	
21		1930 ex 11 I	1936: a;
22–23	1937	MAN D/Westwaggon-	1944: 22 = Umbau zum Stabswagen f. d. Wehr-
		Gastell	kreisbeauftragten XII a (s. a. Anh. 106), 1945: KV;
			1944/45: 23 an Wehrmacht oder KV;
24–27	1939/40	MAN MP/Kässbohrer	1943: 32 = KV; 1944/45: 26, 27, 33, 35 = KV;
32–35			1955: 34 = a; 1958: 24, 25 = a;
28–29	1939	Daimler-Benz O 3750	1940: 28 = an Wehrmacht verk.;
30–31	1940		1943: 29 = KV (Fahrgest. 1948 f. Lkw verwendet)
			1945: 30 = KV? 1957: 31 = a;
36–38	1942	Gräf & Stift 4500 DG	1943: KV;
			1949: 38 = Neuaufbau (Reutter/Stuttgart)
			1950: 36 = Neuaufbau (Reutter/Stuttgart)
			1960: 36 = a; 1962: 38 = a;
39–40	1942/43	Büssing-Elbing 4500 T	1944/45: KV;
41	1944	Büssing 4500 T/Käss-	1944: KV;
		bohrer	
42	1941/43	Opel-Blitz 3,6/Käss-	1945: von Straßenverkehrsstelle zugewiesen;
		bohrer	ex Reichspost RP 102 397 (OPD Saarbrücken),
			1957: a;
43	1939	MAN MP/Kässbohrer	1945: von Straßenverkehrsstelle zugewiesen;
			angebl. ex Wehrmacht; 1953: a;
44–46	1948	Daimler-Benz O 4500	1962: a (45 = 1964 Streu-Lkw/Tiefbauamt;
			46 = 1964 Kommando-Kfz/Berufsfeuerwehr)
47	1949	Opel-Blitz 3,6/Voll	1961: a;
48	1950	Daimler-Benz O 3500	1965: a;
49	1951	Büssing 5000 T/Fahr-	1964: a;
		zeugwerk Reckling-	
		hausen	
50–51	1951	Büssing 5000 T	1964: 51 = a; 1965: 50 = a;
52–53	1951	Büssing 5000 T	1964: a;
54	1952		1965: Fahrschule, 1970: a;

Nr.	Jahr	Typ	Anmerkungen
55	1952	Büssing 6000 T/Emmel-	1967: a;
56–57	1953	mann	1970: a;
58	1954	Büssing 6000 T/Emmel- mann	1969: a;
59–61	1955	Büssing 6500 T/Emmel- mann	1970: a;
62	1955	Büssing 6500 T/Emmel- mann	1970: a;
63–65	1956	Büssing 6500 T/Emmel-	1970: a;
66	1957	mann	
70–72	1955	Büssing 4500 T/Emmel- mann	1965: 71, 72 = a; 1966: 70 = a;
73–76	1956	Büssing 4500 T/Emmel- mann	1969: a;
80–82	1955	Büssing 6500 T/Emmel- mann (G)	1963: 80 I–82 I; 1968: 82 I = a; 1969: 80 I, 81 I = 80, 81; 1970: = a;
83–84	1956	Büssing 6500 T/Emmel- mann (G)	1963: 83 I–84 I; 1969: 84 I = a; 1970: 83 I = a;
85–86	1957	Büssing 6500 T/Emmel-	1963: 85 I–87 I; 1969: 86 I = a;
87	1958	mann (G)	1970: 85 I, 87 I = a;
88–91	1960	Büssing 13R/Emmel- mann (G)	1963: 188–191;
99	1968	Magirus-Deutz 200 RS 12	Reisebus; ab 1970 mit Nr.; 1978 = a;
100–103	1958	Büssing TU 11/Emmel-	1976: 101–103 = a; 1979: 105 = a;
104–105	1959	mann	1981: 100, 104 = an Museum abgegeben;
106–109	1964	Magirus-Deutz Saturn II LS	1975: 107–109 = a; 1977: 106 = a;
110–121	1965	Magirus-Deutz 150 LS 12	1968: 114 I = a (Brand); 1977: 111, 113, 118 = a; 1978: 110, 112, 115, 117, 119 = a; 1979: 116, 120, 121 = a;
122–127	1967	Magirus-Deutz	1975: 122, 128–131 = a; 1976: 126 = a;
128–131		150 LS 12	1978: 127 = a; 1979: 123–125 = a;
114 II	1968	Magirus-Deutz 170 S 11 H	1969–1981: Fahrschule; 1982: a;
132–143	1969	Magirus-Deutz 170 S 11 H	1979: 132, 133 = nach Antalya/Türkei verschenkt; 1979: 134, 139–143 = a; 1980: 135, 137, 138 = a; 1982: 136 = a;
144	1969	Büssing Präfekt 13	1970: ex Leihbus 1 II; 1982: abgestellt (verk. 1983);
145–146	1970	Büssing BS 110 V	1982: abgestellt (verk. 1983);
147	1978	Magirus-Deutz 230 L 117	Standard-Überlandbus („Stülb"), Reisebus;
148	1981	Magirus-Iveco 260 SH 110	Fahrschule;
150–161	1963	Büssing 13R/Gaubschat (G)	1975: 150, 151, 153–155, 157 = a; 1976: 152, 156, 158 = a; 1977: 161 = a; 1979: 159, 160 = a;
162–163	1964	Büssing Verbund/Gaub- schat (G)	1981: a;
164–169	1968	Büssing VG 16/Emmel- mann (G)	
170–179	1969	Büssing VG 16/Emmel-	1982: 170, 171 = abgestellt (verk. 1983);
180 II–		mann (G)	
181 II			
180 I–82 I		1963 ex 80 I–82 I (G)	1968: 82 I = a; 1969: 80 I, 81 I = 80 II, 81 II 1970: = a;
183 I–187 I		1963 ex 83–87	1969: 84 I, 86 I = a; 1970: 83 I, 85 I, 87 I = a;
182 II–	1972	Büssing BS 170 V/Em-	
187 II		melmann (G)	
188–191		1963 ex 88–91	1975: a;
192–199	1970	Büssing BS 170 V/Em- melmann (G)	1982: 196 = a, 193, 195, 198 = abgestellt (verk. 1983);

300–305	1972	Magirus-Deutz 230 SH 110	1981: a; (300 = Unfall);
306–313	1974	Magirus-Deutz 200 SH 110 U	
314–317	1976	Magirus-Deutz 200 SH 110 U	
318–329	1980	Magirus 260 SH 110	
330–337	1980	MAN SL 200	
350–355	1973/74	MAN-Büssing VG 16/	
356–367	1974	Emmelmann (G)	
368–382	1975		
383–385	1976	MAN SG 192/Göppel (G)	
386–393	1977	(N)	
394–405	1978		
406–418	1979		
419–420	1982	MAN SG 240 H (G)	
421–429	1981/82	Magirus-Iveco 260 SH 170 (G)	
430–431	1981	Daimler-Benz O 305 G (G)	

Anhänger

101–102	1941	Kässbohrer	1945: KV (101 bei Fa. Winzenhöler/Gr.-Zimmern)
103	1943	Kässbohrer	1945: KV (1948: a?)
104	1943	Lindner	1945: KV;
105	1943	Schumann	1963: a;
106	1944	Kässbohrer	1944: Umbau zum Verpflegungswagen f. d. Wehrkreisbeauftragten XII a (s. a. Kom 22); 1945: KV;
107–109	1944	Schumann	1944: 107, 109 = KV; 1960: 108 = a (1962 Umbau zu Baustellen-Aufenthaltswagen 4; a = 1973);
110	1944	Schumann	1960: a;
111	1951	Schenk/Vetter	1962: a;

Abkürzungen/Zeichenerklärung

I, II	=	1. bzw. 2. Nummernbesetzung
ex	=	vorher
a	=	ausgemustert (Verkauf bzw. Verschrottung teils später)
KV	=	Kriegsverlust
(G)	=	Gelenkomnibus
(N)	=	Nachläufer-Aufbau: Göppel/Augsburg
MAN	=	Maschinenfabrik Augsburg-Nürnberg AG, Werk Nürnberg (nach 1945: Werke München/Penzberg bzw. Salzgitter)
DAAG	=	Deutsche Lastautomobil-Fabrik AG, Ratingen/Düsseldorf
Büssing	=	Büssing-Nutzkraftwagen, Braunschweig
Kässbohrer	=	Karl Kässbohrer, Fahrzeugwerke GmbH, Ulm
Magirus-Deutz	=	Klöckner-Humboldt-Deutz AG, Ulm bzw. Mainz-Mombach
Lindner	=	Gottfried Lindner AG, Ammendorf bei Halle (Sachsen-Anhalt)
Schumann	=	Fahrzeugbau Schumann GmbH, Werdau/Sachsen
Schenk	=	Robert Schenk, Fahrzeugbau, Stuttgart-Feuerbach
Vetter	=	Walter Vetter, Fahrzeug- und Karosseriefabrik, Fellbach
Daimler-Benz	=	Daimler-Benz AG, Werk Gaggenau; Gelenkomnibusse: Werk Mannheim
Opel	=	Adam Opel AG, Werke Brandenburg/Havel bzw. Rüsselsheim
Ludewig	=	Karosseriewerk Gebr. Ludewig GmbH, Essen (AERO-Leichtaufbau)
Voll	=	Karosseriewerk Voll, Würzburg
Reutter	=	Fahrzeugbau Reutter, Stuttgart
Westwaggon-Gastell	=	Vereinigte Westdeutsche Waggonfabriken, Werk Gastell, Mainz-Mombach
Gräf & Stift	=	Automobilfabrik Gräf & Stift, Wien

3. Der Omnibus-Betriebshof

Mit Eröffnung der ersten Linie konnte 1927 als Anbau der Halle A (gegen die Mozartstraße zu) eine Garage mit sechs (nach dem Krieg fünf) Ständen und kleiner Werkstatt errichtet werden. Schon 1930 führte die Vermehrung des Wagenparks zur Mitbenutzung des hinteren (westlichen) Teils der Halle B; im Hinblick auf die täglichen Rangiermanöver ein wenig befriedigender Zustand, bei dem es bis 1970 bleiben sollte.

Nach Kürzung der Nieder-Olmer Linie stand auch in Stadecken ein Schuppen zur Verfügung, der bis zur Stillegung der Linie S im Mai 1955 dem nächtlichen Abstellen eines Omnibusses diente. In Ginsheim/Neckarstraße beherbergte eine gemeindeeigene, zuvor von der Reichspost belegte Halle zwei Omnibusse. 1942 wegen der hohen Aufbauten der Gasomnibusse noch aufgestockt, verzichtete man nach dem Krieg auf sie und ließ die Wagen nach Mainz einrücken.

Nach ersten Totalschäden durch Luftangriffe in 1943 traf man durch Auslagerung eines Teils der Omnibusse Vorsorge gegen die mögliche Vernichtung aller Fahrzeuge. So fanden einige Wagen im Volkspark, andere unter den Bäumen der Hindenburgstraße und in den dem Betriebshof benachbarten Straßen nachts halbwegs Schutz.

1955 kam es für die Unterbringung des sich ständig vergrößernden Wagenparks zum Bau einer vierspurigen Halle auf einem Teil des Gleislagerplatzes längs der Hafenbahn. Anfangs konnte sie vier, nach Verlängerung in 1956 acht Gelenkomnibusse auf-

nehmen; später erhielt sie eine Waschanlage hinzu. Auf Dauer blieb jedoch ein Neubau unvermeidlich. 1966 fiel endlich die Entscheidung und die Wahl auf ein gegenüber vorhandenes tiefliegendes Gartengrundstück. Dieses kam der Absicht, eine Tiefgarage anzulegen, nur entgegen. 1967 begonnen, konnte am 28. 6. 1968 Richtfest und am 1. 10. 1970 offizielle Eröffnung gefeiert werden. Die ersten Omnibusse fanden bereits Ende Juli 1970 Aufnahme. Entstanden war eine etwa 130 Meter lange Tiefgarage mit 15 Spuren, die z. B. 84 Gelenkomnibussen Platz bot. Ebenerdig erhielt die Betriebs- und Hauptwerkstatt ihre Bleibe, während im einzigen Obergeschoß Lager, Meisterbüros und Sozialräume untergebracht sind. Im Anschluß an einen Freiluft-Stauraum dienen zwei Spuren zur Betankung, Kurzreinigung, zum maschinellen Waschen und zur Ausführung kleinerer Reparaturen. In der Südwestecke des Geländes entstand gleichzeitig ein sechsgeschossiges Verwaltungsgebäude mit ebenerdigen Sozialräumen und (bis 1976) Betriebsleitstelle, so daß das provisorisch aufgebaute alte Verwaltungsgebäude anderen Zwecken zugeführt werden konnte.

Neben der Tiefgarage mußte wegen der sprunghaft gestiegenen Zahl der Fahrzeuge ab September 1974 die 1955 errichtete kleine Halle erneut belegt werden, ehe sie im Mai 1975 wegen Baufortschritt am neuen Straßenbahn-Betriebshof abgetragen werden mußte. Nach einigen Zwischenlösungen ist seit der Teilinbetriebnahme des Straßenbahn-Betriebshofes im Oktober 1976 eine Anzahl Omnibusse in dessen Abstellhalle und auf dem angrenzenden Freigelände untergebracht.

184 Blick in den westlichen Teil der Halle B mit dort untergebrachten Omnibussen 8, 14, 23 und 16 (um 1940).

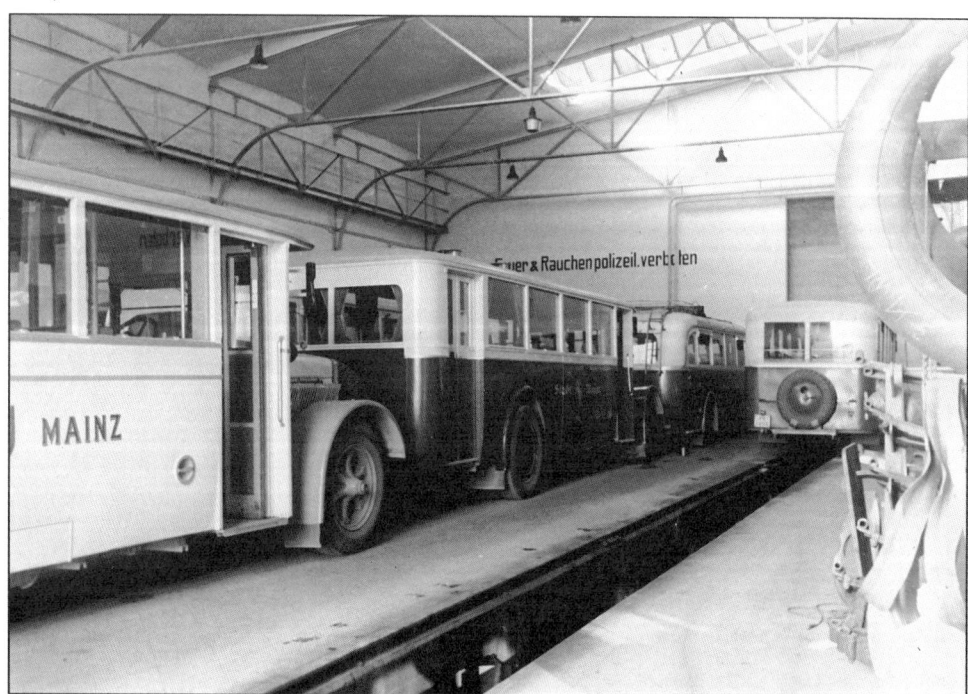

V. Teil: Der Obus (1946–1967)

1. Vorgeschichte, Bau und Entwicklung der Strecken

Kriegsbedingte Treibstoffverknappung führte bei zahlreichen Verkehrsbetrieben Anfang der vierziger Jahre zur Einrichtung von Obuslinien. Diese ersetzten vor allem stärker frequentierte Omnibus-, aber auch heruntergewirtschaftete oder schwach belastete Straßenbahnlinien und sollten dabei Eisenkontingente freimachen.

Es verwundert daher nicht, daß sich auch Mainz mit solchen Plänen trug. Danach sollten die beiden Omnibuslinien K (Münsterplatz–Städt. Krankenhaus –Ritterstraße) und W (Höfchen–Ritterstraße –Weisenau) umgestellt werden.

Für die Genehmigung neuer Anlagen und die im Krieg nicht unproblematische Beschaffung der Fahrzeuge war der beim Regierungspräsident in Wiesbaden angesiedelte „Bevollmächtigte für den Nahverkehr" („Nbv") zuständig, der im Januar 1942 der Umstellung beider Linien mit folgender Führung zustimmte:

1. Münsterplatz–Hbf–Alicenplatz – Linsenberg – Langenbeckstraße–An der Philippsschanze–An der Goldgrube–Hechtsheimer Straße bis Ecke Am Rosengarten (Rückweg über Ritterstraße –Neumannstraße–An der Goldgrube usw.)

2. Fischtorplatz – Rheinstraße – Salvatorstraße– Am Rosengarten – Göttelmannstraße – Weisenau/Ernst-Ludwig-Straße (Schleife Mainzer- –Schiller- –Eleonoren- –Ernst-Ludwig-–Mainzer Straße)

Daneben war eine Verbindung beider Linien über Höfchen–Schillerplatz und (vor allem als Betriebshofzufahrt) eine Strecke vom Fischtorplatz über Rheinstraße und Rheinallee bis Ecke Kaiser-Karl-Ring vorgesehen.

Für dieses 12 km lange Netz hatte man zunächst acht Obusse (fünf im ständigen Einsatz) für ausreichend erachtet und ihre Beschaffung im „Kriegsbauprogramm 1942" berücksichtigt. In Anbetracht des mittelstarken Verkehrsaufkommens fiel die Wahl bei den damals vereinheitlichten Fahrzeugtypen auf die „Normgröße II", d. h. auf ein zweiachsiges, mittelgroßes Fahrzeug von 10 m Länge für 60 Personen bei 31 Sitzplätzen.

Der Bau der unter 1. und 2. genannten Strecken begann im März 1943 mit dem Stellen der Schleuderbetonmasten. Die Fahrleitungsmontage erfolgte gemeinsam mit der Firma BBC, wurde durch Luftangriffe allerdings mehrfach zunichte gemacht. Trotzdem kam es 1944 noch zu Probefahrten. Die Schulung einiger Fahrer hatten die Stadtwerke Gießen auf ihren Obussen zuvor übernommen.

185 Breda-Obus 1 im Einsatz auf Linie 21. Die Aufnahme entstand im Juli 1959 in der Binger Straße, kurz vor dem Alicenplatz.

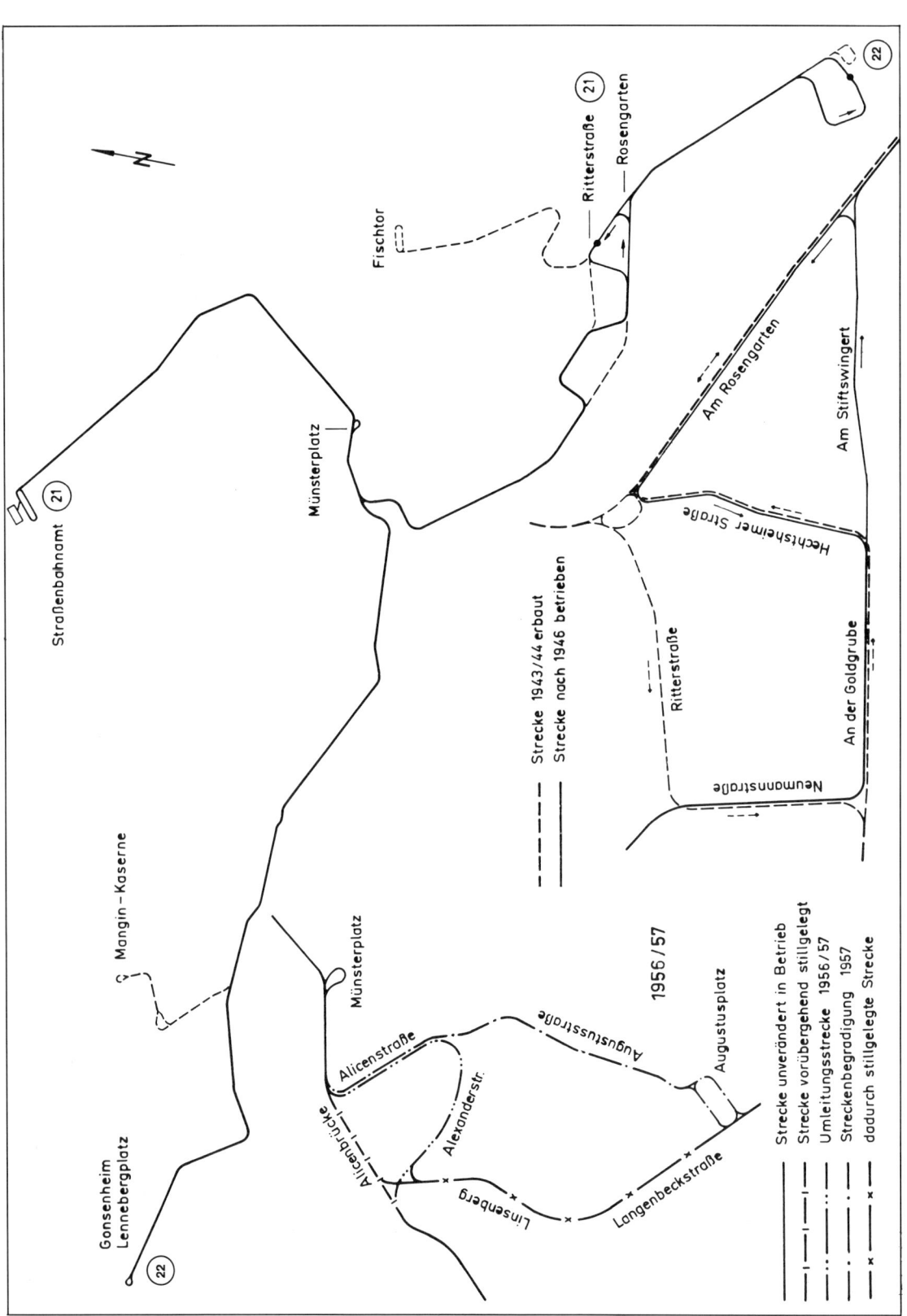

N

Straßenbahnamt ㉑

Münsterplatz

Fischtor

Ritterstraße ㉑
Rosengarten

㉒

Am Rosengarten

Am Stiftswingert

Hechtsheimer Straße

An der Goldgrube

Ritterstraße

Neumannstraße

Strecke 1943/44 erbaut
Strecke nach 1946 betrieben

Mangin–Kaserne

Gonsenheim
Lennebergplatz

㉒

Münsterplatz

Alicenbrücke

Alicenstraße

Augustusstraße

Alexanderstr.

Linsenberg

Langenbeckstraße

Augustusplatz

1956/57

Strecke unverändert in Betrieb
Strecke vorübergehend stillgelegt
Umleitungsstrecke 1956/57
Streckenbegradigung 1957
dadurch stillgelegte Strecke

186 Das Obusnetz in seiner größten Ausdehnung ab 1. September 1955. Die beiden Detailpläne zeigen die Änderungen an den Fahrleitungsanlagen im Bereich Ritterstraße und Alicenbrücke/Augustusplatz.

In den Wirren der letzten Kriegsmonate war allerdings an eine Inbetriebnahme nicht zu denken, und nach Kriegsende genoß die Instandsetzung der Straßenbahnstrecken Priorität. Erst Ende Juli 1946 begann die Wiederherstellung der Strecke Münsterplatz–Ritterstraße: 15,5 km Fahrdraht mußten neu verlegt werden, waren doch auf den weniger beschädigten Abschnitten die Fahrleitungen durch amerikanische Truppen kurzerhand abgeschnitten worden.

Die erste Probefahrt fand am 12. 12. 1946, die Inbetriebnahme – als „Weihnachtsgeschenk" für die Bewohner der „Oberstadt" bezeichnet – schließlich am 19. 12. 1946 als Linie K (Münsterplatz–Ritterstraße) statt. Die Streckenführung war allerdings nicht völlig mit der 1942 genehmigten identisch: von der Wendeschleife Münsterplatz ging es nicht zum Hauptbahnhof, sondern über Binger Straße direkt zum Alicenplatz. Zur besseren Bedienung des Vincenz-Krankenhauses lief die Strecke nicht direkt über An der Goldgrube, sondern machte einen Umweg über Freiligrathstraße–Am Fort Elisabeth–Neumannstraße. Am Ende absolvierten die Wagen eine große Schleife über Am Stiftswingert–Am Rosengarten–Hechtsheimer Straße bis Ecke An der Goldgrube. Die Endstelle lag in der Straße Am Rosengarten/Ecke Ritterstraße. Mit Ausnahme der Schleifen war die Strecke (Länge 3,88 km) zweispurig ausgeführt.

Wegen fehlender Betriebshofzufahrt mußten die Obusse bis und ab Münsterplatz geschleppt werden. Dies besorgten Straßenbahnwagen über Rheinallee – Kaiserstraße – Hbf – Bahnhofstraße oder Omnibusse auf dem kürzeren Weg Rheinallee–Große Bleiche. Es lag nahe, dieses Provisorium baldigst zu beenden. Im April 1947 begannen daher Fahrleitungsarbeiten in Rheinallee und Großer Bleiche, so daß der Betrieb der Linie K ab 1. 5. 1948 vom Münsterplatz bis Straßenbahnamt ausgedehnt werden konnte und sich die Streckenlänge um 2,75 km erhöhte. Ein- und Ausstieg fand im Kaiser-Karl-Ring statt; über eine bis Ecke Mozartstraße reichende Schleife wendeten die Wagen. Aus Sparsamkeitsgründen hatte man in der gesamten Rheinallee nur einen Fahrdraht verlegt, so daß die Obusse mit einer Stromabnehmerstange die parallele Straßenbahnfahrleitung mitbenutzen mußten.

Im März 1948 war außerdem mit den Arbeiten an einer zweiten Obusstrecke von Binger Straße/Ecke Linsenberg über Saarstraße–An der Allee–Mainzer Straße–Klosterstraße–Budenheimer Straße–Lennebergstraße zum Lennebergplatz in Gonsenheim

187 Straßenbahn und Obus in der Rheinallee/Höhe Zollhafen. Auf dem Abschnitt Straßenbahnamt –Schloßtor benutzte der Obus aus Gründen der Sparsamkeit den Fahrdraht der Straßenbahn mit, so daß Überholungen normalerweise nicht möglich waren (Januar 1965).

begonnen worden. Hierzu gehörte in Gonsenheim auch eine Zweigstrecke von Mainzer- über Mombacher-, Rhein- und Nahestraße zur damaligen Mangin-Kaserne. Sämtliche Masten waren bereits gesetzt, als die Arbeiten im Juli 1948 wegen der durch die Währungsreform veränderten finanziellen Situation eingestellt und die schon 1947 erfolgte Bestellung von zehn Daimler-Benz-/SSW-Obussen annulliert werden mußte. Erst im Herbst 1952 kam es zur Wiederaufnahme der Arbeiten, wobei die Zweigstrecke nicht mehr zur Diskussion stand. Endlich konnte am 12. 4. 1953 die neue, zweispurige und 4,85 km lange Strecke durch die neue Linie 22 (Ritterstraße–Münsterplatz–Gonsenheim) in Betrieb genommen werden.

Es lag auf der Hand, das nur 1,5 km von Weisenau entfernt endende Obusnetz – wie im Krieg geplant – nach dort auszudehnen. Diese Verlängerung von Ecke Am Rosengarten über Göttelmannstraße nach Weisenau/Ernst-Ludwig-Straße (heute Otto-Wels-Straße) kam am 1. 9. 1955 einspurig und ab 9. 12. 1955 zweispurig hinzu. Entgegen dem 1942er Plan wählte man jetzt eine wesentlich größere, wieder gegen den Uhrzeigersinn zu befahrende Wendeschleife über Heiligkreuzweg–Friedrich-Ebert-Straße–Ernst-Ludwig-Straße und Mainzer Straße (heute Portlandstraße). Mit 14,6 km Streckenlänge hatte das Obusnetz damit seine größte Ausdehnung erreicht.

Anläßlich der Elektrifizierung der linksrheinischen Bundesbahnstrecke mußte die Alicenbrücke beim Hauptbahnhof erneuert werden. Um die Obuslinien während der elfmonatigen Bauzeit weiterbetreiben zu können, errichtete man um den Tunnelmund im Zuge der Alicen- und Alexanderstraße eine zweispurige Umleitungsstrecke, die vom 15. 6. 1956 bis 11. 5. 1957 in Betrieb blieb. Ab 12. 5. 1957, dem Tag der Wiedereröffnung der Brücke, konnte – begünstigt durch einen Straßendurchbruch – vom oberen Ende der Alicenstraße im Zuge der Augustusstraße eine kürzere, zweispurige Strecke bis vor den Eingang der Uniklinken (Langenbeckstraße/Ecke Augustusplatz) eröffnet werden. Sie wurde mit dem östlichen Teil der Umleitungsstrecke (obere Alicenstraße) verbunden. Der westliche Teil (Alexanderstraße) wurde indes abgebaut, ebenso die Anlagen in Linsenberg und Langenbeckstraße bis Ecke Augustusplatz. Am Augustusplatz selbst hatte man eine aus beiden Richtungen befahrbare Schleife geschaffen. Sie wurde allerdings selten (Rosenmontag) benutzt und die Weichen 1962 ausgebaut.

Größere Straßenbauarbeiten in der Saarstraße hätten eine längere Stillegung oder größere Fahrleitungsprovisorien zur Folge gehabt. Man entschloß sich daher, die Obuslinie Weisenau–Gonsenheim ab 28. 10. 1963 einzustellen. Zwischen Rosengarten und Weisenau kam es allerdings am Rosenmontag 1964 für einige Stunden zur Wiederaufnahme des Betriebes, da genügend Obusse, nicht aber Omnibusse vorhanden waren. Kurz darauf begann jedoch der Abbau der Fahrleitungen auf beiden Abschnitten.

Die gewandelte Einstellung zum Obus und die Tatsache, daß er nur ein kleines, betrieblich unerwünschtes Anhängsel bildete, führte schließlich zur Entscheidung, ihn ganz aufzugeben und die letzte Linie 21 mit Omnibussen zu betreiben. Mit dem Einrücken des zuletzt gelieferten Wagens 12 am Sonntag, dem 12. 2. 1967, gegen 23.55 Uhr, endete damit das Kapitel „Obus". Etwas mehr als zwanzig Jahre hatte er gute Dienste geleistet. Ebenso sang- und klanglos wie die Eröffnung gestaltete sich sein Abschied, und selbst die Presse hatte keine Zeile der Erwähnung darüber wert gefunden.

Die Fahrleitungen und der größte Teil der Masten wurden nach und nach entfernt, so daß heute nur noch wenig auf seine einstige Existenz hindeutet. Einige Schleuderbetonmaste auf der im Krieg begonnenen Strecke Fischtorplatz–Ritterstraße stehen allerdings noch heute.

2. Der Obus-Wagenpark

Der Anfang 1943 verkündete totale Krieg brachte es mit sich, daß die Industrie die für Mainz und andere Betriebe zugesagten Obusse nicht mehr liefern konnte. Die für die Verteilung der Fahrzeuge zuständigen Stellen im Reichsverkehrsministerium wußten diesen Mangel zu beheben: Italiens Kapitulation im September 1943 hatte aus dem Verbündeten einen Gegner gemacht, der über gut entwickelte Obusbetriebe verfügte. So kam es, daß bei einer Reihe italienischer Verkehrsbetriebe kurzerhand Obusse beschlagnahmt und nach Deutschland verbracht wurden. Die abgebenden Betriebe erhielten über diese Requirierungen Quittungen mit dem Bemerken, daß eine Bezahlung nach dem „Endsieg" erfolge. Die deutschen Empfänger hatten die zugewiesenen Obusse ordnungsgemäß zu verzollen und den Kaufpreis an eine dem Reichsverkehrsministerium unterstehende und überwiegend zu diesem Zweck gegründete „Omnibus-Bedarf GmbH" in Berlin abzuführen. Mainz erhielt auf diese Weise im April oder Mai 1944 fünf zweiachsige Obusse, die kurz vorher aus dem Bestand der Verkehrsbetriebe Rom (ATAG) entnommen worden waren.

Obwohl zwei verschiedenen Baureihen angehörend, glichen sich die Fahrzeuge weitestgehend. Zwei Obusse zählten zur 1936 in Dienst gestellten ATAG-Baureihe 4049–4063 mit Fahrgestellen von Alfa Romeo (Type 85 AF 1), Aufbauten von Macchi und elektrischen Ausrüstungen der Compagnia Generale di Elettricità (CGE). Je ein gelüfteter Doppelkollektormotor von 88 kW Stundenleistung wurde durch ein elektropneumatisches Schützenschaltwerk in Serien-Parallel-Schaltung angelassen und trieb über ein Differentialgetriebe die Hinterachse an. Die vorhandene generatorische Bremse wurde im unteren Bereich durch eine nachgeschaltete Druckluftbremse unterstützt.

188 „Gleichklang" elektrischer Verkehrsmittel: Großraumtriebwagen 104 und ex-Rom-Obus 3 starten am Straßenbahnamt gemeinsam zu einer neuen Runde (Juli 1959).

Die drei Obusse der Firma Breda waren 1938/39 von der ATAG in Reihe 4173–4199 in Dienst gestellt worden. Gleich starke Doppelkollektormotoren trieben auch hier über ein Differential die Hinterachse an. Das elektropneumatische Schaltwerk hielt die Motoren in reiner Parallelschaltung. Bemerkenswert war, daß die Motoren bei höherer Geschwindigkeit und durchgetretenem Fahrpedal Energie ins Netz zurückspeisten. Eine elektrische Bremse fehlte, als Betriebsbremse diente nur eine Druckluftbremse.

Beiden Bauarten war ein Batterie-Hilfsantrieb (48 Volt) gemeinsam, der als Notfahrmöglichkeit in Mainz aber nicht genutzt wurde. Die vorhandenen Leinenfänger für die Stangenstromabnehmer mußten wegen Störanfälligkeit Anfang der fünfziger Jahre demontiert werden. Die selbsttragenden, 9980 mm langen Aufbauten (Radstände 5750 mm) besaßen zwei doppelbreite hölzerne Falttüren (hinter der Vorderachse und am Heck) mit ausfahrbaren unteren Trittstufen. Linksseitig hatte man außerdem für den mittig sitzenden Fahrer eine schmale Nottür vorgesehen. Entsprechend den Gepflogenheiten im Herkunftsland waren die Wagen mit festem Schaffnerplatz an der Heckplattform ausgestattet und für Fahrgastfluß von hinten nach vorn bestimmt. 25 Fahrgastsitzplätzen auf 18 Quer- und 7 Längssitzen aus Preßholz standen 44 Stehplätze gegenüber; mithin ein Platzangebot für 69 Personen.

Die spartanische Beschilderung bestand aus einem kleinen Steckschild im ersten rechten Seitenfenster; später kam die Liniennummer in Form einer auf dem Dach vorn aufsteckbaren runden Scheibe – wie bei den Straßenbahnwagen – hinzu. Aus ausgemusterten Omnibussen zuerst eingebaute Rollbandapparate im oberen Teil der Windschutzscheibe kamen schnell in Wegfall.

Von den fünf zugewiesenen Obussen hatte während des Transports einer schwere Karosserieschäden erlitten, die im Krieg nicht zu beheben waren, so daß er zunächst abgestellt blieb. Darüber hinaus brannte bei einem Luftangriff im September 1944 einer der Breda-Obusse im Betriebshof aus. Die übrigen drei Wagen trugen mehr oder weniger starke Schäden davon, die nach und nach behoben wurden, so daß zur Eröffnung zunächst zwei (Breda-Obus 1, Alfa-Romeo-Obus 2) zur Verfügung standen. Anfang April 1947 kam ein weiterer Alfa-Romeo-Obus als „3" hinzu. Im August 1948 begann schließlich die Instandsetzung des abgestellten vierten Obusses – eines Breda-Wagens –, der Anfang März 1949 als „4" in Dienst kam.

Die vorgesehene Erweiterung des Netzes erforderte die Bestellung vier neuer Obusse, die MAN im Herbst 1952 auslieferte und die als Reihe 5–8 eingenummert wurden. Die Fahrzeuge vom Typ MKE 2 besaßen selbsttragende zweitürige Kässbohrer-Aufbauten mit mittlerer Stehplattform. Bei einer Länge von 10800 mm (Radstand 5250 mm) verfügten sie über 33 Sitzplätze aus Preßholz (zwölf davon als Längssitze über den Radkästen) sowie 43 Stehplätze. Obus 5 besaß als einziger eine Fahrertür und gehörte zu einer für Argentinien bestimmten Großserie, aus der er abgezweigt werden konnte. Zur Beschilderung dienten Rollbandapparate über den Windschutzscheiben für Ziel und Liniennummer bzw. im Seitenfenster vor der Mitteltür für das Ziel. Die Türanordnung ließ einen Fahrgastfluß mit Sitzschaffner nicht zu, so daß der Schaffner pendeln mußte.

Die elektrische Ausrüstung besorgten die SSW. Ihr im Heck untergebrachter Doppelkollektormotor vom Typ DV 602a leistete 100 kW je Stunde und wurde über ein Schützenschaltwerk vom Typ ONW 6, Form 4, gesteuert. Eine Druckluftbremse unterstützte im unteren Geschwindigkeitsbereich die generatorische Bremse.

Für die Streckenerweiterung nach Weisenau lieferten die gleichen Hersteller im Juli 1955 zwei fast vollständig mit der Erstserie übereinstimmende Obusse (9 und 10). Ihre Stromabnehmerböcke waren zur besseren Kurvenfahrt lediglich etwas weiter nach hinten versetzt.

Zur Verdichtung des Fahrplanes kamen im Februar 1957 nochmals zwei Obusse (11 und 12) hinzu. Gegen die Vorlieferung fand sich die Liniennummer über dem Zielschilderkasten in einem Dachreiter; ansonsten unterschieden sich die Wagen gegen die 1955 gelieferten nicht. Mit den jetzt zwölf Fahrzeugen hatte der Wagenpark seinen Höchststand erreicht, den er für drei Jahre beibehielt.

Das Alter der „Italiener", ihr schlechter Allgemeinzustand und die Unmöglichkeit der Ersatzteilbeschaffung führte 1960 zu ihrer Außerdienststellung. Obus 2 schied dabei im März, Obus 1 im April, die Obusse 3 und 4 ab dem 6. 6. 1960 aus. Ihre Verschrottung erfolgte im November 1960. Die Breda-Wagen hatten in Mainz Laufleistungen von fast 600000 km, die beiden Alfa-Romeo-Obusse von etwa 350000 km errelcht. Die geringeren Werte der letzteren waren hauptsächlich auf Schwierigkeiten mit den generatorischen Bremsen zurückzuführen, die öfter Stillager erforderten. Interessanterweise verkehrten die italienischen Obusse bis September 1954 ohne polizeiliche Kennzeichen, während die ab 1952 in Dienst gestellten MAN-Obusse 6–8 sofort (Obus 5 erst nach einigen Wochen) Kennzeichen tragen mußten.

Mit Stillegung der Linie 22/23 ergab sich ab Ende 1963 mit acht Fahrzeugen ein Überbestand. Es gelang daher, drei Obusse im November 1964 nach Österreich an die Mürztaler Verkehrs-Gesellschaft in Kapfenberg/Steiermark zu verkaufen. Hier kamen die Wagen 5–7 unter den Nummern 23–25 (teils sogar mit Anhängern und Einbau von Schaffnerplätzen) in Betrieb, ehe sie 1970–72 ausschieden. Die restlichen Obusse 8–12 blieben bis zur Einstellung bzw. kurz zuvor in Dienst. Zwei Wagen (9 und 10) wurden zur leichteren Altmaterialgewinnung ausgebrannt, die übrigen verkauft und umgehend verschrottet.

3. Betrieb und Fahrplan

Mit Eröffnung der ersten Linie – die Fahrer der „zweiten Generation" hatte übrigens der Verkehrsbetrieb der HEAG in Darmstadt ausgebildet – fand zunächst 30-, in der Spitze 20-Minuten-Verkehr statt. Die fehlende Reserve zwang 1947 jedoch zum 40-Minuten-Betrieb, allerdings auch zum Mitführen eines Anhängers. Dieser Anhänger (108) lief von Mai bis September 1947 hinter Obus 1 mit. Schwie-

rigkeiten mit der nicht ausreichend dimensionierten Druckluftanlage beendeten diese Betriebsweise. Der starke Andrang ließ auch das Fahrgastflußsystem mit Sitzschaffner scheitern. Nach kurzer Zeit schon führte man (bis zuletzt) den Pendelschaffnerbetrieb ein und behalf sich zeitweise sogar mit einem zweiten Schaffner.

1948 gelang die Einführung eines durchgehenden 30-Minuten-Verkehrs, und ab 1951 konnte man durch E-Wagen zwischen Münsterplatz und Ritterstraße 15-Minuten-Abstand anbieten. Mit Eröffnung der Linie 22 am 12. 4. 1953 wechselte Linie K in „21" und wurde mit Linie 22 zwischen Münsterplatz und Ritterstraße zum 15-Minuten-Betrieb tagsüber verzahnt. Sonntagvormittags wurde Linie 22 einige Zeit nur zwischen Münsterplatz und Gonsenheim betrieben; mit Eröffnung der Strecke Rosengarten –Weisenau ab September 1955 übernahmen Omnibusse der Linie 15 grundsätzlich den Sonntagvormittagverkehr zwischen Rosengarten und Weisenau bis zur Umstellung ab 28. 10. 1963.

Zur besseren Unterscheidung der an einer gemeinsamen Haltestelle am Münsterplatz oft gleichzeitig abfahrenden Weisenauer und Gonsenheimer Wagen führte man ab 15. 6. 1956 für die Richtung Weisenau anstelle der „22" die „23" ein, so daß die Zahl der Obuslinien optisch auf drei stieg.

Nach der Ausmusterung der italienischen Obusse hätten die restlichen acht Fahrzeuge für einen regulären Betrieb nicht ausgereicht. Da mittelfristig aber ein Auslaufen des Obusverkehrs beabsichtigt war, ersetzte man die fehlenden Obusse durch Gelenkomnibusse. Hierdurch entstand ab 6. 6. 1960 auf Linie 22/23 ein allerdings unbefriedigender Mischbetrieb Obus/Dieselbus, bei dem der sonst beliebte Obus allein durch das unterschiedliche Sitzplatzangebot (33:50) in der Gunst der Fahrgäste verlor.

Zwischen Juni 1960 und Oktober 1965 verkehrte Linie 21 im Spätverkehr montags bis freitags nur zwischen Ritterstraße und Münsterplatz, so daß die Teilstrecke zum Straßenbahnamt entfiel. Daß auch Obusse durchaus personalsparend einzusetzen waren, belegte die Tatsache, daß ab 2. 5. 1966 abends und sonntagvormittags Einmannbetrieb eingeführt werden konnte. Außer dem Einbau von Wechselkassen und dem Anbringen entsprechender Schilder hatten hierzu keine Änderungen zu erfolgen brauchen.

Zwischen 1946 und 1952 waren die Obusse auf Gleis 8 der Wagenhalle B untergebracht und gewartet worden. Größere Arbeiten erledigte man in der angrenzenden Straßenbahn-Hauptwerkstatt, zu der der Obus bis 1963 organisatorisch gehörte. Mit Inbetriebnahme der ersten MAN-Obusse wechselte man auf die Gleise 6 und 7 der Wagenhalle A. Beide Abstellplätze erforderten vor dem Ausrücken ein Rückwärtsstoßen durch die engen Hallentore bis in Rheinallee bzw. Kaiser-Karl-Ring. Wie in der Rheinallee, hatte man auch im Betriebshof nur jeweils zweite Fahrdrähte für den Obus gezogen, damit Straßenbahnwagen die Gleise weiterhin befahren konnten.

189 Obus 6 der Bauart MAN/Kässbohrer/SSW innerhalb der Wendeschleife Kaiser-Karl-Ring. Dieses Fahrzeug kam 1964 nach Kapfenberg/Österreich. Im Hintergrund die Wagenhalle A (Dezember 1963).

190 Zwei Obusse der Linie 21 (6 und 11) kreuzen sich in der Großen Bleiche; dahinter die Peterskirche (Oktober 1964).

VI. Teil: Tarife, Personelles, Statistik

1. Tarife, Fahrausweise und Abfertigung

Da im Grundsatz am gerechtesten und bei der Pferdebahn bewährt, wählte man 1904 auch für die Städtische Straßenbahn einen Teilstreckentarif mit vier (später fünf) Stufen zu 10, 15, 20, 25 (und 30) Pfg. Verbilligt ließ es sich auf einer „Ermäßigungskarte" fahren, die mit 12 10-Pfg.-Abschnitten nur eine Mark kostete. „Vielfahrer" erwarben eine „Monatskarte", die den Charakter einer Netzkarte besaß, und zahlten für beliebig viele Fahrten zehn Mark. Die Ausdehnung des Netzes erforderte ab 1. 7. 1908 eine Aufspaltung in Stadtnetz- und Gesamtnetzkarte zu 10,20 Mk und 12,40 Mk. Jetzt gab es erstmals auch eine „Strecken-Monatskarte", die von den Endpunkten (nicht von Zwischenhaltestellen) in den Vororten zu einem beliebigen Innenstadtziel galten. In drei Stufen erhältlich, sollten sie den Verkehr zwischen Vororten und Stadt heben und waren uneingeschränkt oft zu benutzen.

Als „Verkehrsschranke" ersten Ranges hatte der hessische Staat 1885 zur Deckung der Bau- und Unterhaltungskosten der neuen Rheinbrücke, aber auch als zusätzliche Steuerquelle ein „Brückengeld" festgesetzt, das für die Straßenbahn-Fahrgäste 5 Pfg. betrug. Diesen Betrag mußten die Schaffner zusätzlich erheben und die Zahl der „brückengeldpflichtigen" Fahrgäste sofort dem Brückenpächter per Zählzettel nachweisen. Die so kassierten Gelder führte das Straßenbahnamt monatlich an die Staatskasse ab. Ab 1. 4. 1912 war die Regierung nach wiederholtem Drängen der Stadt endlich bereit, eine Pauschale für Fußgänger, Straßenbahn-Fahrgäste und Fahrzeuge zu akzeptieren. Während danach die Stadt jährlich 11 000 Mark und die laufende Unterhaltung der Fahrbahn und Gehwege übernahm, trug den größeren Anteil von 39 444 Mark (entsprechend dem 1910 erhobenen Brückengeld) die Straßenbahn. Um nun diese der Allgemeinheit dienende jährliche Ausgabe einigermaßen gerecht auf die Schultern der Straßenbahn-Benutzer zu verteilen, verminderte man die Abschnitte der Ermäßigungskarte von 12 auf 11.

Die auf den ersten Blick niedrigen Fahrpreise täuschten: Für die Fahrt von Mombach zum Neubrunnenplatz mußte ein Arbeiter 15 Pfg. bezahlen, so daß bei einem durchschnittlichen Tageslohn von drei Mark ein Zehntel für Hin- und Rückfahrt aufgezehrt wurde. Daher ging die Arbeiterschaft oft zu Fuß oder benutzte die erheblich günstigere Staatsbahn ab Mombach oder Gonsenheim. Selbst die „Süddeutsche" hatte auf ihrer Dampfbahn von Anfang an Arbeiterkarten ausgegeben, die für die vergleichbare Strecke Gonsenheim–Mainz deutlich billiger wa-

ren. Es war daher nur zu verständlich, daß bald Kritik aufkam und Entsprechendes auch für die Straßenbahn verlangt wurde. 1909 nahm die Deputation „angesichts der Tatsache, daß die Rechnung für 1908 einen Fehlbetrag aufweisen wird", eine „abwartende" Stellung ein. Erst 1912 rang sie sich zu einer Empfehlung durch, und zwar

> „... um der einheimischen Industrie von auswärts immer genügendes Arbeitspersonal zur Verfügung zu stellen ..., da die Fahrpreise zu hoch seien und die auswärtigen Arbeiter fernhalte ..."

In einer denkwürdigen Sitzung stimmten die Stadtverordneten am 28. 5. 1913 einmütig der Einführung der „Wochenkarten zu ermäßigten Preisen" (Rabatt 50%) zu, die ab 14. 7. 1913 dann zur Ausgabe kamen. Einige „Haken" besaßen die neuen Karten indessen: Abgesehen von der Beachtung einer (bis Ende 1921 geltenden) Einkommensgrenze, wurden auch sie nicht von jedem beliebigen Punkt, sondern nur von einer bestimmten Zahl von Haltestellen (überwiegend die Vorort-Endstellen) ausgegeben. Eingeschränkt blieben anfangs auch die Benutzungszeiten (morgens bis 8 Uhr, mittags von 11.30–2.30 Uhr, abends ab 5 Uhr), wurden aber bald aufgeweicht und im März 1914 aufgehoben.

Abgesehen von der durch die Erweiterungen bediente Preisanhebung der Gesamtnetzkarte in 1908 und des Wegfalls eines Feldes der Ermäßigungskarte als Brückengeld-Kompensation in 1912, war der Tarif seit 1904 nicht nur konstant geblieben, sondern hatte sich ab 1913 durch die Einführung der Arbeiterkarten gar ermäßigt. Im letzten Kriegsjahr erreichte die Wirtschaftlichkeit jedoch eine Grenze, die ab 29. 3. 1918 eine allgemeine Erhöhung der Fahrpreise nötig machte. Der Barfahrpreis wurde dabei um 5 Pfg. angehoben, so daß die billigste Fahrt z. B. für Erwachsene 15 Pfg. kostete (die teuerste blieb mit 30 Pfg. jedoch gleich).

Bald kam nun das „Inflationskarussell" in Gang: Reichte die Erhöhung von 1918 noch für 14 Monate, so waren es von der zweiten zur dritten nur noch acht. Zum 1. 2. 1920 entfiel zunächst für die Strecken-Monatskarte, ab 17. 10. 1920 auch für die Arbeiterkarte die wenig verständliche Bestimmung, wonach als Ausgangspunkt nur eine beschränkte Zahl von Haltestellen in Frage kam. Inzwischen begann sich das „Inflationskarussell" schneller zu drehen, bis die Zahl der Tariferhöhungen von 1918 bis 1923 bei 61 (!) angelangt war. Zeitweise erhobene Abend- und Sonntagnachmittag-Zuschläge halfen wenig, den Schaden der ständig dem Geldwert hinterherhinkenden Tariferhöhungen wettzumachen. Bisher waren es die Stadtverordneten gewesen, die es sich vorbehalten hatten, Neufestsetzungen der Fahrpreise „ihrer" Straßenbahn tunlichst selbst zu entscheiden. In den Diskussionen prallten hierbei die Meinungen je nach politischem Standort nicht selten hart aufeinander. Die ungewohnte Situation, sich ständig mit Erhöhungen befassen zu müssen, führte ab Herbst 1922 dazu, daß die laufend tagende Straßenbahn-Deputation die Erhöhungen vorwegnahm, um das Unternehmen einigermaßen bei Finanzen zu halten. Den Stadtverordneten blieb daher nur noch ein nachträglicher „Segen" übrig. Durch die Häufigkeit der Anpassungen und die langsam astronomischen Zahlen überfordert, überließen sie jetzt der Deputation freie Hand. Auch diese war mit ihrem Latein bald am Ende und ermächtigte im September 1923 die Direktion, die jeweiligen Erhöhungen im Einvernehmen mit dem Oberbürgermeister selbst festzusetzen. Diese sollten immer freitags in Kraft

treten und nach einem komplizierten Verfahren berechnet werden („Umrechnung der Goldmark in Papiermark nach dem Mittelkurs zwischen Geld und Brief der Berliner Börse von Montag, Dienstag und Mittwoch im Durchschnitt" und – ab Oktober 1923 – unter Berücksichtigung des Lohnfaktors). Hierzu wären eher Währungsexperten als biedere Verwaltungsbeamte geeignet gewesen.

Wie alles, so hatte auch die Inflation einmal ein Ende, und Anfang 1924 die Fahrpreise wieder normales Niveau mit Preisstufen (für Erwachsene) von 13 (!), 20, 25, 30 und 35 Pfg.

In welchen Höhen sich die Fahrpreise während 3½ Jahren bewegten, veranschaulicht ein Auszug, der sich auf 16 der 61 Erhöhungen beschränkt und stellvertretend für alle Fahrpreisarten den Preis der Erwachsenen-Fahrscheine für die kürzeste und die längste Strecke angibt:

17. 5. 1920:	—,30 Mk	1,— Mk
1. 8. 1921:	—,50 Mk	1,75 Mk
1. 1. 1922:	1,— Mk	3,50 Mk
1. 8. 1922:	3,— Mk	7,— Mk
1. 11. 1922:	10,— Mk	25,— Mk
1. 1. 1923:	150,— Mk	300,— Mk
9. 6. 1923:	500,— Mk	1 250,— Mk
1. 7. 1923:	1 000,— Mk	2 500,— Mk
5. 8. 1923:	10 000,— Mk	25 000,— Mk
25. 8. 1923:	150 000,— Mk	350 000,— Mk
15. 9. 1923:	1 000 000,— Mk	2 500 000,— Mk
12. 10. 1923:	30 000 000,— Mk	110 000 000,— Mk
19. 10. 1923:	100 000 000,— Mk	300 000 000,— Mk
26. 10. 1923:	1 500 000 000,— Mk	3 500 000 000,— Mk
27. 11. 1923:	200 000 000 000,— Mk	600 000 000 000,— Mk
11. 1. 1924:	130 000 000 000,— Mk	350 000 000 000,— Mk

Absoluter „Spitzenreiter" blieb anläßlich der Erhöhung vom 1. 12. 1923 die Gesamtnetz-Halbmonatskarte, die von 8,5 auf 26 Billionen Mark im Preis stieg.

Als „Konkurrent" der inzwischen in „Knipskarte" umgetauften Ermäßigungskarte erschien im Frühjahr 1921 der „Bündel". Er bestand aus 11 (später auch 20) in einem Heftchen zusammengefaßten Fahrscheinen, die natürlich eine bessere Markierung und Kontrolle zuließen. Der Vorteil des Rabattes blieb der gleiche. Ende 1923 schlug daher die – vorerst – letzte Stunde der Knipskarte.

Nach Einkehr normaler Verhältnisse versuchte man mit allerlei tariflichen Mitteln die Benutzung zu steigern. Ohne Anhebung ging es aber auch jetzt nicht: Ab 19. 6. 1925 verschwand als letztes Relikt der Inflationszeit der 13-Pfg.-Fahrschein und wurde durch einen zu 15 Pfg. ersetzt. Die teuerste Einzelfahrt kostete nun 40 statt 35 Pfg. Mit dem 27. 2. 1927 griff ein „Einfachtarif" mit nur zwei Stufen (1–5 und mehr als 5 Teilstrecken) Platz. Er sollte die Abfertigung vereinfachen, aber auch die Erlöse steigern. Im Bartarif stand sich dabei die Einzelfahrt auf 20 und 30 Pfg. Ab 15. 2. 1930 kehrte man allerdings zur fünffachen Staffelung (20, 30, 40 und – wegen der neuen Ginsheimer Linie – 50 und 60 Pfg.) zurück. Ein ab 25.

2. 1932 gültiger Tarif berücksichtigte wieder mehr die Kurzstreckenfahrer durch Einschalten eines 15-Rpf.-Fahrscheins für 1–2 Teilstrecken. Eine wahre „Flut" von Bündeln kursierte nun: B-, D-, E-, G-, K-, S- und W-Bündel, dazu teils in mehreren Abstufungen, so daß kaum ein Wunsch offenbleiben mußte. Die W(ohlfahrts)-Bündel wurden zum Beispiel nur an die in der Krankenpflege tätigen Barmherzigen Brüder und Schwestern ausgegeben und setzten das Tragen der Ordenstracht voraus.

Noch mehr war man ab 1933 auf belebende Tarifmaßnahmen aus, um jeden „Volksgenossen" zur Fahrt mit Straßenbahn und Omnibus zu bewegen. Begonnen hatte es am 1. 7. 1934 mit der Ermäßigung für die längsten Verbindungen (35 und 40 Rpf. statt 40 und 50 Rpf). Um Kurzstreckenfahrer zu gewinnen, bot man ab 1. 10. 1934 den 1-Teilstrecke-Fahrschein zu 10 Rpf. an und führte statt der Wochen- und Monatskarte für 1–4 Teilstrecken zwei verschiedene für 1–2 und 3–4 Teilstrecken ein.

Am 21. 11. 1933 kam es dann zur eigentlichen „Geburtsstunde" des Gemeinschaftstarifs. Jetzt konnten Umsteiger von den Mainzer Stadtlinien die Wagen der SEG zwischen Hauptbahnhof und Kastel/ Wiesbadener Straße ohne den bisher üblichen Zuschlag von 5 oder 10 Rpf. benutzen. Umgekehrt gab die SEG nun Übergangsfahrscheine ins Mainzer Netz aus.

Als zu Pfingsten 1935 die SEG als „Anreißer" versuchsweise Rückfahrscheine Mainz/Hbf–Wiesbaden/Hauptpost für nur 60 Rpf. (später auch nach Biebrich für 40 Rpf.) anbot, mochte auch Mainz nicht zurückstehen. Ab 1. 4. 1936 gab es daher Rückfahrscheine nach Gonsenheim für 40 Rpf. (Normaltarif 2 × 30 Rpf.). Sie galten an Sonn- und Feiertagen ganztägig, mittwochs und samstags dagegen ab 12 Uhr und berechtigten während der Baumblüte auch zur Fahrt nach Mombach. Mit Kriegsbeginn konnten beide Betriebe solche verkehrswerbenden Angebote nicht mehr aufrechterhalten und ließen sie wegfallen.

Mit Wiedereröffnung des Betriebes im Sommer 1945 kam es zu einer neuen Konzeption mit deutlich weniger, jetzt „Zahlgrenzen" genannten Tarifpunkten. Es kosteten:

1–2 Zahlgrenzen	20, Kinder 10 Rpf.
3–4 Zahlgrenzen	30, Kinder 15 Rpf.
5–6 Zahlgrenzen	40, Kinder 20 Rpf.
über 6 Zahlgrenzen	50, Kinder 25 Rpf.

Ab August 1947 erlebte auch die Knipskarte ihre „Auferstehung". Kleingeldnot und Papiermangel ließen die eine Reichsmark teure 11-Fahrten-Karte mit ihrem Zahlenlabyrinth nochmals zu Ehren kommen, ehe sie der „Einheitsbündel" am 1. 7. 1949 endgültig ablöste.

Bei Eröffnung der Straßenbrücke am 16. 4. 1950 trat wieder eine Einteilung in Teilstrecken in Kraft, die Fahrpreise von 20 bis 80 Pfg. brachte, sonst aber das bisherige Preisniveau weitgehend hielt. Wie 1943–45 gab es jetzt wieder einen Gemeinschaftstarif auf den Linien 6 und 9 mit eigenen Fahrausweisen. Übergangsmöglichkeiten bestanden von „6" und „9" auf beide Stadtnetze und umgekehrt. Von Mainz/Hbf bis Kastel/Wiesbadener Straße konnte jedoch auch mit Stadt Mainzer Fahrausweisen gefahren werden.

Allgemein steigende Kosten zwangen zum 1. 8. 1951 zur ersten Nachkriegs-Tariferhöhung mit Barfahrpreisen zwischen 20 Pfg. und einer Mark (im Binnenverkehr der Linien 6 und 9 nur 70 Pfg.). Dieser Tarif konnte bis 1958 gehalten werden. Ab 1. 8. kostete die niedrigste Stufe (1–3 Teilstrecken) 30 Pfg., die höchste blieb bei einer Mark.

Beliebig häufige Benutzung zwischen zwei Punkten war das bestechende Merkmal der am 1. 11. 1963 eingeführten „Wochensichtkarte", denn bisher konnte täglich nur eine Hin- und Rückfahrt ausgeführt werden. Gleichzeitig vereinfachte (und verteuerte) sich auch der Bartarif auf 40, 60, 80 Pfg. und 1,– DM.

Eine Zäsur ersten Ranges bedeutete der Tarif vom 1. 11. 1965, der die völlige Abkehr vom Teilstreckensystem bedeutete und auf den verstärkt einzuführenden Einmannbetrieb zugeschnitten war. Zwei Barfahrpreise (50 Pfg. für „Geradeaus" und 60 Pfg. für „Umsteiger") blieben übrig. Bei den Wochensichtkarten konnte die bezahlte erste (ggf. auch

zweite und dritte) Linie – parallele Linien natürlich inbegriffen – von Anfang bis Ende und beliebig oft befahren werden. „Mehrfahrtenkarten" ersetzten nun den bewährten Bündel. „Gestorben" war endlich auch der Gemeinschaftstarif alter Prägung mit besonderen Fahrausweisen und Aufteilung der Einnahmen zwischen beiden Betrieben. Nun galt der Mainzer Stadttarif bis Wiesbaden/Hauptpost bzw. Schierstein, umgekehrt der Wiesbadener bis Mainz/Hbf. Am 1. 2. 1967 war auch das angestrebte Ziel „Einheitsfahrpreis" endlich erreicht. Nun kostete es, egal ob „Geradeaus" oder „Umsteiger", 60 Pfg.

Im Bestreben, auch andere Verkehrsmittel dort für die Fahrgäste zu öffnen, wo sie mit den eigenen parallel fuhren, kam es ab 4. 8. 1969 mit der Bundesbahn zu einer ersten Vereinbarung. Danach können seither zwischen Hauptbahnhof und Marienborn (später bis Lerchenberg ausgedehnt) Bahnbusse mit Mainzer und Wiesbadener Fahrausweisen benutzt werden. Seit 28. 5. 1972 ist auch die über Gonsenheim bzw. Mombach nach Budenheim führende Bahnbuslinie bis Lenneberg bzw. Mombach eingeschlossen.

Einem Trend folgend, kam es ab 1. 10. 1969 zur Einführung von Senioren-Monatsnetzkarten, gleichzeitig auch zu der eines „Wochenendfahrscheins" zu 60 Pfg. (ab 1. 1. 1971 zu 1,– DM). Letzterer konnte bald auch an Wochenfeiertagen zur Hin- und Rückfahrt benutzt werden. Eine Korrektur des Mehrfahrtenkartenpreises machte ihn – den von Mainz und Wiesbaden ersten gemeinsam beschafften Fahrausweis – ab 1. 10. 1974 wieder entbehrlich.

Eine weniger erfreuliche Periode war ab 1. 8. 1971 auf den Linien 6 und 9 zu registrieren: Während Wiesbaden seine Preise anhob (Bartarif nun 80 Pfg.), hielt Mainz sich zurück, so daß auf den Wiesbadener Fahrzeugen ein höherer Fahrpreis zu entrichten war. Um die Verwirrung komplett zu machen, mußte Wiesbaden auf dem der Mainzer „Tarifhoheit" unterliegenden Abschnitt Mainz/Hbf–Kastel/Wiesbadener Straße den günstigeren Mainzer Tarif anwenden. Dadurch ergab sich das Kuriosum, für eine kürzere Strecke mehr als für eine längere zahlen zu müssen. Mit Angleichung des Mainzer Tarifs ab 1. 11. 1971 hatte dieser „Spuk" glücklicherweise sein Ende. Belohnt wurden die Fahrgäste auf besondere Art: Mainzer und Wiesbadener Fahrscheine und Mehrfahrtenkarten galten nun nicht nur auf den Gemeinschafts-, sondern auch auf den innerstädtischen Linien des anderen Partners, so daß nun Strecken von fast 30 Kilometern für nur 80 Pfg. (Mehrfahrtenkarte nur 60 Pfg.) zurückgelegt werden konnten.

In konsequenter Fortsetzung des einmal eingeschlagenen Weges erkannte man die ab 1. 11. 1972 anstelle der liniengebundenen „Wochensichtkarte" geschaffene „Wochennetzkarte" ebenfalls gegenseitig an, so daß der Verbund für die Fahrgäste komplett war. Die Einführung der 7- und Abschaffung der 6-Tages-Karte eröffnete darüber hinaus die zuvor nur Schichtarbeitern eingeräumte Möglichkeit, auch an Sonntagen fahren zu können.

Den Willen zur besseren Koordination bekundeten Mainz und Wiesbaden mit Gründung einer als gemeinsame Dachgesellschaft fungierenden „Versorgungs- und Verkehrsverbund Mainz-Wiesbaden GmbH" Anfang 1974. Seit 1975 erhalten die gemeinsam beschafften Fahrscheine daher den zusätzlichen Aufdruck „Verkehrsverbund Mainz-Wiesbaden".

Abgesehen von einem Tagesnetzfahrschein zu 2,– DM (Ausgabe vom 1. 8. 1972 bis 14. 4. 1975) und der Einführung einer Jahresnetzkarte ab 1. 10. 1977 kam es aus wirtschaftlichen Erwägungen seitdem zu keinen strukturellen Änderungen des tariflichen Angebotes mehr. Ab 1972 mußten statt dessen die Fahrpreise mehrmals – zuletzt in immer kürzeren Abständen – erhöht werden und betrugen im Bartarif bzw. (in Klammern) auf Mehrfahrtenkarte:

	Fahrgäste ab 15 Jahren	Fahrgäste unter 15 Jahren
1. 8. 1972	1,— (–,75) DM	–,50 (–,375) DM
31. 12. 1973*	1,— (–,50) DM	–,50 (–,30) DM
15. 4. 1975	1,30 (–,75) DM	–,50 (–,375) DM
1. 10. 1977	1,50 (1,—) DM	–,70 (–,50) DM
1. 5. 1980	1,80 (1,10) DM	–,90 (–,60) DM
1. 11. 1980	1,80 (1,20) DM	–,90 (–,60) DM
1. 7. 1981	2,— (1,50) DM	1,— (–,70) DM
1. 7. 1982	2,30 (1,66) DM	1,20 (–,80) DM

* Angleichung an den seit 1. 8. 1972 niedrigeren Wiesbadener Preis für Mehrfahrtenkarten

Die übrigen Preise stellten sich im 100. Jahr der Straßenbahn wie folgt dar:

5-Tage-Wochennetzkarte für jedermann	14,50 DM
7-Tage-Wochennetzkarte für jedermann	18,— DM
7-Tage-Wochennetzkarte für Schüler, Studenten usw.	12,50 DM
Monatsnetzkarte für jedermann	70,— DM
Monatsnetzkarte für Schüler, Studenten usw.	48,— DM
Monatsnetzkarte für Senioren (mit Sperrzeit)	40,— DM
Monatsnetzkarte für Senioren (ohne Sperrzeit)	60,— DM
Jahresnetzkarte	770,— DM

Für die Überlandlinie nach Stadecken/Sprendlingen bestand bis zur Übergabe ein Sondertarif ohne Umsteigeberechtigung auf die Stadtlinien. Die höchste Preisstufe (Mainz–Sprendlingen) betrug im Bartarif 2,25 DM. Auch die Linie nach Drais unterlag einem Sondertarif ohne Umsteigeberechtigung; sie konnte allerdings ab 23. 5. 1966 in den Normaltarif einbezogen werden. Auf der an Markttagen befahrenen Verlängerung der Ginsheimer Linie bis Bauschheim kamen besondere Zusatzfahrscheine zur Ausgabe. Ihre sonstige tarifliche Behandlung blieb unklar.

In den fast 80 Jahren Städtischer Straßenbahn unterlagen auch die Fahrausweise einem steten Wandel. Ungezählt blieben die vielen Sorten, die im Lau-

fe der Zeit den Besitzer wechselten. Nur wenige konnten aus früherer Zeit bewahrt werden und Zeugnis über längst vergangene Epochen ablegen. Wie der erste Tarif, hielten sich auch die ersten Fahrscheine verhältnismäßig lange. Entsprechend den Preisstufen 5, 10, 15, 20 und 25 Pfg. hatte man sie auf blaues, weißes, rotes, grünes und gelbes Papier gedruckt und die Teilstrecken („Taxgrenzen") an den Rändern aufgelistet. Das Entwerten bei Geradeausfahrt erfolgte durch Einreißen in Höhe des Namens der Teilstrecke, bis zu der bezahlt wurde. Beim Umsteigen wurde dagegen gelocht und entsprechend der Linienfarbe mit Farbstift markiert.

Mit Ausweitung des Netzes mußte man 1921/22 Netzbildfahrscheine einführen, auf denen nach Hinzukommen der Omnibuslinien diese rot, die Straßenbahnlinien dagegen schwarz dargestellt wurden. Entsprechend den Preisstufen versah man die bis Kriegsende im wesentlichen beibehaltene Fahrscheinform mit verschiedenfarbigen Längskanten und druckte in gleicher Weise Preis und Zahl der Teilstrecken ein, für die sie gültig war. Nach wie vor erfolgte die Markierung mit unterschiedlichen Farbstiften. Im Umsteigeverkehr mußte dabei neben dem Ausgangspunkt (mit Schrägstrich gekennzeichnet) noch das Fahrtziel abgehakt und in der Uhrenspalte die Zeit des Fahrtantritts vermerkt werden. Der Schaffner des Anschlußwagens entwertete dann endgültig durch Einreißen. Auch nach Kriegsende blieb es beim Streichen, wobei die Farbe der Markierung nun unerheblich war. Gelocht wurden selbstverständlich Wochen- und Knipskarten.

Ab 16. 4. 1950 fand das Kennzeichen der neuen Netzbildfahrscheine nur durch Lochen statt. Im Umsteigeverkehr mußten der Einstieg mit einem Loch, das Ziel mit zwei Löchern, dazu die Datumsspalte mit einem weiteren Loch versehen werden. Das Markieren einer Stundenleiste unterblieb in der Praxis. Im Geradeausverkehr war das Lochen des Einsteigepunktes ebenfalls vorgeschrieben; meist entwertete man jedoch durch Einreißen.

Besondere Fahrscheine mußten für die Gemeinschaftslinien 6 und 9 mit ihrem eigenen Tarif vorgehalten werden. Je nach Fahrtrichtung wurden wegen des etwaigen Übergangs in die Stadtnetze Fahrscheine mit Mainzer oder Wiesbadener Netzbild verwendet. Die Mainzer Fahrscheine trugen neben dem Aufdruck „Gemeinschaftsverkehr Mainz-Wiesbaden" einen roten Querbalken, die von Wiesbaden rechts eine blaue Kante.

Mit dem Einfachtarif ab 1. 11. 1965 kam es auch zum Abschied von der Lochzange und zur Einführung eines Stempels, aus dem Linie, Datum und Uhrzeit hervorgingen. Geradeausfahrscheine erhielten keinerlei Markierung, während Umsteigefahrscheine und Mehrfahrtenkarten gestempelt werden mußten. Da an die Stelle der bisher wöchentlich zu erneuernden Wochensichtkarte die „Stammkarte" trat, gab es nun für jede Zeitkartenart eine entsprechende Wertmarke mit Wochenstempel.

Die vorerst letzte Neuerung brachte 1968 die Einführung der Entwerter – anfangs „Eiserne Schaff-

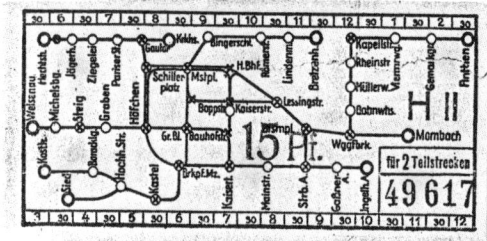

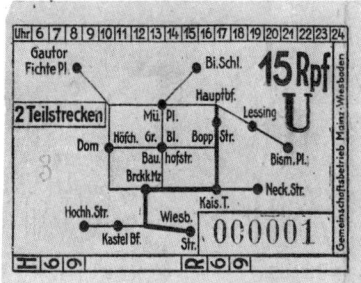

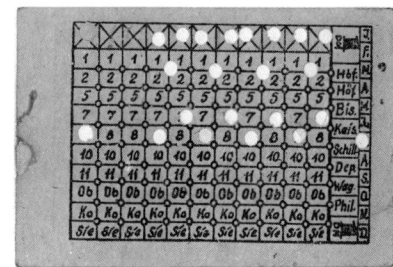

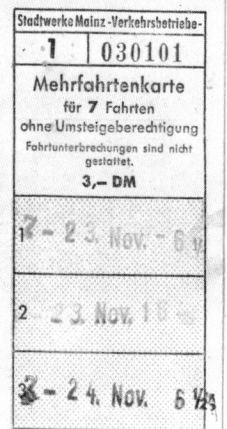

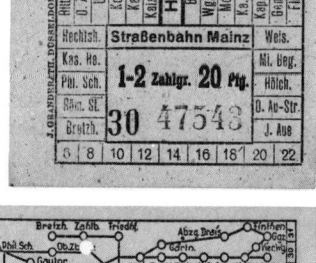

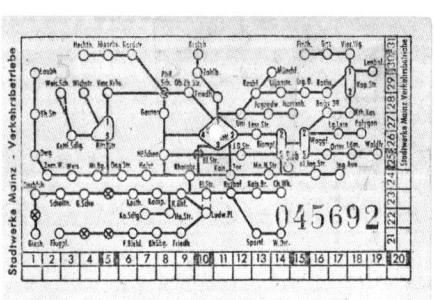

191 Fahrscheine erzählen Geschichte:
Einzelfahrschein aus dem Eröffnungsjahr der Städt. Straßenbahn (1904), Netzbildfahrschein aus 1927 mit Krankenhauslinie und neuer Strecke nach Kostheim/Siedlung; Übergangsfahrschein von den Gemeinschaftslinien 6 und 9 auf die Stadtlinien (1933–45); 11-Fahrten-Knipskarte und Miniaturfahrschein aus der Zeit des Papiermangels (1946–49); Teilstreckenfahrschein der Überlandlinie S nach Sprendlingen (1949–54); Mehrfahrtenkarte mit neu eingeführter Stempelung (1965–67); Teilstreckenfahrschein aus 1950 mit nie befahrener Strecke Bischofsheim–Rüsselsheim; Deckblatt eines Einheitsbündels (1949–50); letzter Netzbildfahrschein vor Ablösung des Teilstreckentarifs (1963–65).
Weitere Fahrschein-Abbildungen siehe Seite 92.

ner" genannt. Sie bedingten ein neues, schmales Fahrscheinformat aus Halbkarton. Bis zum Auslaufen des Schaffnerbetriebes bestanden Stempel und Entwerter nebeneinander. Heute arbeiten nur noch bei Sondereinsätzen (Rosenmontag, Weinmarkt) Standschaffner mit dem Stempel. Bei diesen Gelegenheiten kommen auch regelmäßig die 1927 eingeführten Umhänge-Geldwechsler („Galoppwechsler") wieder zu Ehren.

2. Vom Schaffner zum Einmannbetrieb

Seit Eröffnung der elektrischen Straßenbahn fuhren auf allen Wagen Schaffner mit. Erst 1931/32 kam es auf gutachtliche Empfehlung zum zeitweisen Einmannbetrieb auf der Linie 10 zwischen Gonsenheim und Finthen. Verwendet wurde dabei der eigens mit handbetätigten Falttüren versehene Triebwagen 68. Spätestens bei Kriegsbeginn scheint dies wieder aufgegeben worden zu sein.
In den fünfziger Jahren verkehrten kurzzeitig auch auf Linie 1 zwischen Straßenbahnamt und Ingelheimer Aue Pendelwagen ohne Schaffner. Der moderne Einmannbetrieb begann jedoch für die Straßenbahn erst mit der ganztägigen Umstellung der Linie 8 ab 5. 8. 1968. Ihr folgten am 9. 8. 1970 die stark frequentierte Linie 11 und nach und nach einzelne Kurse der Linie 10. Der Wunsch nach einheitlicher Betriebsweise auf den parallelen Linien 10 und 11 führte ab 1. 8. 1972 zur kompletten Umstellung auch der ersteren. Dafür mußten jedoch auf Linie 8 wieder einige Kurse mit Schaffnern verkehren, ehe sie ab 1973/74 schrittweise durch Indienststellung weiterer Einmannwagen abgelöst wurden. Einzelne E-Wagen fuhren allerdings weiterhin auch auf den Linien 10 und 11 mit Schaffnern, doch war ab 8. 3. 1975 der Einmannbetrieb schließlich vollständig eingeführt.
Auf den Omnibuslinien ließ die Frequenz bis Kriegsbeginn – von Ausnahmen abgesehen – eine Begleitung durch Schaffner nicht notwendig erscheinen. Mit dem beginnenden „Sturm" auf die Fahrzeuge konnte den Fahrern der Stadtlinien K und W, später auch denen der Ginsheimer Linie, das Kassiergeschäft nicht mehr zugemutet werden, so daß Schaffner beigegeben wurden. Abweichend hiervon verkehrte die Überlandlinie S grundsätzlich einmännig, und nur bei Anhängerkursen kam ein Schaffner zum Einsatz. Ausschließlich in Einmannbesetzung fuhren seit Eröffnung die Linien nach Drais, Fort Biehler und Laubenheim; allerdings bediente eine Zeitlang auf dem Laubenheimer Wagen an Sonntagnachmittagen ein Schaffner. Die Betriebsweise der 1950 eröffneten Linie „Go" (später „15") blieb bis 1955 unübersichtlich. Anläßlich der Einführung der neuen Route Wichernstraße–Mombach/Lange Leine ab 1. 9. 1955 wurde außerhalb der Spitze ohne Schaffner gefahren. Unerwartet gute Aufnahme der neuen Vorbindung führte schon nach wenigen Tagen zur ständigen Besetzung mit Schaffnern.

Vor Beginn der ab 1. 11. 1965 einsetzenden Umstellungsmaßnahmen verkehrten von den Omnibuslinien 1, 6, 9, 13, 15, 16, 17, 18, 19, 20, 22/23 und 25 die Linien 16, 18 und 20 bereits ständig, Linie 13 abends und sonntagvormittags, Linie 25 mittwochs im Einmannbetrieb. Der zeitliche Ablauf der folgenden Umstellungsphasen war:

1. 11. 1965:	1, 15, 19:	abends und sonntags
	13:	sonntags ständig
	7, 25:	ständig
2. 5. 1966:	6:	abends und sonntagvormittags
	9:	abends und sonntags
	17:	werktagabends
13. 2. 1967:	13, 15, 21:	ständig
	17:	auch sonntagvormittags
	22/23:	abends und sonntagvormittags
5. 8. 1968:	17, 19, 22:	ständig
20. 10. 1969:	1:	ständig
9. 8. 1970:	9:	ständig

Mit dem Tageseinsatz von Einmann-Gelenkomnibussen auf den Mainzer Kursen der Linie 6 ab 16. 8. 1971 (Wiesbaden folgte ab 28. 9. 1973) war die Umstellung vollständig beendet.

3. Personelles

Mit Übergang der Pferdebahn an die Stadt traten auch fast alle ihre Bediensteten über. Die stetige Ausdehnung des Netzes erforderte eine kontinuierliche Aufstockung sowohl des Fahr- als auch des Werkstatt-Personals und – mit Beginn der ersten größeren Erneuerungsarbeiten – auch der Gleisbau- und Fahrleitungskolonne.
Während Kontrolleure und Betriebsaufseher sogleich als städtische Beamte übernommen wurden, befand sich das Fahrer- und Schaffnerpersonal im Lohnverhältnis als Arbeiter. Nach langen Bemühungen um Gleichstellung schuf die Stadt per 1. 10. 1919 den „Fahrbeamten der städtischen Straßenbahn" und überführte auf vereinbarte 341 Planstellen zunächst 235 Fahrer und Schaffner. Die damit verbundene deutliche finanzielle Besserstellung, die ungekürzte Weiterzahlung des Gehalts im Urlaubs- und Krankheitsfall, vor allem aber der hohe Urlaubsanspruch von durchschnittlich 31 Tagen (Arbeiter nur 10–11 Tage), endlich auch die von Jahr zu Jahr durch Zurruhesetzungen drückenden Pensionslasten ließen den Entschluß bald bereuen. Betriebswirtschaftlich nahm daher die Straßenbahn eine „Spitzenstellung" ein. Insgesamt stellten sich nach einer 1931 durchgeführten Untersuchung die Kosten zwischen 23,5 und 57,9% höher als in benachbarten Betrieben.
Die erkennbare Entwicklung ließ die Stadt bereits 1926 „die Notbremse ziehen" und einen „numerus clausus" von 258 Fahrbeamten- zu 105 Fahrbediensteten-Stellen einführen. Danach sollte in eine

freiwerdende Beamtenstelle der dienstälteste Fahr-
bedienstete nachrücken. Auch dieses System mußte der Kosten wegen bald darauf aufgegeben werden, so daß ab 1927 die Zahl der Beamten ständig
zurückging. Neueinstellungen nahm man nur noch
für das Arbeiterverhältnis vor. 1940/41 belief sich
daher die Zahl der Fahr- und Kassenbeamten nur
noch auf 91. Nach dem Zweiten Weltkrieg sind Stellen im Aufsichts-, Kassen- und Verwaltungsdienst
nur noch im Angestelltenverhältnis besetzt worden,
während es im Fahrdienst beim Arbeiterverhältnis
blieb.

Das Auf und Ab des Personalbestandes verdeutlichen folgende Zahlen:

31. 3. 1905:   142 (im Fahr- und
                           Aufsichtsdienst: 97)
31. 3. 1909:[1]   254 (im Fahr- und
                           Aufsichtsdienst: 176)
31. 3. 1917:[2]   386 (im Fahr- und
                           Aufsichtsdienst: 243)
31. 3. 1928:[3]   615 (im Fahr- und
                           Aufsichtsdienst: 374)
31. 3. 1934:[4]   396 (Fahrer und Schaffner: 227)
31. 3. 1938:   432 (Fahrer und Schaffner: 240)
31. 3. 1952:   542 (Fahrer und Schaffner: 285)
31. 3. 1959:[5]   708 (Fahrer und Schaffner: 390)
31. 12. 1968.[6]   513 (Fahrer und Schaffner: 272)
31. 12. 1981:[7]   760 (Fahrer: 420)
31. 12. 1982:   744 (Fahrer: 425)

1 Ausbau des Grundnetzes beendet

2 hierin 68 Schaffnerinnen
3 Höchststand zwischen den Weltkriegen
4 niedrigster Stand nach Verkehrsrückgang ab 1929/30
5 Höchststand vor Einführung des Einmannbetriebes
6 niedrigster Stand nach Einführung des Einmannbetriebes
7 bisheriger Höchststand

Für die technische Leitung des Betriebes mußte auf
Anordnung der Aufsichtsbehörde und im Benehmen
mit ihr schon ab 1904 ein verantwortlicher Betriebsleiter bestellt werden. Hierzu ernannte die Stadt zum
1. 11. 1904 den von der Firma Siemens-Schuckert
mit den Umstellungsarbeiten maßgeblich betrauten
Ingenieur Julius Schmidtmann, der bis 31. 8. 1918
das Unternehmen als Direktor leitete. Seine Nach-
folger waren bzw. sind:

Direktor Ing. Franz Hausmann   1918–1921
Baudirektor Dipl.-Ing. Paul Karpf   1921–1933
Baurat Dipl.-Ing. Carl Hartwig   1933–1939
Baurat Dipl.-Ing.
Hans Wasserfall von Heemstra   1939–1945
Oberbaurat Ing. Benno Kipper   1945–1961
Direktor Ing. grad. Willi Quetsch   1961–1977
Betriebsleiter Dipl.-Ing. Wilfred Wegener   ab 1977

4. Beförderungsstatistik

	Straßenbahn	Omnibus	Obus	zusammen
1905	6 578 531	–	–	6 578 531
1907	8 853 541	–	–	8 853 541
1909	9 380 736	–	–	9 380 736
1911	10 129 074	–	–	10 129 074
1913	11 475 098	–	–	11 475 098
1915	16 070 924	34 811	–	16 105 735
1916	20 087 915	42 723	–	20 130 638
1920	19 834 449	–	–	19 834 449
1921	17 271 612	–	–	17 271 612
1922	14 494 147	–	–	14 494 147
1923	11 560 722	–	–	11 560 722
1925	16 329 695	–	–	16 329 695
1926	15 197 319	–	–	15 197 319
1929	15 583 218	802 750	–	16 385 968
1930	12 580 340	1 241 060	–	13 821 400
1931	9 805 125	1 092 979	–	10 898 104
1932	8 042 938	1 028 162	–	9 071 100
1933	7 128 347	1 289 364	–	8 417 711
1934	7 839 795	1 077 221	–	8 917 016
1936	8 522 124	1 105 311	–	9 627 435
1938	11 774 374	1 731 415	–	13 505 789
1940	17 675 086	1 926 078	–	19 601 164
1943	27 943 565	2 526 721	–	30 470 286
1945	6 676 176	50 005	–	6 726 181
1950	18 864 100	2 541 235	1 543 331	22 948 666
1955	20 181 399	6 703 171	4 160 753	31 045 323
1960	14 160 828	11 840 159	2 893 767	28 894 754
1965	9 718 916	19 336 977	1 384 482	30 440 375
1970	6 990 887	24 850 429	–	31 841 316
1975	10 307 615	37 761 313	–	48 068 928
1980	10 067 729	35 955 596	–	46 023 325

Bis 1958/59 lief das Berichtsjahr vom 1. 4.–31. 3.; ab 1960 vom 1. 1.–31. 12.

5. Wagenkilometerleistungen

Jahr	Triebwagen	Beiwagen	Straßenbahn zusammen	Omnibus	Obus	zusammen
1905	1 659 446	47 363	1 706 809	–	–	1 706 809
1907	2 175 715	130 462	2 306 177	–	–	2 306 177
1909	2 392 361	204 766	2 597 127	–	–	2 597 127
1911	2 446 990	237 071	2 684 061	–	–	2 684 061
1913	2 548 872	446 106	2 994 978	–	–	2 994 978
1915	2 618 180	640 863	3 259 043	14 137	–	3 273 180
1916	2 617 922	710 087	3 328 009	9 828	–	3 337 837
1920	2 050 524	1 184 756	3 235 280	–	–	3 235 280
1921	2 116 545	1 354 710	3 471 255	–	–	3 471 255
1922	2 078 971	1 313 201	3 392 172	–	–	3 392 172
1923	1 538 131	740 630	2 278 761	–	–	2 278 761
1925	2 478 659	1 326 628	3 805 287	–	–	3 805 287
1926	2 801 203	1 401 206	4 202 409	–	–	4 202 409
1927	2 991 060	1 381 957	4 373 017	112 455	–	4 485 472
1929	2 971 041	1 611 574	4 582 615	273 963	–	4 856 578
1930	2 772 891	1 376 671	4 149 562	433 621	–	4 583 183
1931	2 610 790	864 378	3 475 168	423 499	–	3 898 667
1932	2 388 487	459 791	2 848 278	246 241	–	3 094 519
1933	2 231 281	299 050	2 530 331	483 817	–	3 014 148
1934	2 143 214	403 150	2 546 364	422 084	–	2 968 448
1936	2 380 836	504 298	2 885 134	417 336	–	3 302 470
1938	2 442 733	730 026	3 172 759	549 518	–	3 722 277
1940	1 981 233	1 450 368	3 431 601	401 150	–	3 832 751
1945	402 676	495 669	898 345	7 800	–	913 797
1950	2 289 960	2 086 210	4 376 170	762 918	203 418	5 342 506
1955	2 280 090	1 670 156	3 950 246	1 541 322	616 745	6 108 313
1960	2 080 833	784 471	2 865 304	2 436 805	467 297	5 769 406
1965	1 126 745	170 756	1 297 501	2 878 151	193 318	4 368 970
1970	1 127 692	91 510	1 219 202	5 122 570	–	6 341 772
1975	1 324 817	–	1 324 817	6 729 429	–	8 054 246
1980	1 354 988	–	1 354 988	6 661 910	–	8 016 898

Bis 1958/59 lief das Berichtsjahr vom 1. 4.–31. 3., ab 1960 vom 1. 1.–31. 12.

6. Strecken-, Gleis- und Linienlängen

Ende 1929 hatte das Straßenbahnnetz folgende Länge:

	Streckenlänge	Gleislänge
1. Rundbahn	3,816 km	8,204 km
2. Neubrunnenplatz–Boppstraße	0,978 km	2,031 km
3. Hbf–Waggonfabrik–Finthen	8,606 km	14,567 km
4. Waggonfabrik–Mombach	0,976 km	2,146 km
5. Kaisertor–Rheinallee–Straßenbahnamt–Bismarckplatz	1,956 km	4,083 km
6. Hindenburgplatz–Höfchen	1,037 km	2,117 km
7. Höfchen–Weisenau	2,859 km	5,936 km
8. Brückenkopf Mainz–Hochheimer Str.–Kostheim/Mainbrücke	3,093 km	6,316 km
9. Straßenbahnamt–Ingelheimer Aue	2,172 km	2,840 km
10. Große Bleiche	0,906 km	1,905 km
11. Münsterplatz–Bretzenheim	2,923 km	4,290 km
12. Schillerplatz–Hechtsheim	4,205 km	5,555 km
13. Hochheimer Str.–Kostheim/Siedlung	0,778 km	0,977 km
zusammen:	34,305 km	60,967 km
1931 stillgelegt: Strecke 2; damit:	33,327 km	58,936 km
1935 umgelegte und somit verkürzte Bretzenheimer Strecke:	–0,063 km	–0,102 km
damit:	33,264 km	58,834 km
1943 ex SEG hinzugekommen:		
14. Brückenkopf Kastel–Gabelung–Wiesbaden Ost	4,292 km	8,747 km
15. Gabelung–Amöneburg	1,748 km	2,763 km
damit:	39,304 km	69,871 km[1]
nach Kriegsende außer Betrieb geblieben:		
Strecken 6 und 10 sowie Endabschnitt der Strecke 8		
(0,500 km Strecken- und 0,878 km Gleislänge)	–2,443 km	–4,900 km
1946 hinzugekommen:		
16. Binger Schlag–Universität	0,732 km	0,842 km
Bestand am 16. 4. 1950:	37,593 km	66,461 km[1]

1 Differenz zur Gesamtgleislänge in 1929 durch Rückbau von Gleiswechseln, Schleifen, Abstellgleisen usw. sowie durch zweigleisigen Ausbau der Strecke 3 bedingt.

Die längenmäßige Entwicklung des Straßenbahnnetzes verdeutlichen die folgenden Zahlen:

	Streckenlänge	Gleislänge	Depotgleise
am 31. 3. 1905	14,874 km	27,344 km	ca. 1,390 km[1]
am 31. 3. 1911	26,560 km	41,774 km	ca. 2,210 km[1]
am 31. 3. 1916	28,560 km	?	ca. 2,210 km
am 31. 3. 1927	38,966 km	63,188 km	ca. 3,540 km[1]
am 1. 4. 1943	39,304 km[2]	69,871 km[2]	ca. 2,270 km
am 16. 4. 1950	37,593 km	66,461 km	ca. 2,270 km
am 1. 5. 1955	31,553 km	54,951 km	ca. 2,270 km
am 1. 9. 1958	27,600 km	48,570 km	ca. 2,270 km
am 28. 10. 1963	21,344 km	35,288 km	ca. 2,270 km
am 1. 11. 1965	18,611 km	29,908 km	ca. 2,270 km
am 1. 7. 1977	19,699 km	35,893 km[4]	[3]
am 1. 1. 1982	19,952 km[2]	35,225 km[2]	ca. 3,320 km

1 Depotgleise in Gleislänge mit enthalten
2 berichtigter Wert nach Neuvermessung
3 keine Angabe wegen Umbau
4 Zunahme durch zweigleisige Ausbauten bedingt

1982 unterteilte sich die Streckenlänge in 15,797 km zweigleisige und 4,155 km eingleisige Strecken. Auf besonderem Bahnkörper lagen 14,907 km oder 74,7%.
Die sechs eingleisigen Strecken sind:

1. Zahlbach–Bretzenheim   0,750 km
2. Gaßnerallee (zw. Straße
   Am Zoll- und Binnenhafen und
   Kleine Ingelheimstraße)   0,431 km
3. Gaßnerallee
   (zw. Kleine Ingelheimstraße und
   Endschleife Ingelheimer Aue)   1,014 km
4. Endschleife Hechtsheim–Jägerhaus   1,003 km
5. Gaustraße (Gleisverschlingung)   0,073 km
6. Gemarkungsgrenze–Endschleife
   Finthen/Poststraße   0,884 km

Die Linienlänge betrug 1982 33,302 km, und zwar im einzelnen für
Linie 8
(Bretzenheim–Ingelheimer Aue)   6,368 km
Linie 10
(Hechtsheim–Finthen/Römerquelle)   13,400 km
Linie 11
(Hechtsheim–Finthen/Poststraße)   13,534 km

Die Linienlänge des Omnibusnetzes belief sich Ende 1981 dagegen auf 188,843 km, die Streckenlänge auf 128,419 km. Betrieben werden 13 ständige Linien (1, 6, 9, 12, 13, 15, 16, 17, 19, 21, 22, 23 und 28) und zwei nur werktags verkehrende Linien 7 und 14 (letztere nur zu den Hauptverkehrszeiten). Gemeinschaftlich mit den Stadtwerken Wiesbaden AG werden hierbei die Linien 6, 9 und 28 bedient.

Bildnachweis

Hans Armster †, Mainz   66, 69, 77, 184
Dore Barleben, Mainz   72, 73
Gerd Bauer, Wiesbaden   78
Kurt Bormann, Wiesbaden   vorderer und hinterer Vorsatz, 2, 17, 34, 35, 36, 42, 43, 52, 58, 62, 64, 104, 118, 123, 125, 127, 129, 133, 138, 143, 168, 168a, 186
Eduard Bouwman, Nijmegen/NL   95, 112, 139, 188
Büssing-Werkfoto, Braunschweig   180
Helmut Christ, Wiesbaden   74, 75
Ronald Copson, Watford/England   185
Karin Eckert, Mainz   79, 80, 91, 174
Dr. Wolfgang Fiegenbaum, Münster/W.   148, 149
Franz Frey, Mainz   20, 41
Friedrich Grünwald †, Offenbach/M.   65, 118a
Dieter Hauß, Mannheim   170
Kurt Hildebrandt, Taunusstein   41a
Ernst Huber, Lauterecken/Pfalz   86
Günter König, Ludwigshafen   26, 27
Hubert G. Königer, Senden/Ulm   131
Dr. Rolf Löttgers, Siegen/W.   39
MAN-Werksarchiv, Nürnberg   119, 156
Horst Michelke, Frankfurt/M.   121, 160, 161

Martin Nolde †, Mainz   76, 145
Ludwig Richter, Mainz   71, 90, 111
Dipl.-Ing. Karl Ries, Mainz   172
Fritz Roth, Dörnigheim/M.   110a
Dr. Karl Sammel, Wiesbaden   87 (teilweise)
Dieter Schlipf, Stuttgart   83, 84, 130, 151, 152
Walter Schoen †, Frankfurt/M.   57, 59, 132
Paul Seib, Mainz   81, 135, 150
Siemens-Museum, München   1, 45, 163
Stadtarchiv Mainz   4, 8, 9, 33, 37, 82, 105, 106
Stadtwerke Mainz AG   44, 63, 124, 171
Walter Steinberger, Frankfurt/M.   109, 140
Werner Stock, Bielefeld   93, 94, 110
Reinhard Todt, Hannover   113, 117
Dipl.-Ing. Joseph Ungewitter, München   191 (teilweise)
Ulrich Uplegger, Wiesbaden   85, 147
Otmar Weis, Mainz   3, 18, 38, 48, 50, 51, 56
Wiesbadener Tagblatt   114
Dr. Paul Wolff & Tritschler, Offenburg   178, 179
Dieter Zeh, Düsseldorf   165
Alle übrigen Abbildungen stammen aus der Sammlung des Verfassers.

Kohlhammer

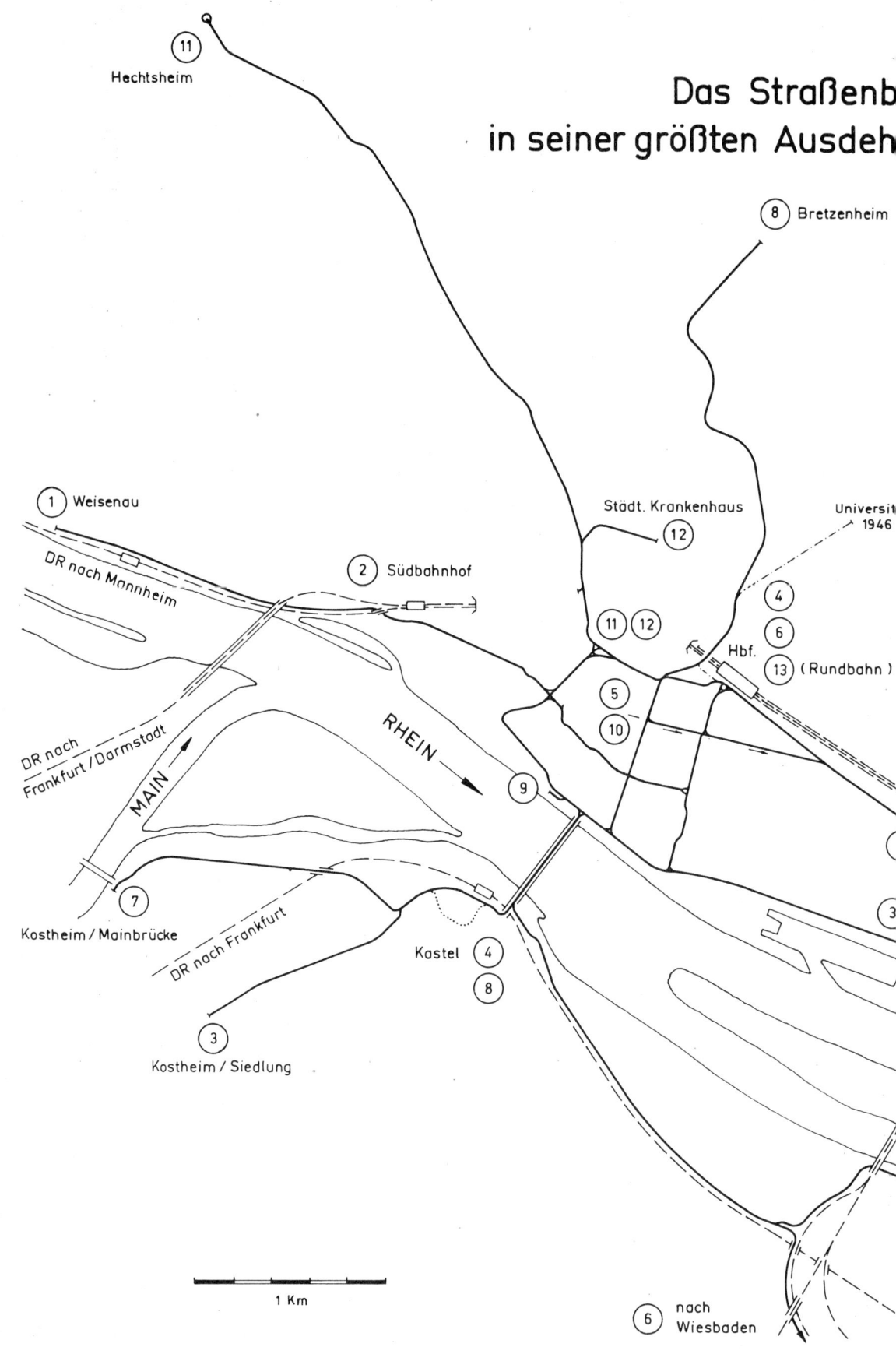

Das Straßenb
in seiner größten Ausdeh

⑪ Hochtsheim

⑧ Bretzenheim

① Weisenau

DR nach Mannheim

② Südbahnhof

DR nach
Frankfurt / Darmstadt

MAIN

RHEIN

Städt. Krankenhaus
⑫

Universit
1946

⑪ ⑫

④

⑥

Hbf.

⑬ (Rundbahn)

⑤

⑩

⑨

⑦

Kostheim / Mainbrücke

DR nach Frankfurt

Kastel ④

⑧

③

Kostheim / Siedlung

1 Km

⑥ nach
Wiesbaden